図解

アウトドア　レスキュー　家庭

ひも&ロープの結び方

羽根田治 監修

日本文芸社

はじめに

太古の昔、先人たちにとって「結び」は生きるため、生活するために必要不可欠な技術のひとつでした。それから現在に至るまでに、新しいたくさんの結びが考案され、今もさまざまなシーンに使われています。

私たちの日常においても、1本のロープを創意工夫して使うことで、日々の生活を便利で豊かなものにしてくれます。また、海や山などアウトドアで活動するときには、安全を確保し、作業を効率化するのに結びが大いに役立ちます。

その手引きとして本書を活用していただければ幸いです。

監修　羽根田 治

図解 アウトドア レスキュー 家庭
ひも&ロープの結び方

CONTENTS

はじめに …… 2

基本の結び 10

ひと結び・ふた結び …… 10
もやい結び …… 11
巻き結び …… 12
8の字結び・二重8の字結び …… 13
テグス結び …… 14
本結び …… 15
はな結び …… 16

【1章】 キャンプ 17

タープの支柱を立てる① ー2方向からひっぱる ［二重8の字結び］ …… 20
タープの支柱を立てる② ー1方向からひっぱる ［引きとけ結び］ …… 21
ロープをグロメット（通し穴）に結ぶ ［ふた結び］ …… 22
ロープをグロメット（通し穴）に通してストッパーにする ［8の字結び］ …… 23
グロメットを石で代用する ［巻き結び＋ふた結び］ …… 24
ロープをペグに結ぶ① ［自在結び］ …… 26
ロープをペグに結ぶ② ［ふた結び］ …… 28

ロープを石に結ぶ①　[もやい結び] …… 29
ロープを石に結ぶ②　[ひばり結び] …… 30
ロープを石に結ぶ③　[ふた結び] …… 31
ロープを継ぎ足す①　[テグス結び] …… 32
ロープを継ぎ足す②　[一重継ぎ] …… 33
ロープを木に結びつける①　[もやい結び] …… 34
ロープを木に結びつける②　[ねじり結び] …… 35
ロープを木に結びつける③　[巻き結び＋ふた結び] …… 36
ロープを木に結びつける④　[ふた結び] …… 37
物干し用のロープをはる①　[トラッカーズ・ヒッチ] …… 38
物干し用のロープをはる②　[ラウンドターン＋ふた結び] …… 40
小物を吊るす①　[よろい結び] …… 41
小物を吊るす②　[中間者結び] …… 42
ランタンを吊るす　[クレイムハイスト・ノット] …… 43
長いものを吊るす①　[スペインもやい結び] …… 44
長いものを吊るす②　[丸太結び] …… 46
丸太を運ぶ　[丸太結び] …… 47
薪を運ぶ　[本結び＋ひばり結び] …… 48
沢で水をくむ①　[もやい結び] …… 50
沢で水をくむ②　[ふた結び] …… 51
スイカを冷やす　[二重8の字結び] …… 52
丸太を組む①　[角縛り] …… 54
丸太を組む②　[筋交い縛り] …… 56
丸太を組む③　[巻き縛り] …… 58
丸太を組む④―二脚を組む　[巻き縛り] …… 60
丸太を組む⑤―三脚を組む　[巻き縛り] …… 61
犬をつなぐ①　[馬つなぎ] …… 62
犬をつなぐ②　[ふた結び] …… 63

ロープワークメモ１　【 結びの強度を高める 】 …… 64

CONTENTS

【2章】登山　65

靴ひもを結ぶ①［はな結び］…… 68
靴ひもを結ぶ②　［二重はな結び］…… 69
靴ひもを結ぶ③　［はな結び＋こま結び］…… 70
小物にひもをつける①　［止め継ぎ結び］…… 72
小物にひもをつける②　［ひばり結び］…… 73
小物にひもをつける③　［テグス結び］…… 74
テープスリングをつくる　［ウォーター・ノット］…… 75
簡易ハーネスをつくる　［簡易ハーネス］…… 76
ロープスリングをつくる　［二重テグス結び］…… 78
ロープを体に結びつける①　［二重8の字結び］…… 80
ロープを体に結びつける②　［腰かけ結び］…… 82
ロープを体に結びつける③　［変形もやい結び］…… 84
ロープに手がかりをつくる①　［連続8の字結び］…… 85
ロープに手がかりをつくる②　［連続止め結び］…… 86
ロープに手がかりをつくる③　［インライン・フィギュア・エイト・ノット］…… 87
危険個所にロープをはる①　［巻き結び＋ふた結び］…… 88
危険個所にロープをはる②　［ラウンド・ターン＋ふた結び］…… 89
危険個所にロープをはる③　［ひばり結び］…… 90
危険個所にロープをはる④　［二重8の字結び］…… 91
ロープで登り下りする①　［プルージック・ノット］…… 92
ロープで登り下りする②　［クレイムハイスト・ノット］…… 93
懸垂下降する　［肩絡み懸垂下降］…… 94
2本のロープをつなぐ　［止め継ぎ結び］…… 95

ロープワークメモ2　【束ねたロープを背負う】…… 96

【3章】船（ボート・カヌー） 97

船を係留する① ［ 杭結び ］ …… 100
船を係留する② ［ 巻き結び ］ …… 101
船を係留する③ ーリング ［ もやい結び ］ …… 102
船を係留する④ ークリート ［ クリート・ヒッチ ］ …… 103
アンカーに結ぶ① ［ アンカー結び ］ …… 104
アンカーに結ぶ② ［ 変形もやい結び ］ …… 105
船を牽引する① ［ 一重継ぎ ］ …… 106
船を牽引する② ［ 二重継ぎ ］ …… 107
船を牽引する③ ［ もやい結び ］ …… 108
スローバッグを固定する ［ 二重8の字結び ］ …… 109
ロープを投げる① ［ 固め止め結び ］ …… 110
ロープを投げる② ［ ヒービングライン・ノット ］ …… 111

ロープワークメモ 3 【 固く結ばれたロープのほどき方 】 …… 112

【4章】釣り 113

針にライン（釣り糸）を結ぶ① ［ 外かけ結び ］ …… 116
針にライン（釣り糸）を結ぶ② ［ 内かけ結び ］ …… 117
針にライン（釣り糸）を結ぶ③ ［ 漁師結び ］ …… 118
針にライン（釣り糸）を結ぶ④ ［ フィンガー・ノット ］ …… 119
連結金具を結ぶ① ［ クリンチ・ノット ］ …… 120
連結金具を結ぶ② ［ ダブルクリンチ・ノット ］ …… 121
連結金具を結ぶ③ ［ パロマー・ノット ］ …… 122
連結金具を結ぶ④ ［ サルカン結び ］ …… 123
ラインとラインを結ぶ① ［ ユニ・ノット ］ …… 124
ラインとラインを結ぶ② ［ ブラッド・ノット ］ …… 125
ラインとラインを結ぶ③ ［ フィッシャーマンズ・ノット ］ …… 126

CONTENTS

ラインとラインを結ぶ④　[トリプルエイト・ノット] …… 127
ラインとラインを結ぶ⑤　[FGノット] …… 128
ラインとラインを結ぶ⑥　[SFノット] …… 130
太さの違うラインを結ぶ　[オルブライト・ノット] …… 131
ラインとリーダーを直結する　[PRノット] …… 132
チチワをつくる　[チチワ結び] …… 134
枝ハリスを出す①　[枝ハリス＋ひと結び] …… 135
枝ハリスを出す②　[8の字結び＋ユニ・ノット] …… 136
ヨリチチワをつくって枝ハリスを出す　[クリンチ・ノット] …… 137
ルアーにラインを結ぶ①　[フリー・ノット] …… 138
ルアーにラインを結ぶ②　[ユニ・ノット] …… 139
ルアーにラインを結ぶ③　[クリンチ・ノット] …… 140
ルアーにラインを結ぶ④　[ループ・ノット] …… 141
リールに道糸を巻く　[クリンチ・ノット] …… 142
ウキ止めを結びつける　[ユニ・ノット] …… 143

ロープワークメモ 4　【 ラインの種類と特徴 】 …… 144

【5章】レスキュー　145

縄ばしごをつくる　[てこ結び] …… 148
傷んだロープを一時的に使う　[二重止め結び] …… 150
重いものを運ぶ①　[ひばり結び] …… 151
重いものを運ぶ②　[よろい結び] …… 152
重いものを運ぶ③　[変形もやい結び＋ひと結び] …… 153
荷台に荷物を固定する　[ワゴナーズ・ヒッチ] …… 154
2本のロープをつなぐ　[二重テグス結び] …… 156
太さの違うロープをつなぐ　[二重継ぎ] …… 158
シーツをロープ代わりに使う　[本結び＋止め結び] …… 159

包帯を巻く① ［ 巻きはじめ ］ …… 160
包帯を巻く② ［ 巻き終わり ］ …… 161
包帯を巻く③ ［ 手の指 ］ …… 162
包帯を巻く④ ［ 手のひら・甲 ］ …… 163
包帯を巻く⑤ ［ 関節 ］ …… 164
包帯を巻く⑥ ［ 足 ］ …… 165
三角巾を使う① ［ 使う前の処置 ］ …… 166
三角巾を使う② ［ 頭部・頬部・下顎部 ］ …… 168
三角巾を使う③ ［ 手のひら・手の甲・足の裏・足の甲 ］ …… 169
三角巾を使う④ ［ 足首 ］ …… 170
三角巾を使う⑤ ［ 腕を吊る ］ …… 171
三角巾を使う⑥ ［ 腕を固定する ］ …… 172
三角巾を使う⑦ ［ 足を固定する ］ …… 173
人を背負う① ［ スリングを使用する ］ …… 174
人を背負う② ［ ロープの束を使用する ］ …… 175

ロープワークメモ 5 【 ストックを松葉杖として使う 】 …… 176

【6章】日常生活 177

ロープで柵をつくる ［ 固め止め結び ］ …… 180
細い竹や木で垣根をつくる ［ 垣根結び ］ …… 181
小さな木の支柱をつくる ［ 角縛り ］ …… 182
大きな木の支柱をつくる ［ 筋交い縛り ］ …… 184
新聞や雑誌を縛る① ［ かます結び ］ …… 186
新聞や雑誌を縛る② ［ 外科結び ］ …… 187
段ボールを縛る ［ キの字がけ＋外科結び ］ …… 188
袋を縛る① ［ 粉屋結び ］ …… 190
袋を縛る② ［ ポリ袋結び ］ …… 191
ビンを縛る ［ 本結び＋片はな結び ］ …… 192

CONTENTS

電気コードをまとめる① ［鎖結び（チェイン・ノット）］ …… 194
電気コードをまとめる② ［縮め結び］ …… 195
タンスの上げ下ろし ［二重もやい結び］ …… 196
ふろしきで包む① ［平包み］ …… 197
ふろしきで包む② ［おつかい包み］ …… 198
ふろしきで包む③ ［ワイン包み（1本）］ …… 199
ふろしきで包む④ ［ワイン包み（2本）］ …… 200
ふろしきで包む⑤ ［まる包み］ …… 201
ふろしきで包む⑥ ［バッグにする］ …… 202

ロープワークメモ 6 【縦結びに注意!!】 …… 203

SPECIAL CONTENTS ロープの基礎知識 204

ロープの構造 …… 204
ロープの種類 …… 206
結びの名称とセオリー …… 207
結びのパターンとメカニズム …… 208
ロープの選び方 …… 209
ロープワークの注意点 …… 210
ロープの末端処理 …… 211
ロープの保管方法 …… 212
ロープを巻く …… 213
ロープを束ねる フレーク …… 214
棒結び …… 215
セイラーマンズコイル …… 216
シェルコイル …… 217
登山用の長いロープを束ねる …… 218

結び方の名称順 索引 …… 220

基本の結び

ひと結び・ふた結び

最もシンプルな結び。仮止めとして使われることが多く、しっかりと結びたいときは、ひと結びを2回繰り返したふた結びにする。

1

ロープを丸太に回して、先端を輪に通す。

2

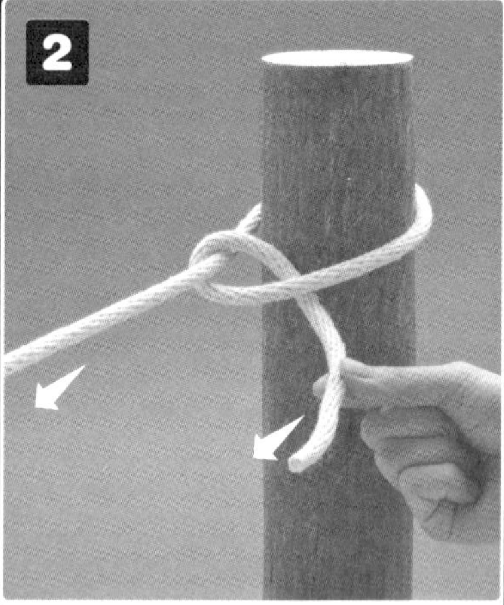

ロープの元側と先端を引いて締める。（ひと結び）

3

ロープの先端をもう一度ひと結びにする。

4

ロープの元側と先端を引いて締める。（ふた結び）

基本の結び

もやい結び

「キング・オブ・ノット」と呼ばれ、さまざまなシーンで役立つ。ロープを物体に結びつけるための結びで、船を陸につなぎ止める（もやう）ときに多用される。

1

ロープを丸太に回す。

2

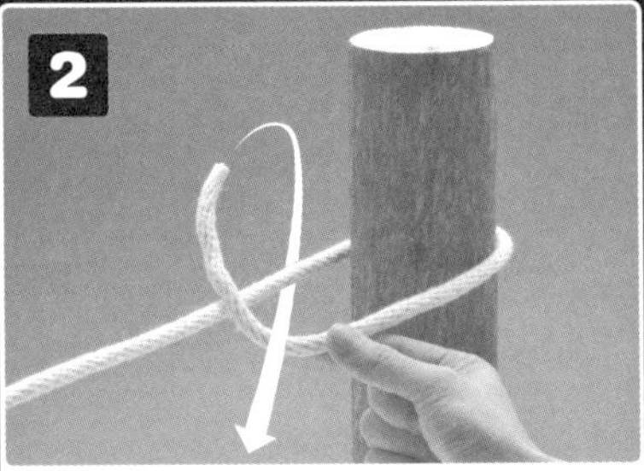

ロープの先端を写真のように輪に通す。

3

ロープの先端を手前に強く引く。

4

すると、結び目が写真のように反転する。

5

ロープの先端を矢印の方向に通す。

6

元側と先端を引いて結び目をしっかりと締める。

基本の結び 巻き結び

丸太や支柱などにロープを結びつけるときに使う結び方。強度があり、結ぶ方法もいくつかあるため、応用範囲が広い。

1

丸太にロープを2回巻きつける。

2

ロープの先端を矢印の方向に通す。

3

ロープの先端と元側をひっぱって結び目を締める。

知テク

ロープで2重の輪をつくって丸太にかぶせる結び方もある。

基本の結び

8の字結び・二重8の字結び

数字の8の字を描くように結び、結び目が大きなコブになる。ロープを2つ折りにした二重8の字結びは、ロープの先に輪をつくりたいときに使う。

1

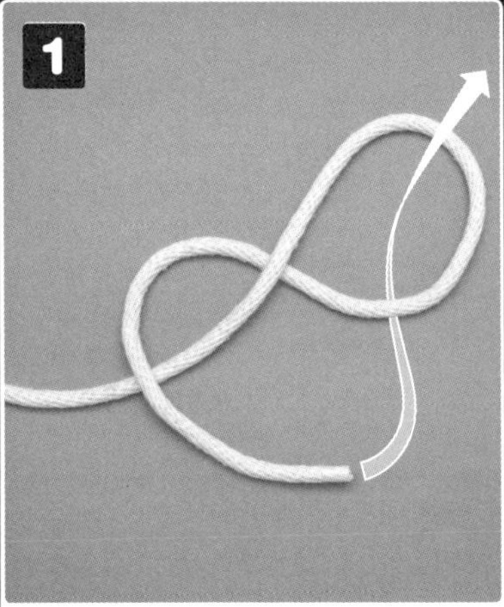

8の字を描くようにロープを交差する。ロープの先端を輪にくぐらせる。

2

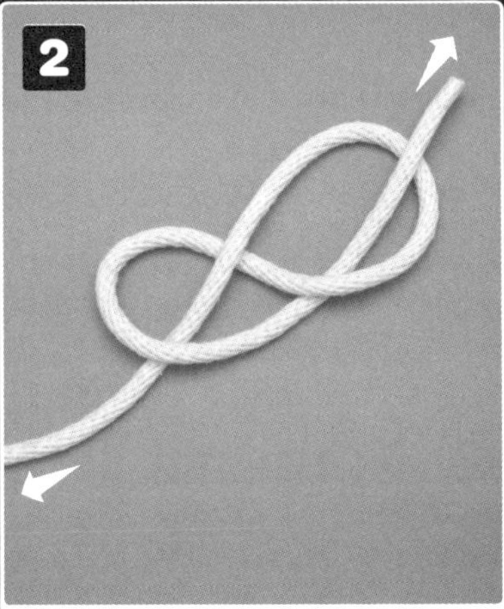

ロープの先端と元側をひっぱる。

3

結び目をしっかりと締める。（8の字結び）

知っテク

ロープを2つに折ってから、8の字結びをすると二重8の字結びになる。

基本の結び

テグス結び

2本のロープをつなぎ合わせるための結び。1本のロープの端と端を結んでループにするときにも使われることが多い。

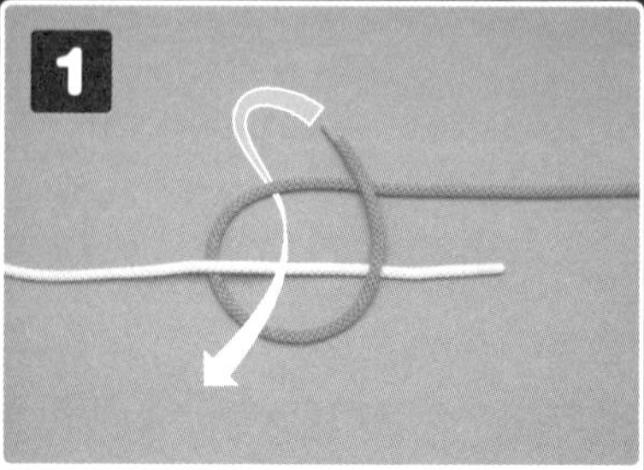

2本のロープを平行に並べて、一方を矢印の方向に巻きつける。

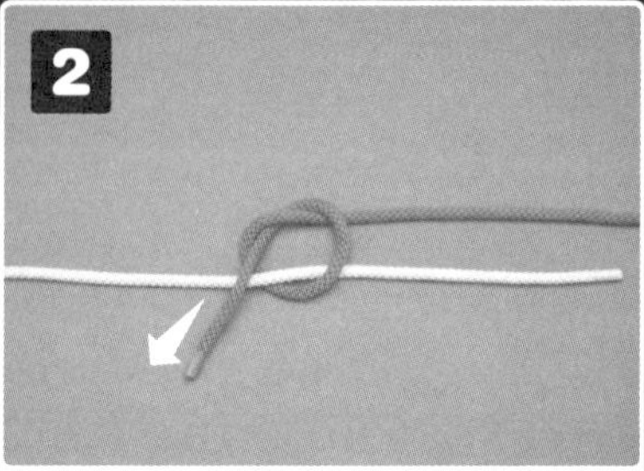

ロープの先端を引いて**止め結び**で結ぶ。

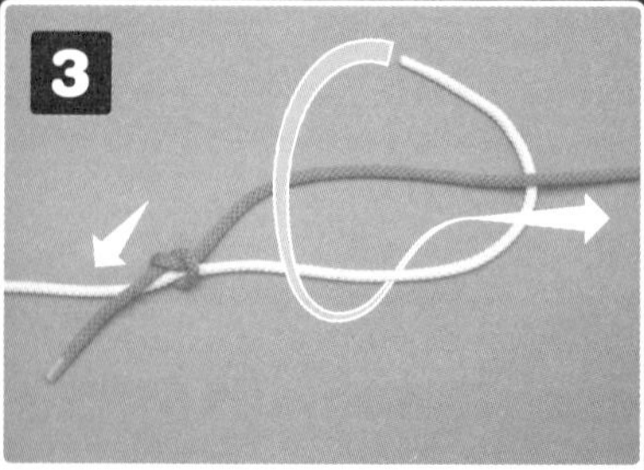

結び目を締める。もう一方のロープも同じように巻きつける。

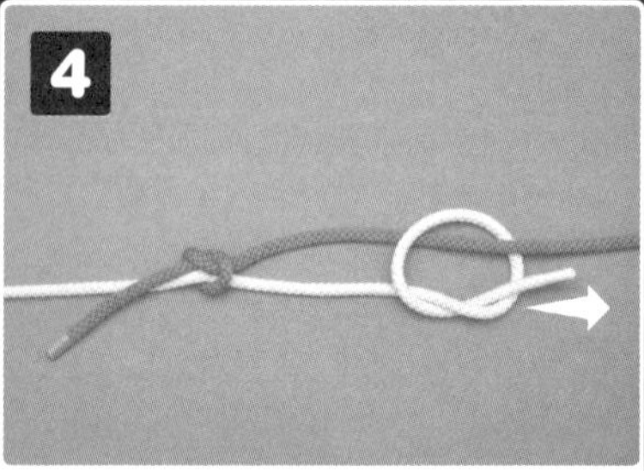

❷❸のように、**止め結び**で結ぶ。

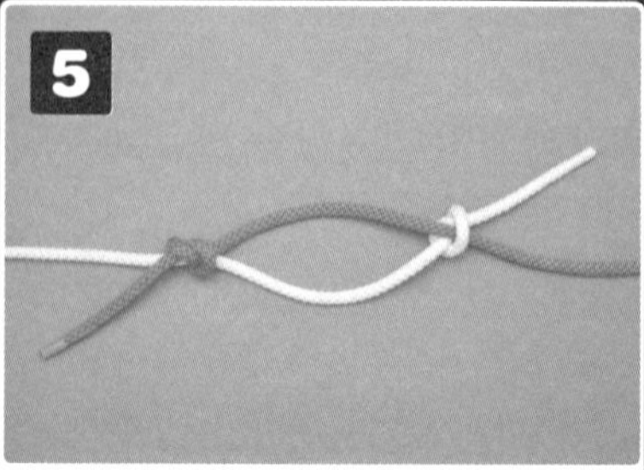

写真のように2つの結び目ができる。

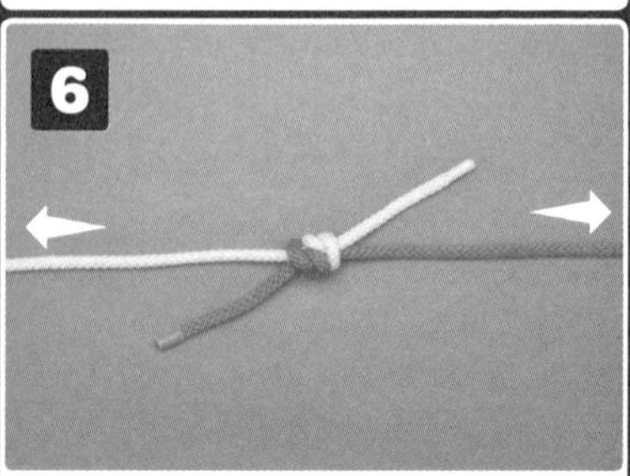

2本のロープの元側をひっぱって結び目を合わせる。

基本の結び

本結び

1本のロープでものを縛り合わせるときに用いる本結び。日常生活やアウトドアのさまざまなシーンで役立つ。最もポピュラーな結びのひとつだ。

1

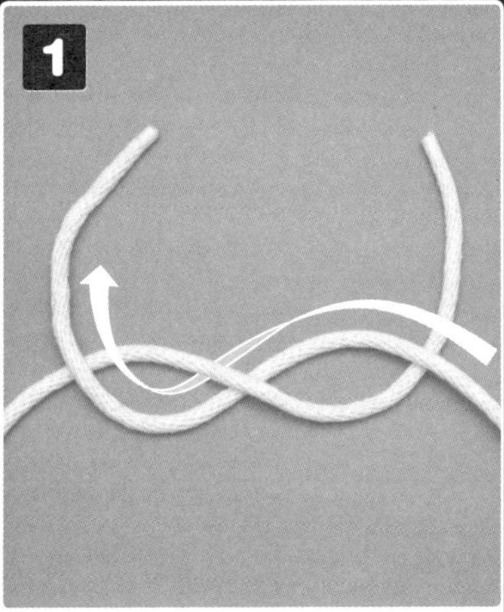

1本のロープの両端を写真のように交差させる。

2

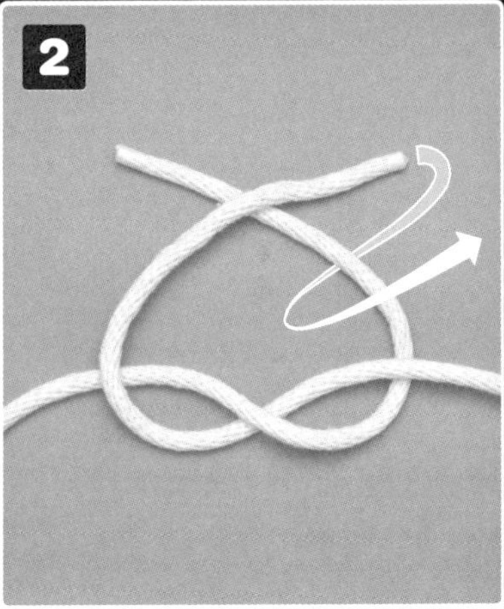

ロープの片側を矢印の方向に通す。

3

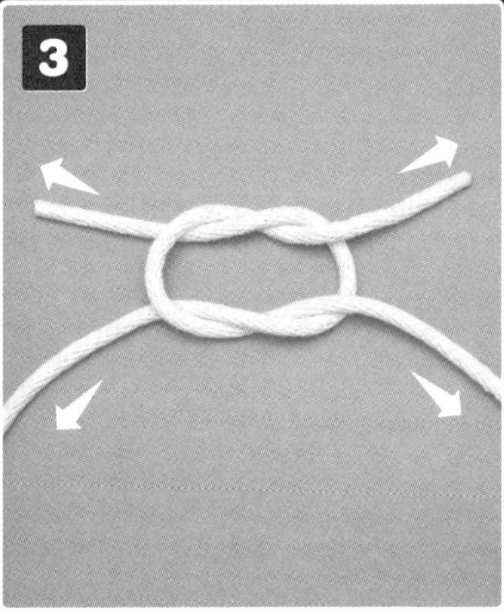

ロープの元側と両端を引く。

4

結び目をしっかりと締める。

基本の結び

はな結び

はな結びは、靴ひもを結ぶときに用いられることが多い。ほどきやすく、結び目が華やかなので、飾り結びとして使われることもある。

1

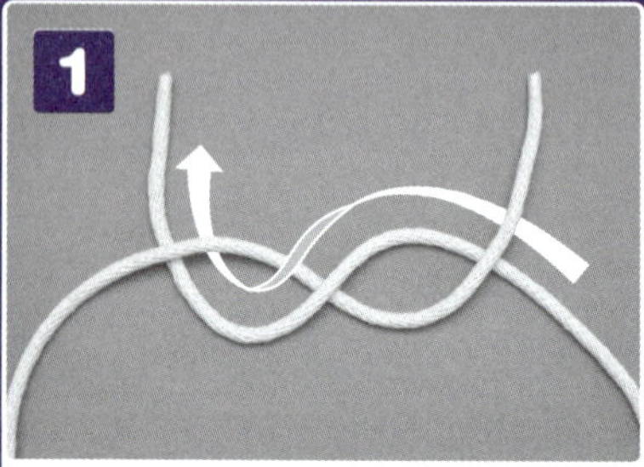

1本のロープの両端を写真のように交差させる。

2

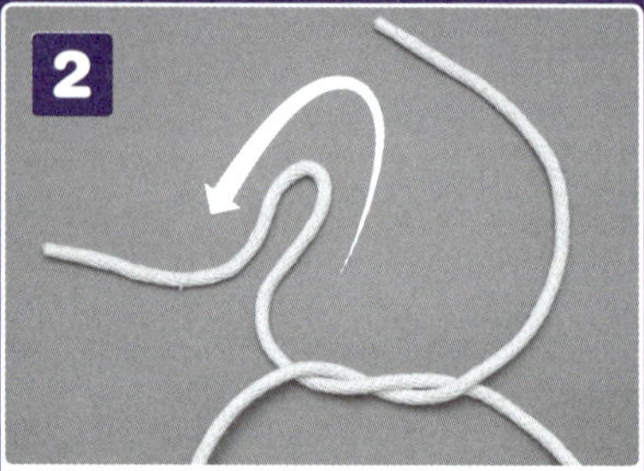

一方のロープの先端を折り曲げる。

3

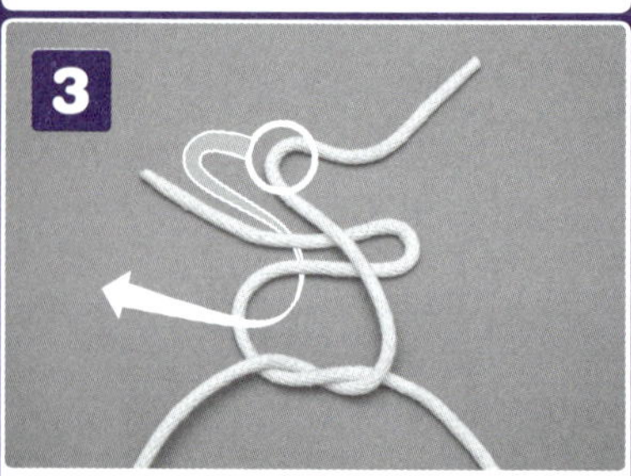

もう一方の端も同じように折り曲げて、矢印の方向に輪に通す。

4

折り曲げた部分をひっぱり合って、結び目を締める。

5

結び目のバランスを整える。

知っテク

ロープの両端のどちらかをひっぱれば、簡単にほどくことができる。

【1章】
キャンプ

キャンプ

キャンプでは、テントを立てたり、ランタンを吊したり、さまざまなシーンでロープが使われる。ここでは、キャンプで必要とされることの多いロープワークを中心にピックアップしてみよう。

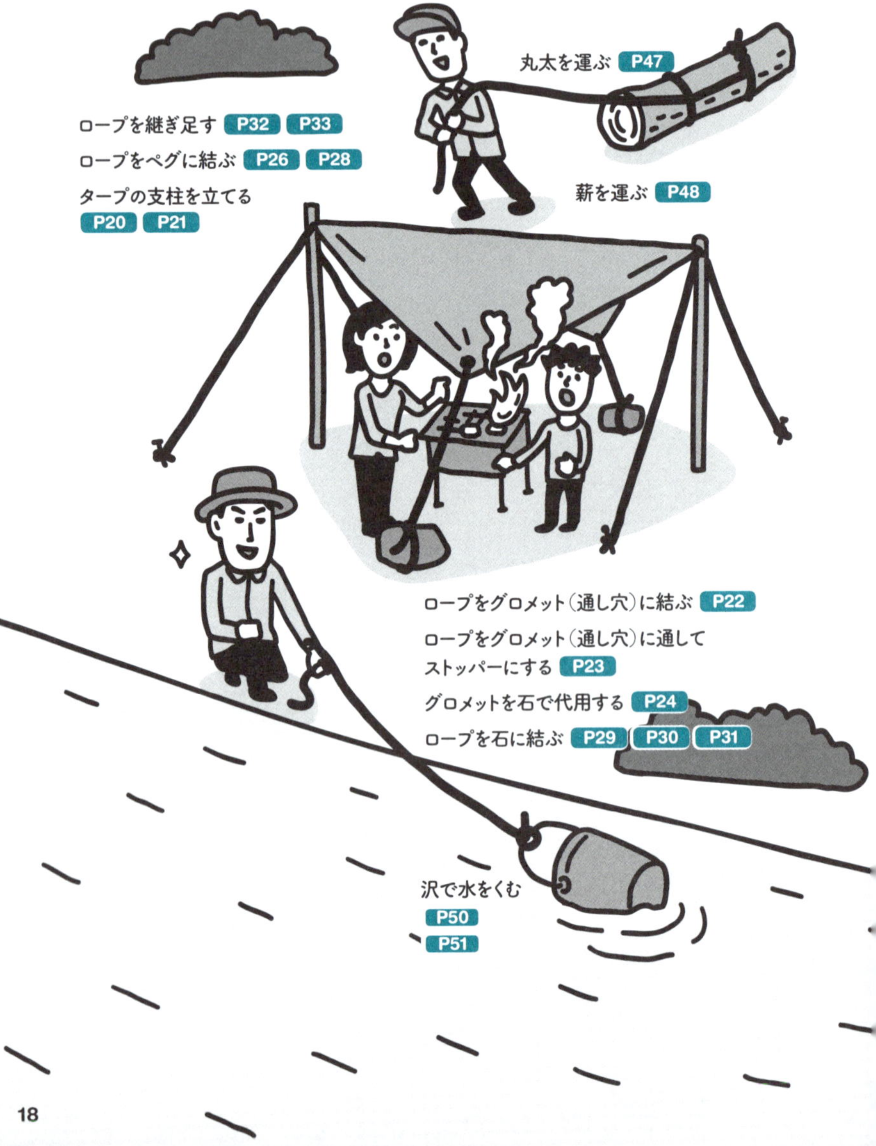

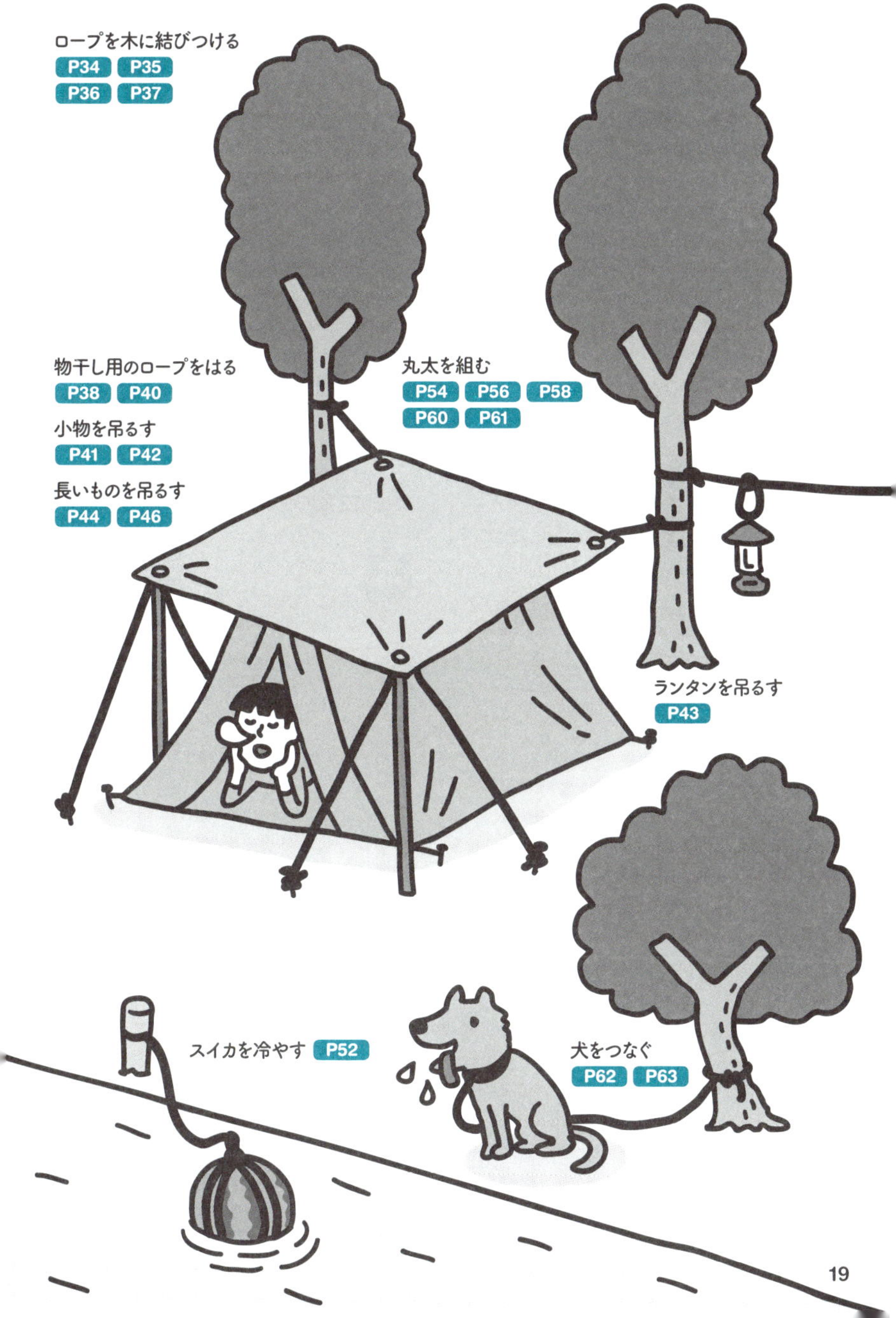

ロープを木に結びつける
P34 P35
P36 P37
物干し用のロープをはる
P38 P40
小物を吊るす
P41 P42
長いものを吊るす
P44 P46
丸太を組む
P54 P56 P58
P60 P61
ランタンを吊るす
P43
スイカを冷やす P52
犬をつなぐ
P62 P63

タープの支柱を立てる①

― 2方向からひっぱる

［ 二重8の字結び ］

ロープの途中に輪をつくり、タープの支柱にかける。
力が2方向に分散するので、
支柱をより安定させることができる。

1

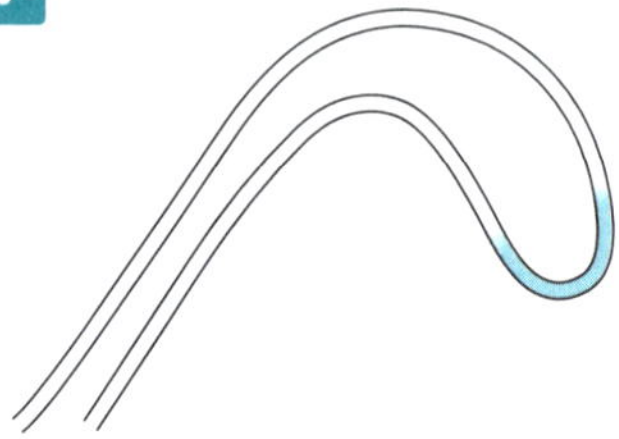

ロープを2つ折りにする。

2

ロープの2つ折りにした部分を手前に交差させて2重の輪をつくる。

3

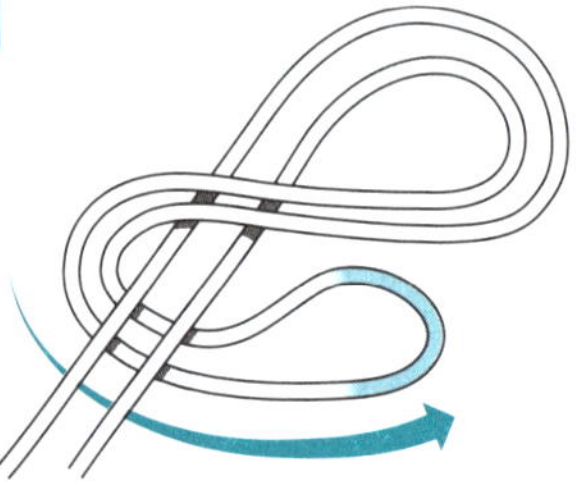

8の字を描くように、2つ折りにした部分をひねって元側の下に通す。

4

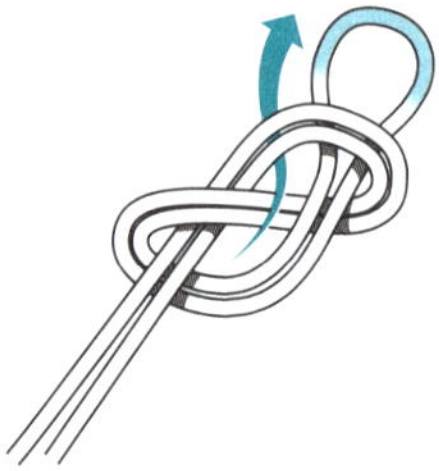

2つ折りにした部分を矢印の方向に通して8の字結びをする。

5

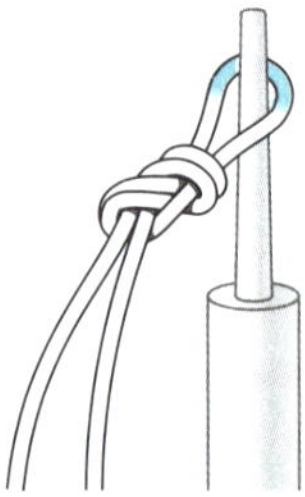

4でできたロープの輪をタープの支柱の先に引っかける。

6

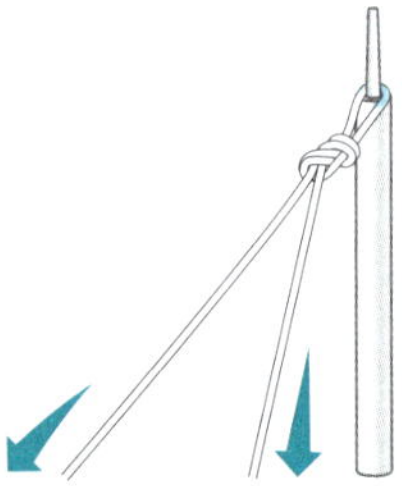

引っかけたロープを2方向からひっぱり、支柱を自立させる。

タープの支柱を立てる②
―1方向からひっぱる
［引きとけ結び］

ロープの端に大きさを変えられる輪をつくる。ロープの元側をひっぱると輪が締まり、支柱を固定することができる。

1

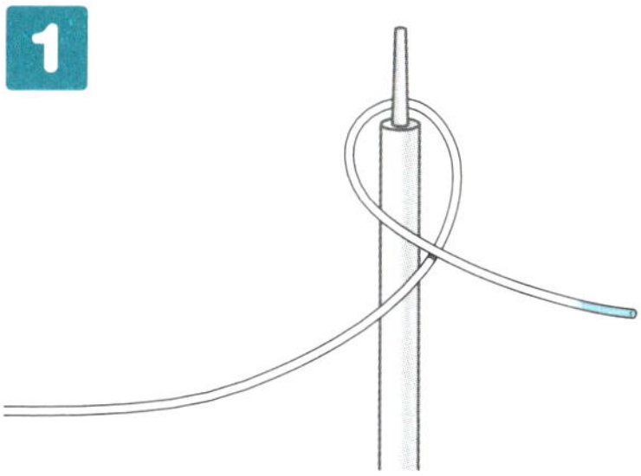

ロープを支柱に巻き、先端を交差させて輪にする。

2

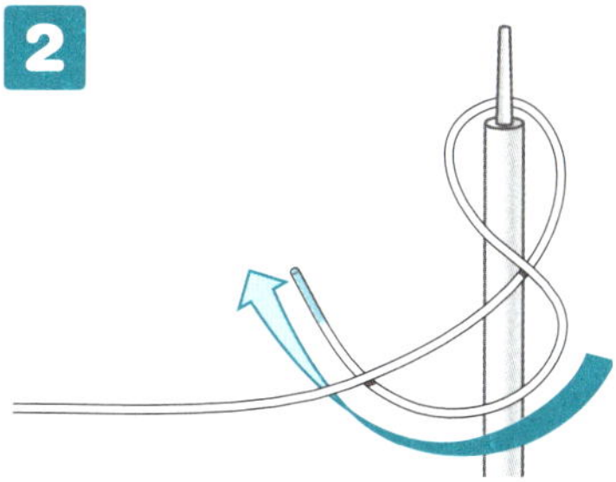

8の字を描くように、先端をひねってロープの下に通す。

3

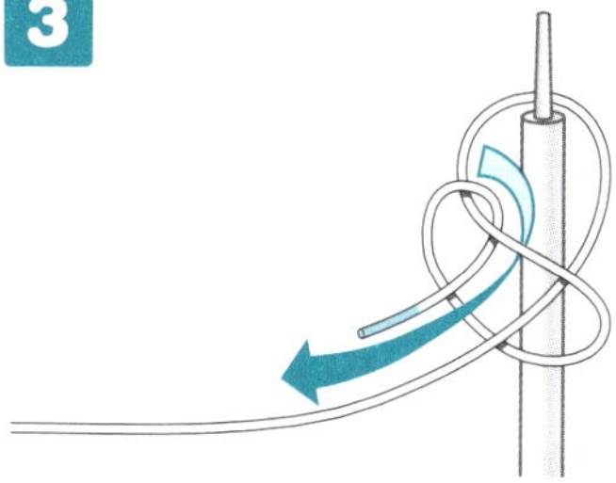

1でつくった輪に、上からロープの先端を通して手前に引き戻す。

知っテク

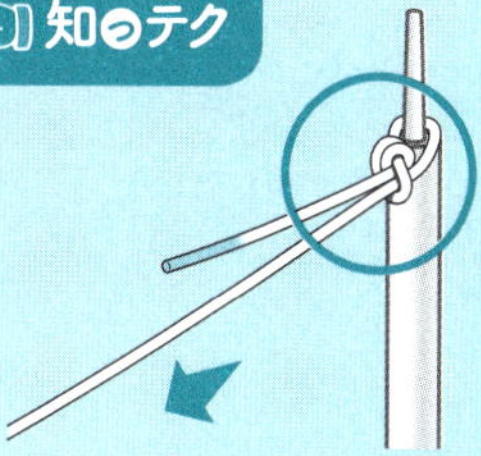

このとき、1でつくった輪に2重にロープを巻きつけると、結び目の強度が上げられる。

4

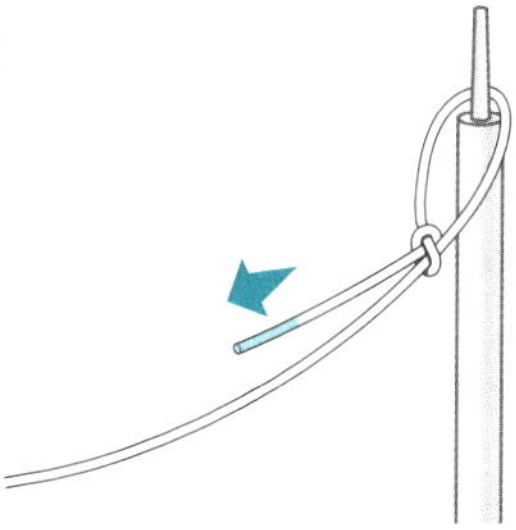

ロープの先端を引いて、結び目を締める。

5

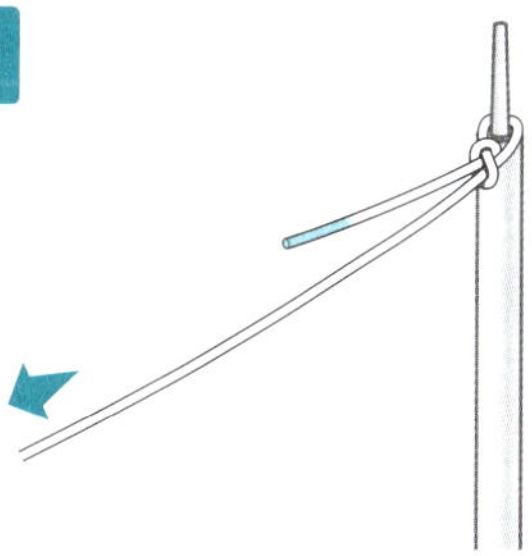

ロープの元側を引いて輪をしっかりと締め、支柱を固定する。

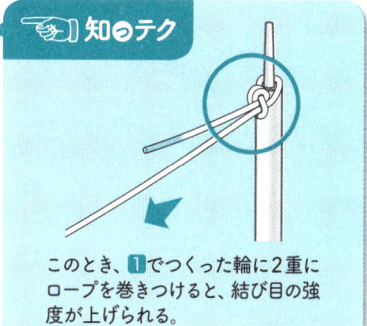

ロープをグロメット（通し穴）に結ぶ

［ ふた結び ］

タープやシートのグロメットにロープを結びつける。
容易に結べ、しかもほどきやすいので、
タープをはるときなどに便利。

1

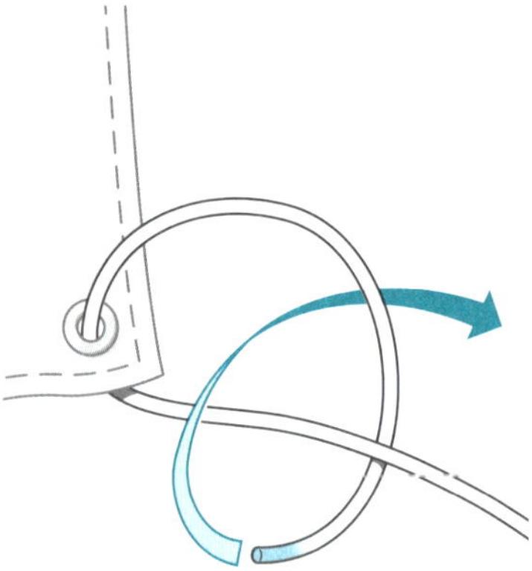

グロメットの裏からロープを通し、ひと結び（P10参照）にする。

2

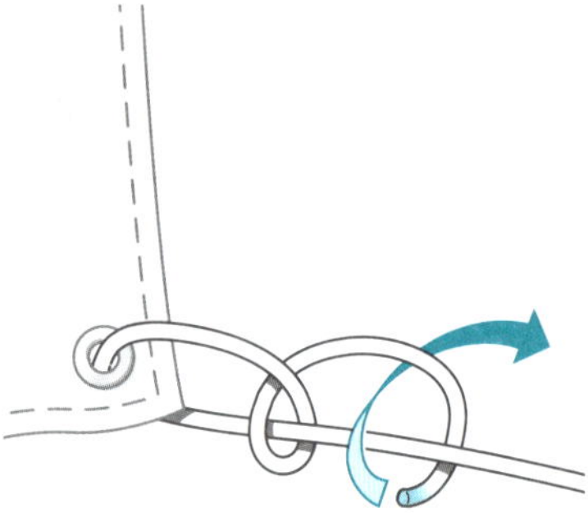

1で結んだひと結びをもう一度、同じように繰り返す。

3

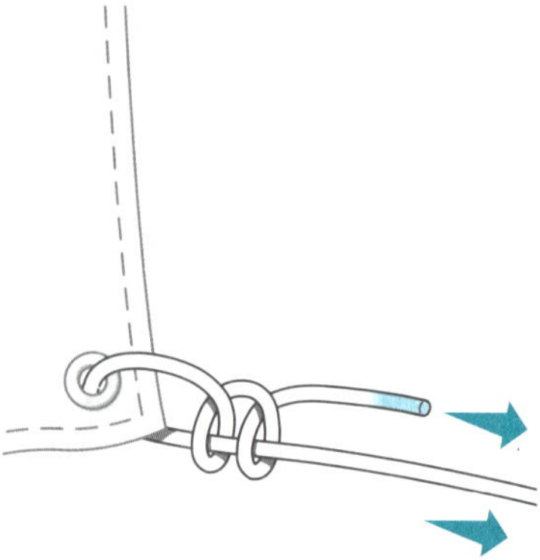

ロープの先端と元側を引いて結び目を締める。

4

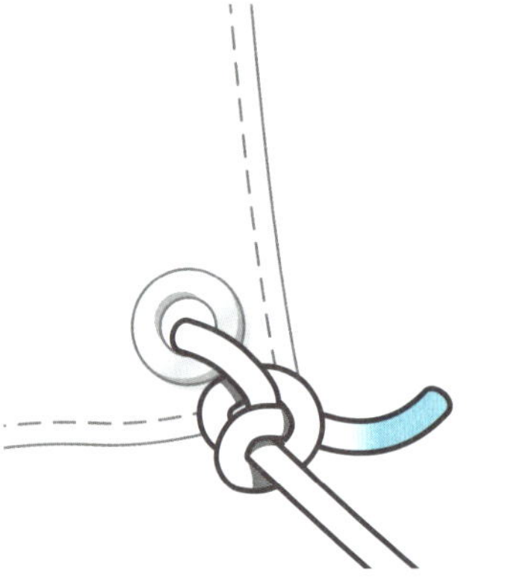

しっかりと締まるが、ロープをゆるめれば、簡単にほどくことができる。

ロープをグロメット（通し穴）に通してストッパーにする

［ 8の字結び ］

タープやテントなどをはるときには
グロメットにロープを通してコブの結び目をつくり、
ストッパーにするといい。

1

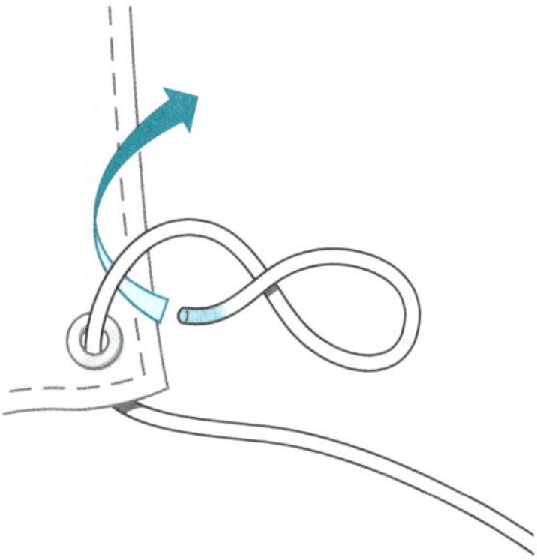

グロメットの裏からロープを通し、図のように8の字に交差させる。

2

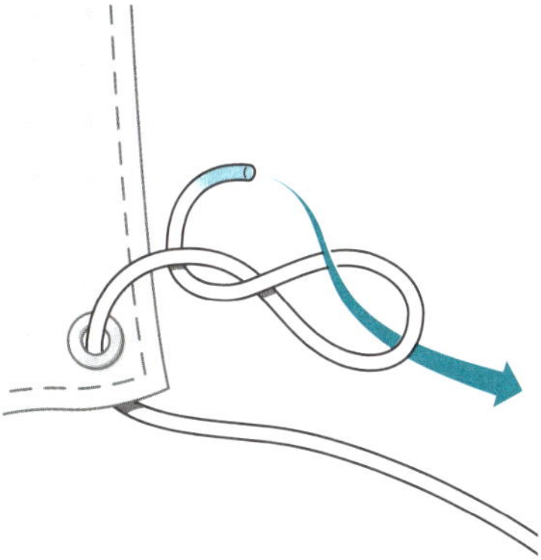

1で交差させつくった輪に、ロープの先端を通す。

3

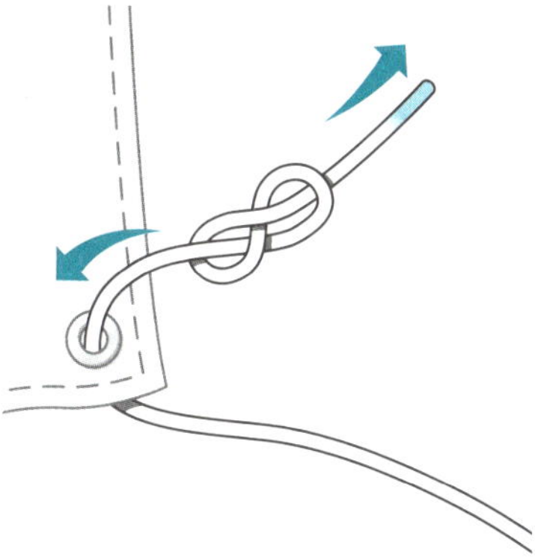

ロープの先端と元側を引いて結び目を締める。

4

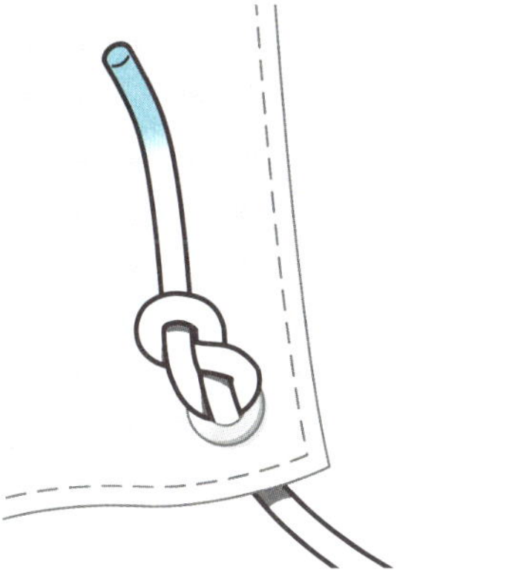

大きな結び目の8の字結びは、ロープをストッパーの代わりにするときに最適だ。

グロメットを石で代用する

［ 巻き結び＋ふた結び ］

グロメット（通し穴）がないシートをタープ代わりに使うときは、石をシートにくるんで代用する。はったタープがたるんでいるときなどロープを足したいときにも便利。

1

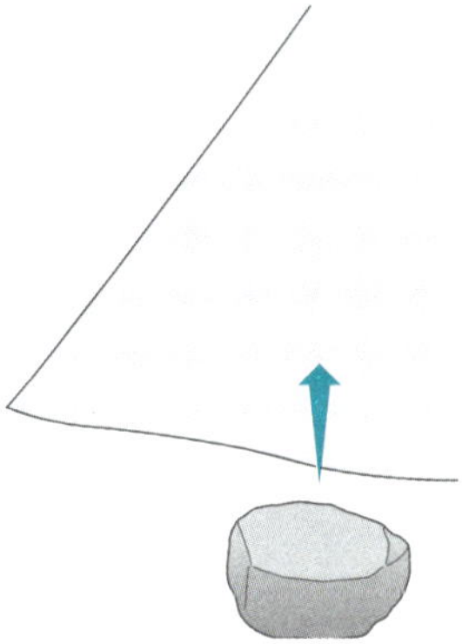

丸い石をシートでくるむ。ゴツゴツとした石しか見つからないときは、布などに包んでからシートでくるむ。

2

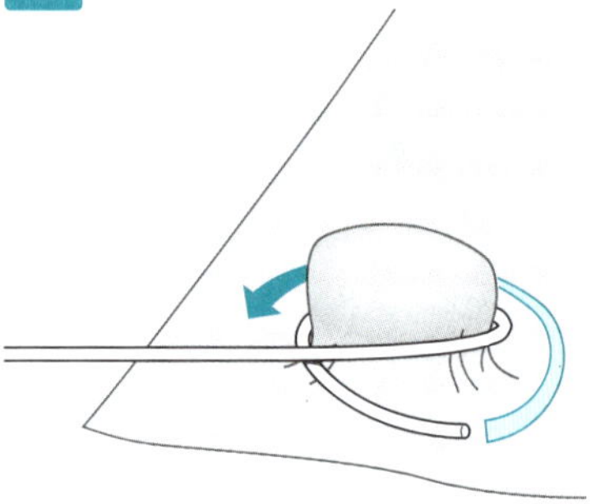

シートのうえから石にロープを2回巻きつける。

3

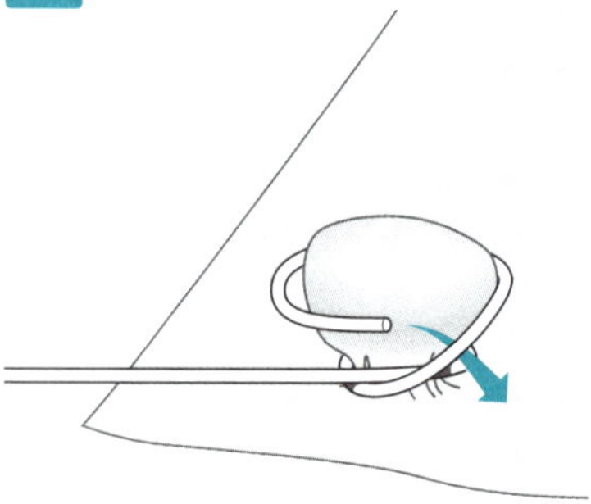

巻きつけた部分に先端を通して巻き結び（P12参照）にする。

4

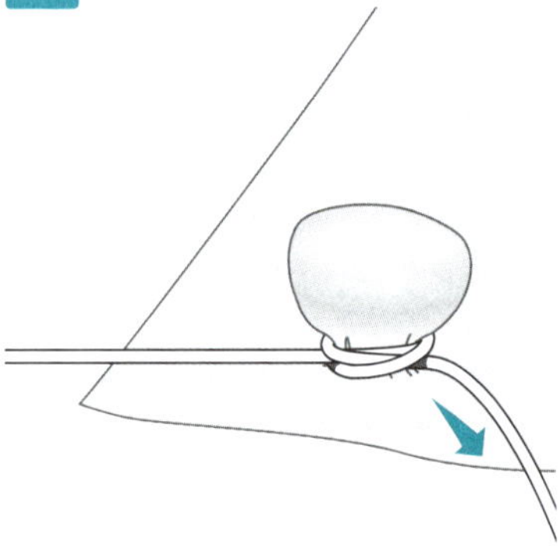

先端を引いて結び目を締める。

【こんなときにも使えます！】

巻き結びで結んだあと、さらにふた結びを加えておけば、まずほどける心配はない。登山で木にロープをはって危険個所を通過するときなどにも、これを使うといい。

5

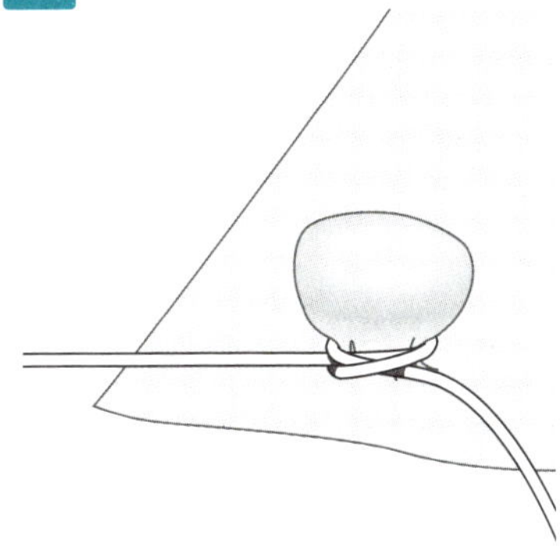

石を包んだシートをしっかり固定する。

6

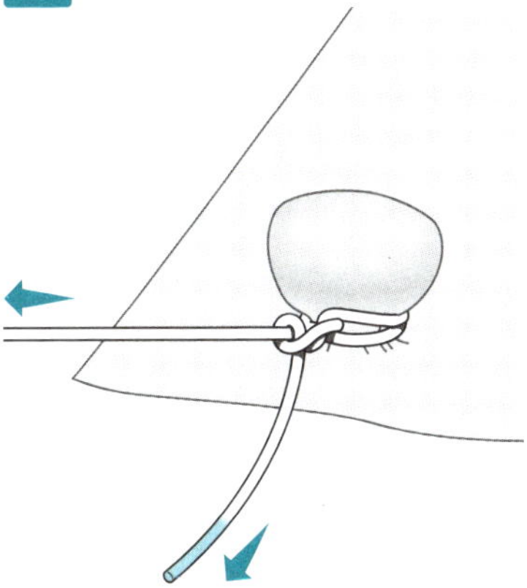

ひと結び（P10参照）を結ぶ。

7

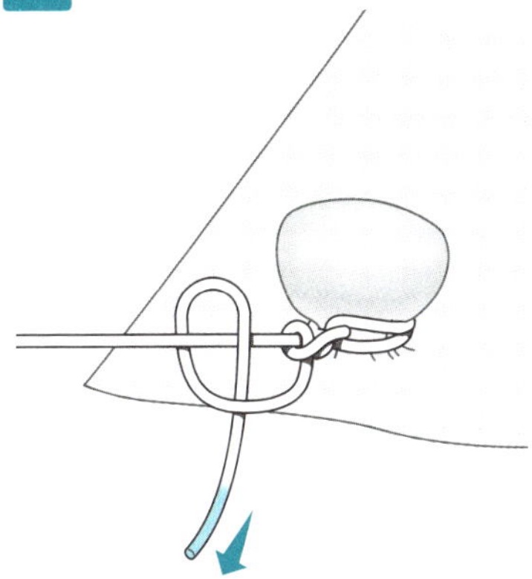

さらにもう1回ひと結びをつくり、ふた結び（P10参照）にする。

8

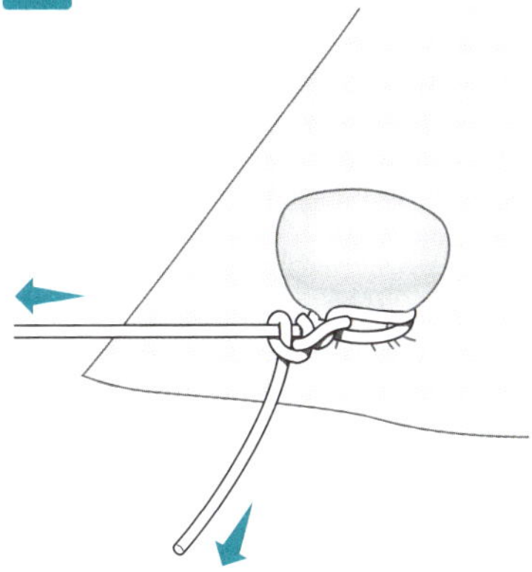

ロープの先端と元側をしっかり締める。

ロープをペグに結ぶ①

［ 自在結び ］

ペグにロープを結ぶときに便利なのが「自在結び」。
ロープの結び目をスライドさせることで、
テンションの強さを容易に調整できる。

1

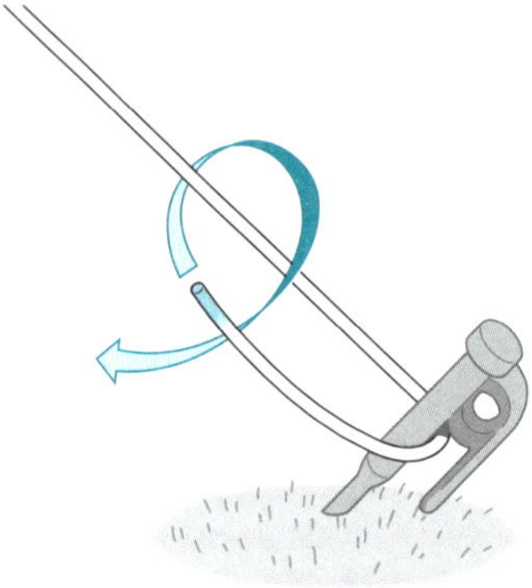

タープやテントのロープをペグに掛けて、
図のようにひと結び（P10参照）をする。

2

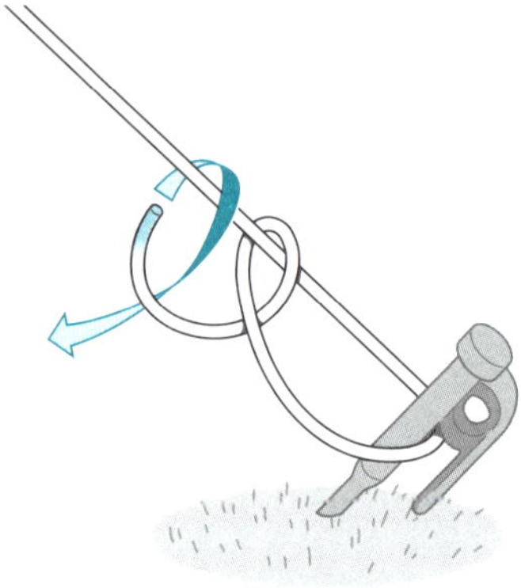

ひと結びを、もう一度繰り返す。

3

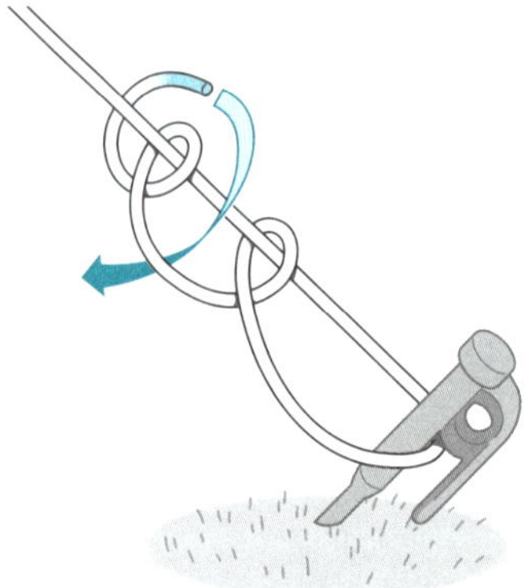

2でできた輪に、ロープの先端を通す。

4

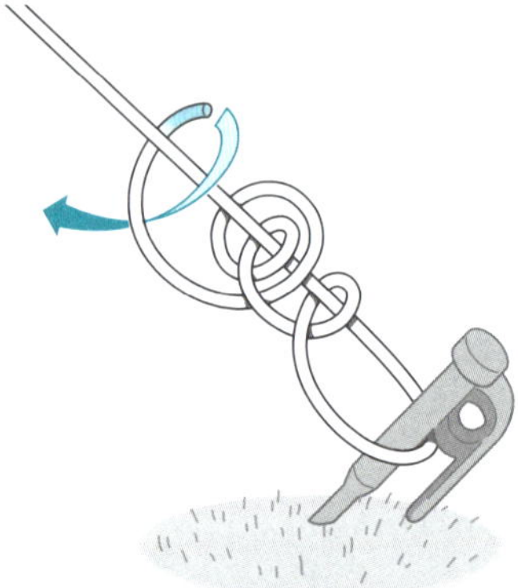

もう一度ひと結びを繰り返す。

【こんなときにも使えます!】

自在結びは、ロープをはったり、ゆるめたりすることが手軽にできる結びなので、物干用(あまり重量のないもの)のロープを木に結びつけるときなどにも用いられる。

5

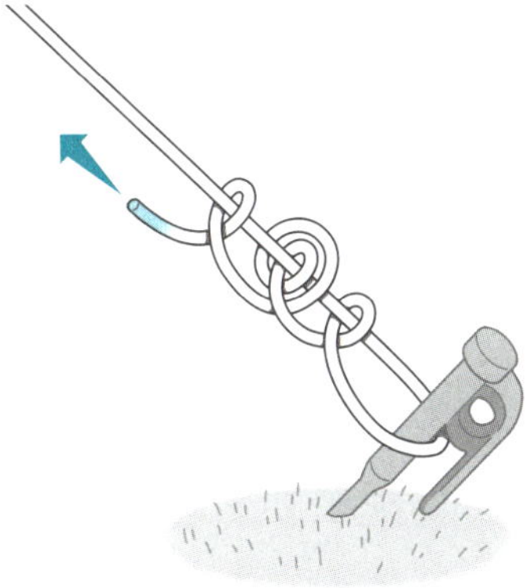

結び目の形を整えながら、ロープの先端をひっぱる。

6

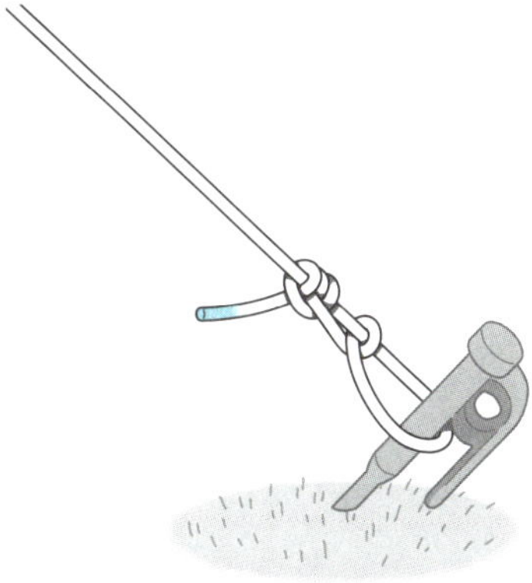

結び目をしっかり締めて完成。

7

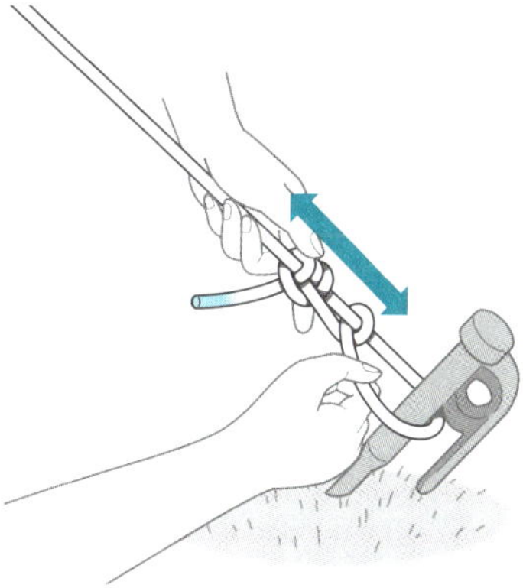

図のように2つの結び目をスライドさせてはり具合を調節する。

8

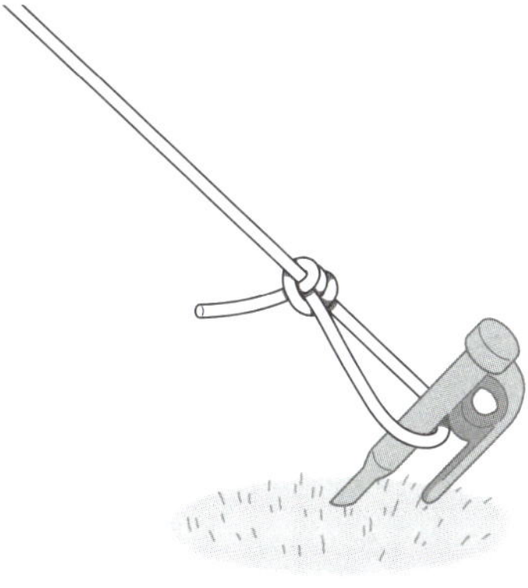

いちばん最初に結ぶひと結びは省略してもかまわない。

ロープをペグに結ぶ②

［ ふた結び ］

ロープのテンションを調整する必要がないようなら、
「ふた結び」（P10参照）がおすすめ。
最初に結んだ状態のテンションを維持し続けることができる。

1

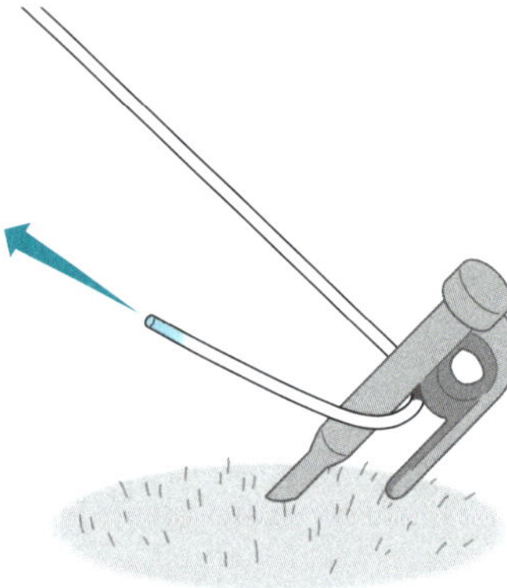

ロープをペグに掛ける。

2

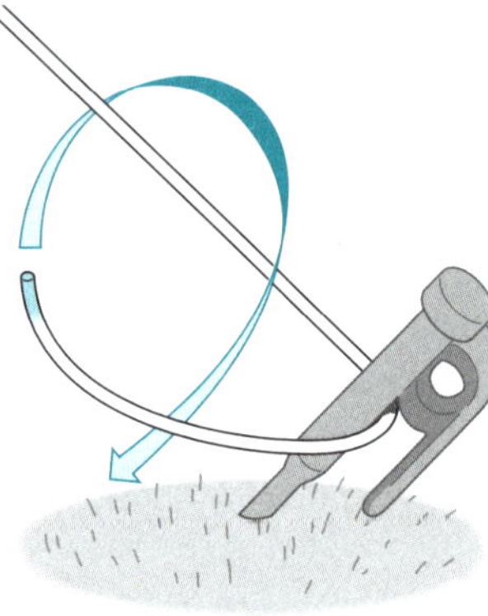

図のようにひと結び（P10参照）をする。

3

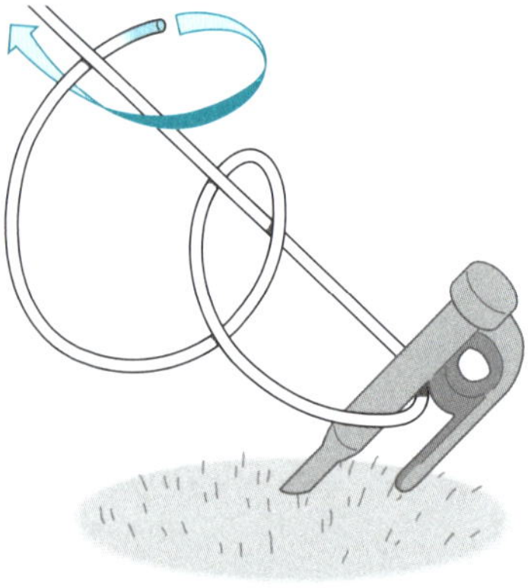

もう一度、ひと結びを繰り返す。

4

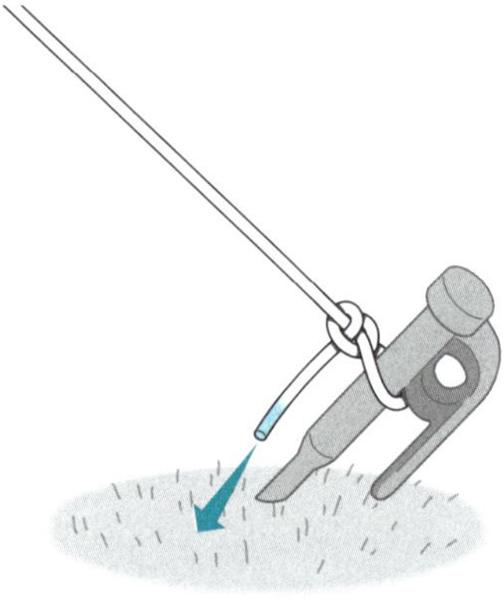

ロープがピンとはるように、先端を引いて
結び目をしっかりと締める。

ロープを石に結ぶ①

［ もやい結び ］

ペグがないときや岩場や砂地などペグが打てないときなどに、石や砂袋をペグの代わりにして、ロープを結ぶ。

1

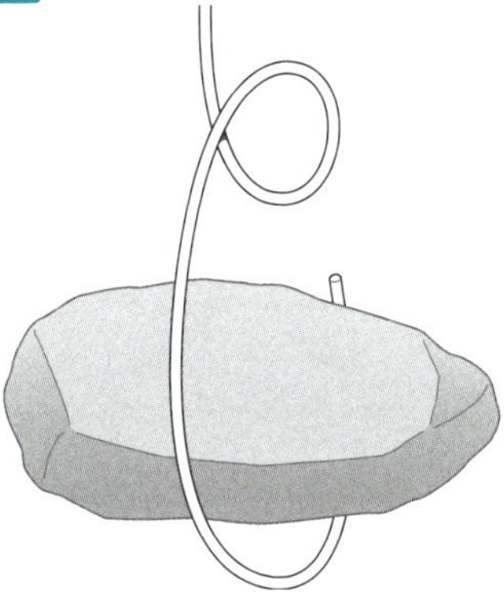

石にロープを回して、元側に輪をつくる。

2

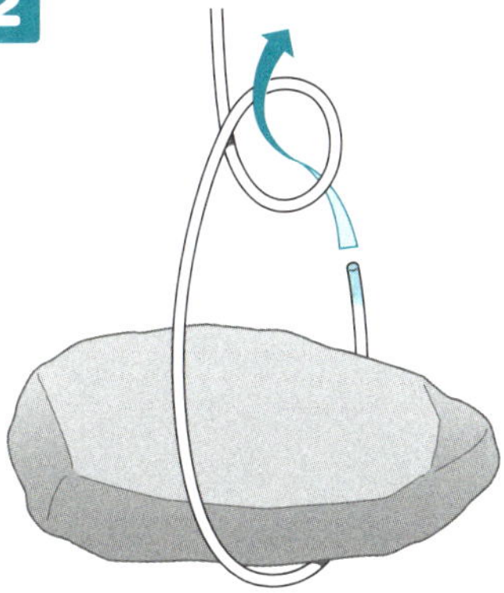

元側でつくったロープの輪に、回したロープの先端を通す。

3

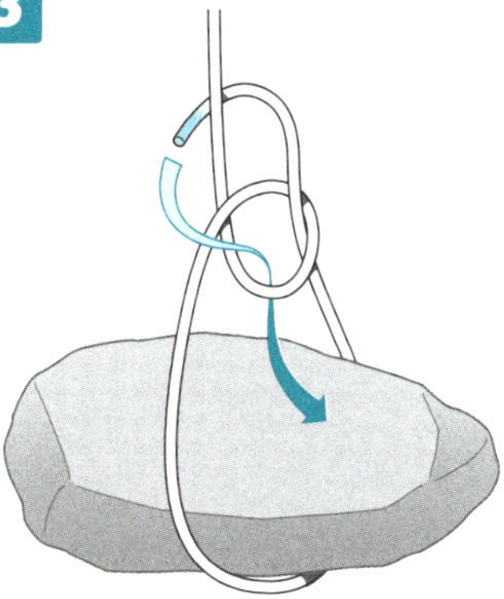

ロープの先端を矢印の方向に引き戻す。

4

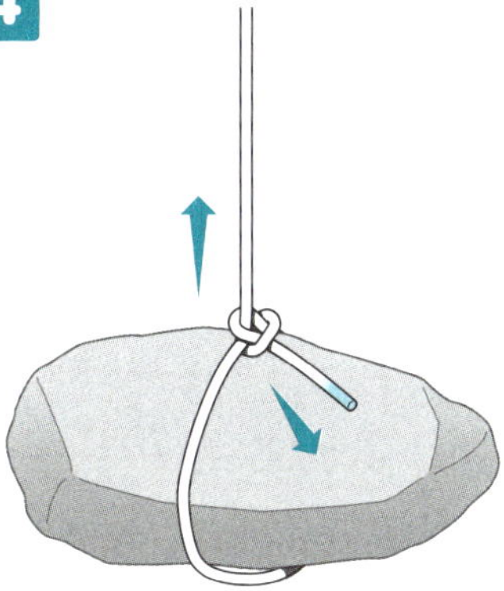

先端と元側を引き、結び目を締めて石を固定する。

ロープを石に結ぶ②

［ひばり結び］

結び方が非常に簡単な「ひばり結び」は、
ペグの代わりに石や砂袋をロープで固定したいときに便利。

1

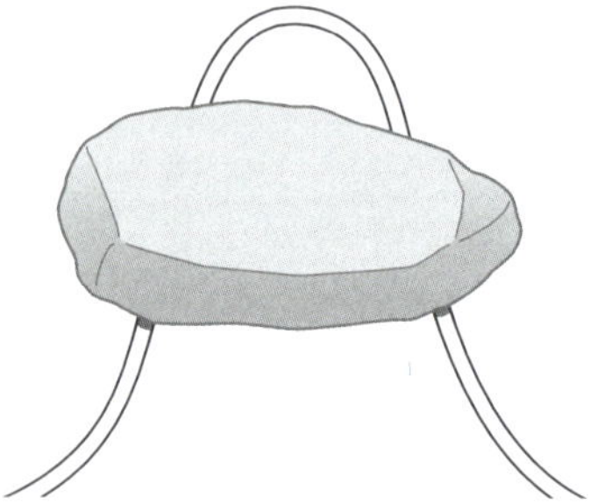

ロープを2つ折りにし、その上に石を置く。

2

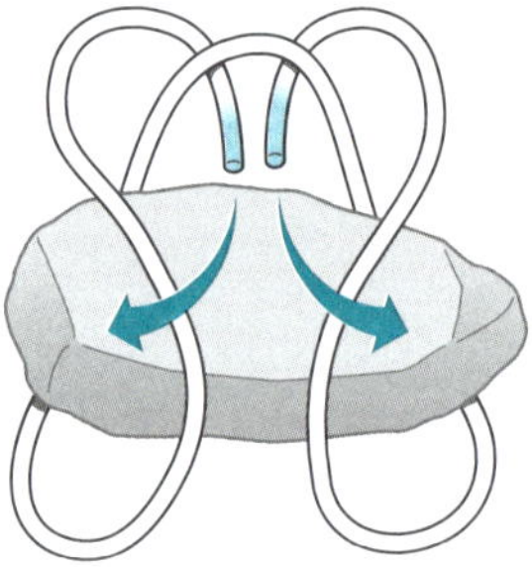

ロープの両端を図のように外側から輪に通す。結び目を締めると**ひばり結び**になる。

3

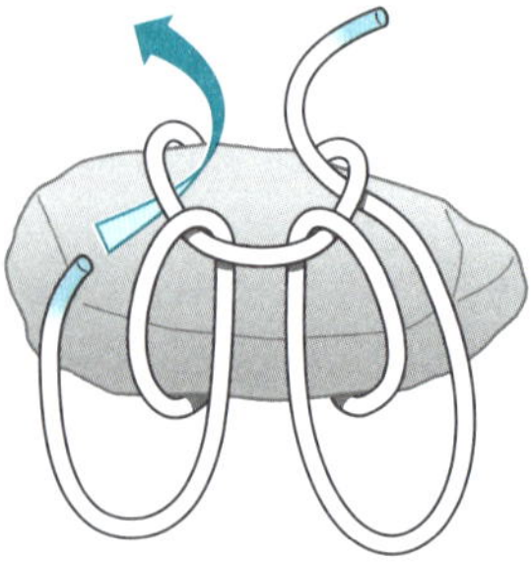

石をしっかり固定するため、引き戻した両端を、もう一度下から輪に通す。

4

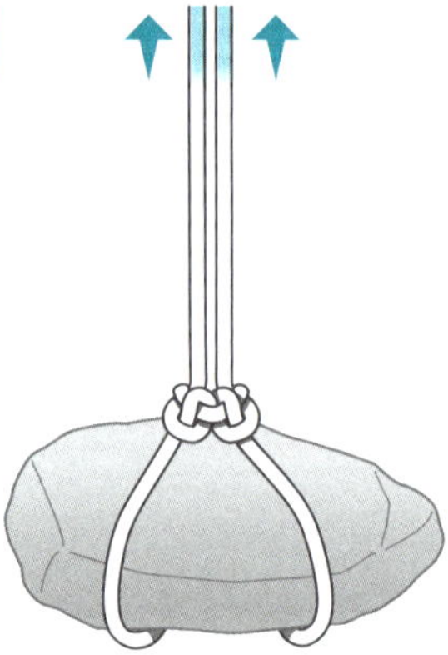

両端を強く引いて結び目を締める。

ロープを石に結ぶ③

［ ふた結び ］

手軽にさっと結べる「ふた結び」(P10参照)も、ロープを石に固定するのに適している。

1

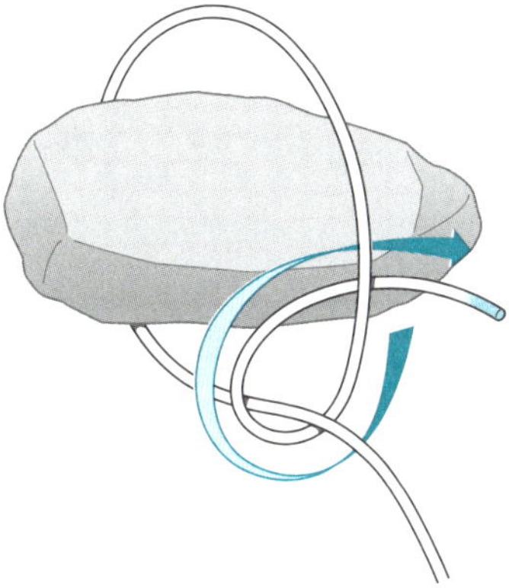

図のようにロープを通してひと結び(P10参照)をする。

2

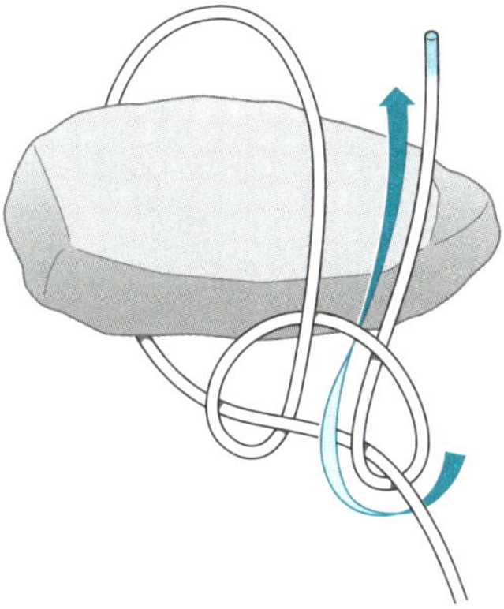

1で結んだひと結びをもう一度、同じように繰り返す。

3

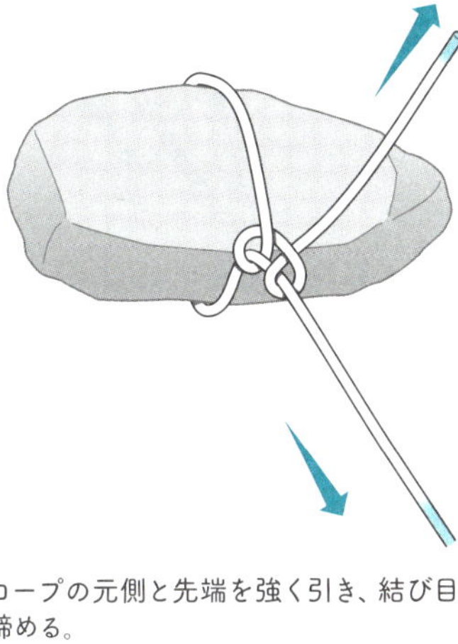

ロープの元側と先端を強く引き、結び目を締める。

4

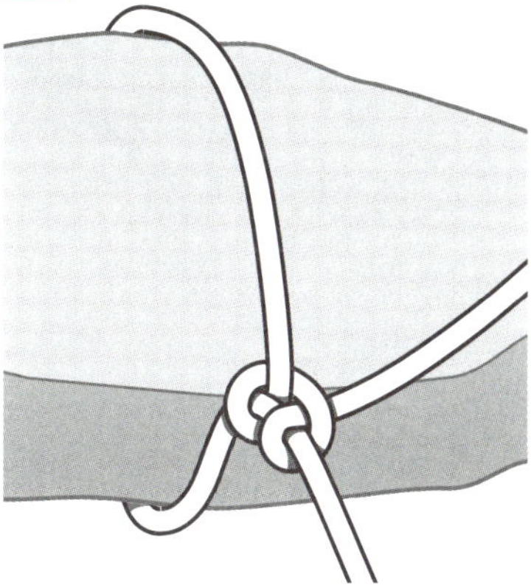

ロープのテンションは石を移動させて調整するといい。

ロープを継ぎ足す①

［ テグス結び ］

ロープの長さが足りなくなったときには、
「テグス結び」（P14参照）で新しいロープを継ぎ足そう。

1

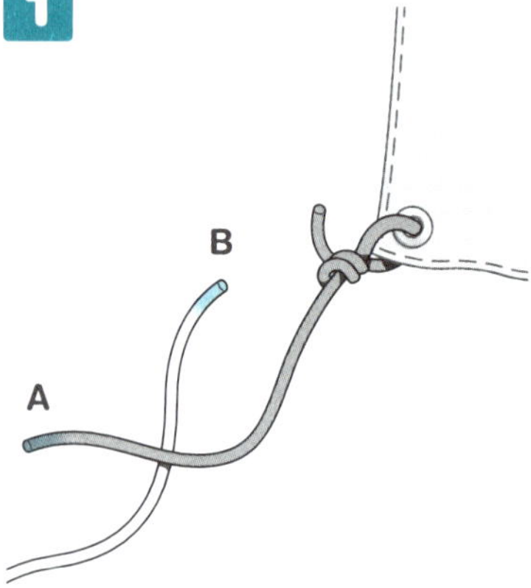

2本のロープを交差させる。

2

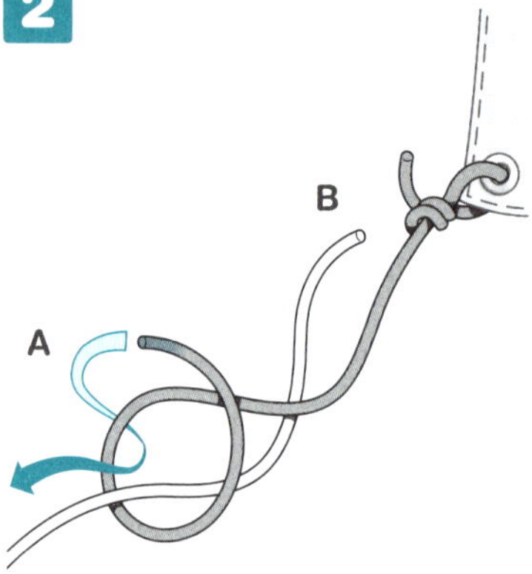

Aの先端で図のような輪をつくって矢印の方向に通す。（止め結び）

3

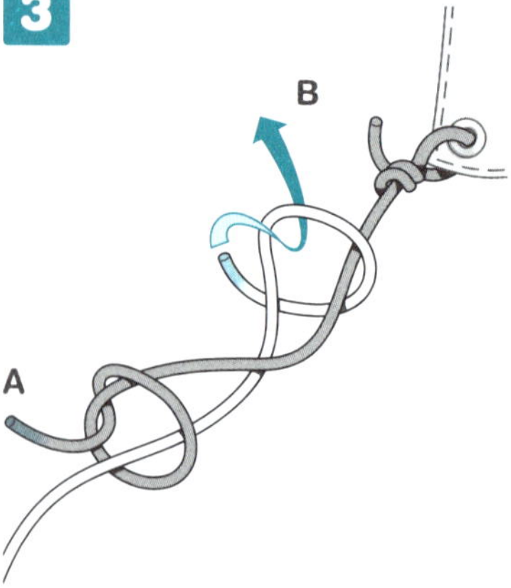

Bのロープも**2**と同じように止め結びにする。

4

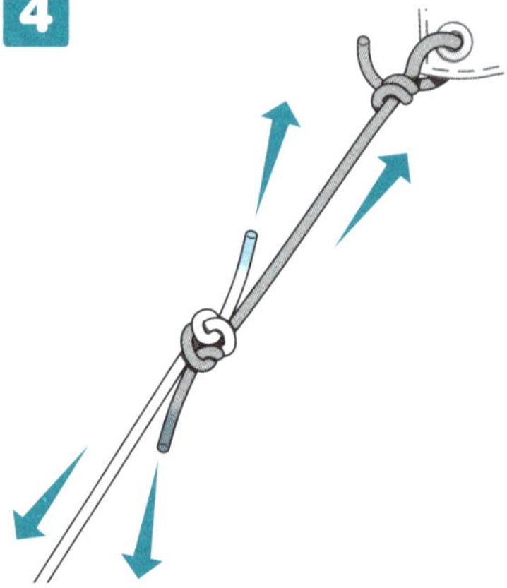

2本のロープの先端と元側を引いて、結び目をしっかりと締める。

ロープを継ぎ足す②

［一重継ぎ］

負荷がかかることでほどけにくくなる「一重継ぎ」は、太さの異なるロープも継ぎ足すことができる。

1

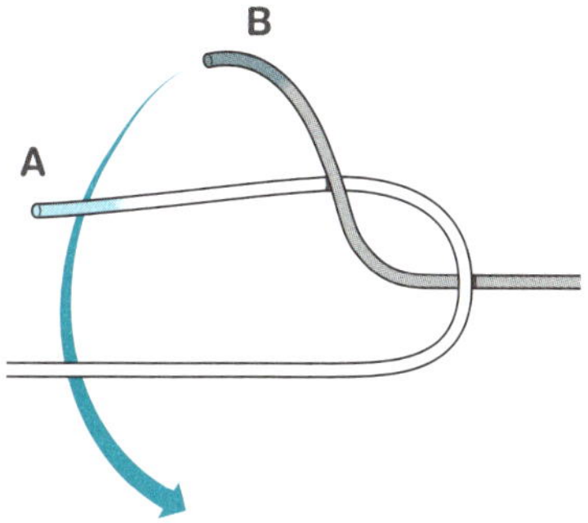

Aのロープの先端を折り返し、Bのロープの先端を図のように巻きつける。

2

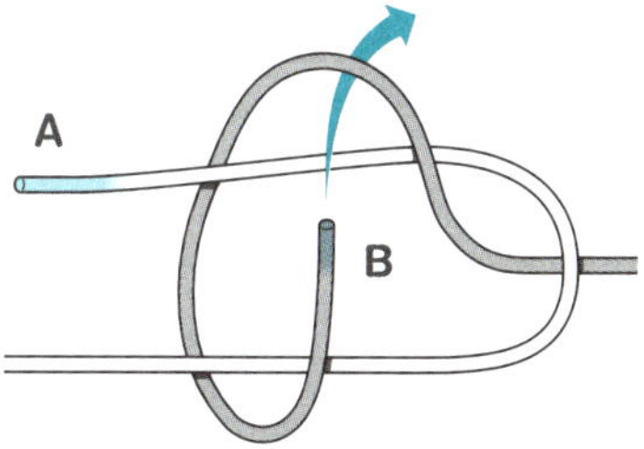

巻きつけたロープを矢印の方向に通す。

3

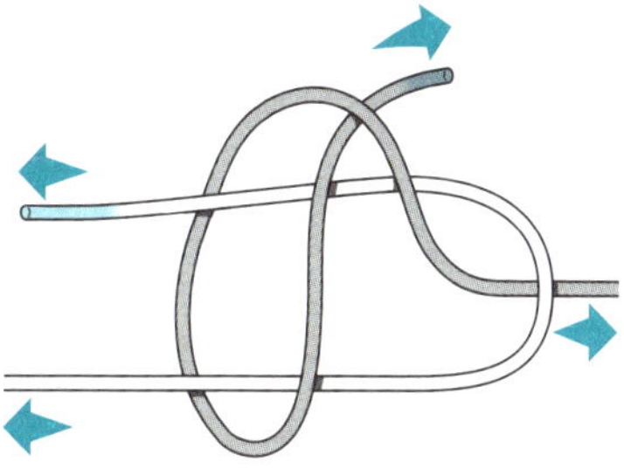

2本のロープの先端と元側をそれぞれを引いて、しっかりと結び目を締める。

4

2本のロープに負荷がかかっていればほどけにくい。

ロープを木に結びつける①

［ もやい結び ］

きつく締めてもほどきやすい「もやい結び」（P11参照）は、
テントやタープのロープの一端を最初に木に結ぶのに適している。

1

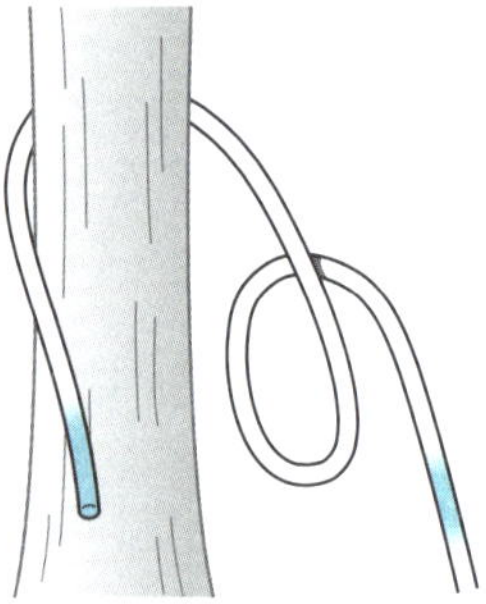

ロープを木に回して、元側に図のような輪をつくる。

2

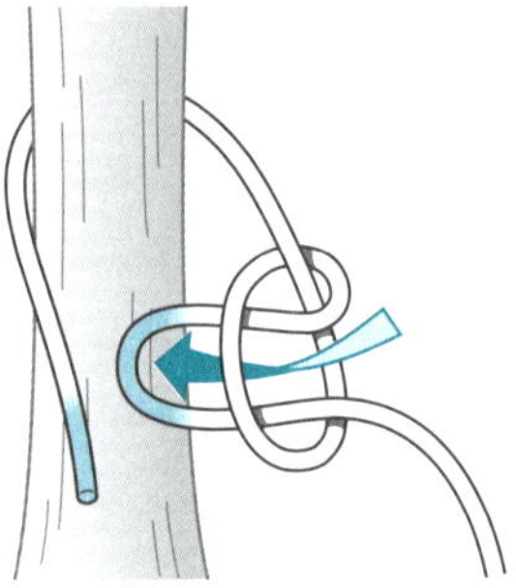

元側のロープをU字型にして**1**でつくった輪に通す。

3

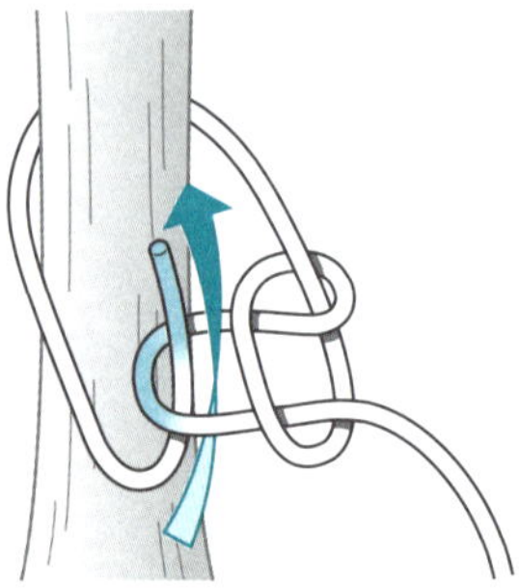

ロープの先端を**2**でつくった輪のなかに通す。

4

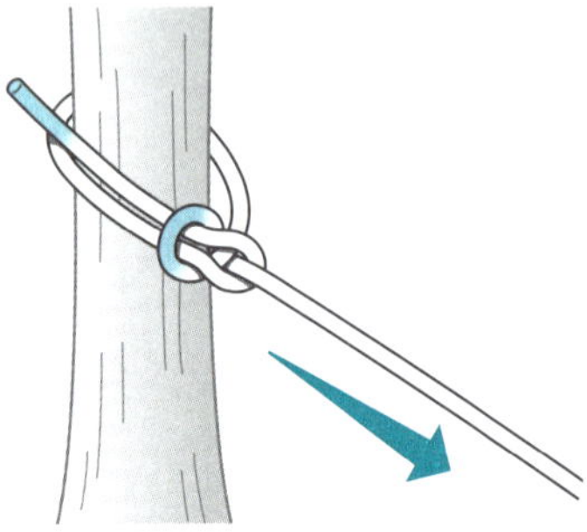

ロープの元側を強く引いて、結び目を図のような形にして整える。

ロープを木に結びつける②

［ ねじり結び ］

ロープにしっかりとテンションをかけたいときは最初に「ねじり結び」でロープの一端を結ぶといい。ロープのはりが弱まれば、すぐにほどくことができる。

1

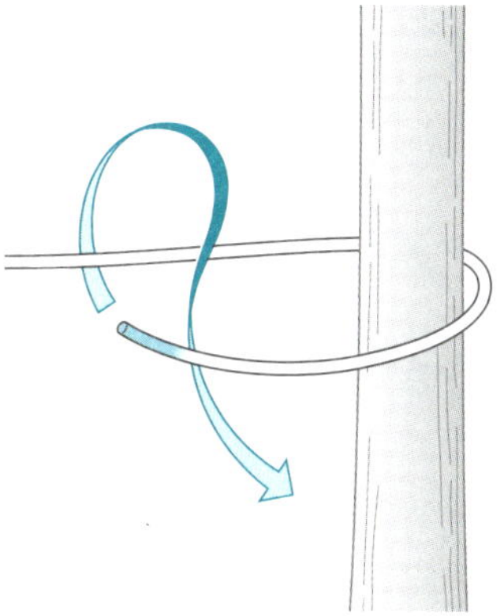

ロープを木に回して、矢印の方向に巻きつける。

2

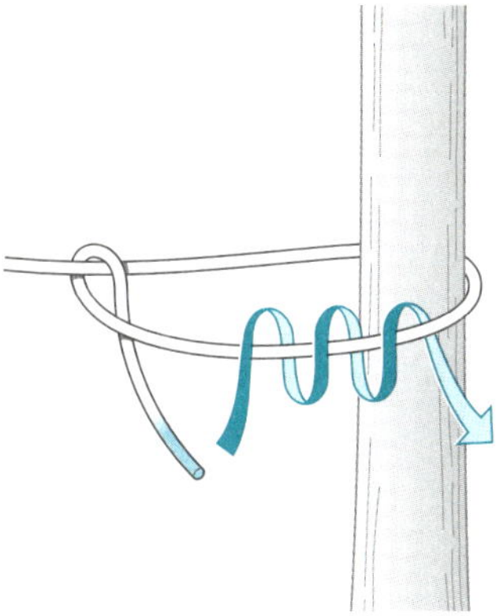

さらに図のように2、3回巻きつける。

3

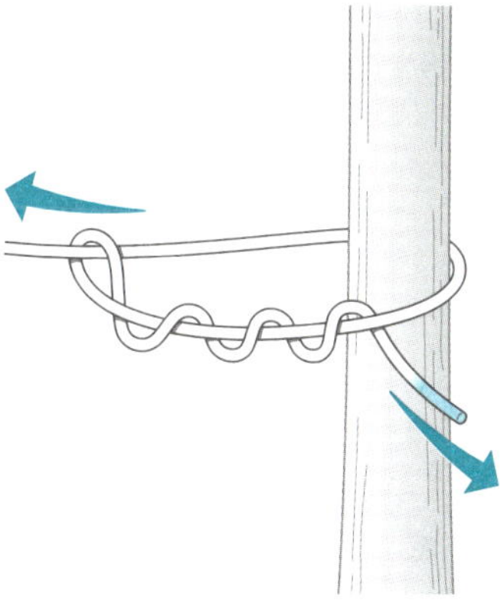

ロープの元側と先端を引いて結び目をしっかり締める。

4

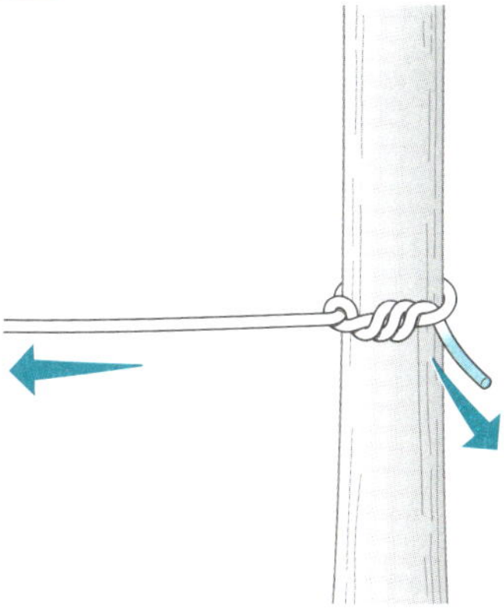

ロープにテンションがかかっていれば結び目はゆるまない。

ロープを木に結びつける③

［ 巻き結び＋ふた結び ］

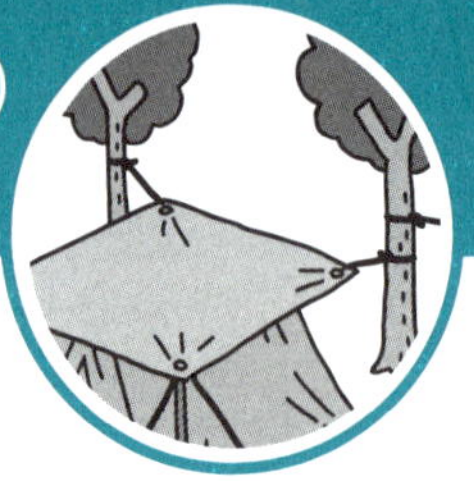

よりほどけにくくロープを木に結びつけたいなら、
「巻き結び」(P12参照) に補強として
「ふた結び」(P10参照) を加えてみよう。

1

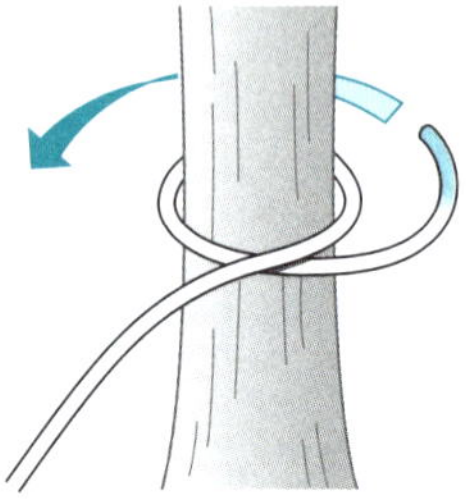

ロープを木に2回巻きつける。

2

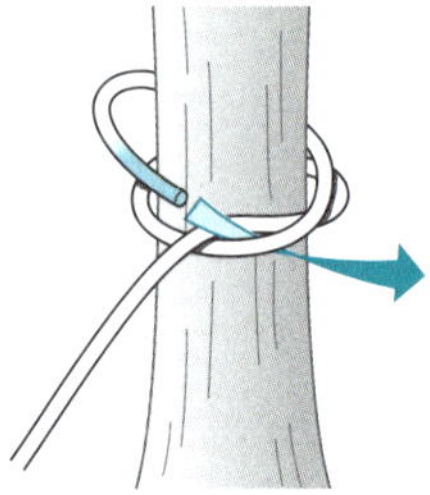

ロープの先端を矢印の方向に通す。(巻き結び)

3

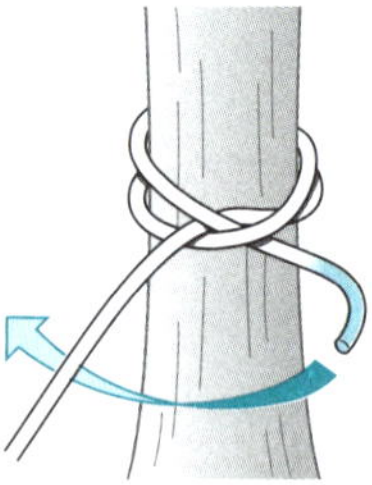

ロープの先端を引いて結び目を締め、元側の下にくぐらせる。

4

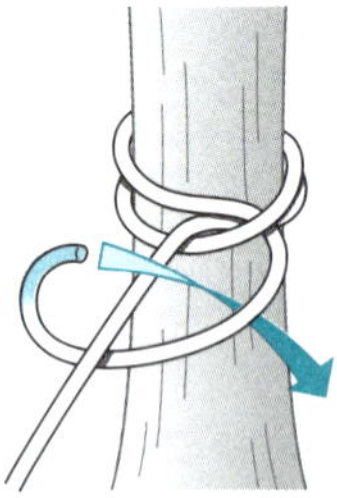

ロープの先端を**3**でできた輪に通してひと結び (P10参照) をする。

5

もう一度、ひと結びを繰り返す。

6

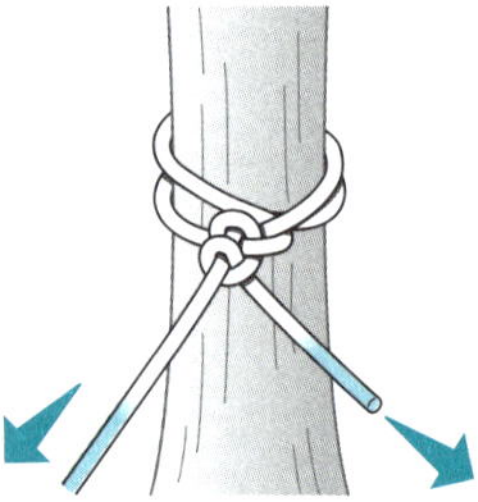

ロープの先端と元側を引いて、結び目を締める。

ロープを木に結びつける④

［ ふた結び ］

結ぶのもほどくのも簡単な「ふた結び」(P10参照)は、
ゆるみにくいため、さまざまなシーンで役立つ。
ロープにテンションがかかっていれば、まずほどけることはない。

1

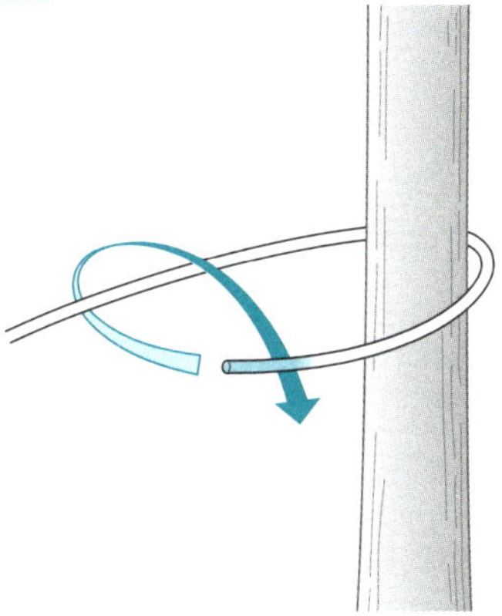

巻きつけたロープを矢印の方向に通す。

2

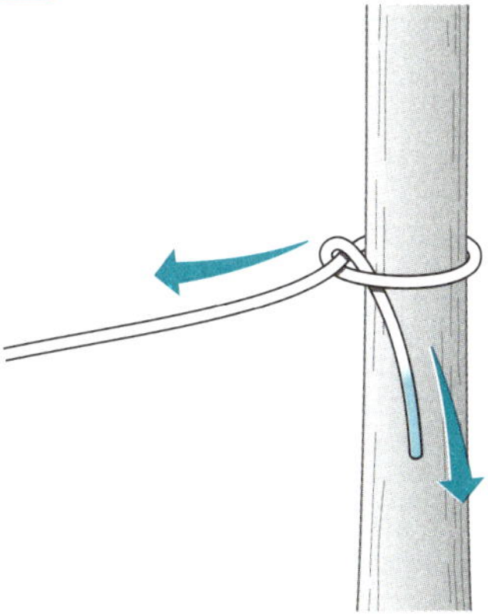

ロープの元側と先端を強く引く。(ひと結び)

3

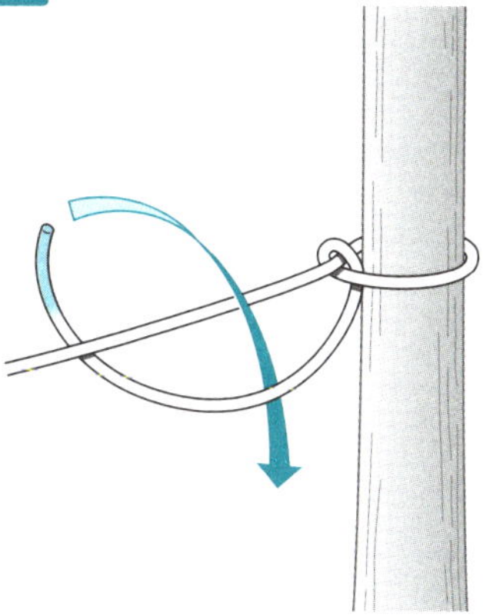

1と2のように、もう一度ひと結びを繰り返す。

4

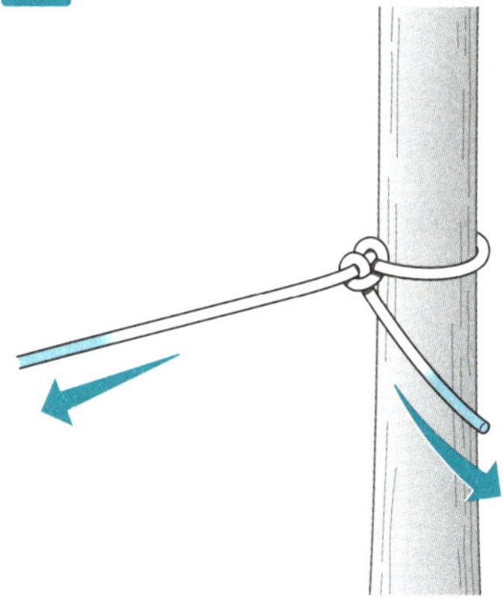

ロープの結び目をしっかりと締めて、ふた結びの完成。

物干し用のロープをはる①

［トラッカーズ・ヒッチ］

木と木の間に、物干し用のロープをはりたいときは「トラッカーズ・ヒッチ」。
ピンと強くはれるので、運送の現場でも使われている。

1

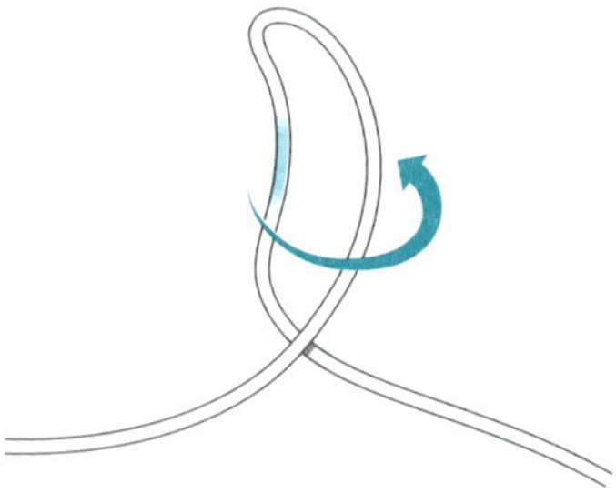

ロープの途中につくった輪を矢印の方向にねじる。

2

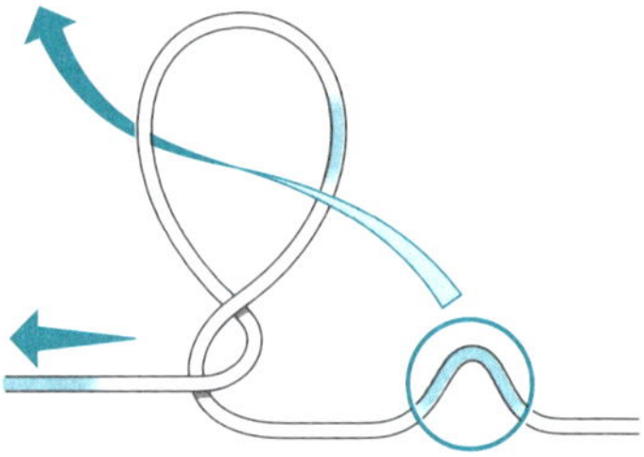

ねじった輪に図のようにロープを通す。ロープの元側を引いて結び目を締める。

3

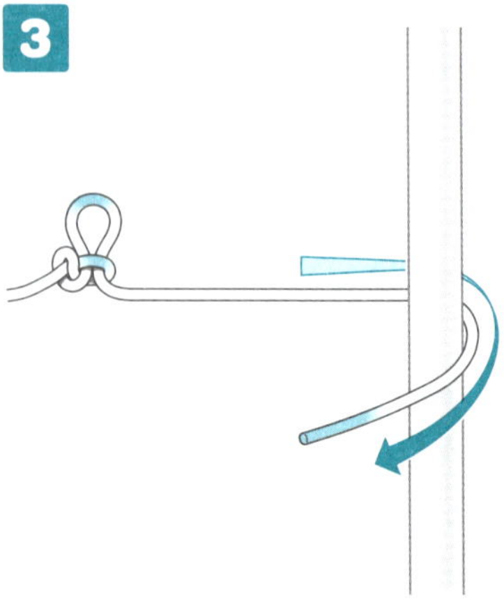

結び目を締めたら、ロープの先端を支柱に巻きつける。

4

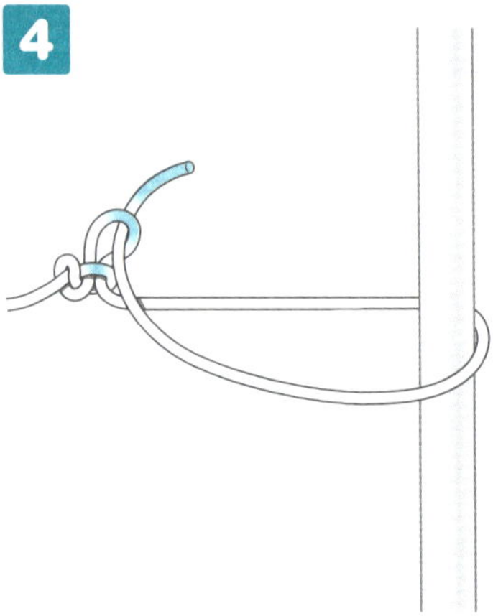

ロープの先端を輪に通す。

【こんなときにも使えます！】

トラックの荷台に積んだ荷物にロープをかけて固定するときにも、トラッカーズ・ヒッチが重宝する。最後にゆるまないように止めるのがコツ。

5

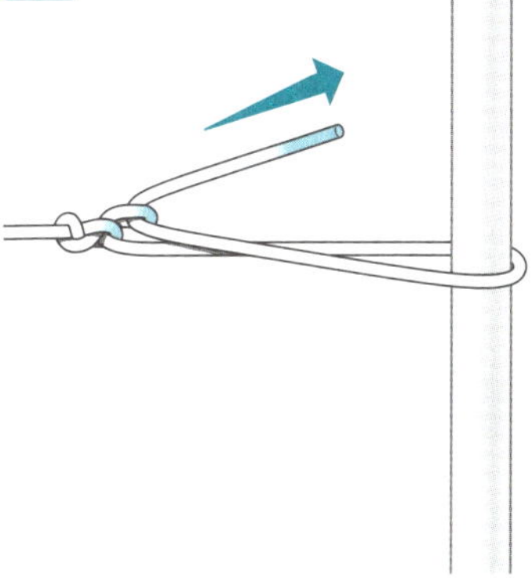

矢印方向に強くひっぱって、ロープをピンとはる。

6

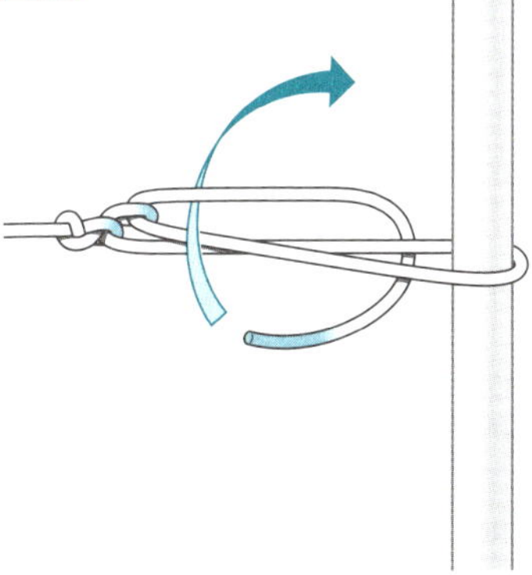

ゆるまないようにロープをひっぱりながら、**ひと結び**（P10参照）をする。

7

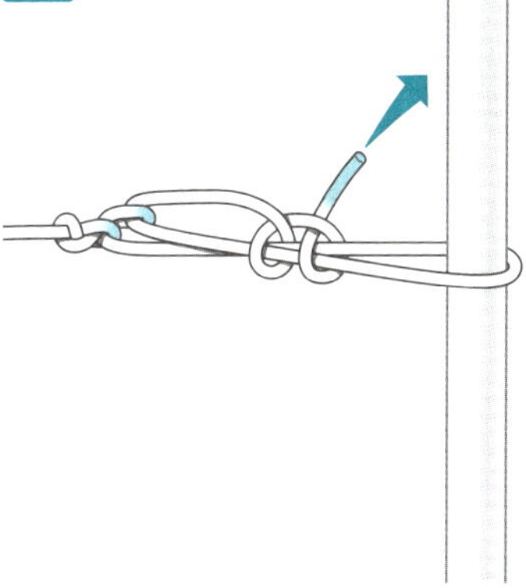

さらにもう一回、**ひと結び**をつくり、**ふた結び**（P10参照）をする。

8

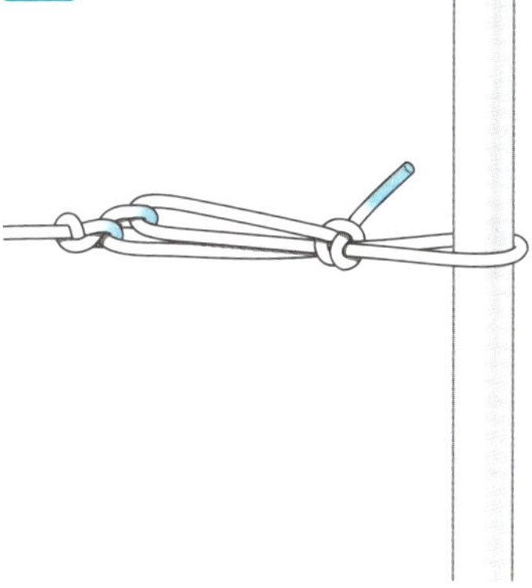

強度が高いので、洗濯ものなど重いものをかけてもロープがゆるまない。

物干し用のロープをはる②

［ラウンドターン＋ふた結び］

2本の木にロープをはるときに便利な結び方。
最初に一端を「もやい結び」にし、もう一端を「ラウンドターン＋ふた結び」で固定する。

1

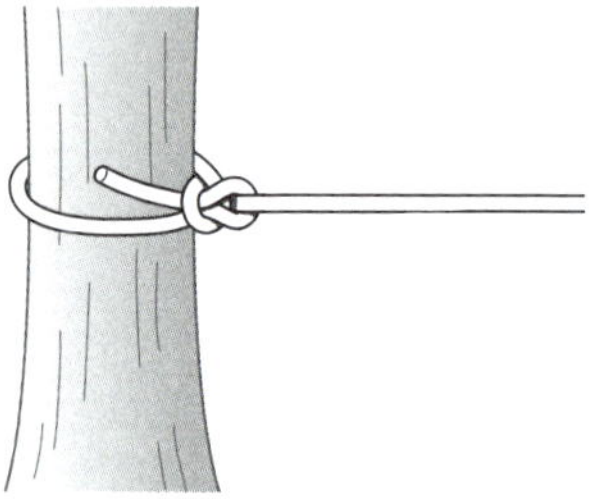

最初の一端は**もやい結び**（P11参照）などで結んでおく。

2

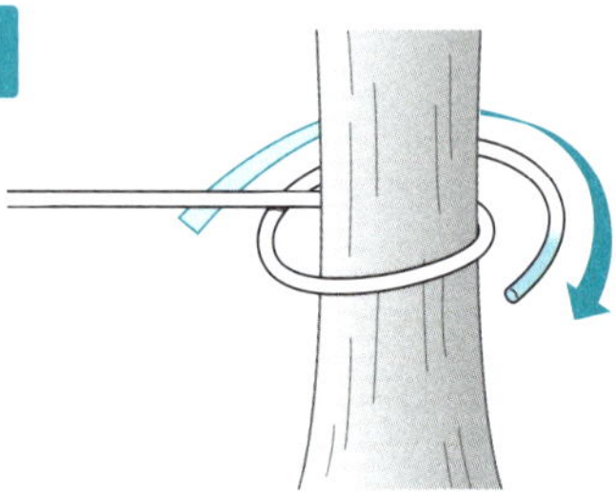

ロープのもう一端を強く引きながら木に2回巻きつける。（**ラウンドターン**）

3

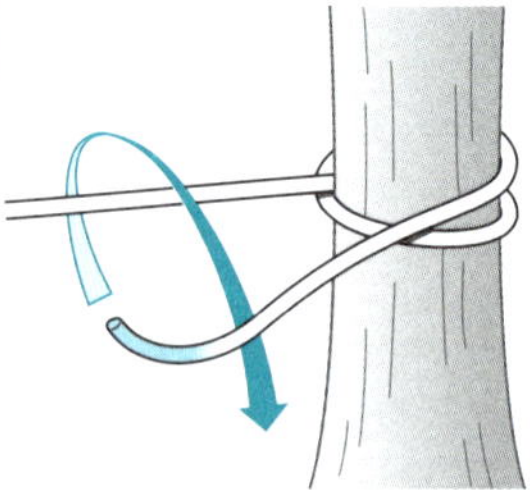

ロープの先端を矢印の方向に通して**ひと結び**（P10参照）をする。

4

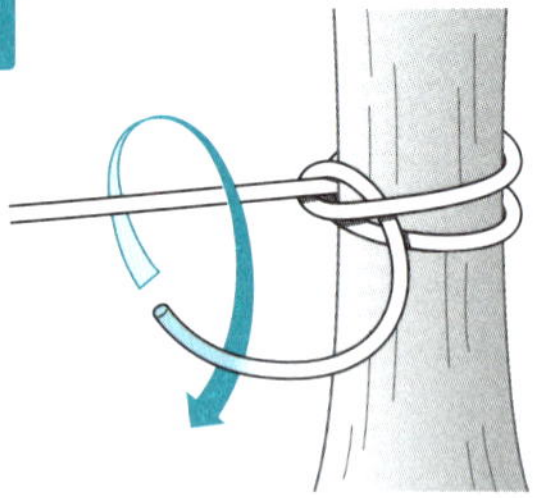

結び目を締めたら、もう一度、**ひと結び**を繰り返す。

5

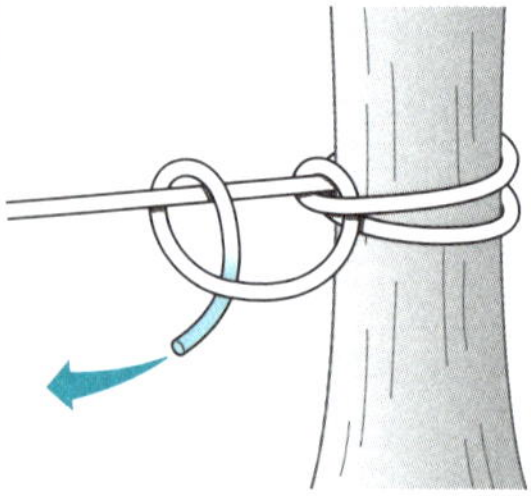

ふた結び（P10参照）になる。

6

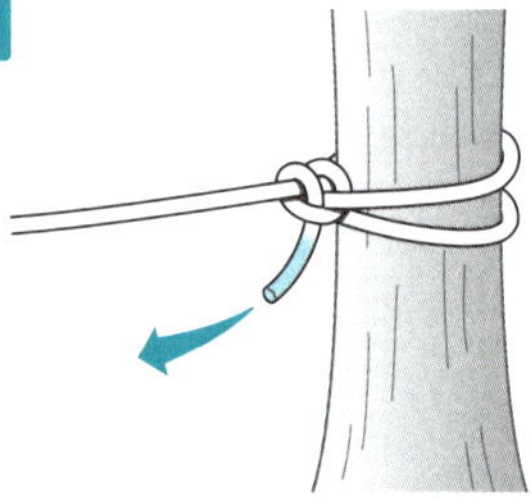

ロープの先端を強く引いて、結び目をしっかりと締める。

小物を吊るす①

［よろい結び］

ロープに複数の輪をつくり、フックをかけて小物を吊るすときには「よろい結び」を。

1

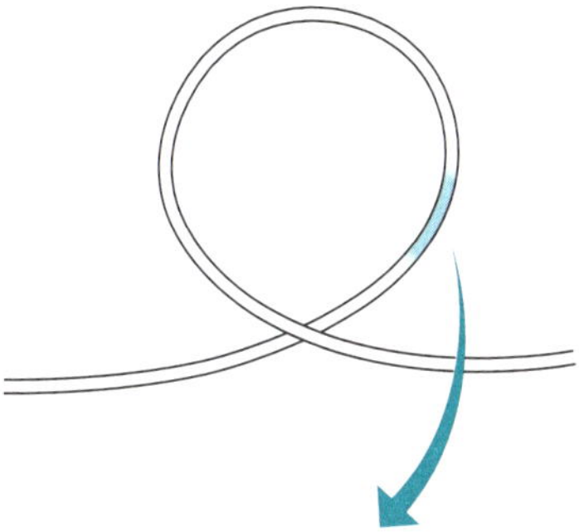

ロープで輪をつくり、右側を手前に引いて元側のロープと重ねる。

2

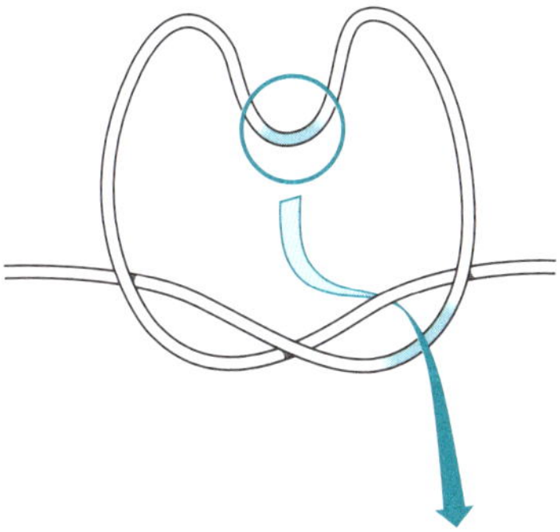

ロープを重ねてできたスペースに**1**の輪を下からくぐらせる。

3

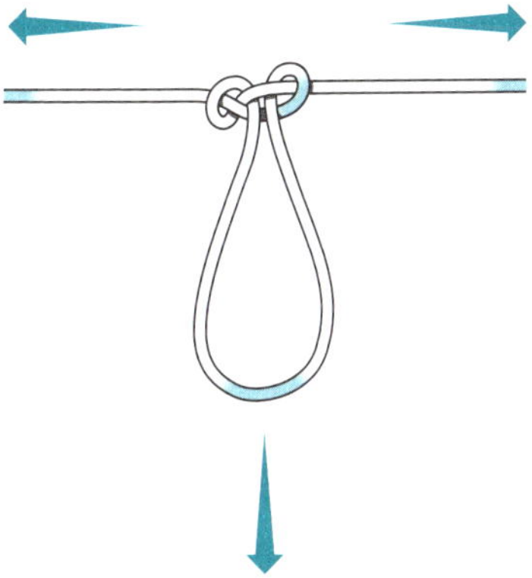

ロープの左右と輪をひっぱって結び目を締める。

4

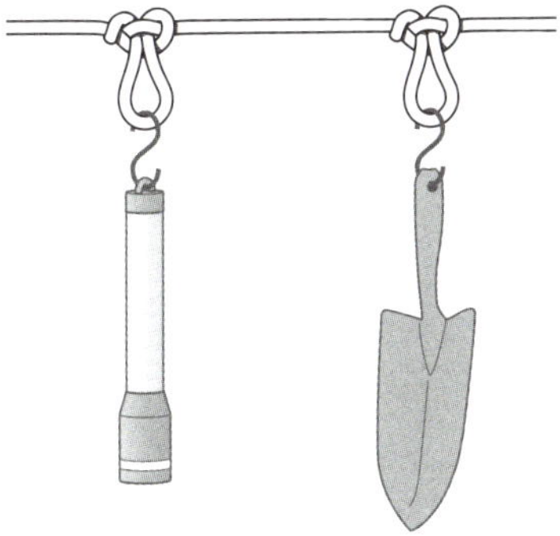

結び目にフックをかければ、さまざまな小物を吊るすことができる。

小物を吊るす②

[中間者結び]

「よろい結び」(P41参照)よりも強度が高くほどけにくい輪をロープの途中につくるなら「中間者結び」。丈夫なので重いものも吊るすことができる。

1

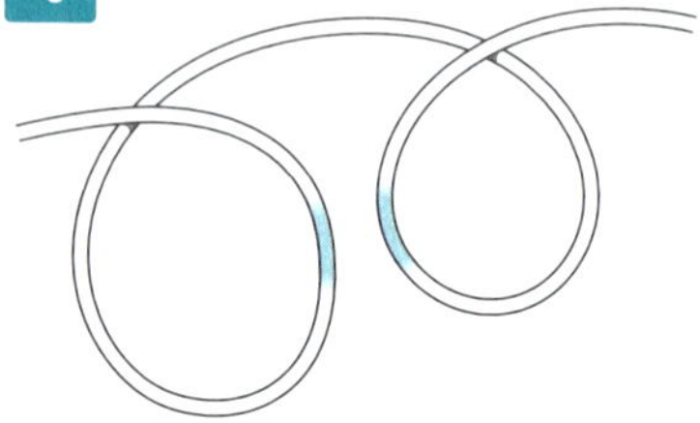

ロープの途中に輪をふたつくる。

2

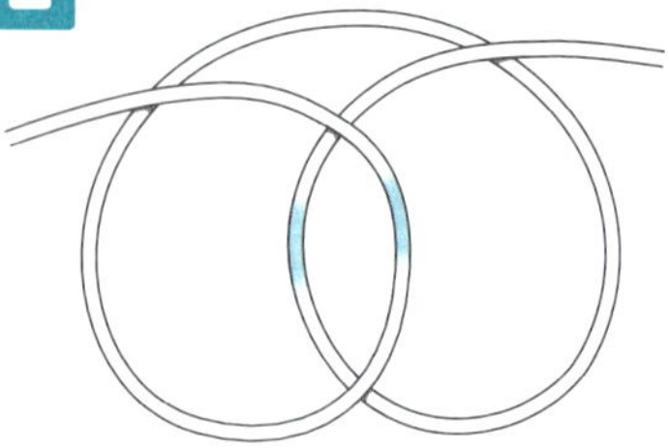

2つの輪を図のように重ねる。

3

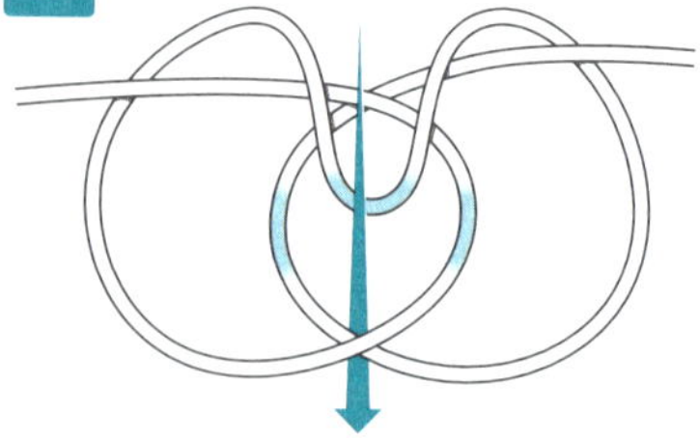

ロープを重ねてできたスペースに、輪の中間部分を上から通す。

4

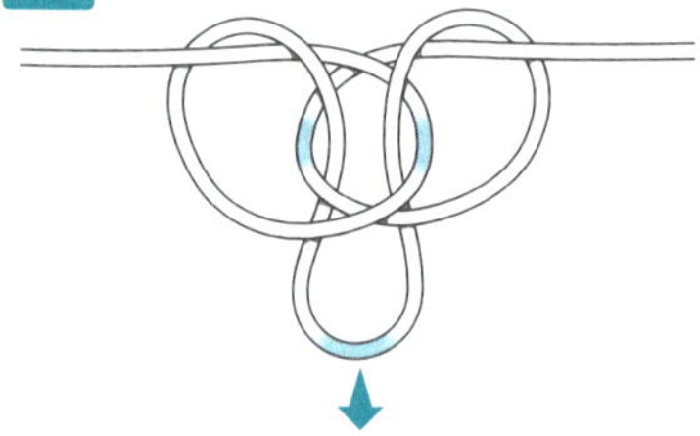

通した部分を引いて輪の大きさを調整する。

5

左右のロープを引いて結び目を締める。フックをかけて小物を吊るす。

知っテク

よろい結び(P41参照)同様に、1～5の手順を繰り返して、1本のロープに複数の結び目をつくることができる。

ランタンを吊るす
[クレイムハイスト・ノット]

この結びは、荷重かかっていると結び目が固定し、荷重がかかっていないと結び目を上下に移動することができる。ランタンを吊るして高さを調節することも可能だ。

1

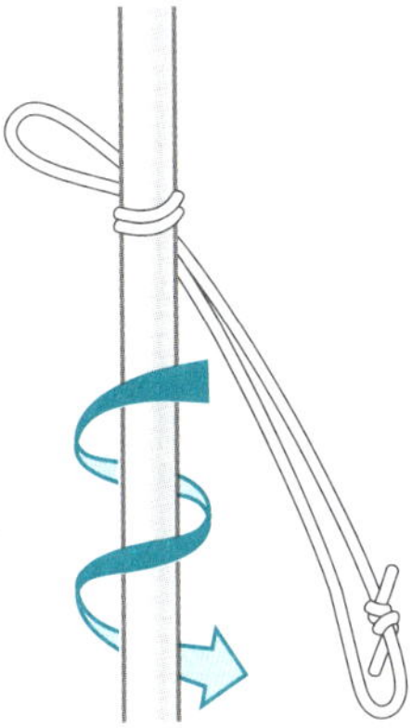

テグス結び（P14参照）でスリングにしたロープを矢印の方向に支柱に巻きつける。

2

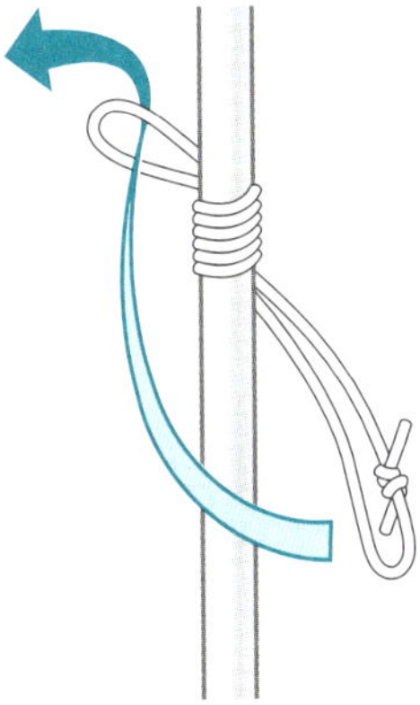

スリングの下の輪を上の輪に通す。

3

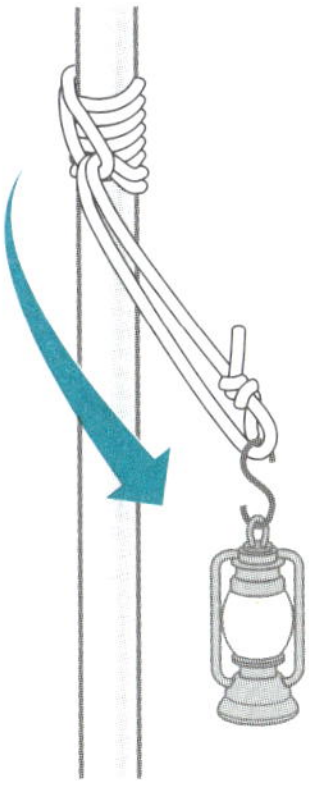

図のように、下の輪を引いて結び目を締める。ランタンを吊るす。

知っテク

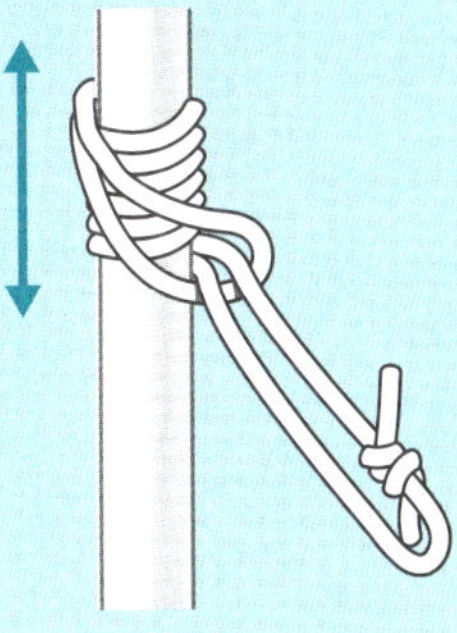

荷重がかかっていなければ、結び目を上下に移動することができる。

長いものを吊るす①

［スペインもやい結び］

ロープに2つの輪をつくるための結びで、
輪は「もやい結び」の形になる。
はしごなど、長い棒状のものを水平に吊るすことができる。

1

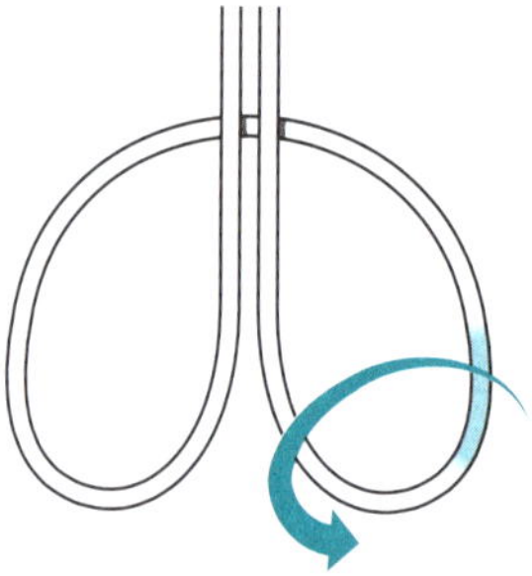

ロープを中間で折り曲げて、図のような輪をつくり、輪の外側を内側によじる。

2

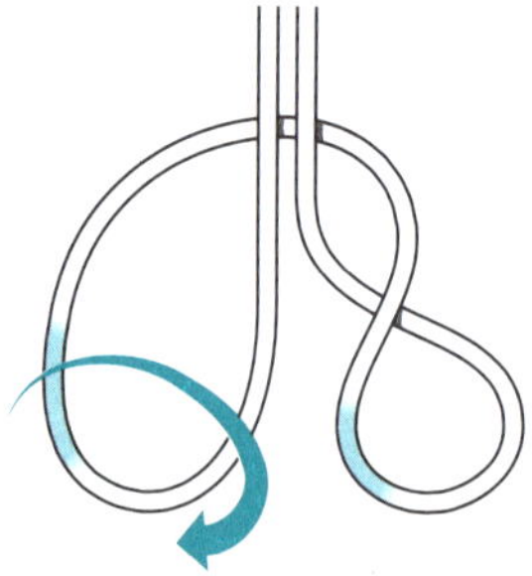

1と同じように、反対の輪もよじる。

3

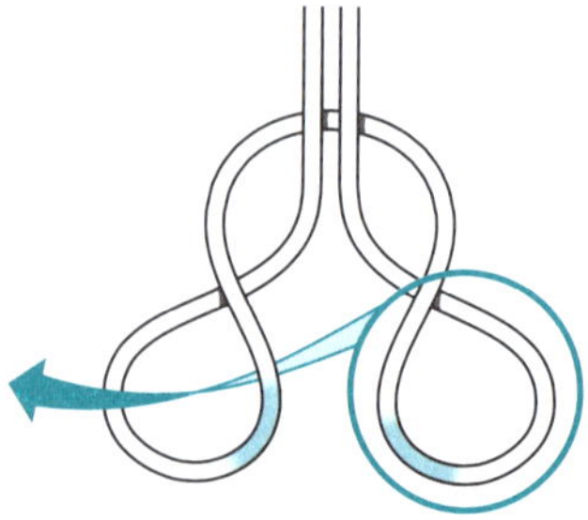

よじった右側の輪を左側の輪のなかに通す。

4

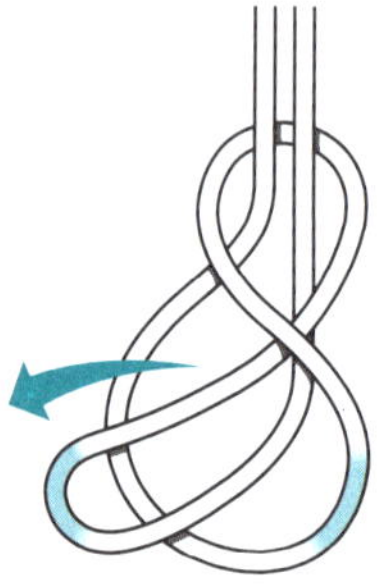

通した輪を引き出す。

【こんなときにも使えます！】

1本のロープにスペインもやいをつくり、さらにそれぞれの輪でもう1度スペインもやいを結べば4つの輪ができるので、テーブルやイス、ハシゴなどを吊るすこともできる。

5

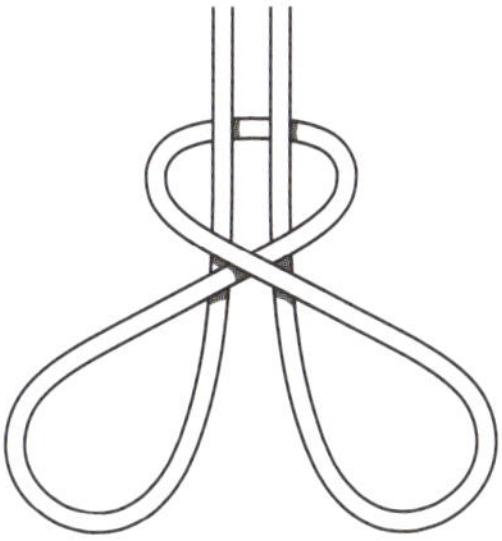

通した輪を引き出して形を整えると、このような状態になる。

6

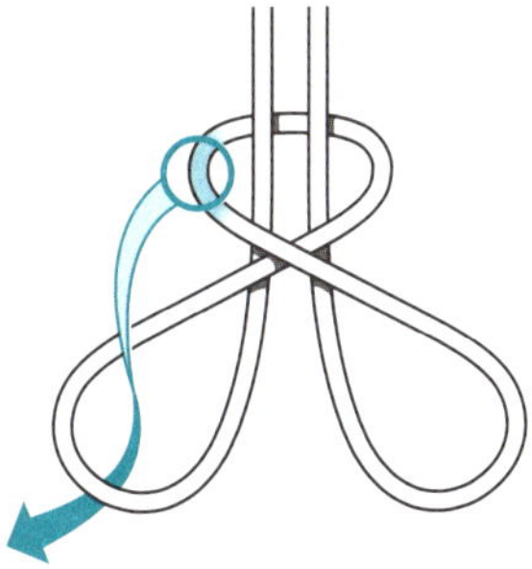

3つできた輪のうち、上の輪の左側を左下の輪に通す。

7

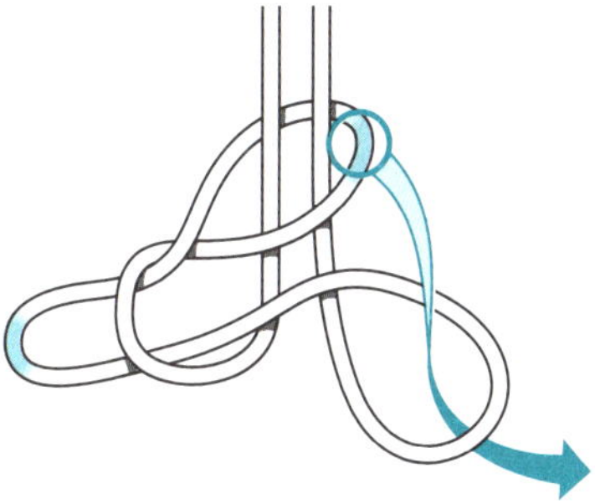

6と同じように、上の輪の右側を右下の輪に通す。

8

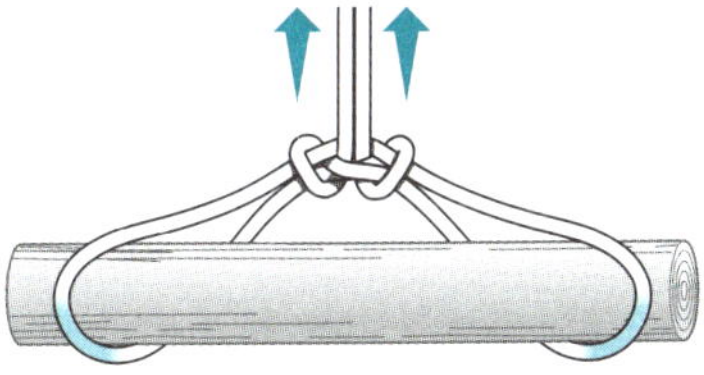

ロープの元側を引いて、結び目を締める。2つの輪に長いものを平行にして通して吊るす。

長いものを吊るす②

[丸太結び]

上下に2か所を支える「丸太結び」は、
長いものを安定した状態で支えられる。

1

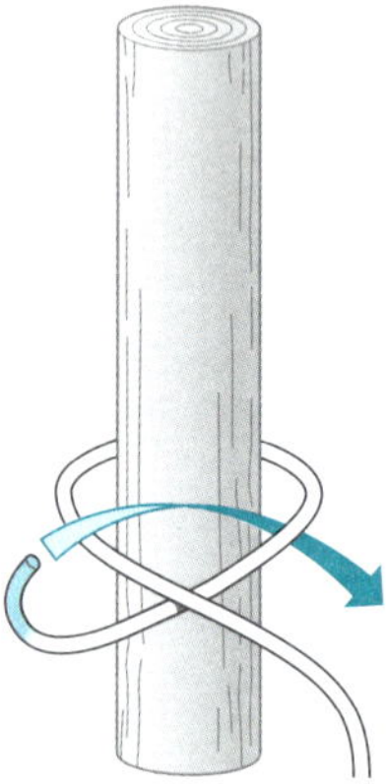

丸太にロープを回して、ひと結び(P10参照)にする。

2

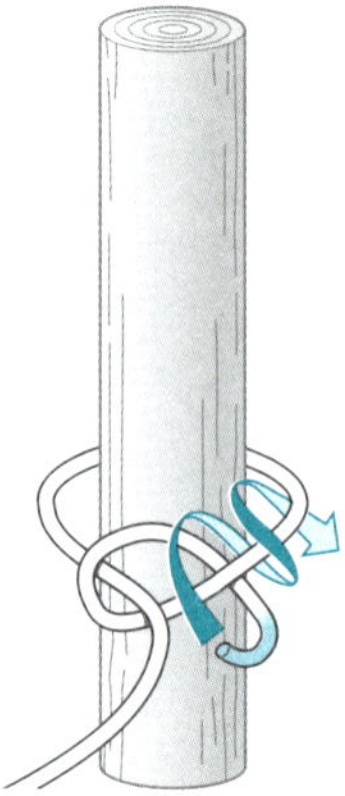

ロープの先端を矢印の方向に巻きつける。

3

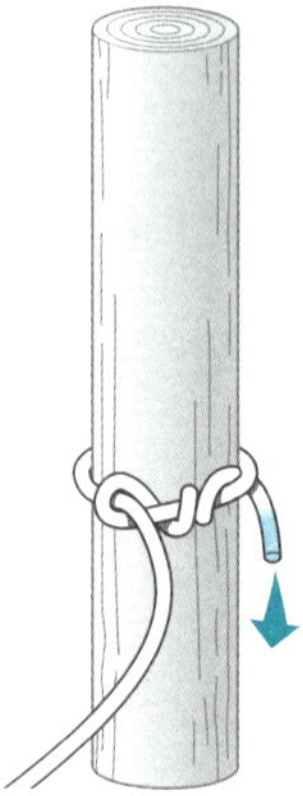

ロープの先端を引いて、結び目を締める。(ねじり結び)

4

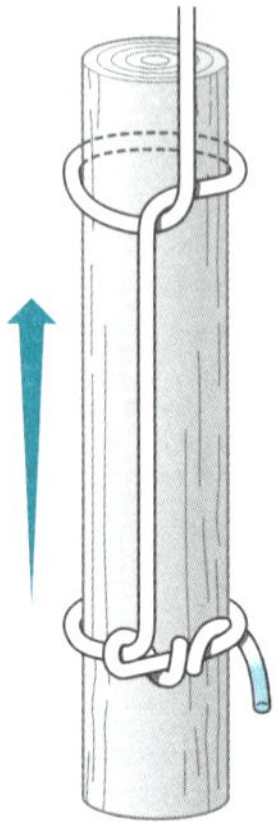

元側のロープを丸太の上部に引き上げて、図のように巻いて結ぶ。丸太が長い場合は、中間にもう1回ひと結びをするといい。

丸太を運ぶ

［ 丸太結び ］

「ねじり結び」（P35参照）と「ひと結び」（P10参照）を合わせた「丸太結び」。
丸太のような重く長いものをひっぱって運ぶときに使う。

1

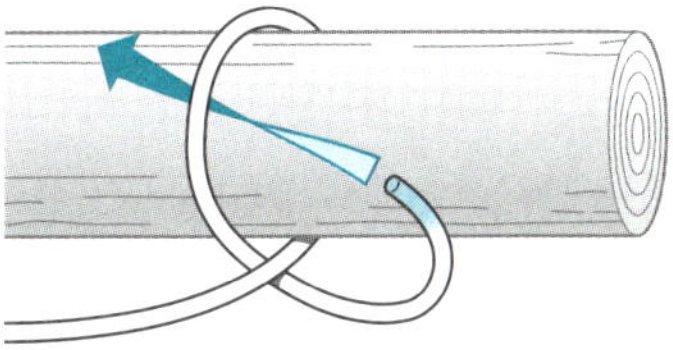

丸太にロープを巻きつけて、ひと結び（P10参照）にする。

2

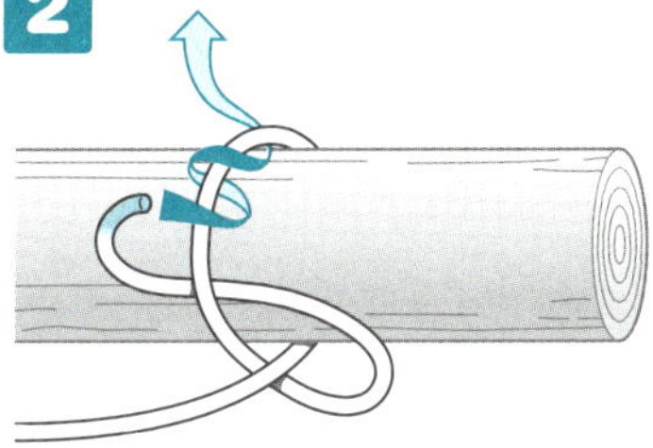

ロープの先端を図のように2回通す。（ねじり結び）

3

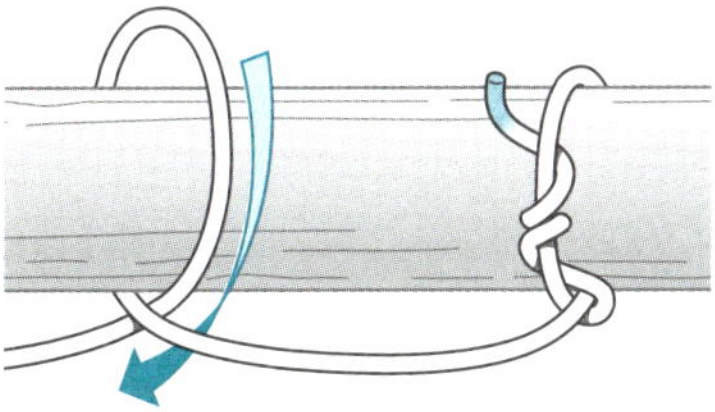

ロープの元側も、少し離れた場所に丸太に巻きつけて結ぶ。

4

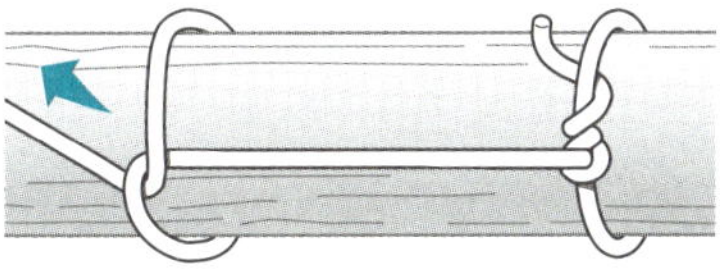

ロープの元側を引き、結び目をしっかり締める。

知っテク

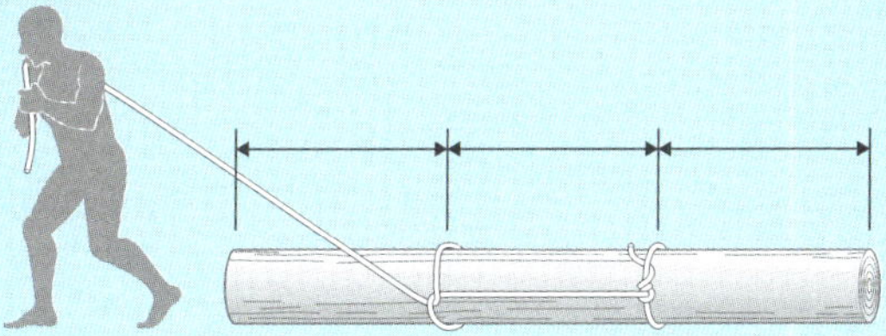

結び目は、それぞれ丸太の1/3のところを目安に結ぶ。安定がとれて運びやすい。
丸太が長い場合は、長さに合わせてひと結びの数を増やしてバランスをとろう。

薪を運ぶ

［ 本結び＋ひばり結び ］

「本結び」(P15参照)でロープを輪にし、
「ひばり結び」(P30参照)で薪をまとめる。この結びは、
大型テントやタープのポールなどをまとめて運ぶときにも使える。

1

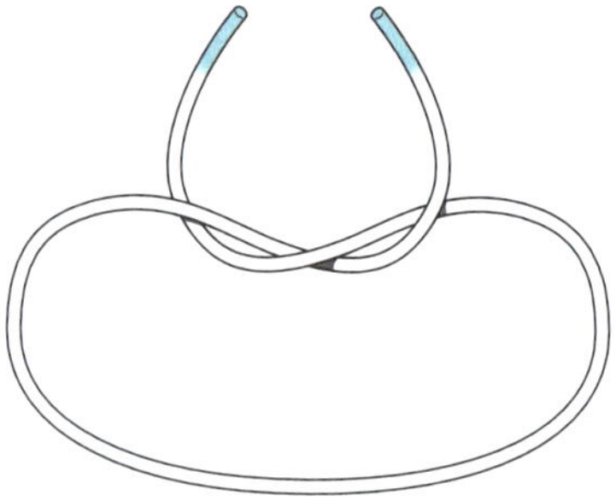

1本のロープの端と端を交差する。

2

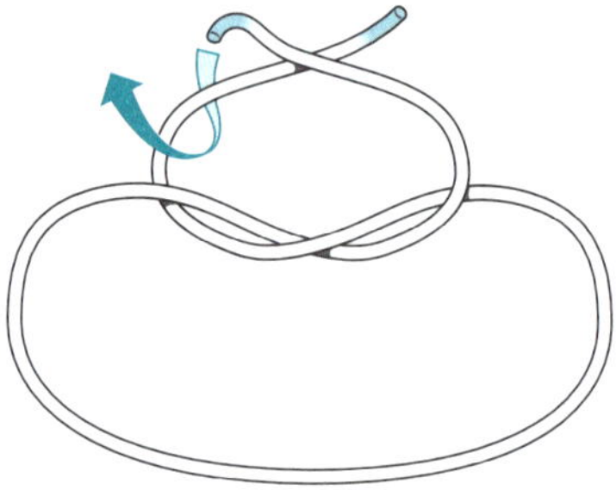

右端のロープを図のように左端のロープに通す。

3

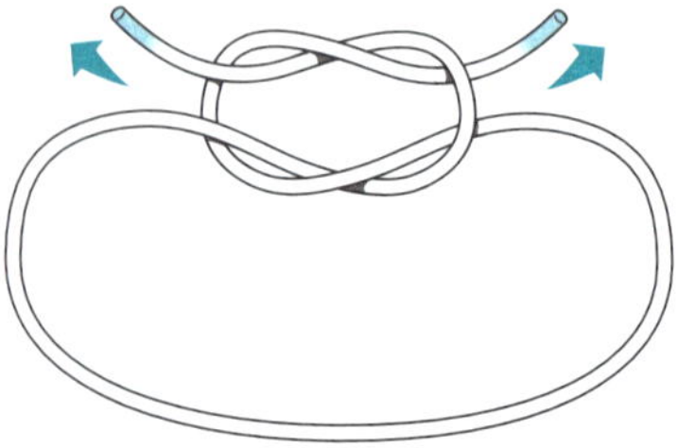

ロープの両端を引いて本結びにする。

4

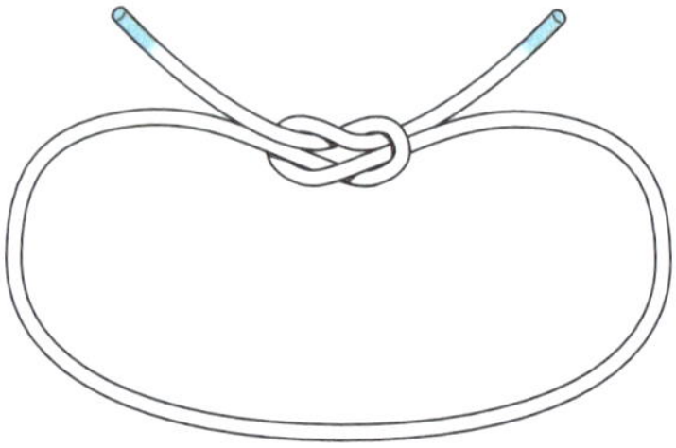

1本のロープを輪状にしたスリングができる。

【こんなときにも使えます！】

ひばり結びは長いものをまとめて縛り合わせるときに便利だが、そのほか小物に細いひもで結んでぶら下げるときや、登山で立木などに支点をつくるときにも用いられる。

5

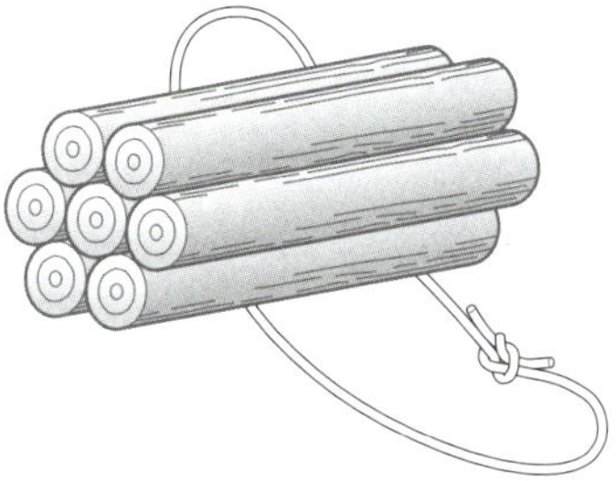

スリングを図の様に薪の下に敷く。

6

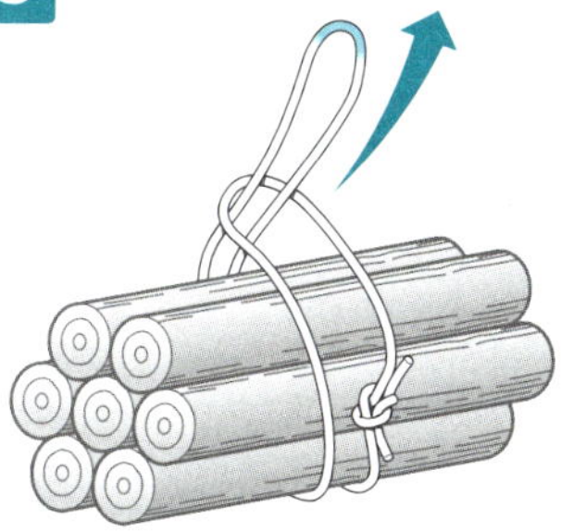

手前の輪に奥の輪を通す。

7

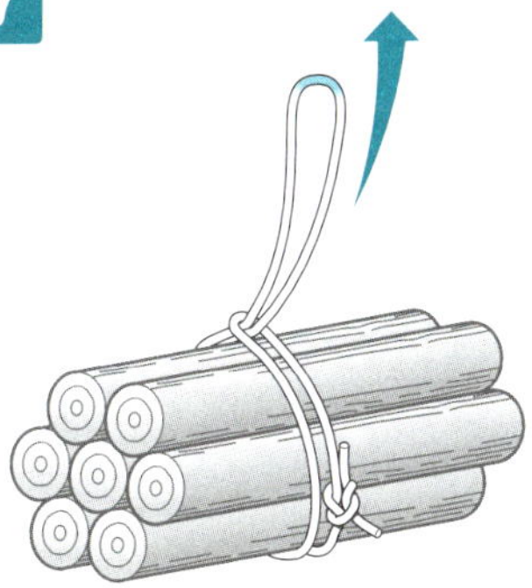

通した輪を強く引いて結び目を締め、持ち手にする。（ひばり結び）

知っテク

マット類などを丸めて縛るときも使える。

沢で水をくむ①

［ もやい結び ］

バケツの取っ手にロープを結べば、沢でも簡単に水をくむことができる。水の流れは見た目以上に強いものなので、ほどけにくい「もやい結び」（P11参照）にしよう。

1

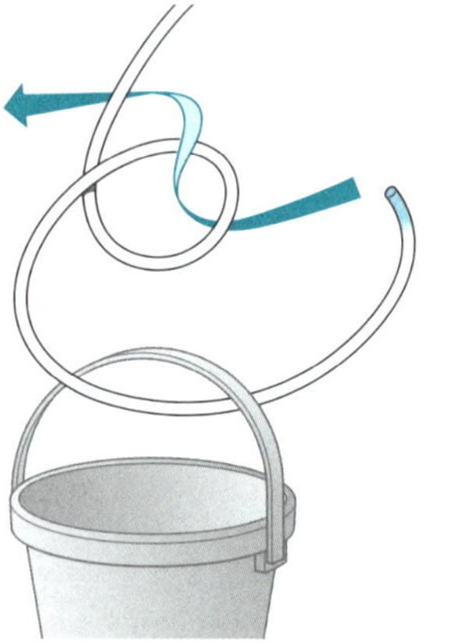

ロープの途中に輪をつくり、バケツの取っ手に先端を通す。

2

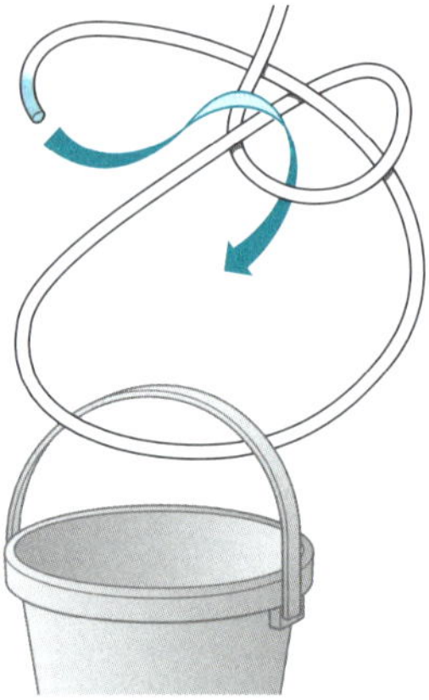

ロープの先端を輪に通し、図のように元側にからませてからもう1度輪のなかに通す。

3

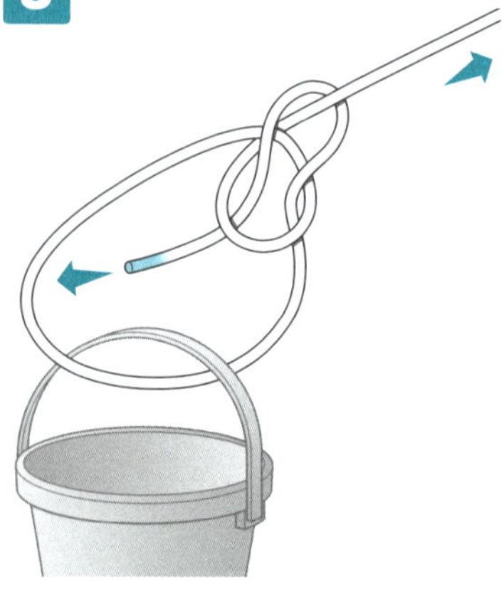

引き出したロープの先端と元側を強く引いて、結び目を締める。

4

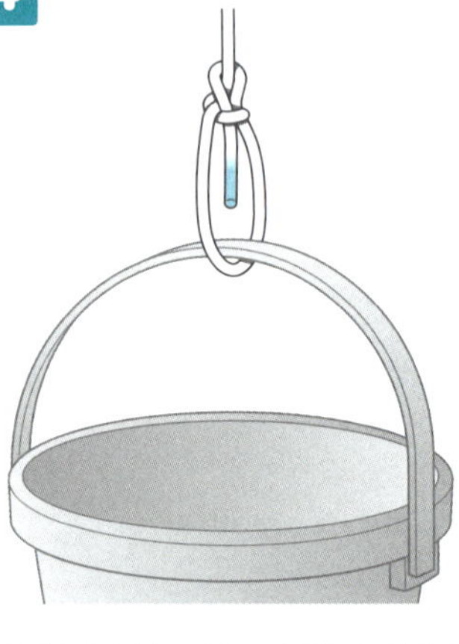

水をくむときは、バケツを川に投げ入れてロープで引き戻す。

沢で水をくむ②

［ふた結び］

バケツの取っ手にロープを固定したいときは「ふた結び」(P10参照)にしよう。井戸など深い場所にバケツを下ろして水をくむときにも、この結びを使うといい。

1

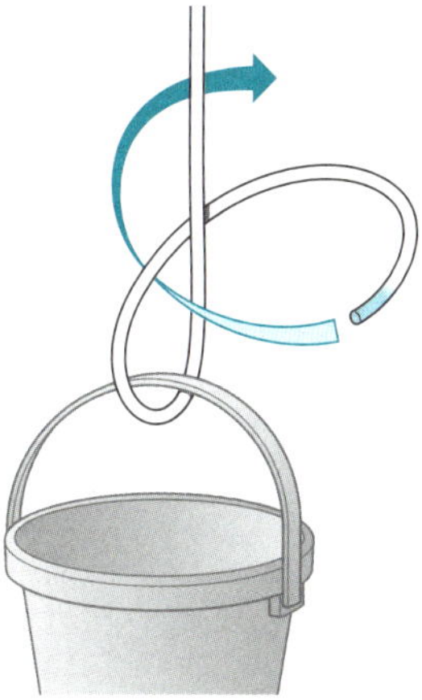

バケツの取っ手にロープを通してひと結び(P10参照)にする。

2

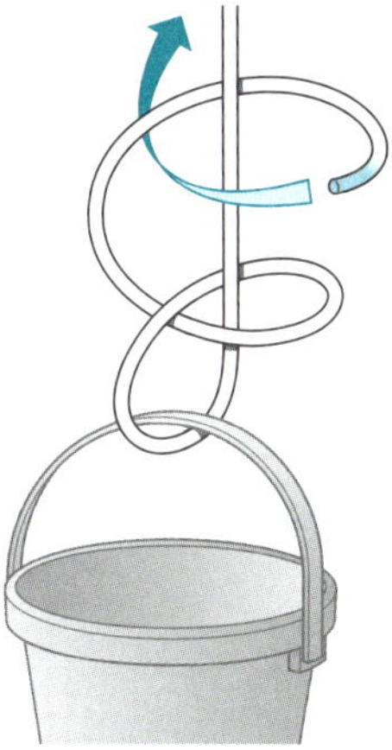

図のように、もう一度ひと結びをする。

3

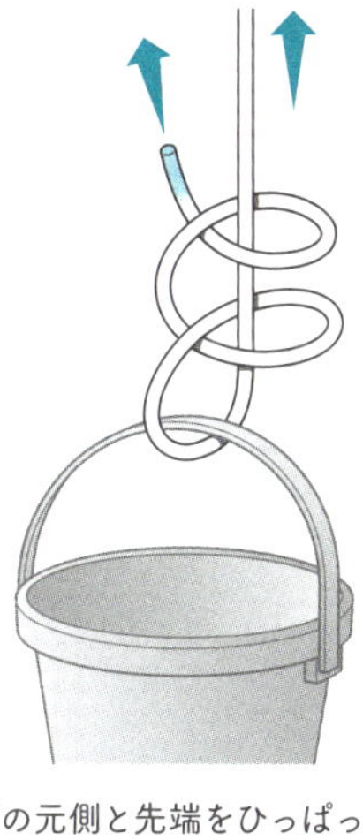

ロープの元側と先端をひっぱって、取っ手のところで結び目を締める。

4

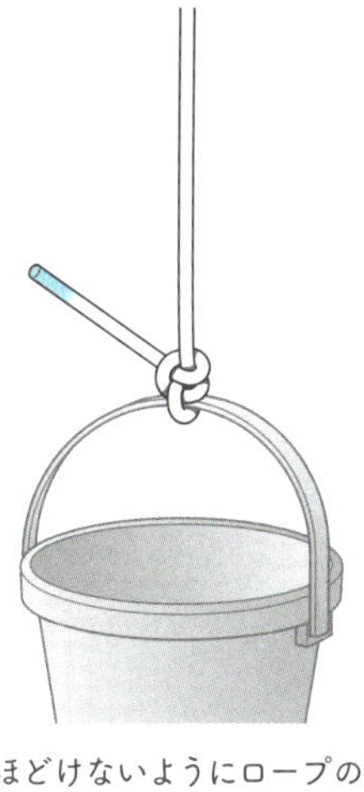

万一、ほどけないようにロープの先端を長めにしておくこと。

スイカを冷やす

［ 二重8の字結び ］

スイカを川で冷やすときには、「二重8の字結び」を応用する。
ボールなどの球体のものを縛るときにも使える。

1

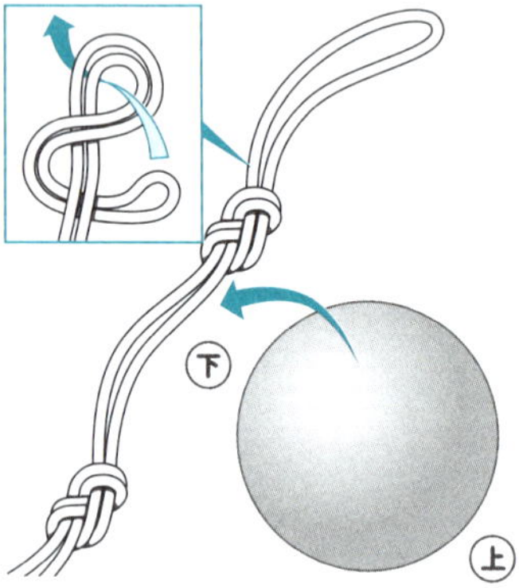

中心で2つに折ったロープを2か所、スイカの円周の約1/3の長さのところで二重8の字結び（P13参照）にし、スイカを置く。

2

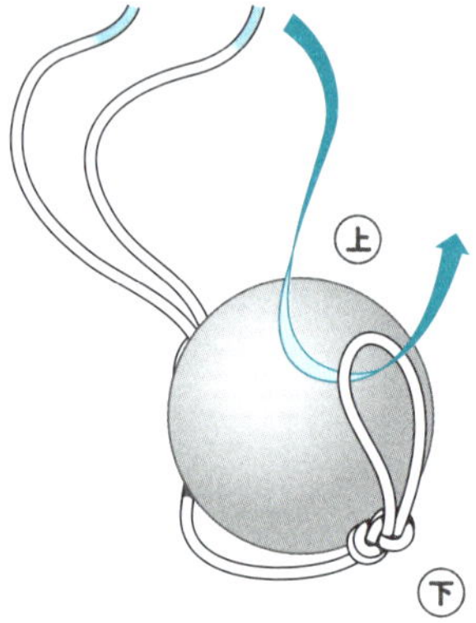

輪にロープの両端を通す。

3

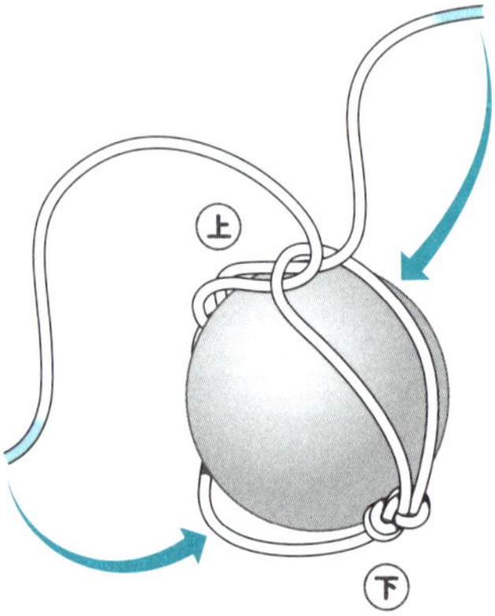

両端を左右それぞれからスイカの下に回す。

4

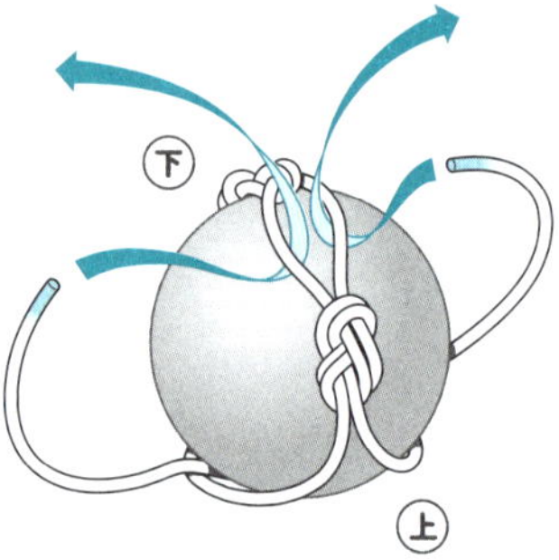

スイカを裏返しにし、下に回したロープを図のようにくぐらせる。

【こんなときにも使えます!】

球体のものを持ち運ぶのに適した結び方。2つの二重8の字結びを結ぶ位置がポイント。天然素材のロープを使うと、滑らないのでうまく縛れる。

5

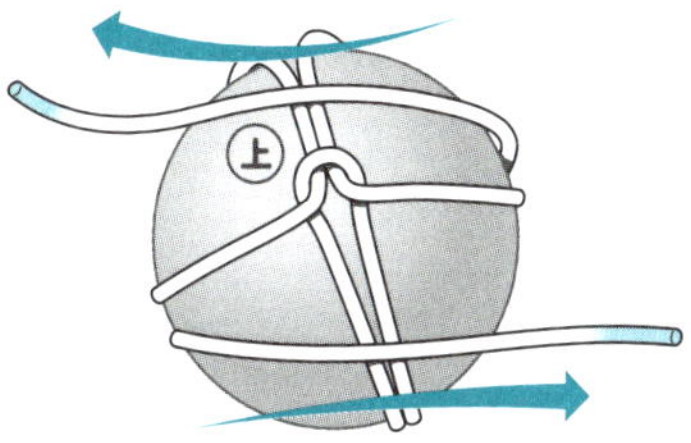

くぐらせたロープをスイカの表に返して、両端を水平に並べる。

6

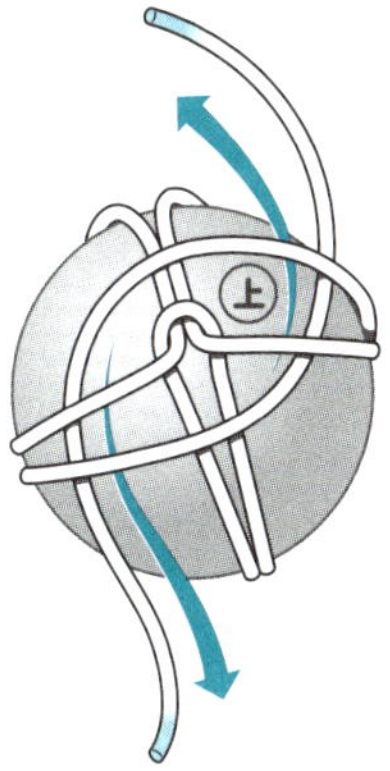

図のように、ロープの両端を通す。

7

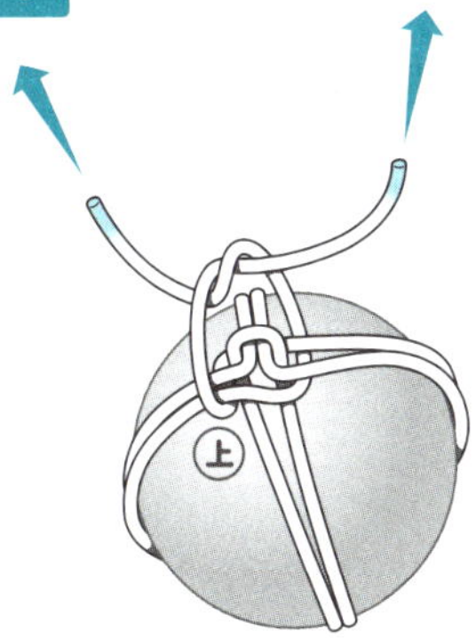

通した両端を本結び(P15参照)でほどけないように縛る。

8

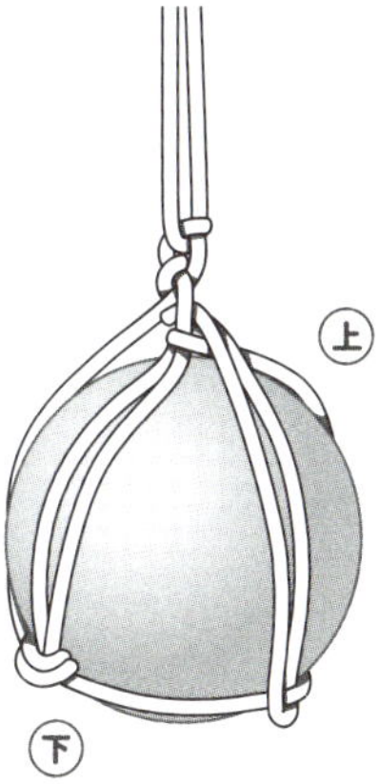

スイカを吊るしたときのバランスをみながら、ロープの結び目を整える。

丸太を組む①

[角縛り]

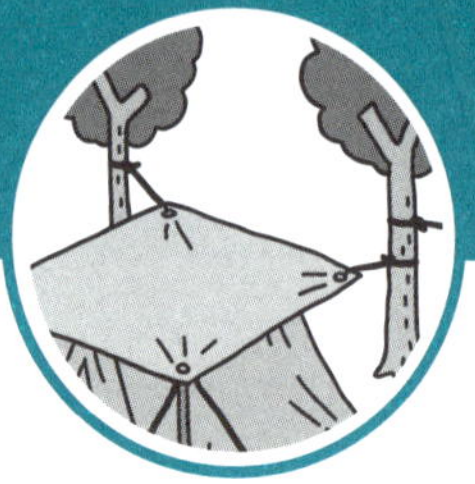

丸太を十字に組むときは「角縛り」にする。いかだやテーブル、イスなどを丸太でつくるときに使用することが多い。

1

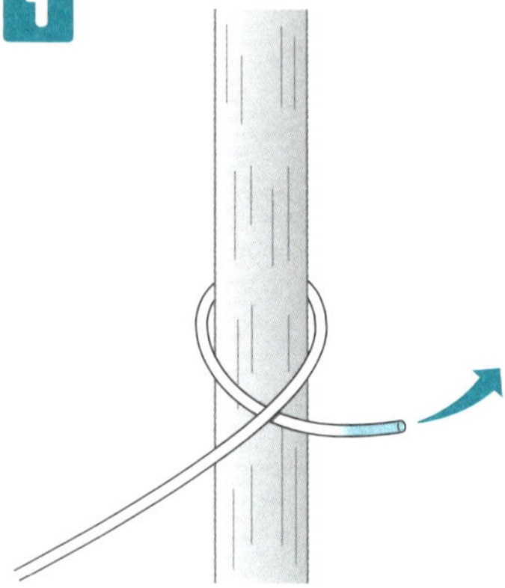

丸太にロープを回す。

2

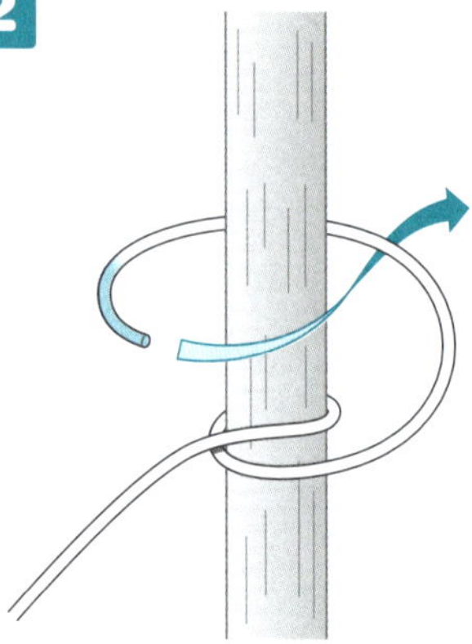

ロープの先端を矢印の方向に通して巻き結び（P12参照）にする。

3

結び目を締めたら、ロープの先端を元側に2～3回巻きつける。

4

図のように、丸太を交差させる。

【こんなときにも使えます！】

垣根や立木の支柱をつくるときにも使われる。組んだ丸太がガタつかないように、ひと巻きごとに強く締めつけながら巻きつけていくのがコツ。

5

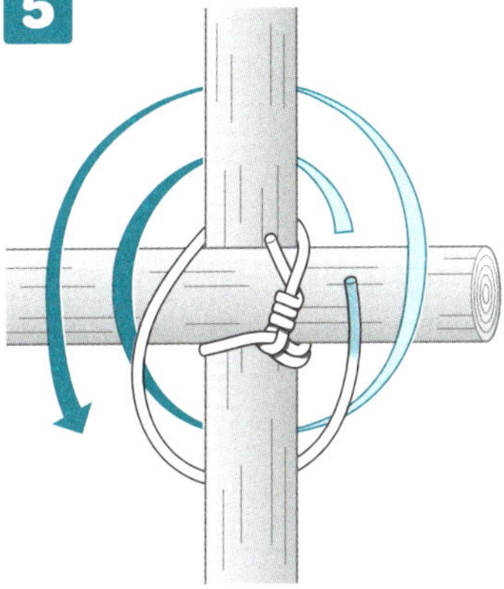

丸太を交差させたら、元側のロープを反時計回りに2～3回巻きつける。

6

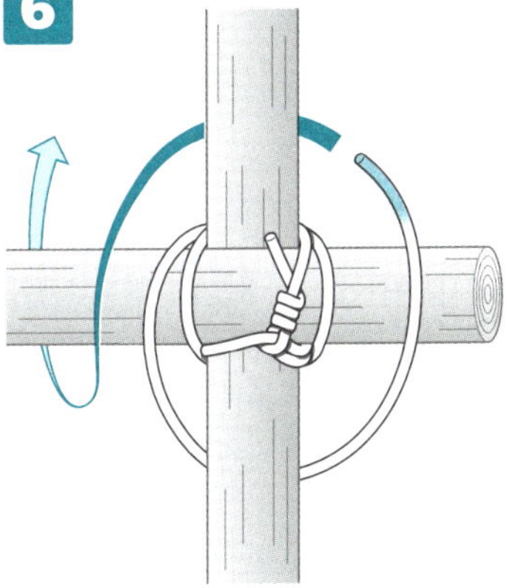

巻きつけたロープの先端を水平に組んだ丸太に絡ませる。

7

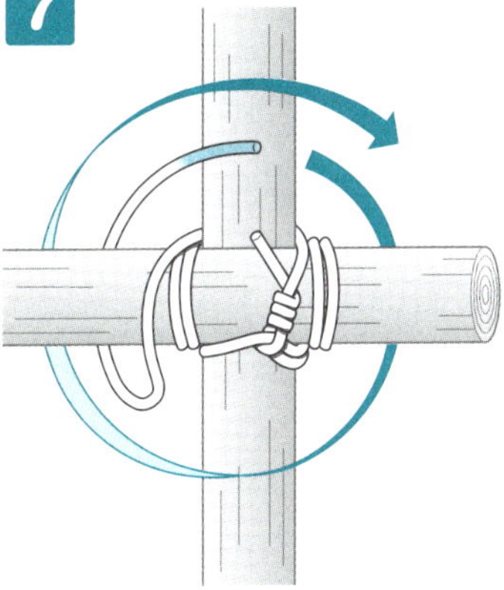

ロープの先端を時計回りに2～3回巻きつける。

8

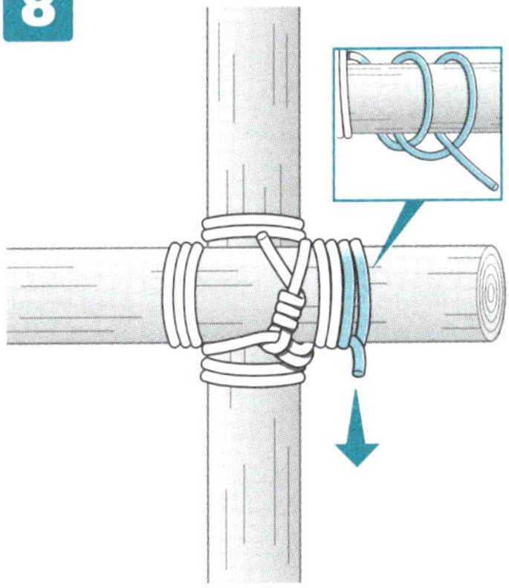

巻きつけ終わったら巻き結び（P12参照）をして、ほどけないようにロープの先端を締める。

丸太を組む②

［ 筋交い縛り ］

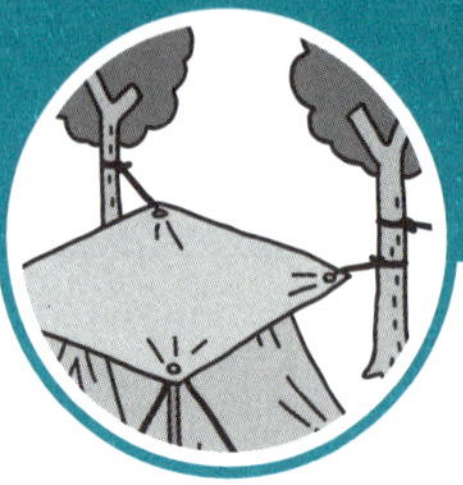

丸太を斜めに交差させて縛る「筋交い縛り」は、垣根や柵などをつくるときに使う。

1

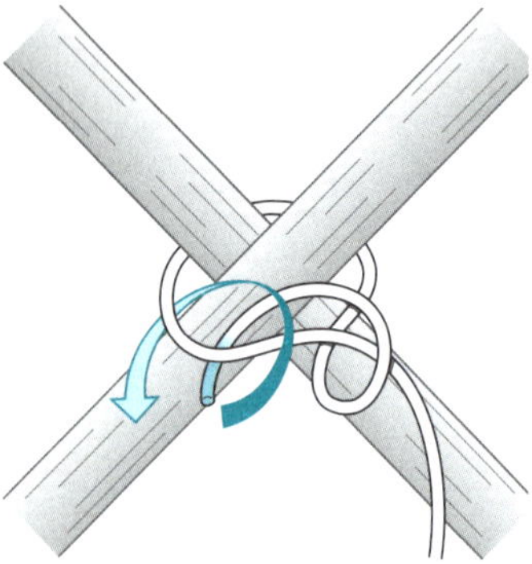

2本の丸太を交差させたら、図のようにロープの先端を巻きつける。

2

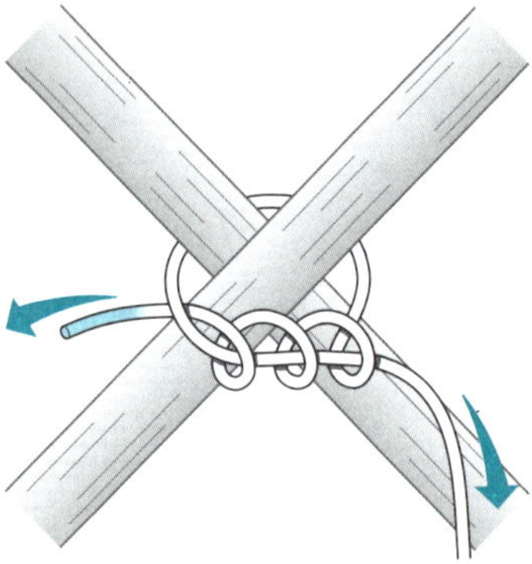

ロープの先端を2～3回巻いて、先端と元側をひっぱりねじり結び（P35参照）にする。

3

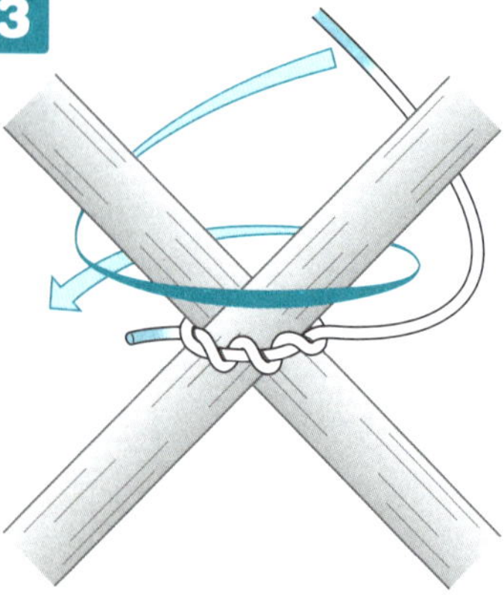

元側のロープを水平に2～3回巻く。

4

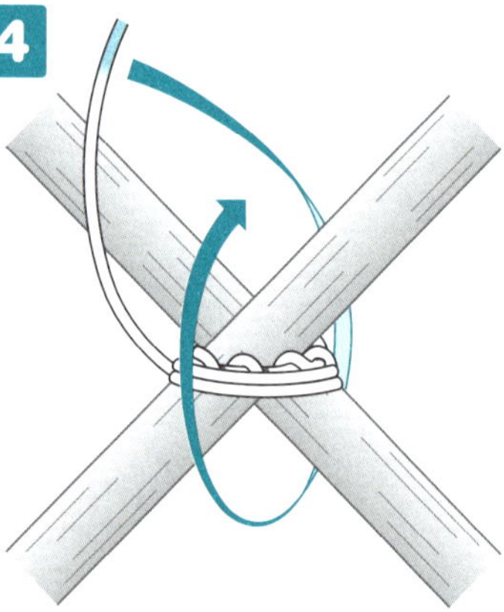

次は、縦に2～3回巻く。

【こんなときにも使えます！】

丸太を組んでテーブルやイスなどの工作物をつくるときにも用いられる。やはり強く締めつけながら巻きつけていくのがポイント。

5

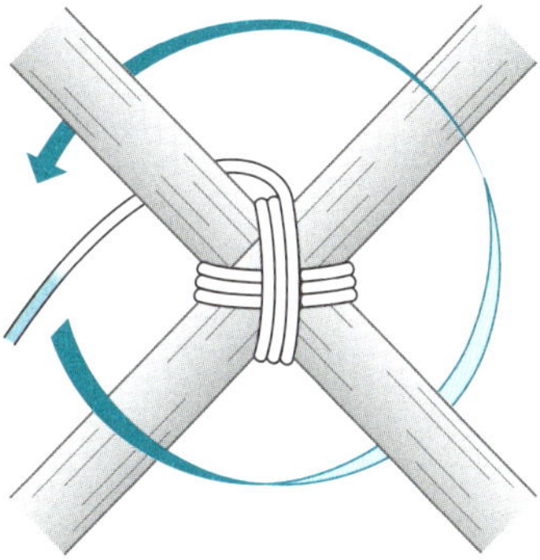

次は、斜めの方向に反時計回りで2～3回巻く。

6

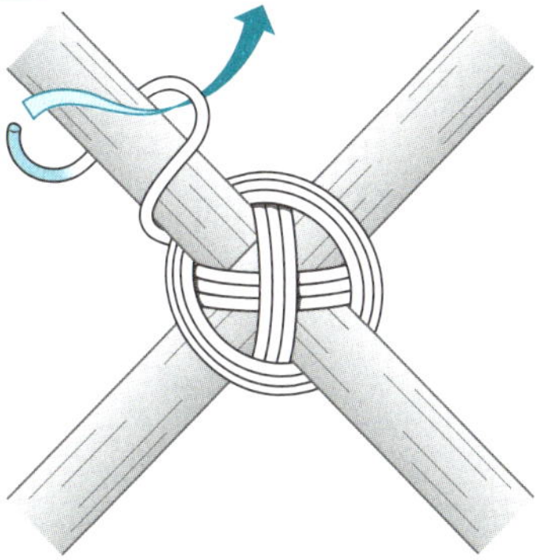

巻きつけたロープの先端を矢印の方向に通す。

7

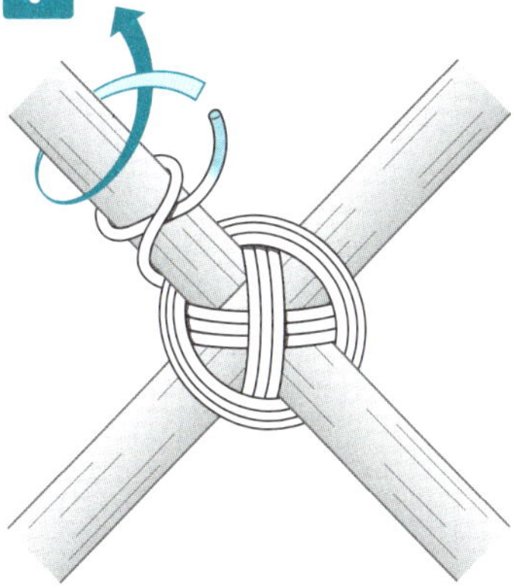

もう1回巻きつけて巻き結び（P12参照）にする。

8

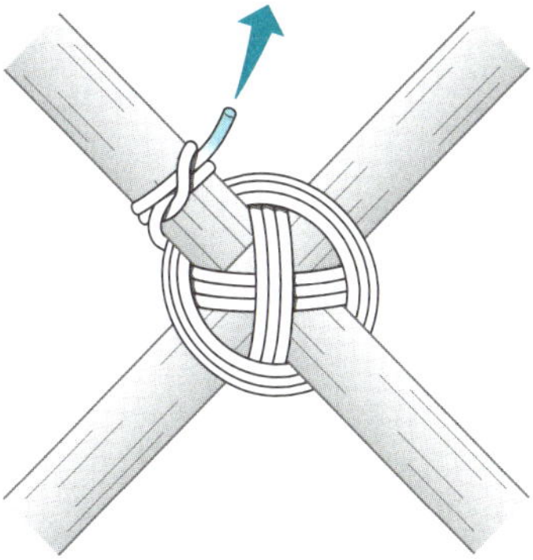

ロープの先端をひっぱって、結び目をしっかりと締める。

丸太を組む③

［巻き縛り］

いかだのような何本かの丸太を組むときは、1本の丸太にロープを縛り軸にする。ここでは「ねじり結び」（P35参照）で軸の丸太を縛り、「巻き縛り」でもう1本の丸太を継ぎ足す。

1

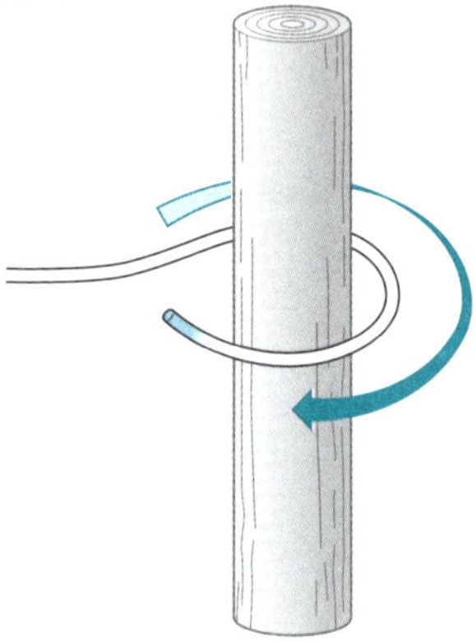

ロープを丸太に回す。

2

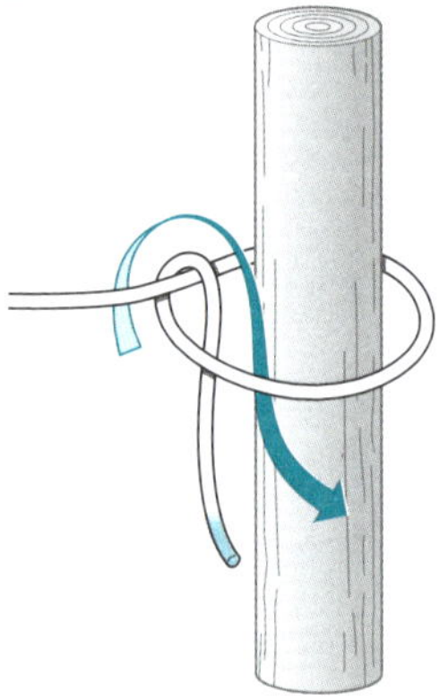

図のようにロープの先端を通してひと結び（P10参照）にする。

3

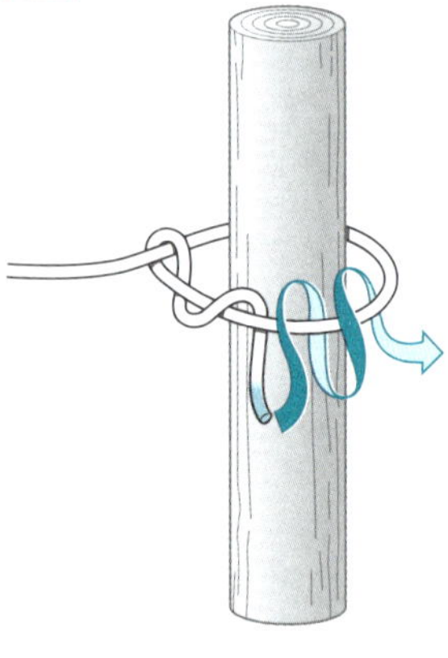

ロープの先端を2〜3回巻きつける。

4

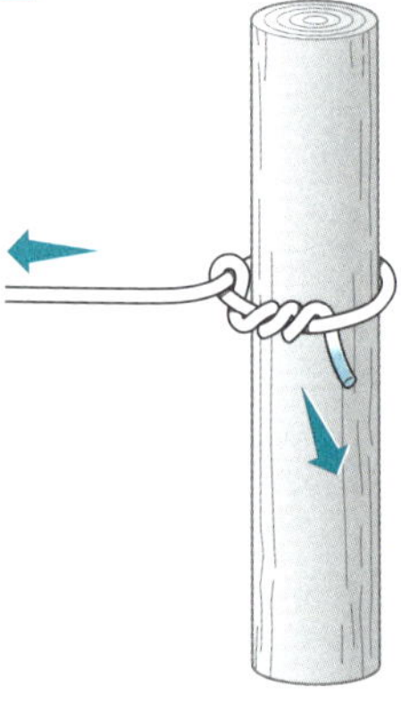

結び目をしっかりとしめ、ねじり結び（P35参照）にする。

※木のくさびを2本の丸太の間に打ち込むと、ロープがゆるみにくくなる。

5

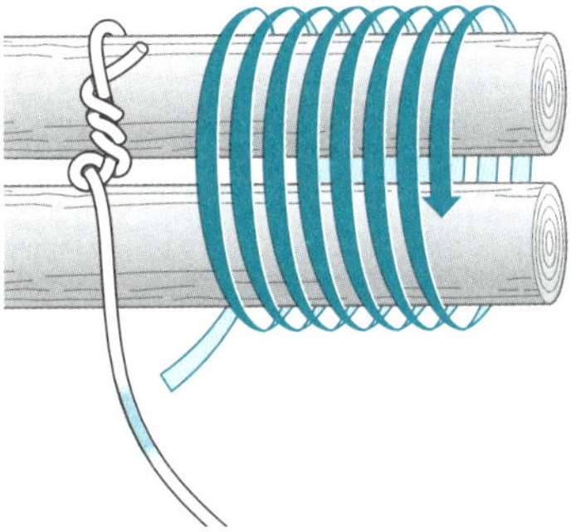

もう1本の丸太を水平に組んだら、8回ほどロープを巻きつける。

6

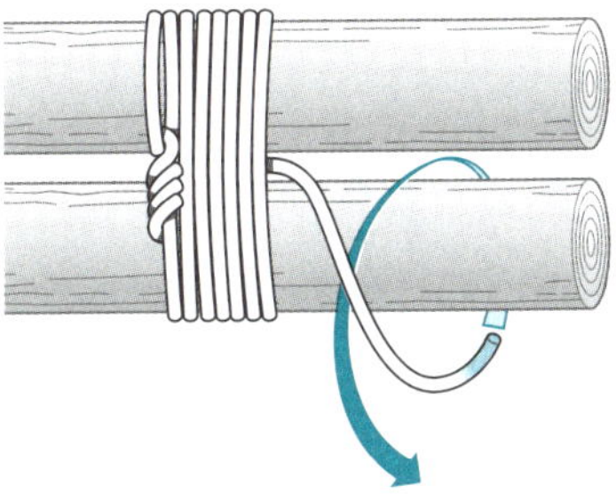

ロープの先端を後から組んだ丸太に、図のように巻きつける。

7

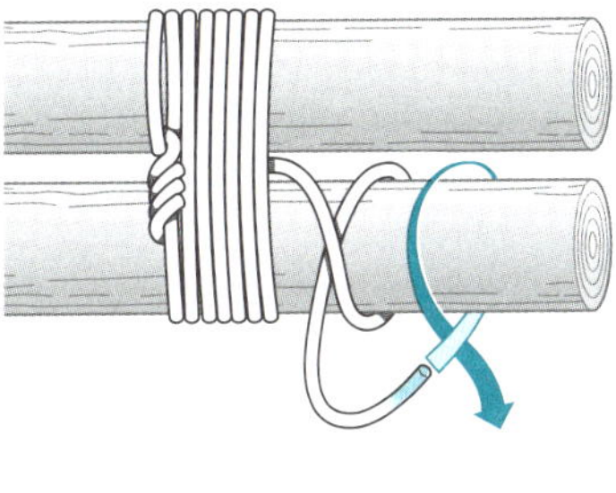

もう1回絡ませて巻き結び（P12参照）にする。

8

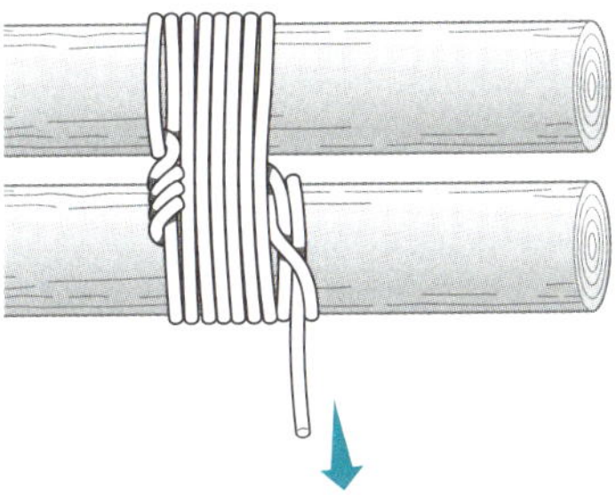

ロープの先端をひっぱって、結び目をしっかりと締める。

丸太を組む④——二脚を組む

［巻き縛り］

イスや調理台などをつくるときに、土台となる二脚。
開脚の角度によって巻きの強弱を調整しよう。

1

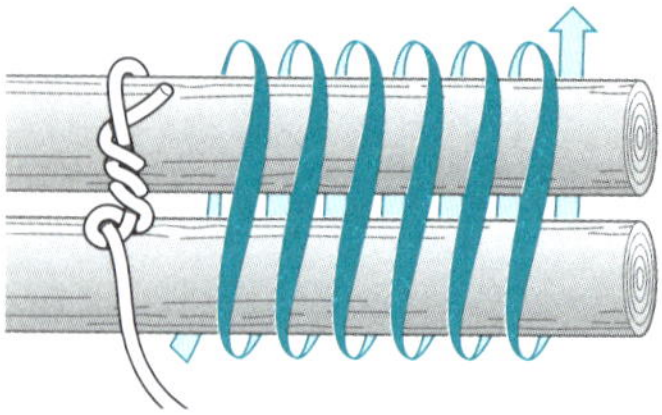

巻き縛り（P58参照）と同じ手順で2本の丸太を巻く。きつく締めないように注意。

2

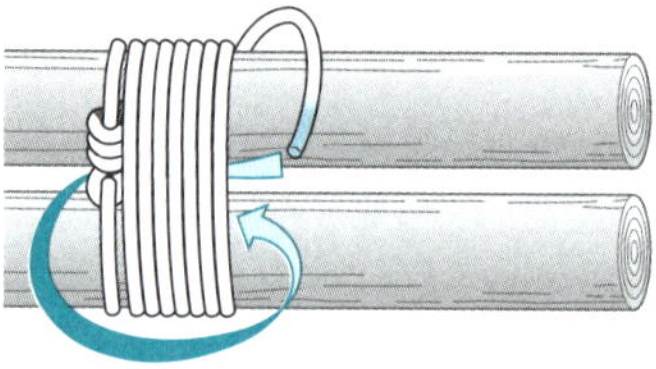

7〜8回巻きつけたら、2本の丸太の間にロープを通して1回巻く。

3

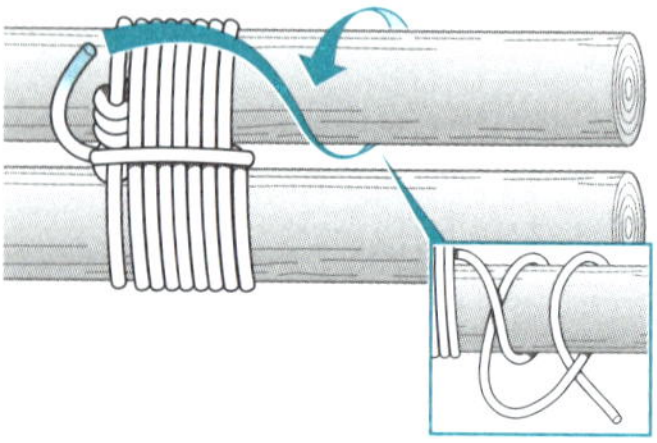

図のように、組んだ丸太に後からロープの先端を巻きつけて、巻き結び（P12参照）にする。

知っテク

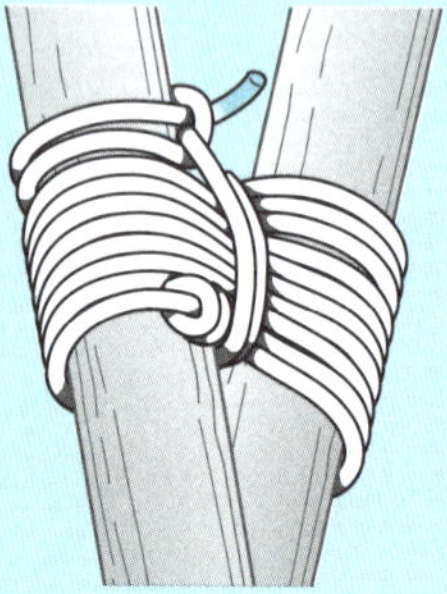

きつすぎると開脚せず、逆にゆるすぎるガタついてしまう。開脚したときに安定するよう、適度な強さで縛るのがコツ。

丸太を組む⑤——三脚を組む

［巻き縛り］

二脚と同じように、3本の丸太も、組んでから開脚させることができる。イスやテーブル、焚火のカマドなどに利用する。

1

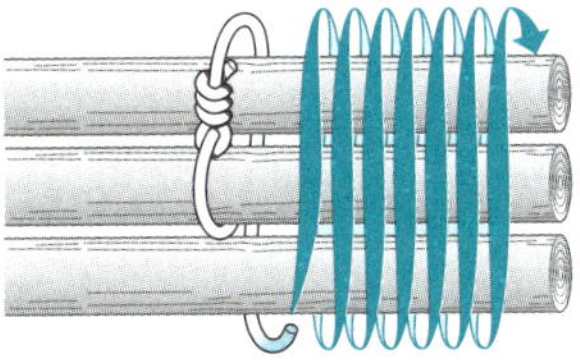

巻き縛り（P58参照）と同じ手順で、軸の丸太を真ん中にし、挟むように2本の丸太を並べて、図のようにロープを巻きつける。

2

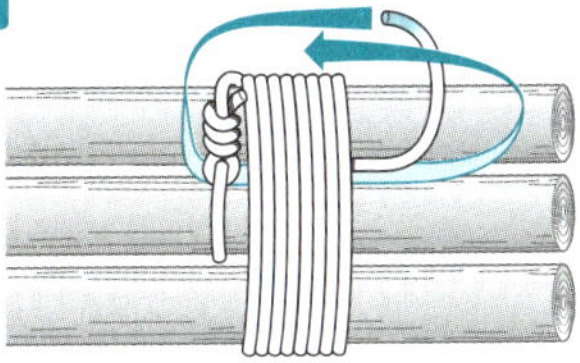

きつく締めないように7～8回巻きつけ、丸太の間にロープの先端を通して2回巻く。

3

もう一方の丸太の間も、同じように2回ほど巻く。

4

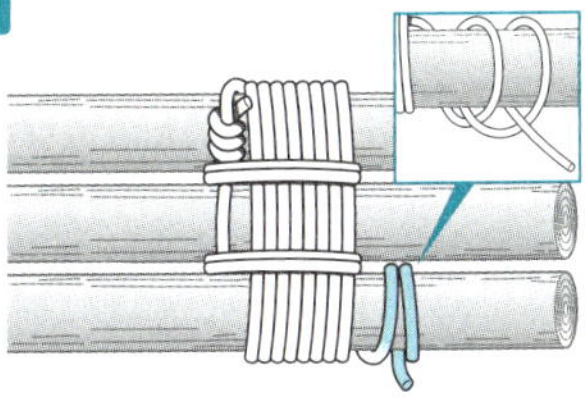

ロープの先端を巻き結び（P12参照）にして締める。

5

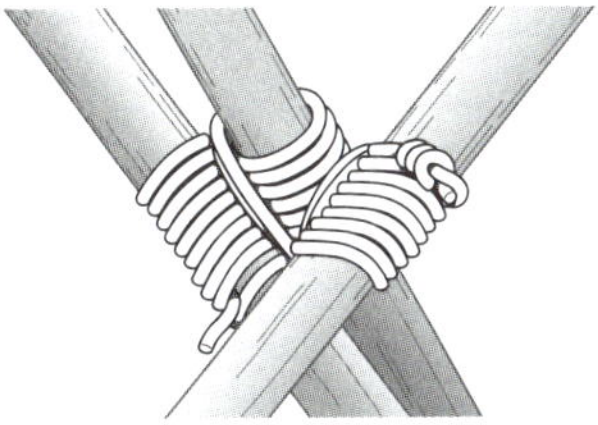

3本の丸太が立つように、バランスをみながら開脚させる。

知っテク

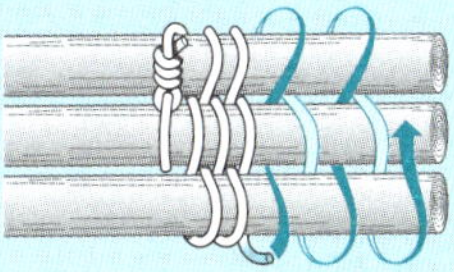

1で3本の丸太にロープを巻きつけるときに、1本ずつ交互にロープを通すと、三脚がよりしっかりと立つようになる。

犬をつなぐ①

［馬つなぎ］

丈夫でほどきやすい「馬つなぎ」は、
カウボーイが馬をつなぐときの結び方。
キャンプなどで、犬をつなぎ止めるのに使う。

1

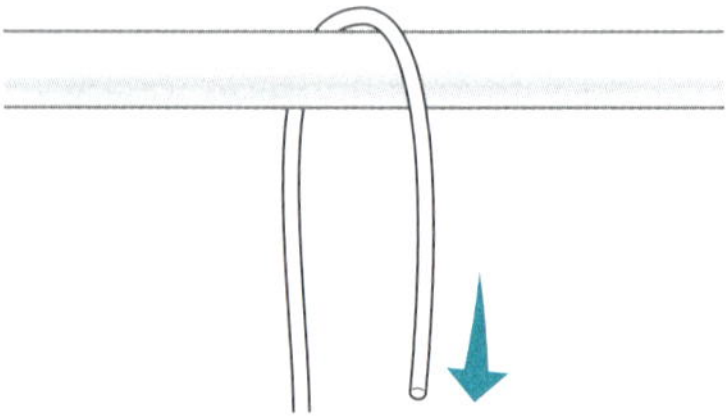

犬をつなぎとめたい場所にロープを巻きつける。

2

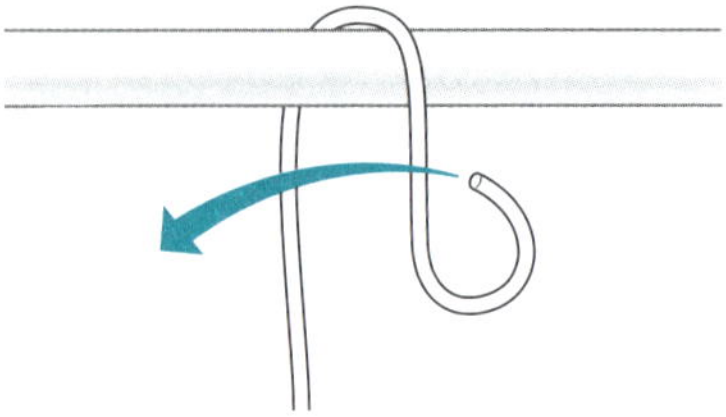

ロープの先端を図のようにして輪をつくる。

3

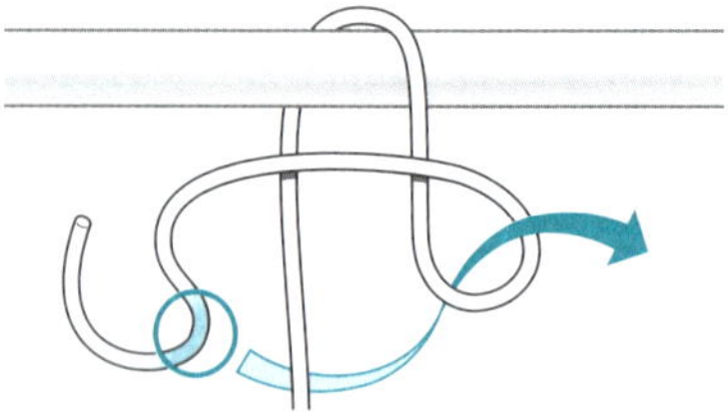

次に、ロープの先端を2つ折りにして2でつくった輪に通す。

4

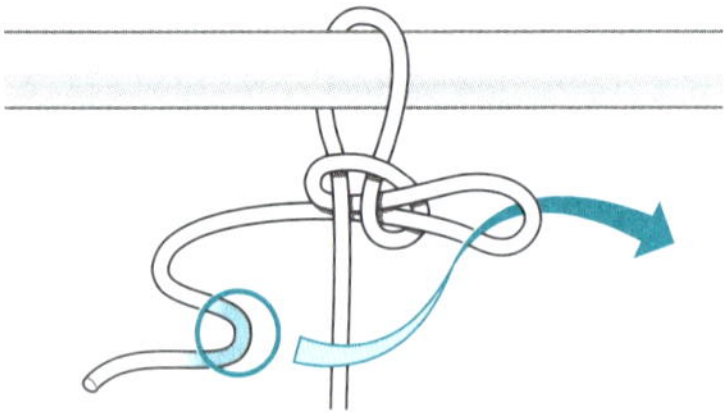

さらにロープの先端を2つ折りにして3でつくった輪に通す。

5

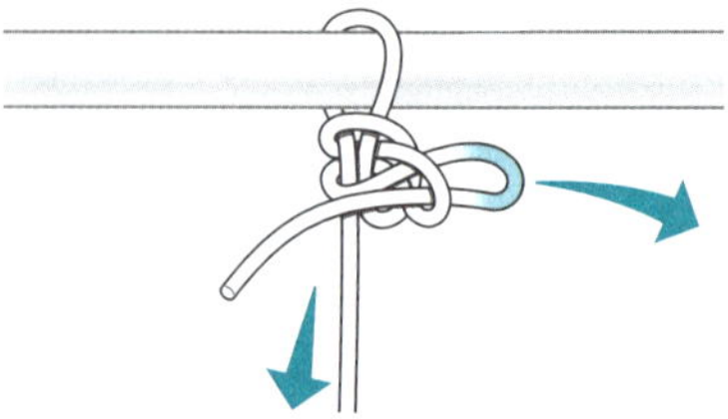

ほどけないように輪と元側を引いて結び目をきつく締める。

6

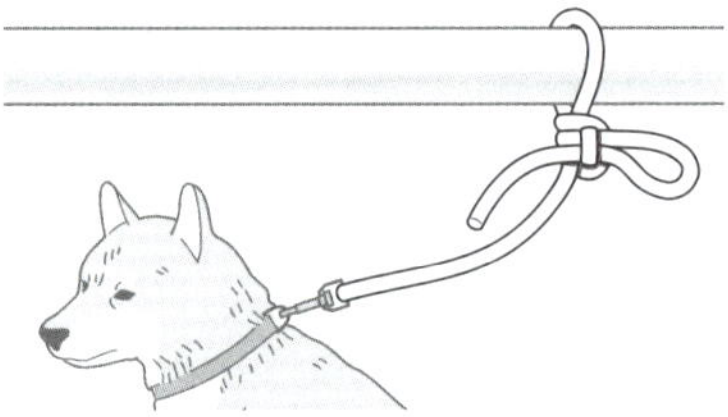

きつく締めても、ロープの先端を引けば結び目は、すぐにほどける。

犬をつなぐ②

［ ふた結び ］

簡単に結べて強度の高い「ふた結び」（P10参照）は、
犬をつなぎ止めるのときにも使える。

1

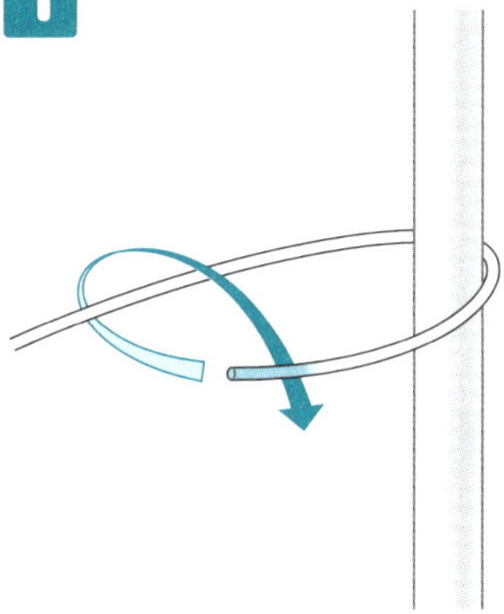

犬をつなぎとめたい場所にロープを巻きつける。

2

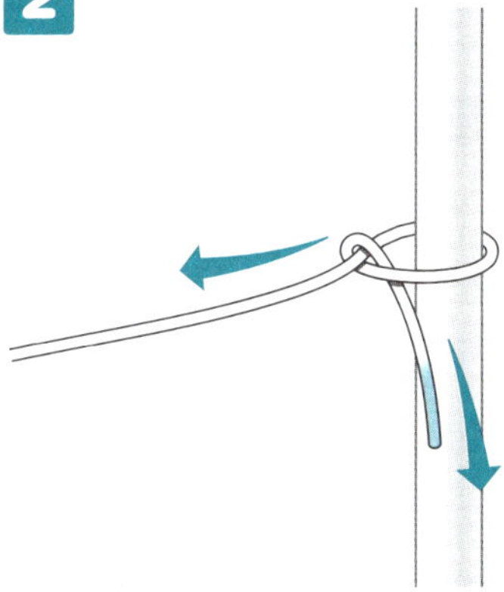

ロープの先端と元側を引いて、ひと結び（P10参照）にする。

3

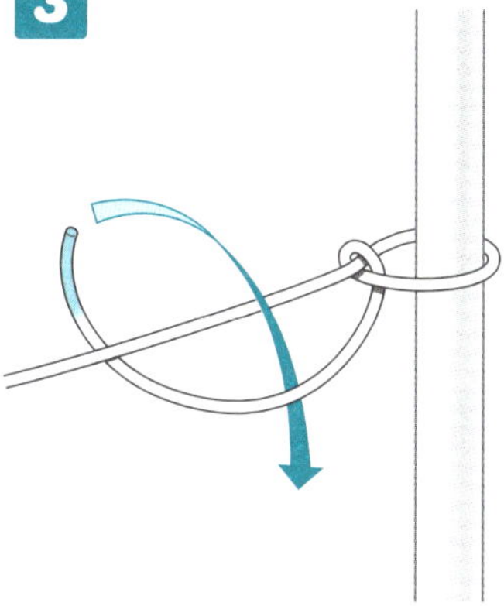

もう一度、ひと結びを繰り返す。

4

ロープの先端を引き、結び目をしっかりと締める。

【結びの強度を高める】

２種類の結びを組み合わせることで強度が高まる。ここでは活用しやすい3つの結び方を紹介しよう。

もやい結び (P11参照) ＋ ひと結び (P10参照)

丸太に結びつけたり、輪をつくったりと使い勝手のいいもやい結び。その結び目にひと結びを加えることで、よりほどけにくくなる。

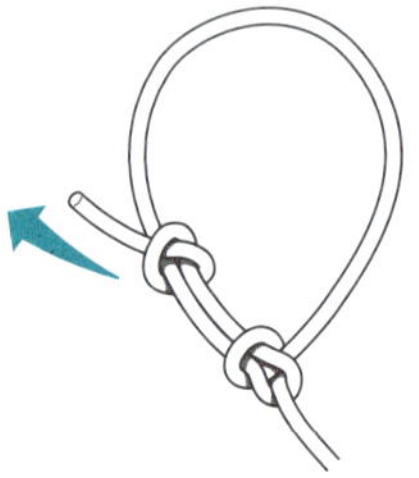

もやい結びをしたロープの先端で、ひと結びをする。

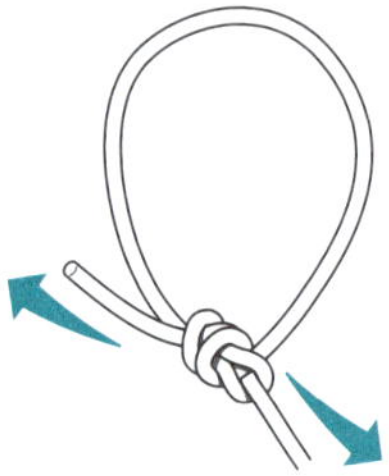

ロープの先端と元側を引き、しっかりと結び目を締める。

巻き結び (P12参照) ＋ ひと結び (P10参照)

巻き結びは、登山などでも使うことが多い。ロープを木に巻きつけて手がかりにするなど、ほどけては困るときにこの結び方をする。

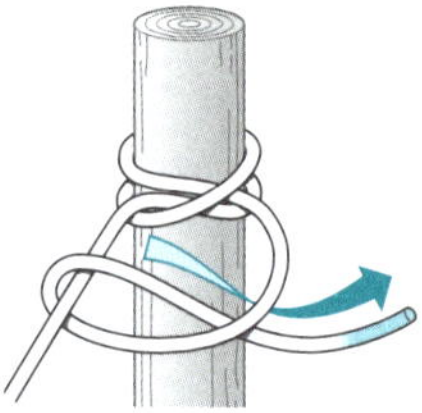

巻き結びをしたロープの先端で、図のようにひと結びをする。

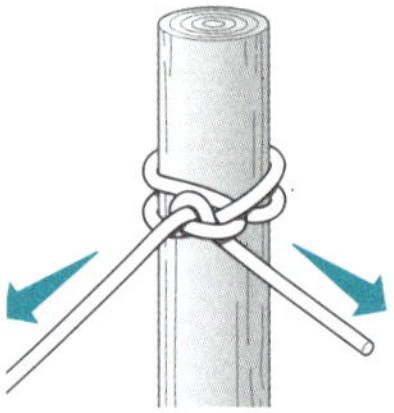

ロープの先端と元側を引き、しっかりと結び目を締める。

二重巻き結び

巻き結びは、巻きを増やしても強度を高めることができる。ボートを岸側の杭にロープで止めるときなどには、この方法が便利。

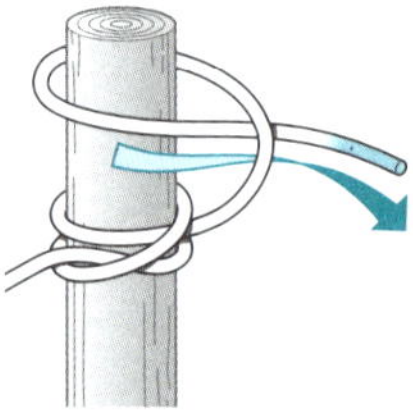

巻き結びをしたロープの先端で、もうひとつ輪をつくる。

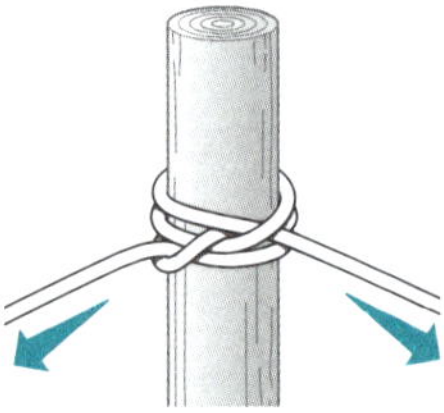

ロープの先端と元側を引き、しっかりと結び目を締める。

【2章】
登山

登山

登山では、急な斜面を登り下りするときなどに登山用のロープが使われる。また、万能ナイフやコンパスにひもを通して首から下げる方法や、ほどけにくい靴ひもの結び方なども紹介する。

ロープに手がかりをつくる
P85 P86 P87

2本のロープをつなぐ
P95

靴ひもを結ぶ
P68 P69 P70

危険個所にロープをはる
P88 P89
P90 P91
テープスリングをつくる P75
簡易ハーネスをつくる P76
ロープスリングをつくる P78
ロープを体に結びつける
P80 P82 P84
小物にひもをつける
P72 P73 P74
ロープで登り下りする
P92 P93
懸垂下降する P94

靴ひもを結ぶ①

［はな結び］

「はな結び」は、靴ひもを結ぶ時の基本。
圧迫感がないので、アウトドアや日常生活のさまざまなシーンで使える。

1

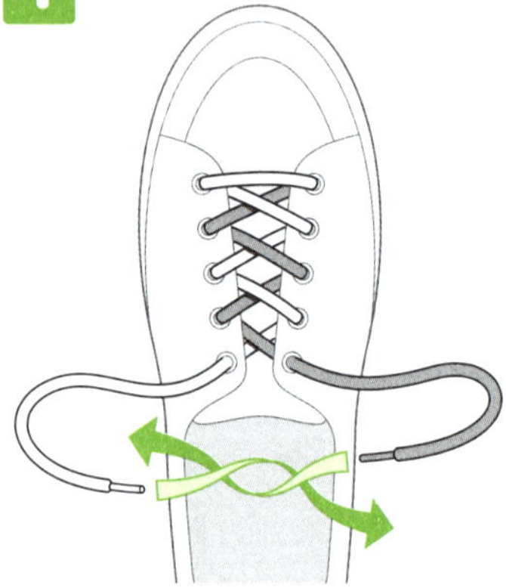

靴穴の上から下へ通すオーバーラップで編み、靴ひもの先端を絡ませる。

2

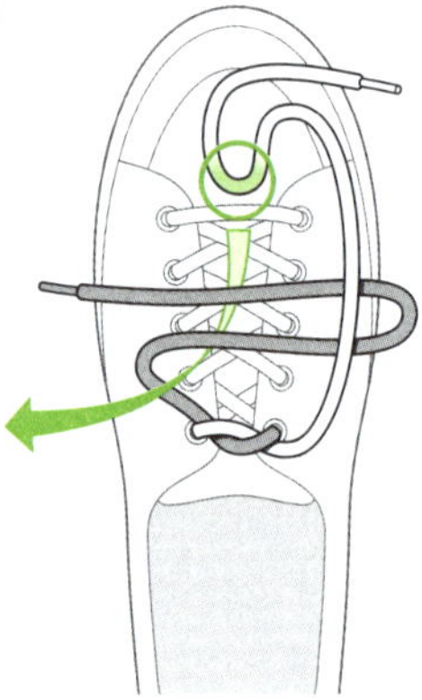

靴ひもを2つ折りにして、図のように通す。

3

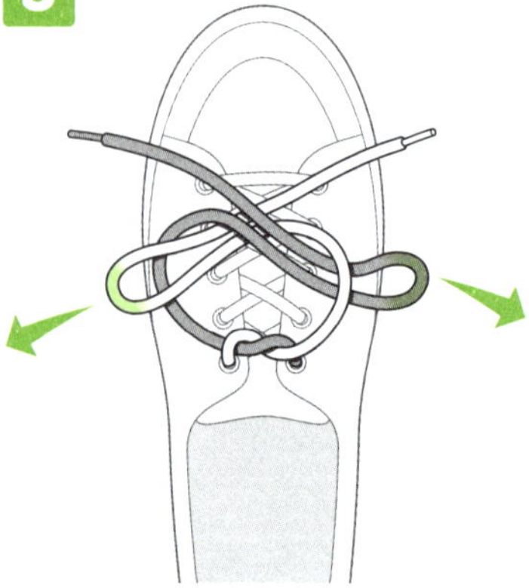

通した靴ひもの輪をひっぱって、結び目をしっかりと締める。

4

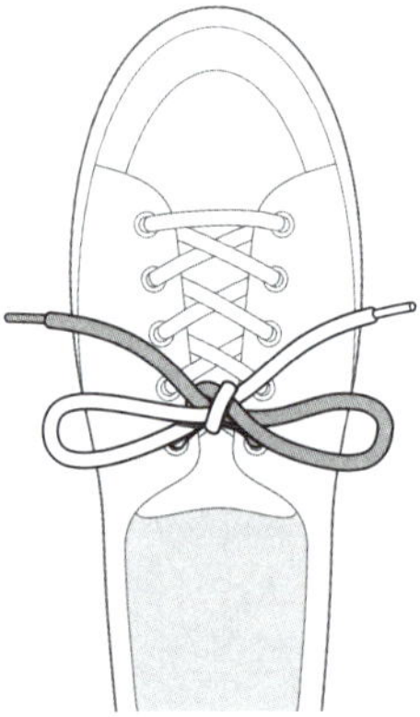

輪の大きさやひもの両端の長さが同じになるようにバランスを整える。

靴ひもを結ぶ②

［二重はな結び］

行動中に靴ひもがほどけてこないようにするには、
「二重はな結び」にするといい。

1

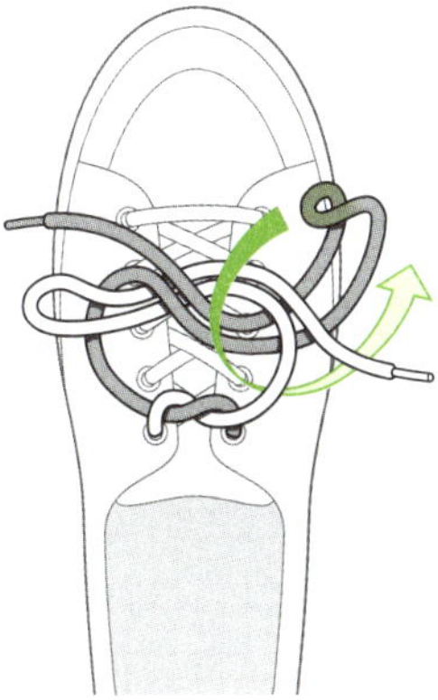

はな結び(P68 3)のときに、図のように片方の輪を巻きつける。

2

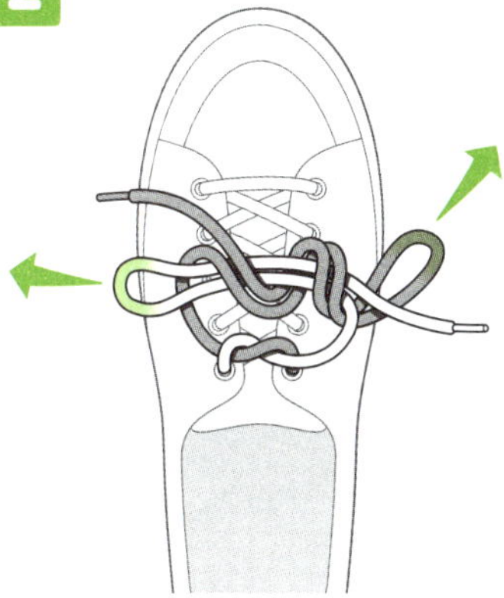

通した靴ひもの輪を図のように引き出す。

3

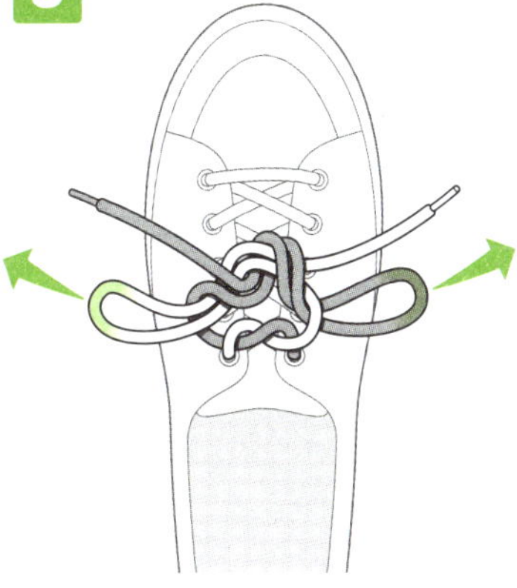

結び目を整えながらしっかりと締める。

4

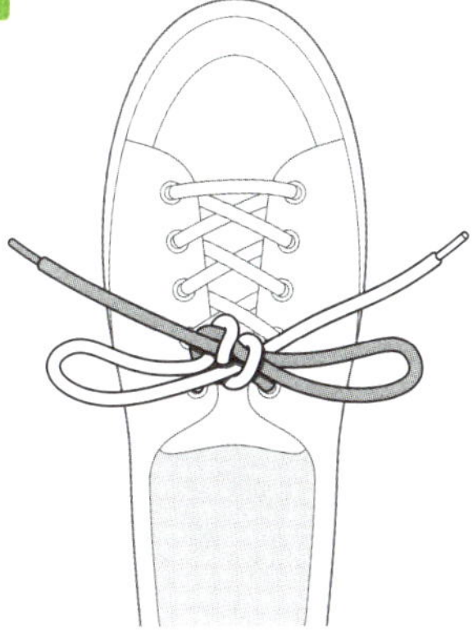

2重に結び目ができるので、はな結び(P68参照)よりほどけにくい。

靴ひもを結ぶ③

［ はな結び＋こま結び ］

靴ひもがほどけてこないようにするには、「はな結び」をしてから「こま結び」を足す方法もある。

1

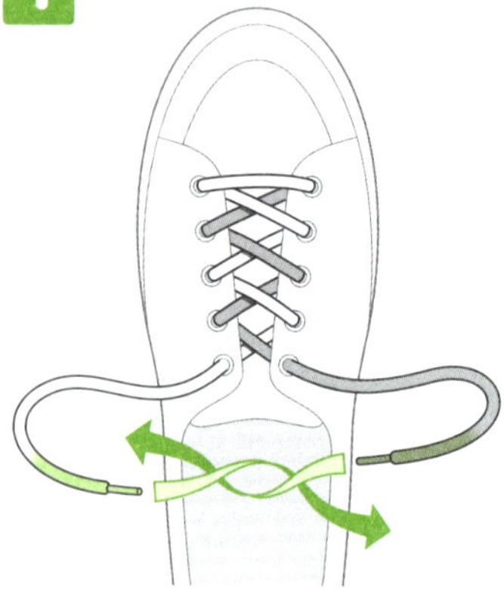

靴穴の上から下へ通すオーバーラップで編み、靴ひもの先端を絡ませる。

2

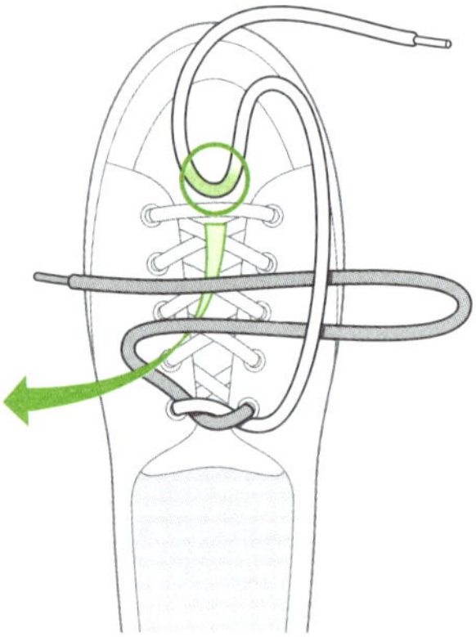

靴ひもを2つ折りにして、図のように通す。

3

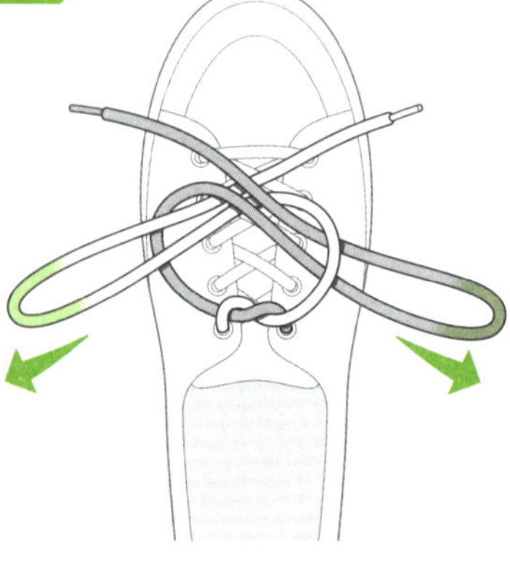

通した靴ひもの輪をひっぱって、結び目をしっかりと締める。

4

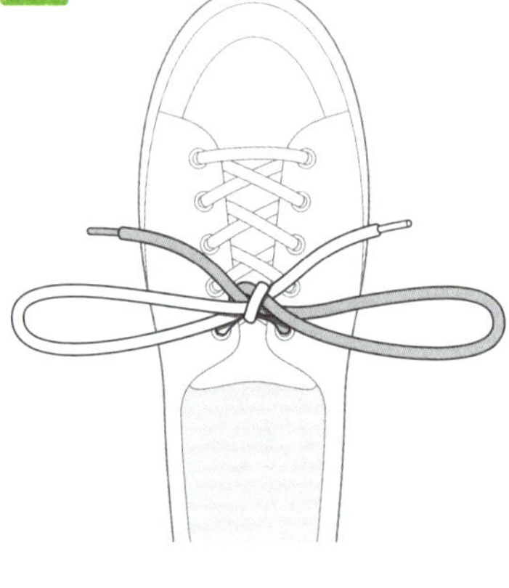

輪の大きさや両端の長さが同じになるようにバランスを整える。（はな結び）

【こんなときにも使えます!】

こま結びを加えているぶん強度が高く、ゆるみにくい。登山やスポーツなど、激しい動きをするときに用いる。

5

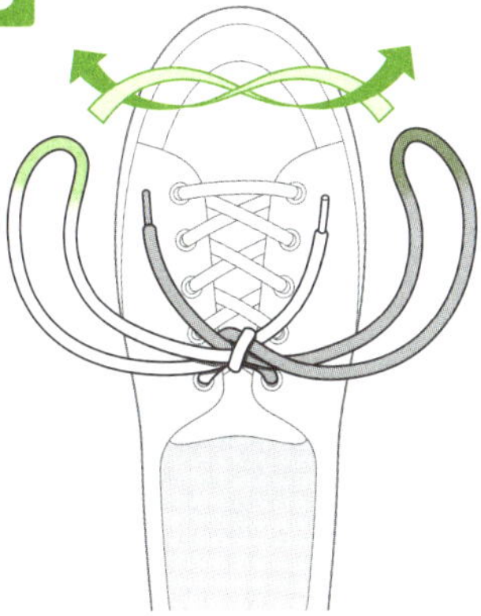

両ひもの輪を図のように絡ませる。

6

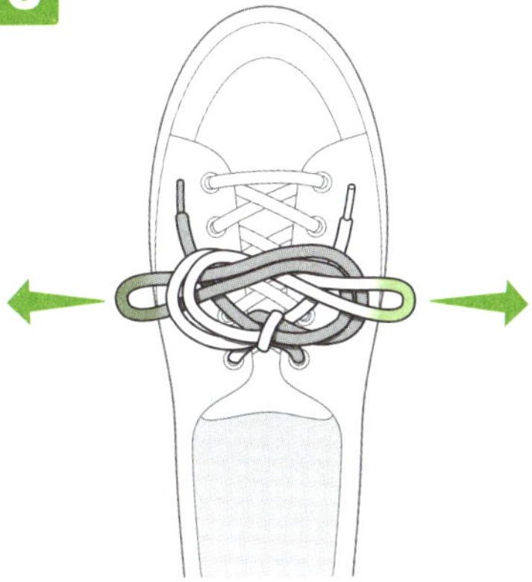

こま結びの形にして、両方の輪をひっぱる。

7

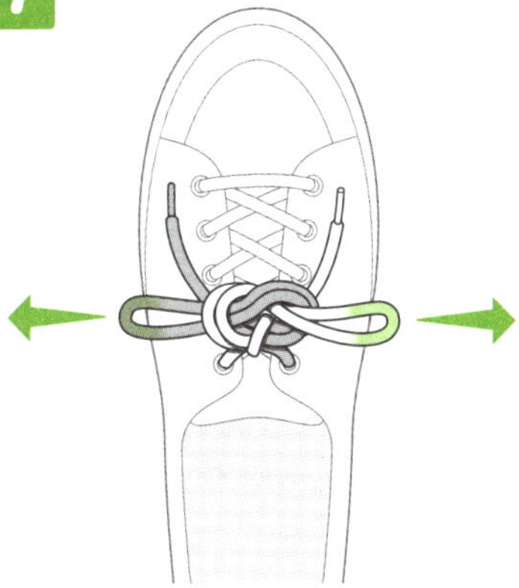

結び目の形を整え、しっかりと締める。

8

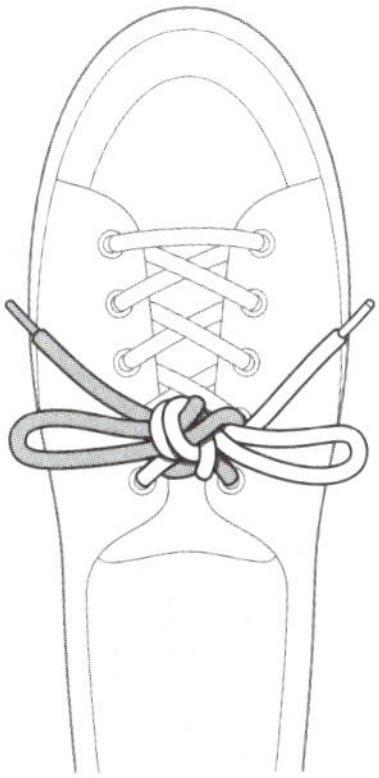

結び目は堅く締まっているが、どちらか一方の端をひっぱるとほどける。

小物にひもをつける①

［ 止め継ぎ結び ］

小物にひもをつけるときに役立つ「止め継ぎ結び」。
固く締まりやすく、水に濡れるとほどけ難い。

1

小物にひもを通したら、両端をそろえて図のように輪をつくる。

2

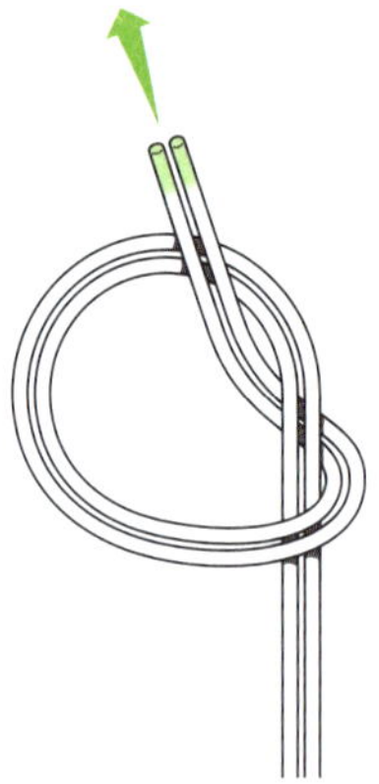

ひもの先端を輪に通す。（止め結び）

3

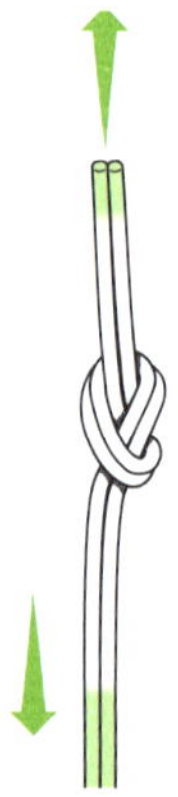

ひもの先端と元側を引いて、結び目を締める。

知っテク

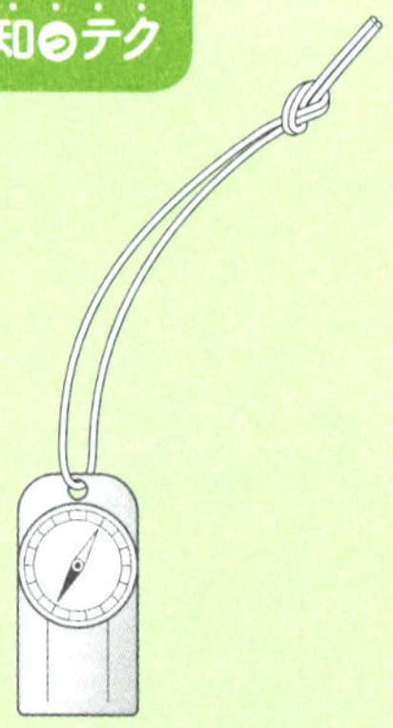

首から下げられるように、万能ナイフやコンパスなどの小物にひもをつけておくといい。

小物にひもをつける②

［ ひばり結び ］

「止め継ぎ結び」などでループ状にしたひもを小物につけるときに「ひばり結び」を使えば、小物がひもに固定される。

1

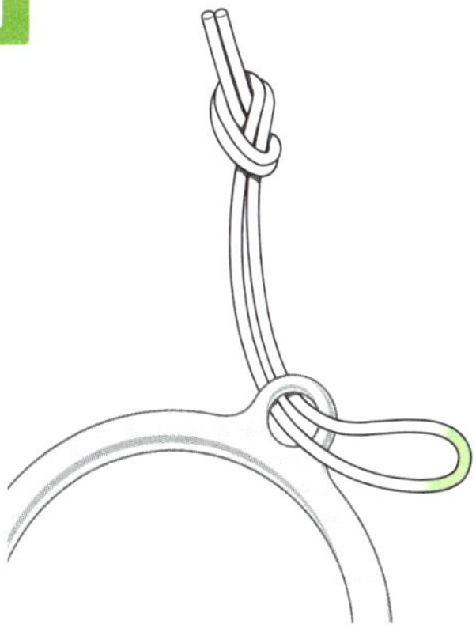

止め継ぎ結び（P72参照）で結んだひもを、小物の穴などに通す。

2

図のようにひもの結び目を小物に通した輪にくぐらせる。

3

そのまま引き出して、結び目を締める。

4

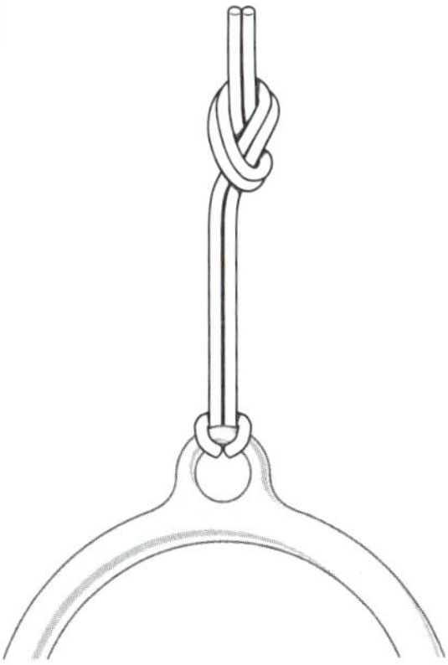

ひばり結びでひもが小物に固定された。

小物にひもをつける③

［ テグス結び ］

「テグス結び」は2本のロープをつなぎ合わせるための結び。
小物にひもをつけるときにも多用される。

1

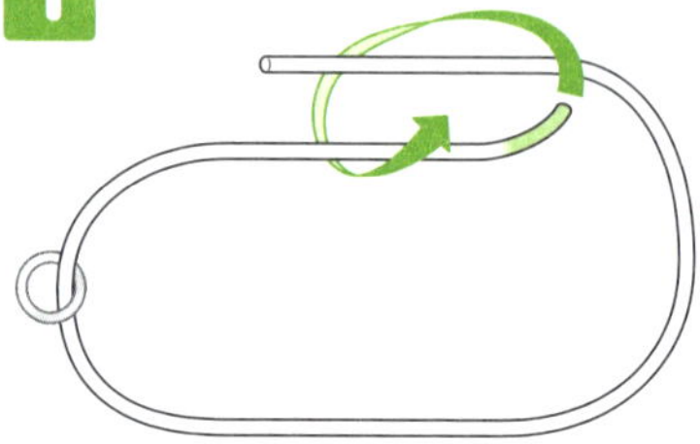

小物の穴などに通したひもを図のように巻きつける。

2

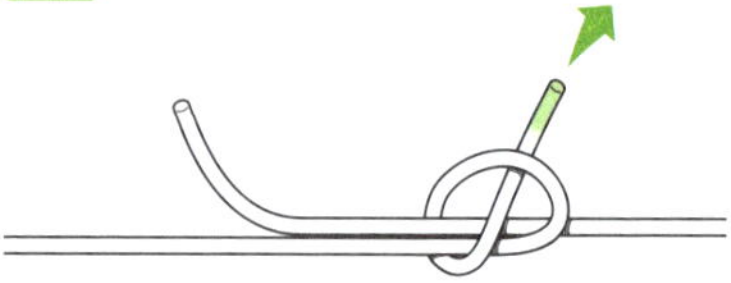

方側のひもの先端を引いて、止め結びにする。

3

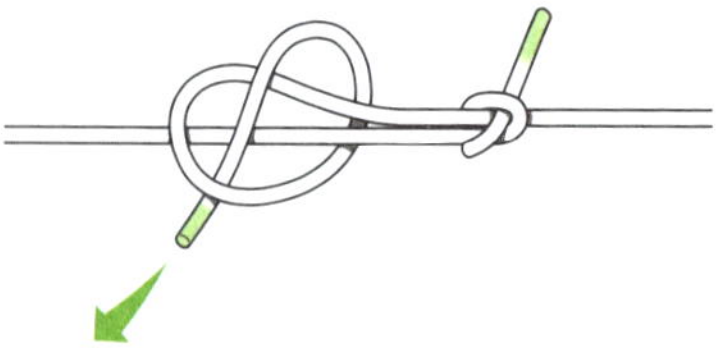

もう一方のひもも2と同じように、止め結びにする。

4

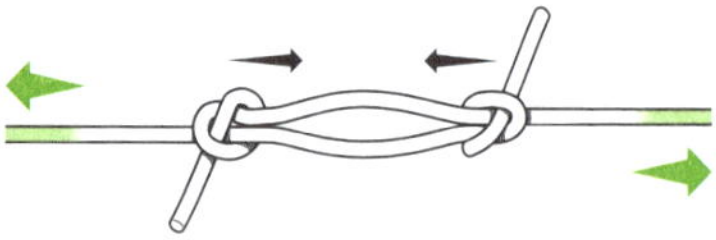

両方の元側を強く引く。

5

図のように結び目が合わさり、テグス結びが完成する。

知っテク

万能ナイフやコンパスなど、すぐに使うものはひもをつけて首から下げておこう。

テープスリングをつくる

［ウォーター・ノット］

登山用テープを輪にしたのがテープスリング。テープスリングは「簡易ハーネス」（P76参照）にするなど、登山のレスキューアイテムのひとつとして持っていたい。

1

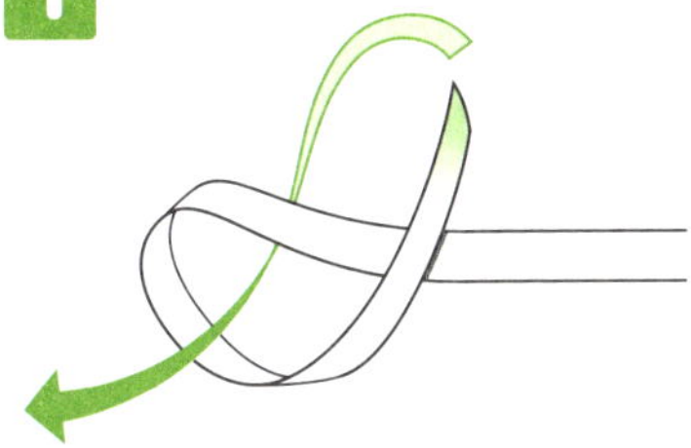

登山用テープの一端を図のように通す。

2

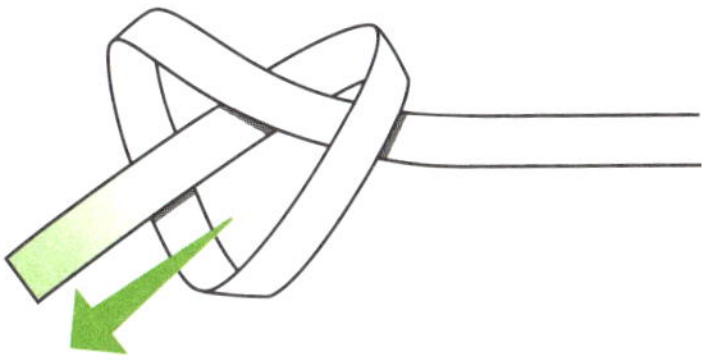

テープの先端を軽く締めて、ゆるめの止め結び（P72参照）にする。

3

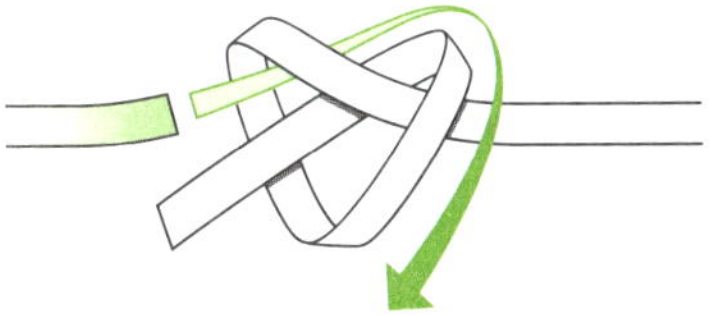

もう一方のテープの先端を止め結びの輪に通す。

4

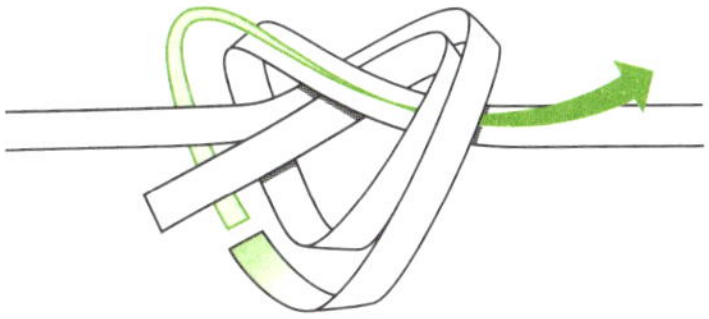

輪に通したテープを矢印の方向に通していく。

5

結び目がくずれないように、テープの両端と元側を引く。

6

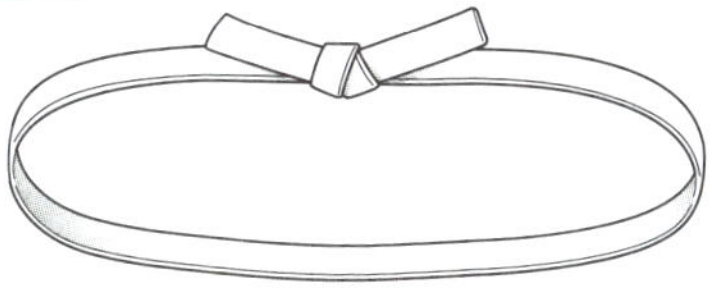

テープがほどけないように、結び目をしっかりと締める。

簡易ハーネスをつくる

［簡易ハーネス］

クライミングのときに使用するハーネス(安全ベルト)は、登山用テープでつくったテープスリング(P75参照)とカラビナを使って簡易的なものをつくることができる。

1

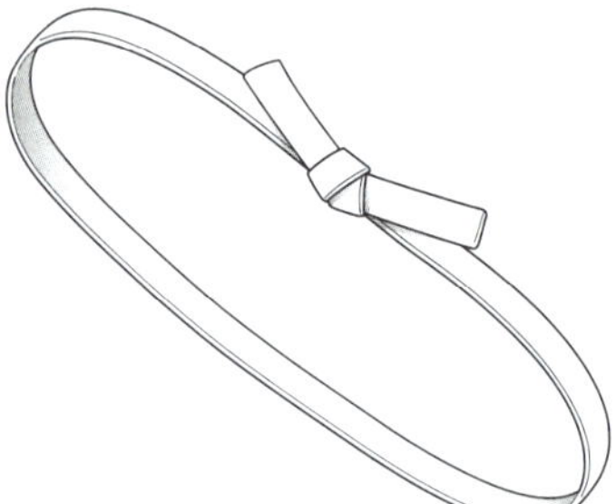

長さ120cmほどのテープスリング(P75参照)をつくる。

2

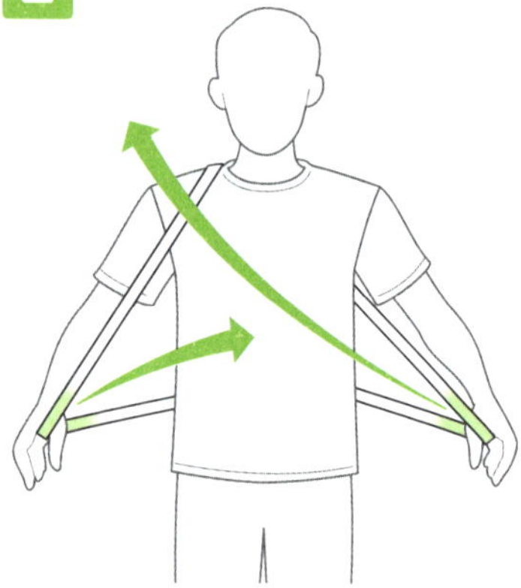

テープスリングを図のように肩にかけて、手前で交差する。

3

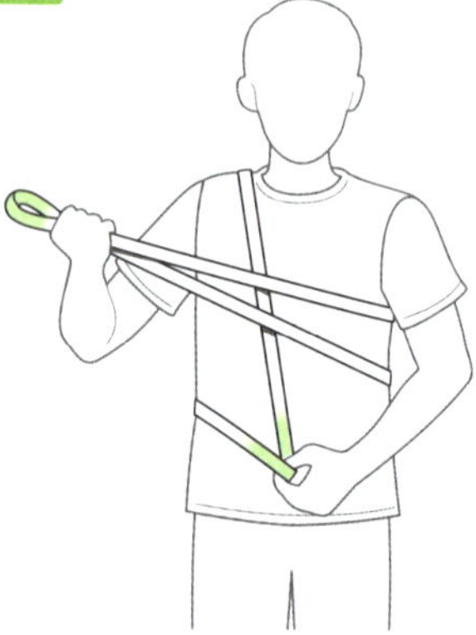

交差させたテープスリングを図のように持ち直す。

4

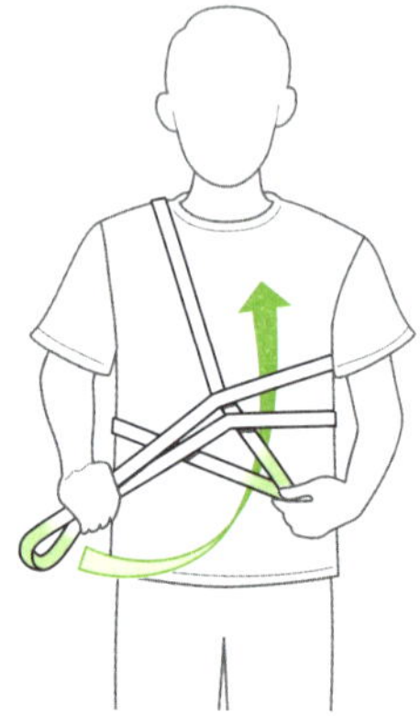

左手のテープスリングを図のように通す。

【こんなときにも使えます！】

ふつうの山登りでも、危険個所や岩場を通過するときにはロープを用いたほうがいい場合がある。そんなときにこの方法を覚えておけばリスクを軽減できる。

5

内側に通したテープスリングを、輪に通す。

6

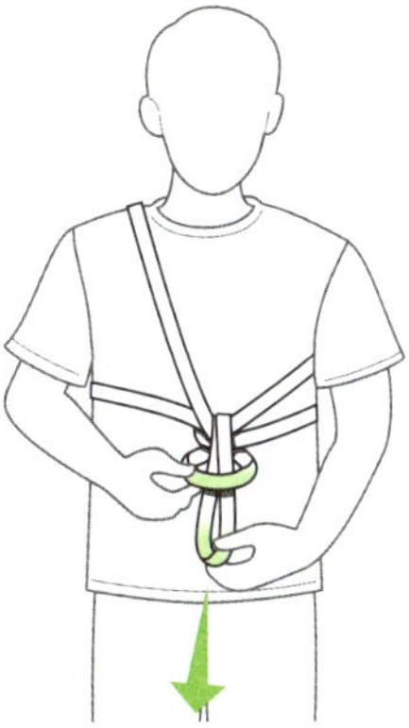

輪に通した先端をひっぱって、結び目を締める。

7

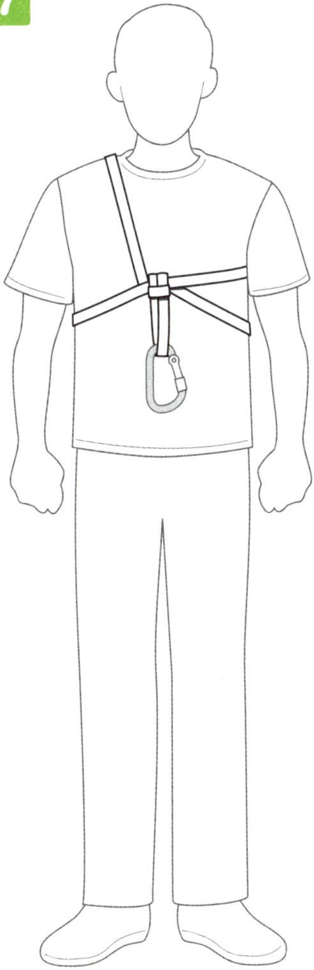

結び目の輪に安全環のついたカラビナをつけて使用する。

ロープスリングをつくる

［二重テグス結び］

ロープを輪状にしたロープスリングをつくるときには、「テグス結び」（P14参照）をより強固にした二重テグス結びを用いる。

1

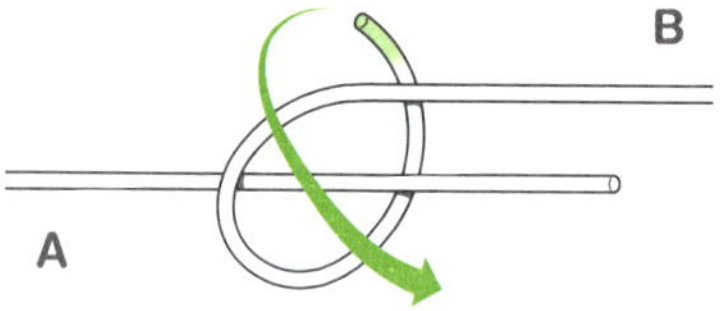

平行に並べたロープのBを図のように巻きつける。

2

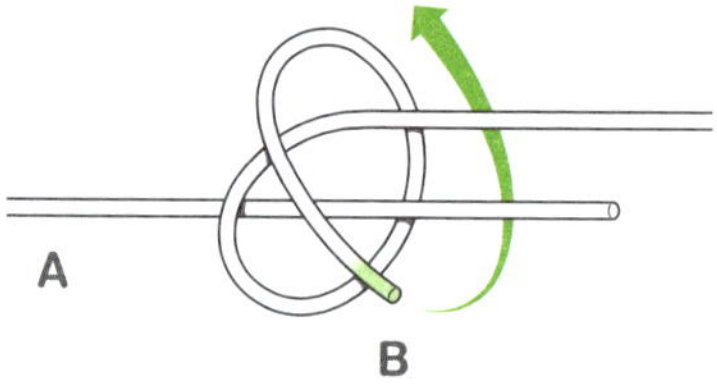

Bのロープの先端をもう1回巻きつける。

3

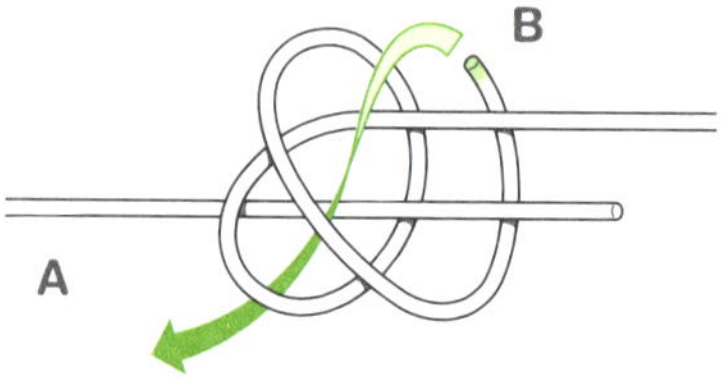

ロープの先端を巻きつけた輪のなかに通す。

4

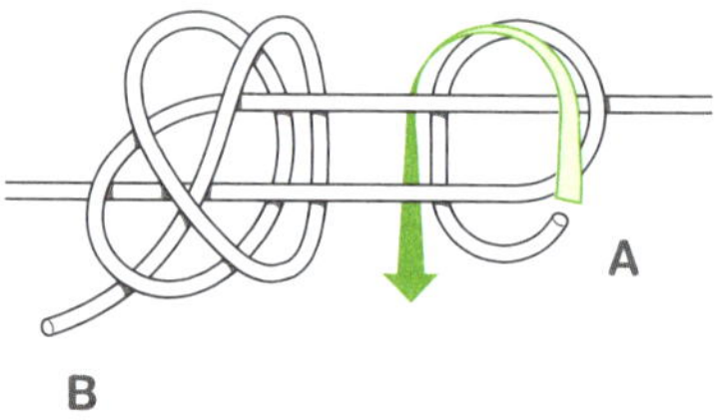

Aのロープも同じように2回巻きつける。

【こんなときにも使えます！】

二重テグス結びはテグス結びの巻きを1回増やして強度を高めてある。大きな力がかかっても、まずほどける心配はない。2本のロープをつなぎ合わせるときにも多用される。

5

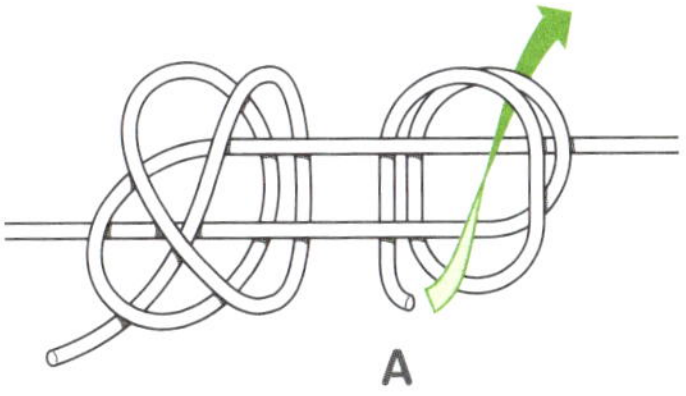

Aのロープの先端を巻きつけた輪のなかに通す。

6

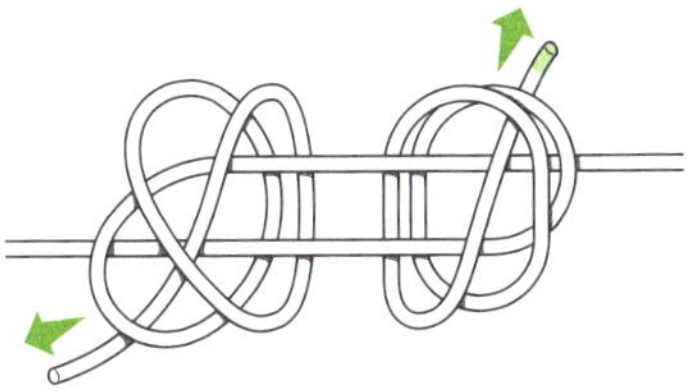

それぞれのロープの先端を引いて、結び目を締める。

7

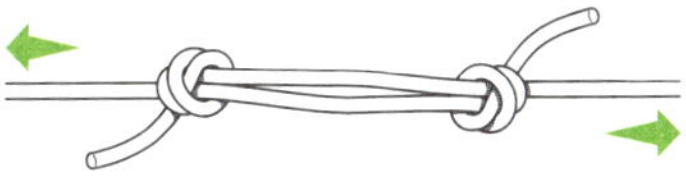

2本のロープの元側を同時にひっぱる。

8

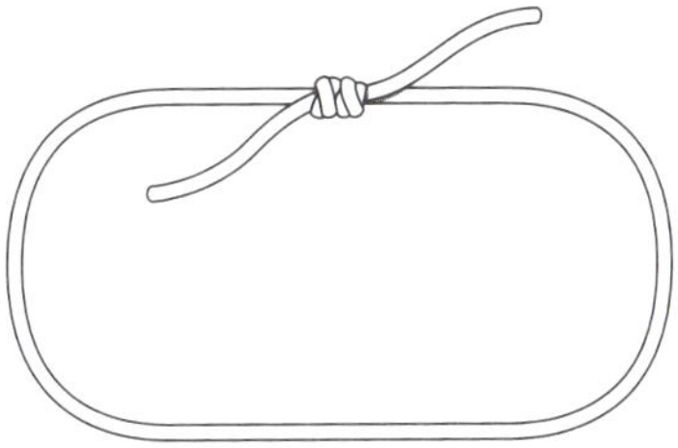

2つの結び目がくっついたら完成。

ロープを体に結びつける①

［ 二重8の字結び ］

転滑落の危険を回避するために、
万が一に備えてロープを体に結びつける。
命綱として使える信頼の高い結びを紹介する。

1

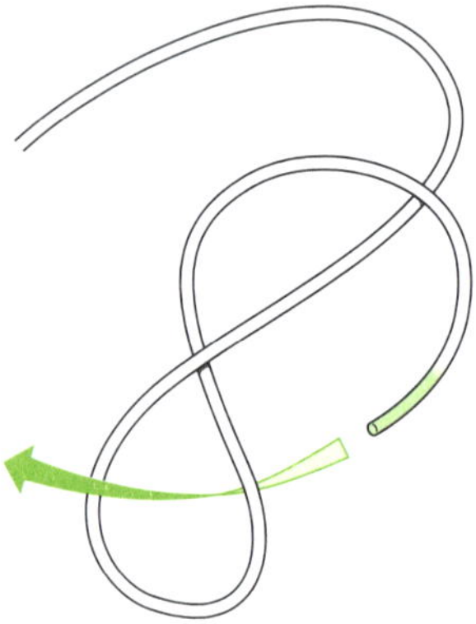

ロープの途中に、結び目をゆるめにした8の字結び（P13参照）をつくる。

2

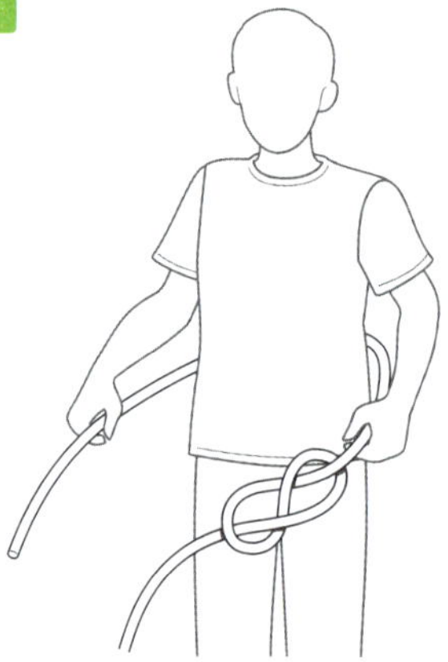

8の字結びが左手にくるように、ロープを腰に回す。

3

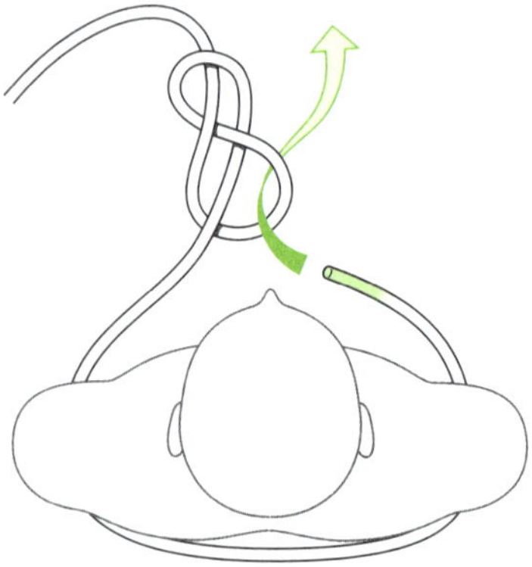

8の字結びの結び目の輪に、右手のロープの先端を通す。

4

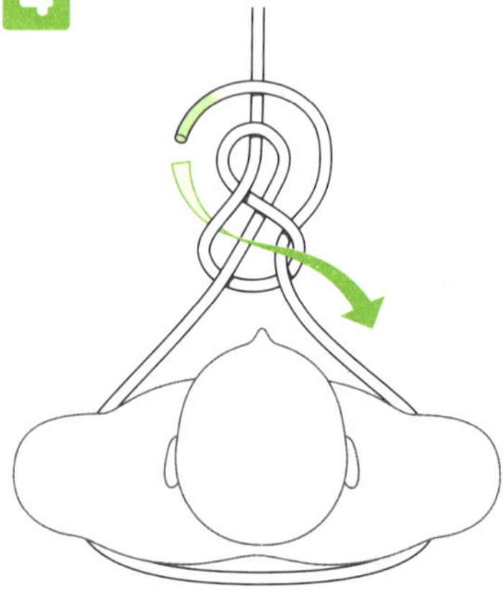

結び目をなぞるようにロープを通していく。

【こんなときにも使えます!】

二重8の字結びは輪をつくるための結びだが、この方法を使えばロープを物体に結びつけることができる。強固で信頼性が高いため、クライミングのときによく使われている。

5

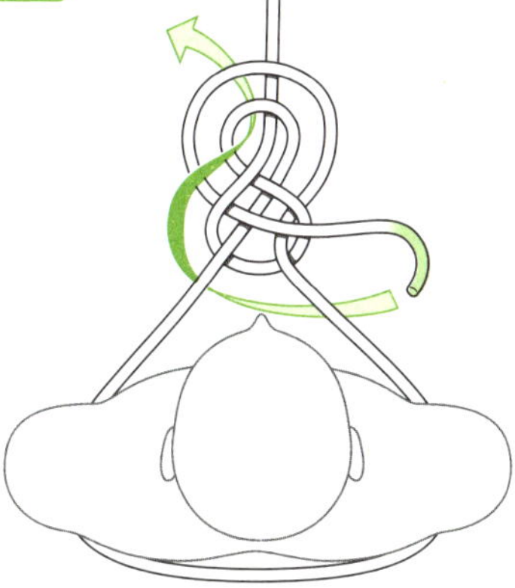

さらにロープを通していく。

6

ロープの元側を引いて結び目をしっかりと締める。

7

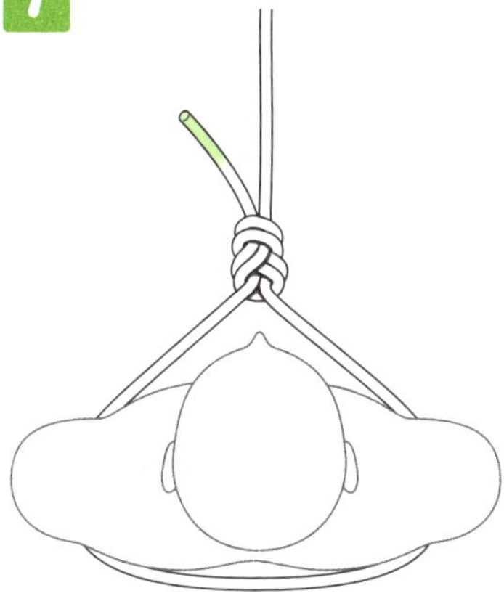

ロープの末端は充分に余らせること。

8

登山で危険個所を通過するときなどに用いるといい。

ロープを体に結びつける②

［ 腰かけ結び ］

ロープの途中に2つの輪ができる「腰かけ結び」。
登山中に1本のロープに体を結び合って行動するときに、
中間者がこの結びを使う。

1

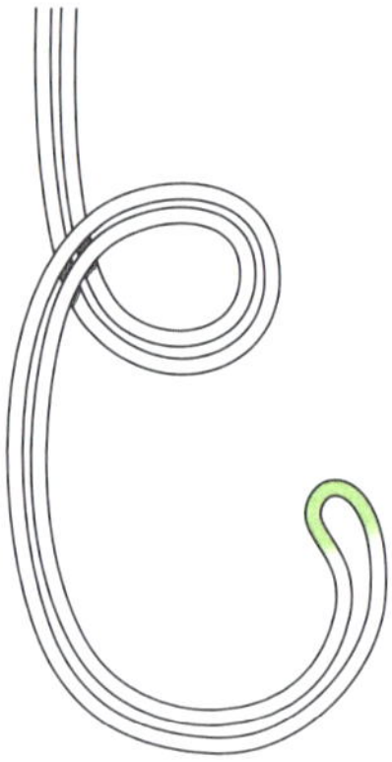

2つ折りにしたロープの途中で図のような輪をつくる。

2

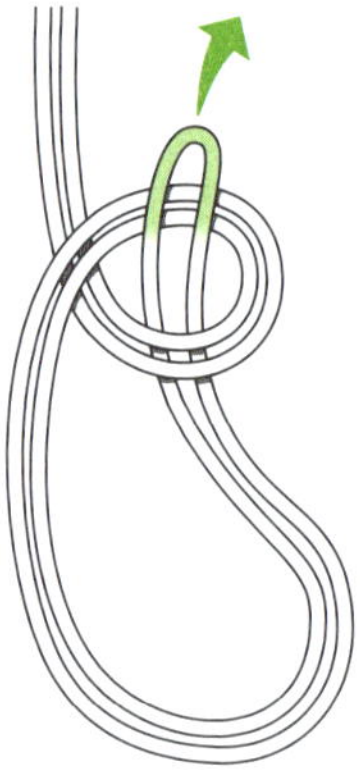

2つ折りにしたロープの先端を輪に通す。

3

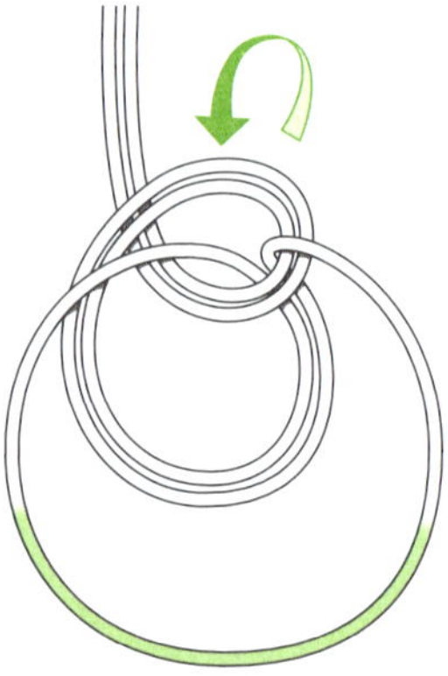

輪に通したロープの先端を折り返して図のように広げる。

4

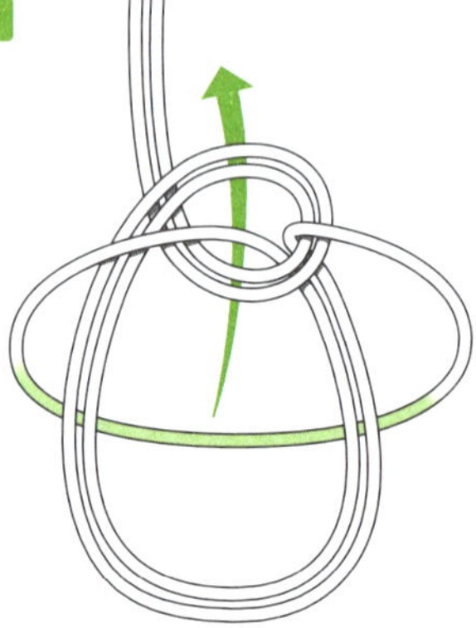

広げた部分を2つの輪にくぐらせて後ろ側に回す。

【こんなときにも使えます！】

その昔はレスキューシーンで用いられていた。木の枝などに吊り下げれば、簡易ブランコとして、子どもたちの遊具にもなる。

5

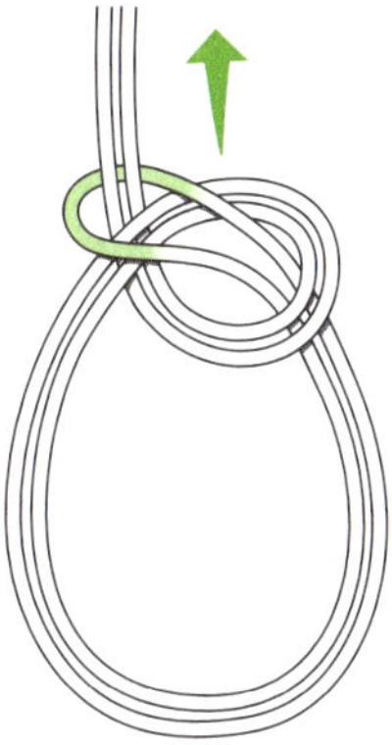

ロープの元側を引いて結び目をしっかり締める。

6

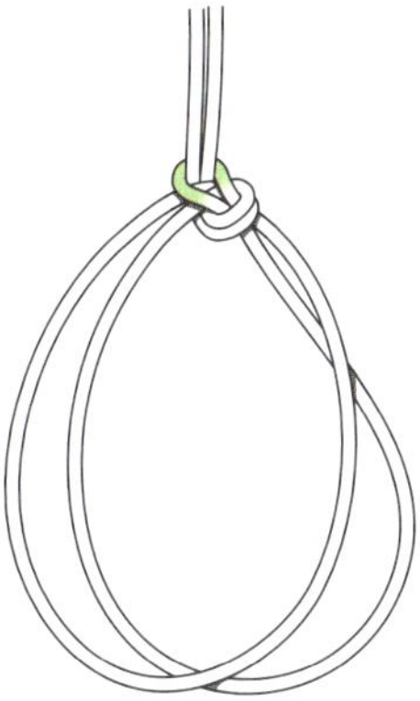

輪の大きさは調整することができ、一方の輪を大きくすると、一方の輪は小さくなる。

7

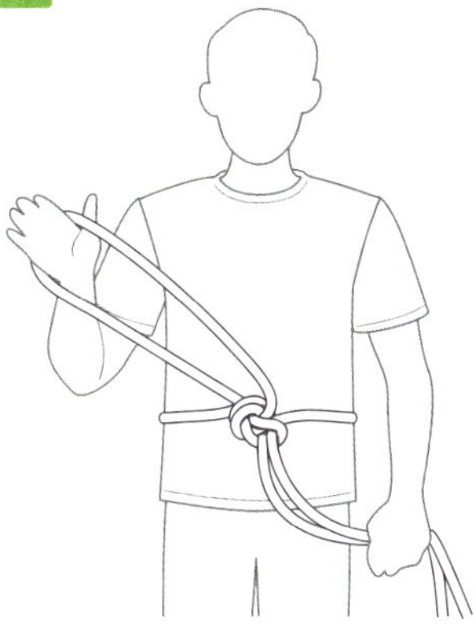

2つの輪のうちの一方を腰に回して大きさを調整する。

8

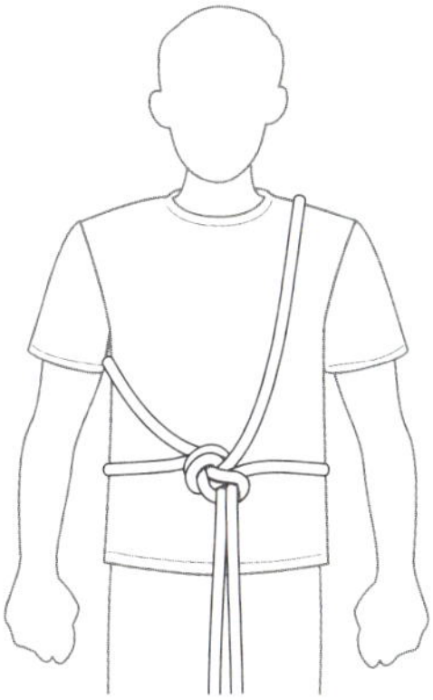

もう一方の輪を肩に回して、たすきがけのようにする。図のような状態にして結びつける。

ロープを体に結びつける③

［ 変形もやい結び ］

いくつかの結び方がある「もやい結び」。
体に結びつけるときには、この方法を用いる。

1

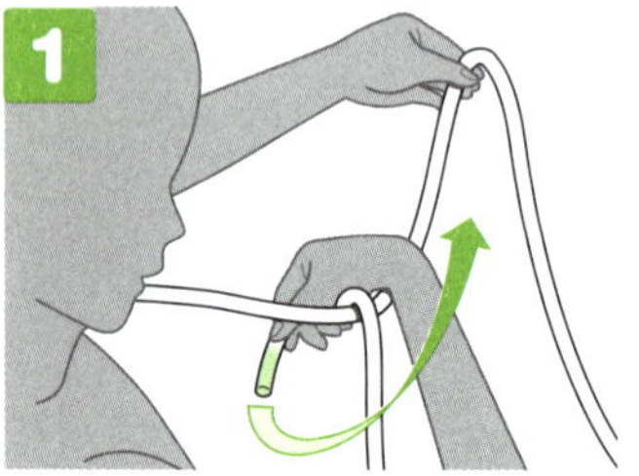

ロープを腰に回し、体の前で図のように上側のロープの先端を持って手首を元の部分に絡ませる。

2

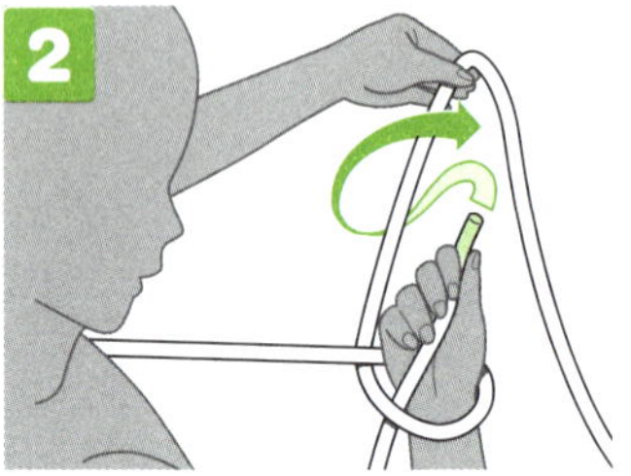

ロープの先端を右手で持ったまま、手首を返し、矢印のように先端を絡ませる。

3

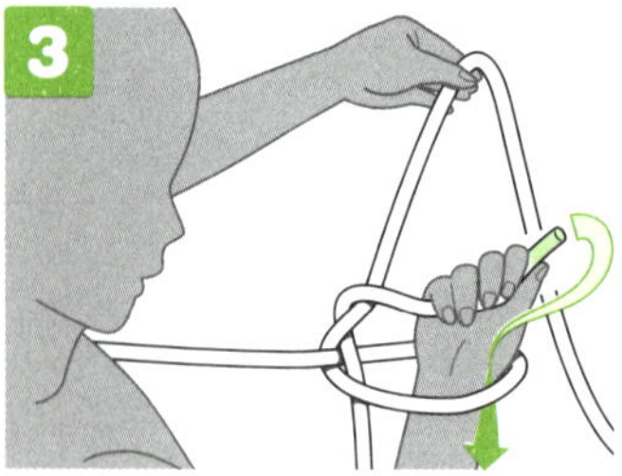

絡ませたロープの先端を右手首ごと、輪の下に引き出す。

4

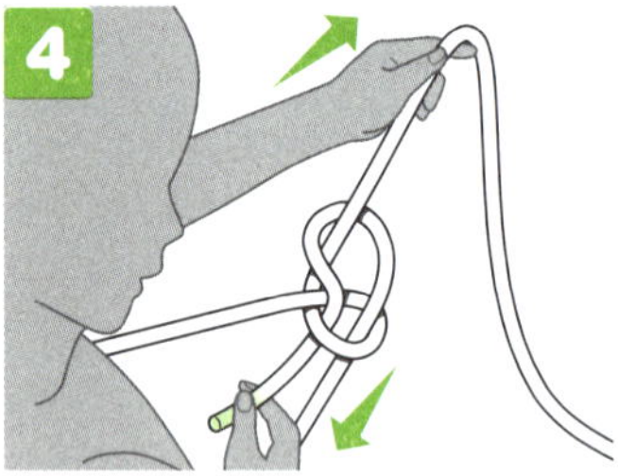

両端を引いて、腰回りのロープの長さを調整する。

5

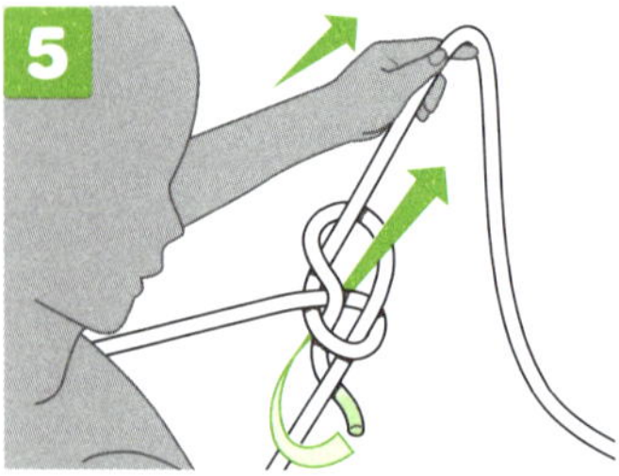

ロープの先端を矢印のように結び目の輪のなかに通す。

6

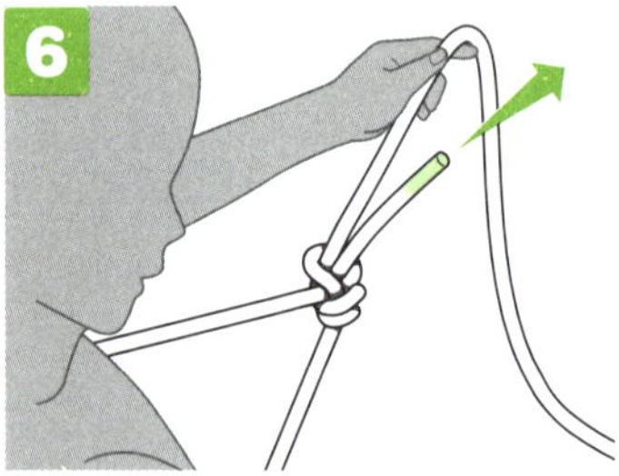

先端を引いて、結び目をしっかりと締める。

ロープに手がかりをつくる①

［ 連続8の字結び ］

「8の字結び」(P13参照)で複数のコブをつくれば、縄ばしごとして使用できる。手がかりや足がかりになるコブはなるべく間隔が均一になるようにしよう。

1

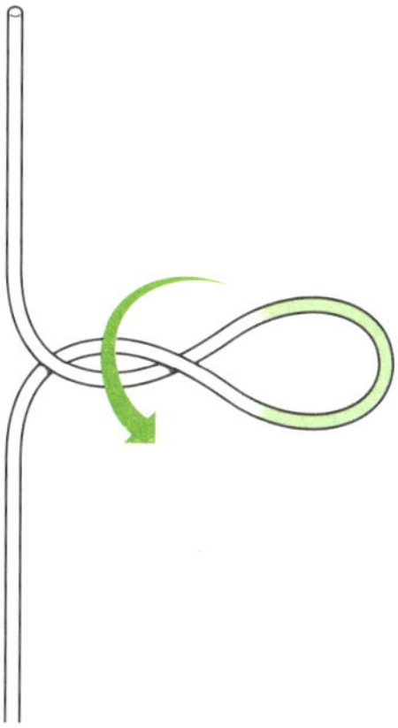

ロープの途中を図のように8の字にねじって輪をつくる。

2

つくりたいコブの数だけ、間隔が均一になるようにロープを8の字にねじる。

3

ねじり終えたら、図のようにロープの先端を8の字の輪のなかに通して、先端と元側を引く。

4

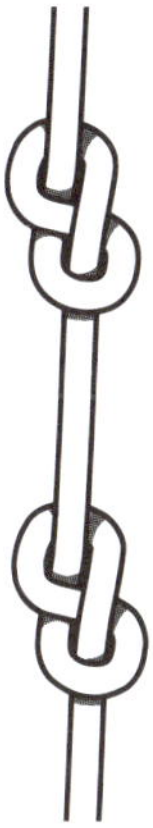

間隔が均一になるように気をつけながら、ひとつひとつの結び目を締める。

ロープに手がかりをつくる②

［連続止め結び］

よりシンプルで簡単に結べる「連続止め結び」。
子どもの遊具や緊急脱出用のロープとして使われることが多い。

1

図のようにロープを巻いて輪をつくる。

2

1と同じように、つくりたいコブの数だけ輪をつくる。

3

ねじり終えたら、図のようにロープの先端を輪のなかに通して、先端と元側を引く。

4

間隔が均一になるように気をつけながら、ひとつひとつの結び目を締める。

ロープに手がかりをつくる③

［ インライン・フィギュア・エイトノット ］

ロープの途中に下向きの輪をつくる
「インライン・フィギュア・エイトノット」。
縄ばしごの手がかりになる輪は、大きくすれば足がかりにもなる。

1

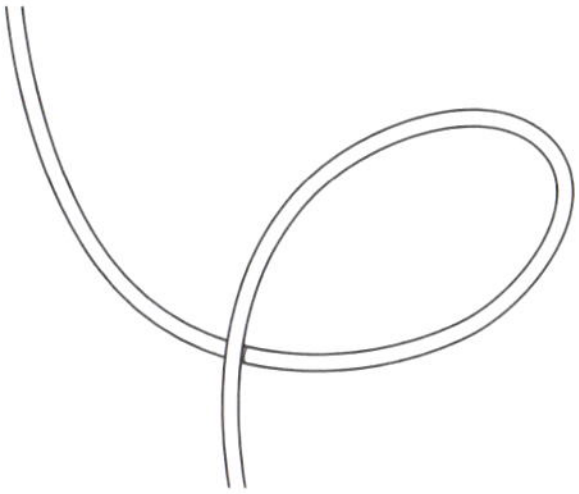

ロープの途中に輪をつくる。

2

ロープの輪を図のように引き出す。

3

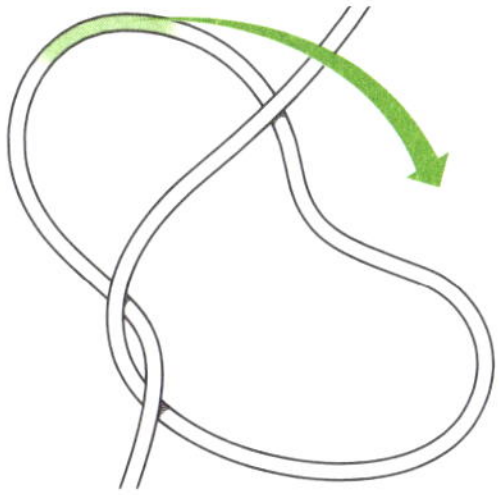

ロープの輪を半分引き出したところで手前に折り曲げる。

4

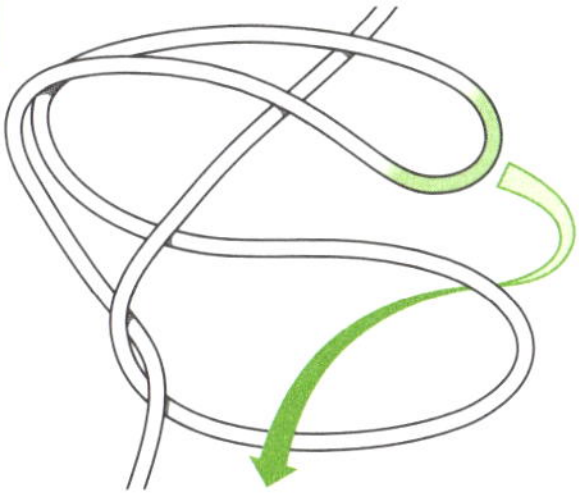

折り曲げた輪を図のように通す。

5

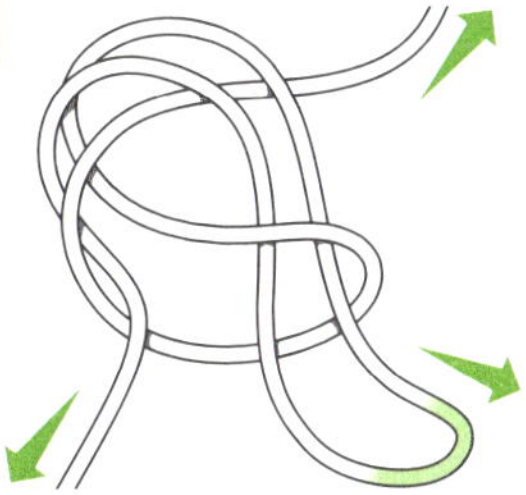

通した輪の大きさを整える。

6

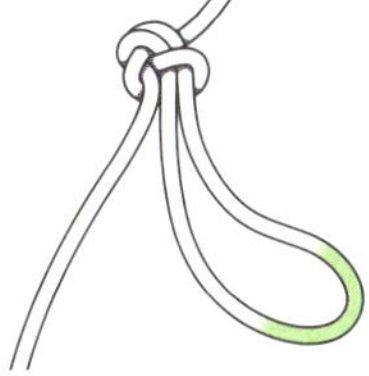

ロープの元側と輪をひっぱって結び目を締める。1～6の手順で必要な数だけ結び目をつくる。

危険個所にロープをはる①

[巻き結び＋ふた結び]

危険な個所にロープをはる場合は、
巻き結びのあとに、ふた結びを加えて強度を高めるといい。

1

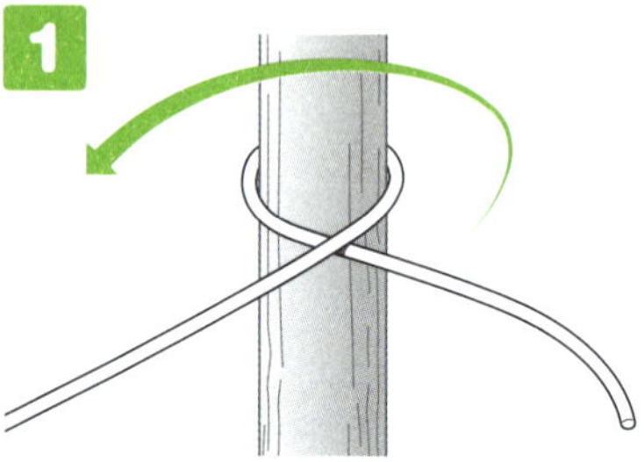

丸太にロープを巻きつける。

2

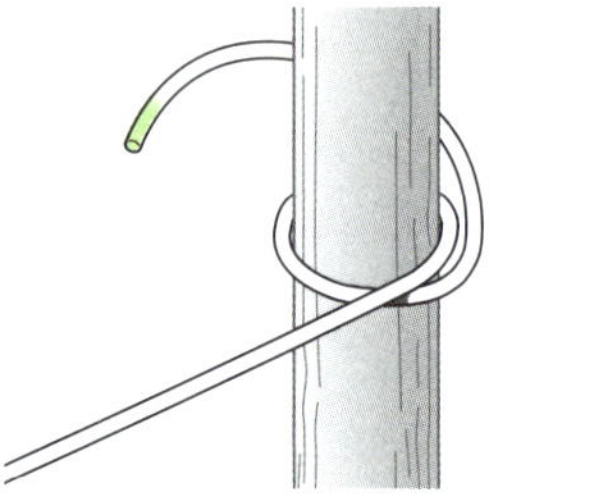

もう1回、ロープを巻きつける。

3

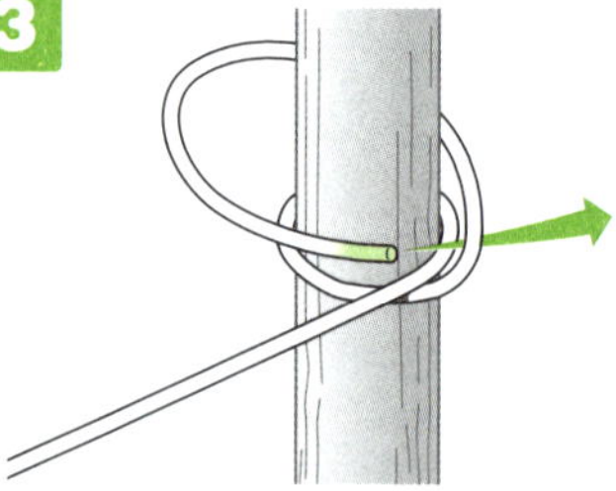

図のようにしてロープの先端を通す。

4

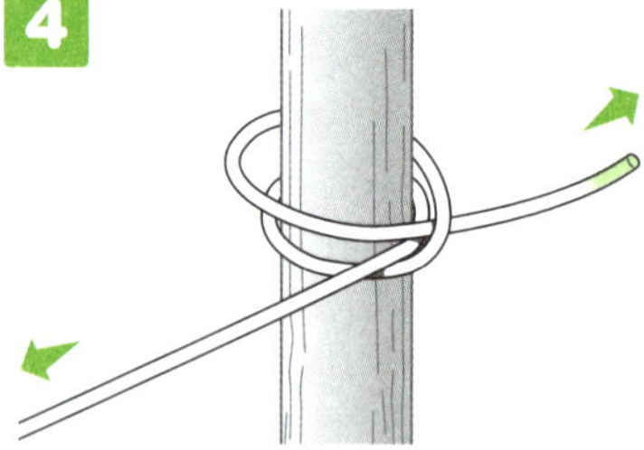

ロープの先端と元側を引いて、結び目を締めて巻き結び（P12参照）にする。

5

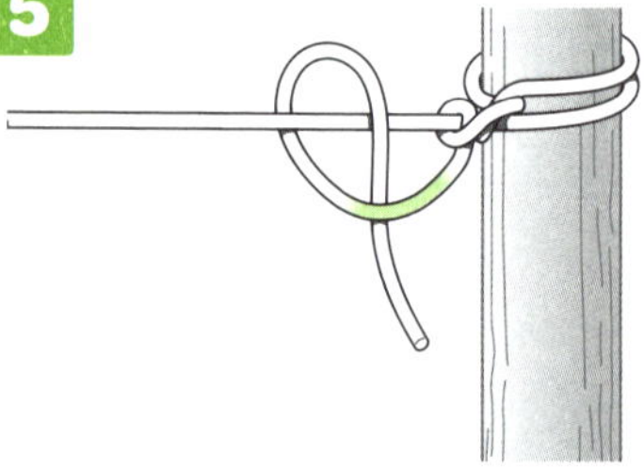

図のように、ひと結び（P10参照）を2回繰り返す。

6

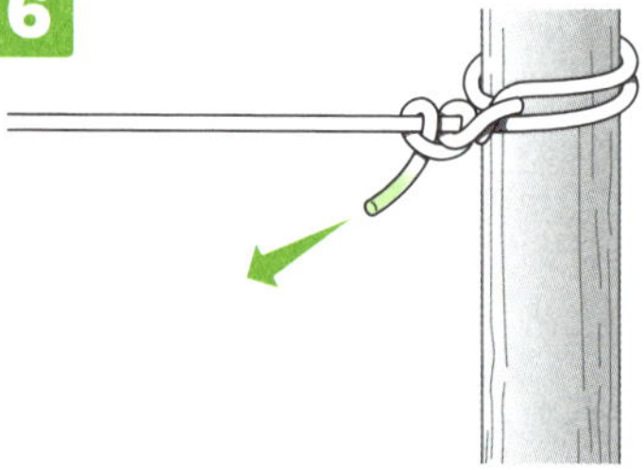

ロープの先端と元側をしっかり締める。

危険個所にロープをはる②

［ラウンド・ターン＋ふた結び］

ロープを立木に2回ほど巻きつけ、強くひっぱってからふた結びを結べば、ロープをピンとはることができる。

1

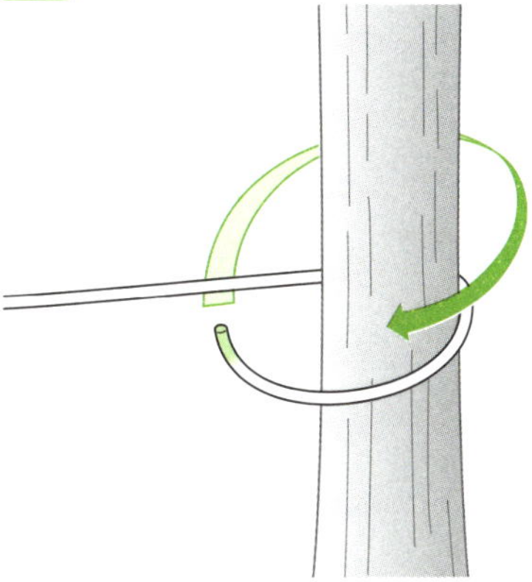

ロープを強く引きながら、2回ほど巻きつける。（ラウンドターン）

2

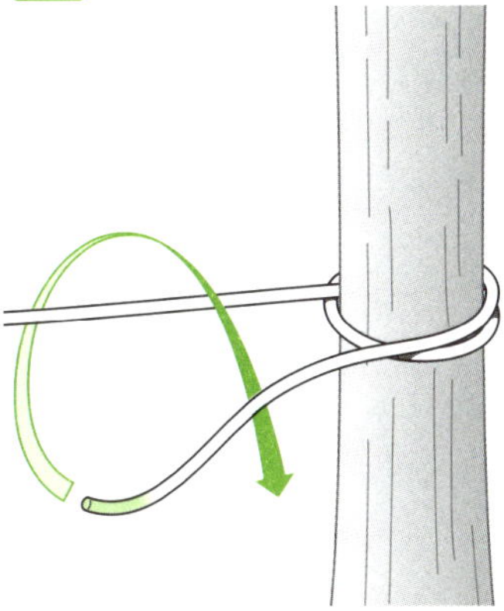

ロープの先端を図のように通してひと結び（P10参照）をつくる。

3

もう一度、ロープの先端を図のように通してふた結び（P10参照）にする。

4

ロープの先端を引き、結び目をしっかりと締める。

危険個所にロープをはる③

［ ひばり結び ］

「テグス結び」(P14参照)で輪にしたロープを木に結びつける。
「ひばり結び」(P30参照)は素早く結べるが、
荷重がかかっていないと結び目はゆるんでしまう。

1

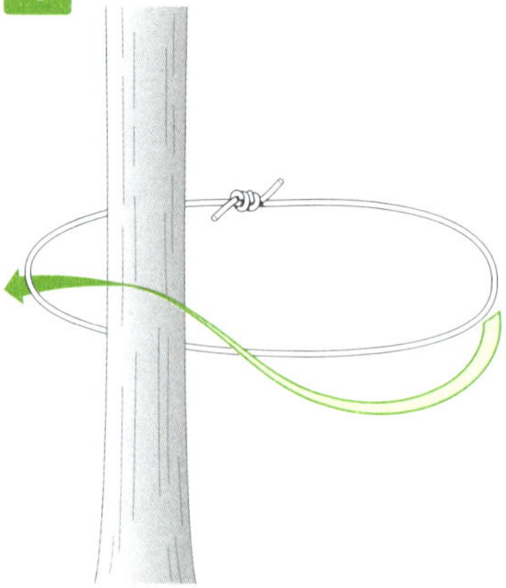

テグス結び(P14参照)をしてループ状にしたロープを木に巻きつける。

2

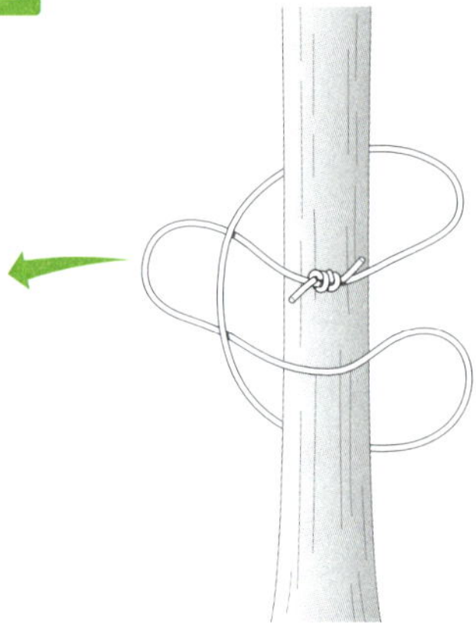

回したロープの端を、片側のロープの輪の中に通す。

3

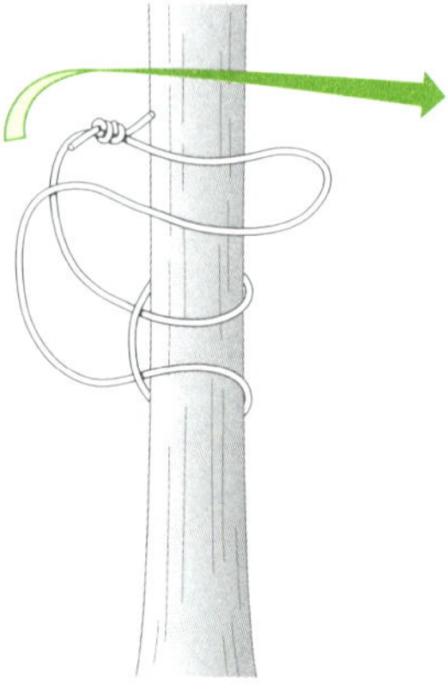

輪に通したロープの端を図のように折り返してひっぱる。

4

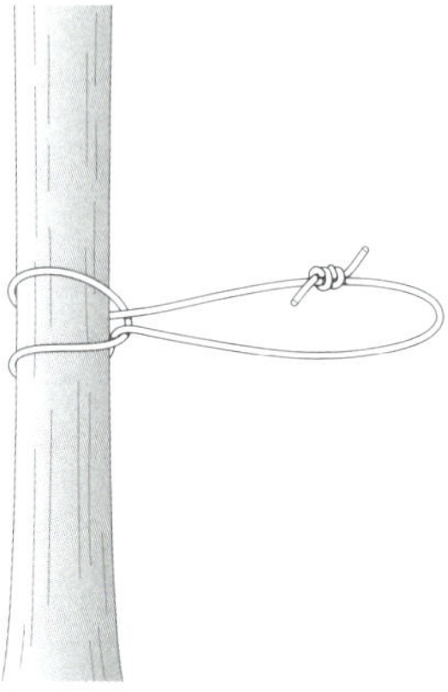

ロープに荷重がかかると結び目が締まる。

危険個所にロープをはる④

［ 二重8の字結び ］

簡単に結べて強度の高い「二重8の字結び」（P13参照）は、危険個所にロープをはるときやカラビナにロープをかけるときなどに用いられる。

1

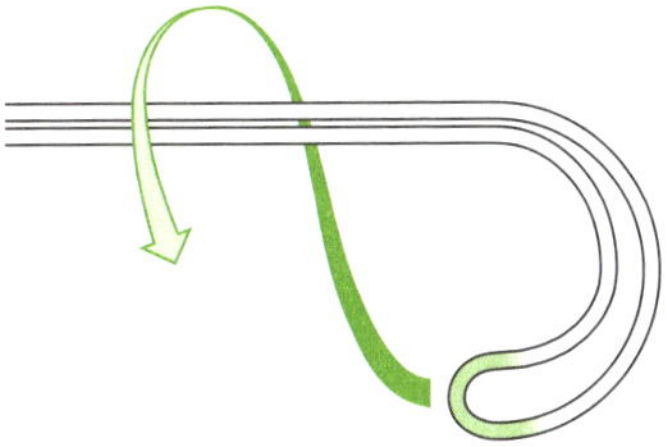

2つ折りにしたロープを図のように巻きつける。

2

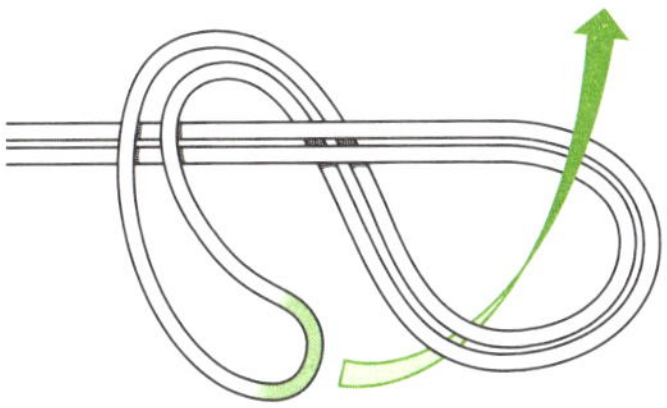

ロープの先端を8の字を描くように巻きつけて、輪に通す。

3

ロープの先端と元側を引いて、結び目を締める。

4

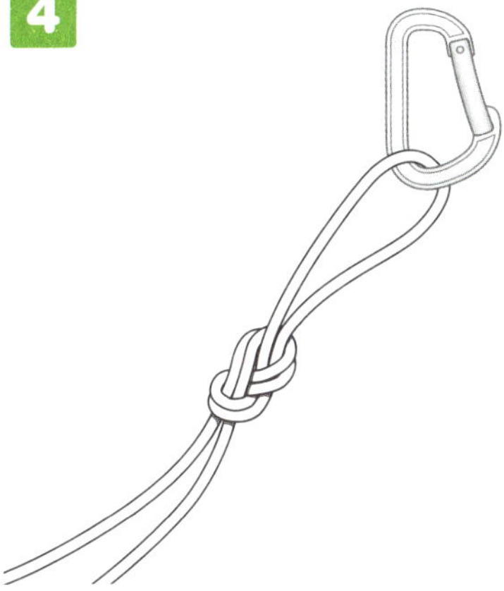

支点のカラビナや切り株や岩など、強度のある場所にロープをかける。

ロープで登り下りする①

［プルージック・ノット］

「プルージック・ノット」は、負荷がかかっていないときは結び目がスライドし、負荷がかかるとロックされる。

1

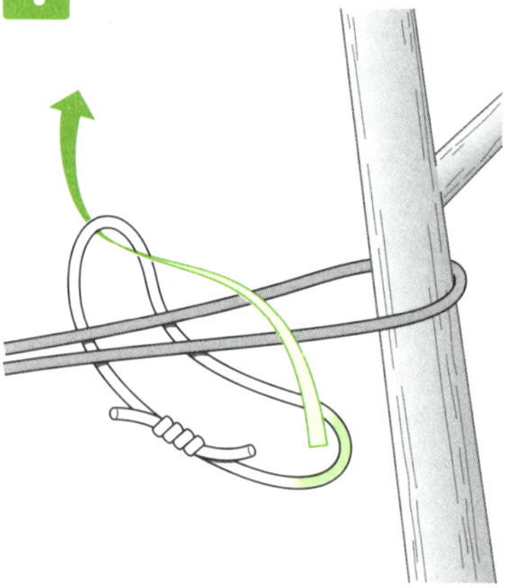

立木などにはったロープに、ロープスリング（P78参照）を図のように通す。

2

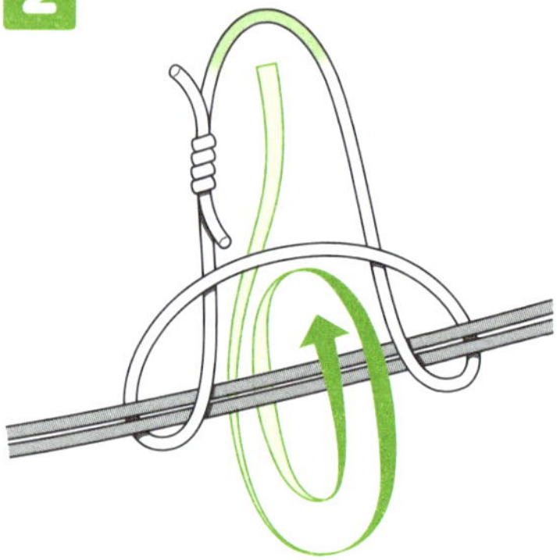

さらに2～3回巻きつける。

3

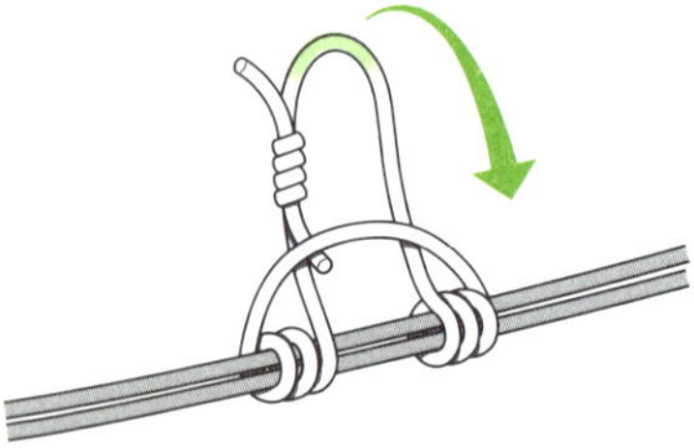

巻きつけたロープの先端部分を引いて、結び目を締める。

4

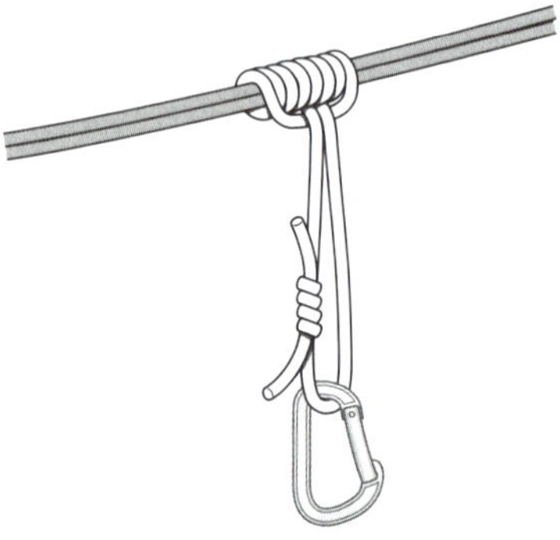

図のような形になったら、体に装着したハーネスのカラビナを、輪の部分にかけて登り下りする。

ロープで登り下りする②

［クレイムハイスト・ノット］

「プルージック・ノット」同様、負荷がかかっていないときには結び目がスライドし、負荷がかかると結び目が動かなくなる。

1

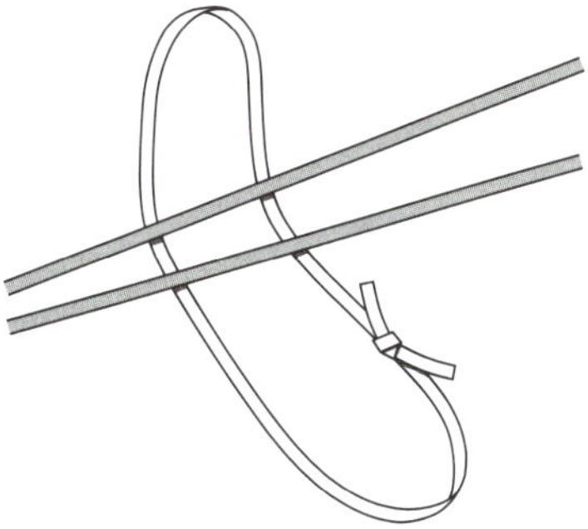

立木などにはったロープに、テープスリング（P75参照）をかける。

2

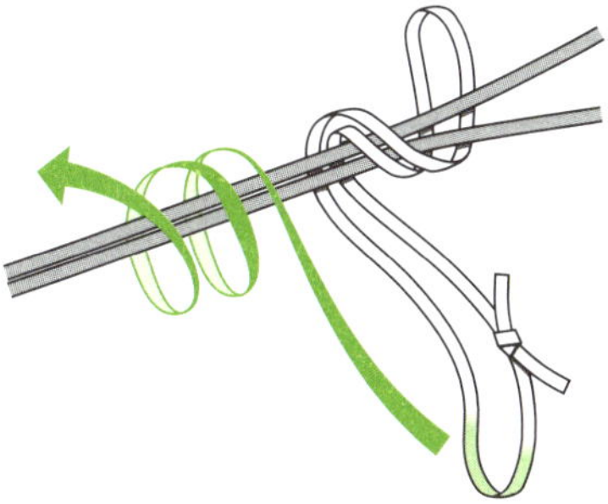

テープを3～4回、図のように巻きつける。

3

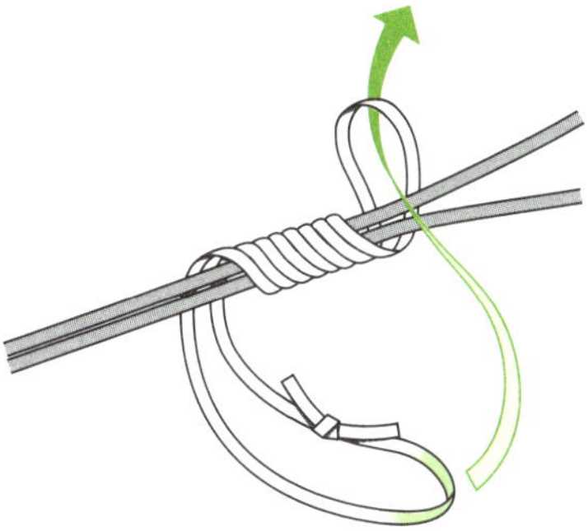

巻きつけたテープの端を巻きはじめのロープの輪に通す。

4

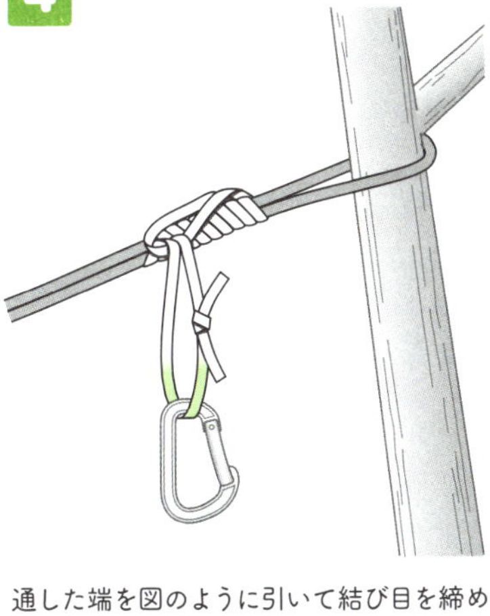

通した端を図のように引いて結び目を締める。輪の部分にカラビナをかける。

懸垂下降する

［ 肩絡み懸垂下降 ］

立木などにかけたロープを体に巻きつけて、
斜面を下りる「懸垂下降」。ロープと体の摩擦を利用して
少しずつ下りていく。

1

立木にロープをセットしたら、左手でロープをつかみ、ロープをまたぐ。

2

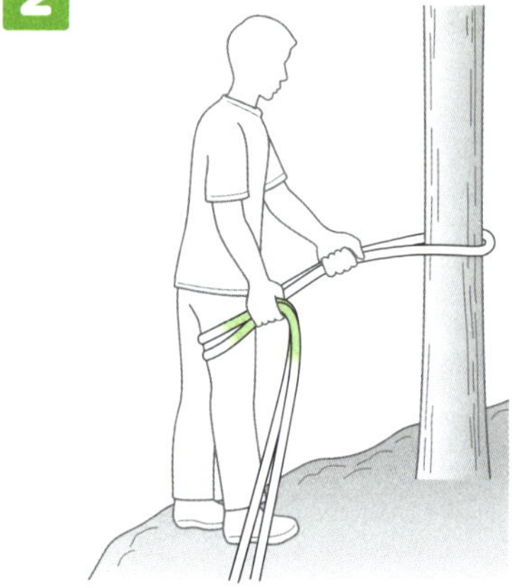

背後のロープを右手でつかみ、手前に持ってくる。

3

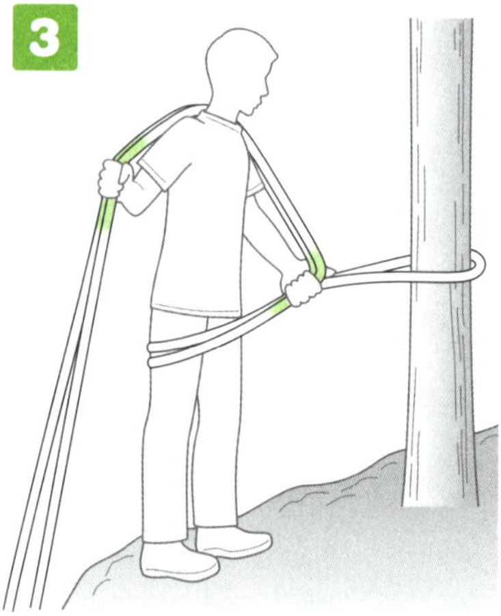

手前に持ってきたロープを左手でつかみ下に伸びているロープを左肩に回す。

4

左手で手前のロープを、右手で背後のロープをつかみ、少しずつスライドさせながら下りていく。ロープの摩擦に気をつけながら、バランスを取る。

2本のロープをつなぐ

［止め継ぎ結び］

懸垂下降をするときなど、
1本のロープでは長さが足りないときに、
この結び方で2本のロープをつなぐ。

1

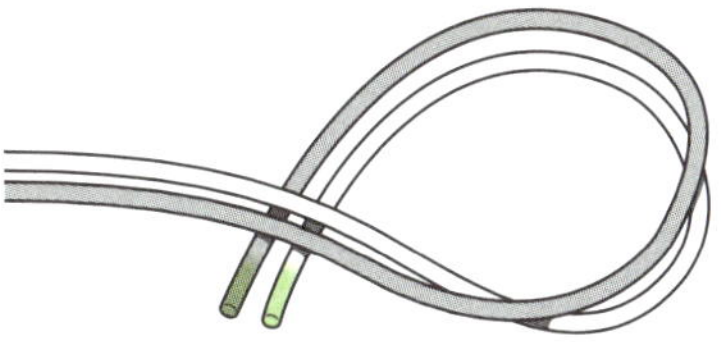

2本のロープを重ね、図のように輪をつくる。

2

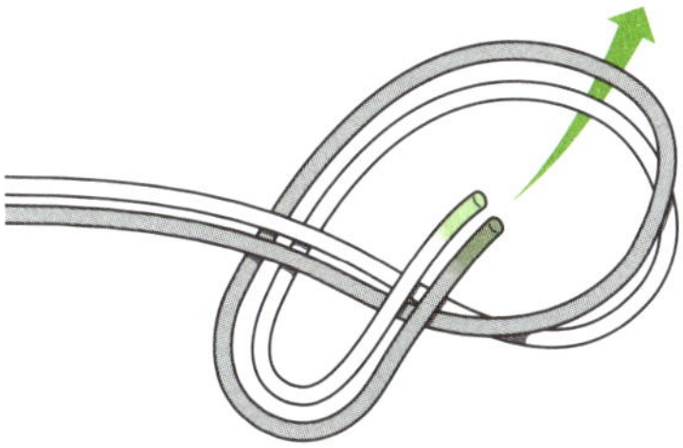

2本のロープの先端を輪に通す。

3

先端と元側をひっぱって結び目を締める。

4

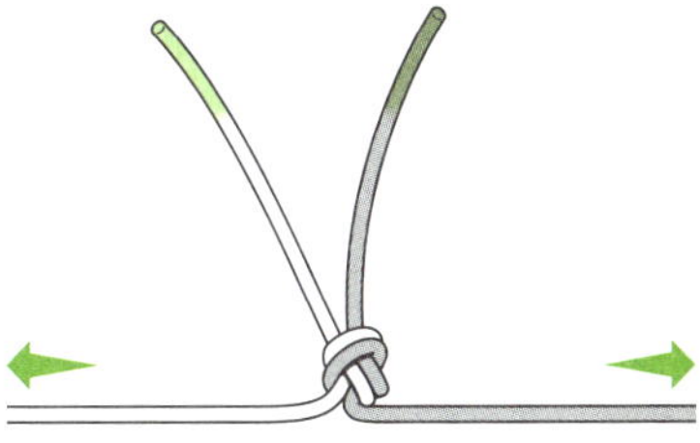

2本のロープの元側を図のように持ってひっぱり、さらに結び目を固く締める。

【束ねたロープを背負う】

登山用の長いロープは、束ねたものをそのまま背負うことも可能。スピーディに行動したいときなどに覚えておくと便利だ。

1

束ねた長いロープ（P216参照）の両端を長く余らせ、背中に背負う。

2

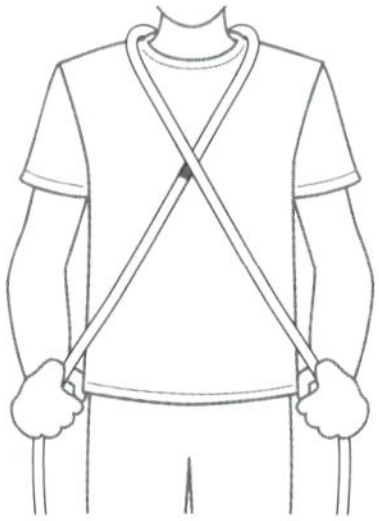

両端を肩にかけたら、胸元で交差させる。

3

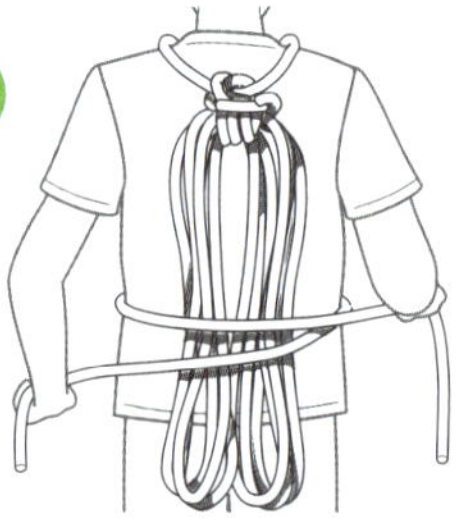

交差させたロープを図のように背中に回す。

4

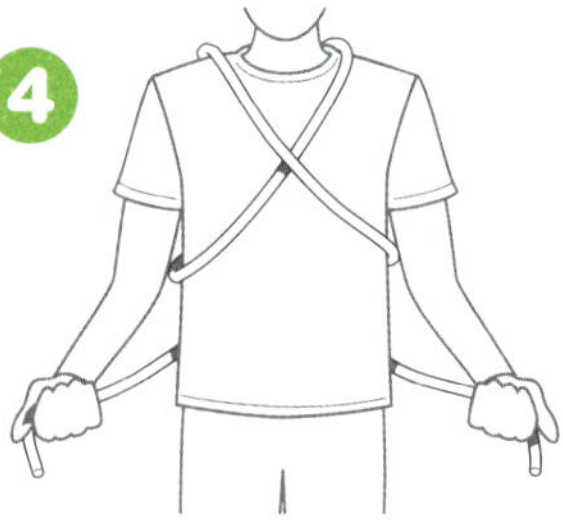

ロープの両端を体の前面にもってくる。

5

本結び（P15参照）でとめる。

6

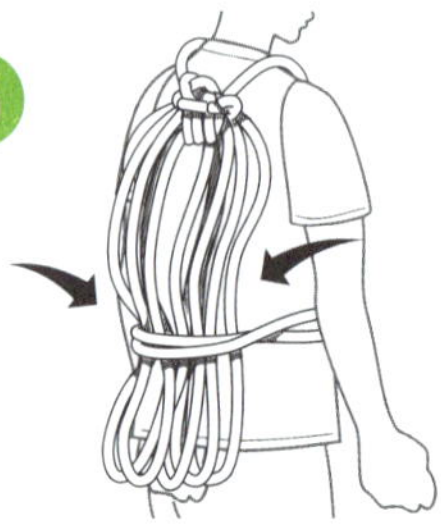

図のように、背中とロープの間に隙間を空けたほうがバランスが取れる。

【3章】
船（ボート・カヌー）

船

アンカーにロープを結んだり、係留するときなど、船にロープワークは必要不可欠。間違えないで結べるように、しっかりと結び方を覚えよう。ロープワークは船の作法から生まれたものも多い。

船を牽引する
P106 P107 P108
ロープを投げる
P110 P111
船を係留する P100 P101 P102 P103

船を係留する①

［ 杭結び ］

2つ折りにしたロープを杭にかける「杭結び」。
素早く結べ、負荷がかかっている間はゆるむことがない。

1

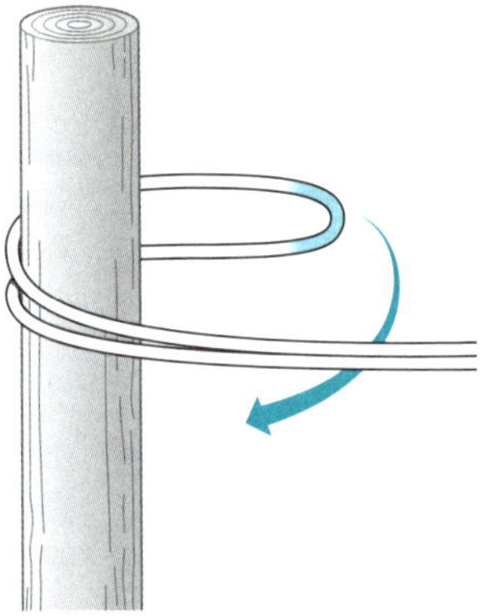

2重にしたロープを杭に巻く。

2

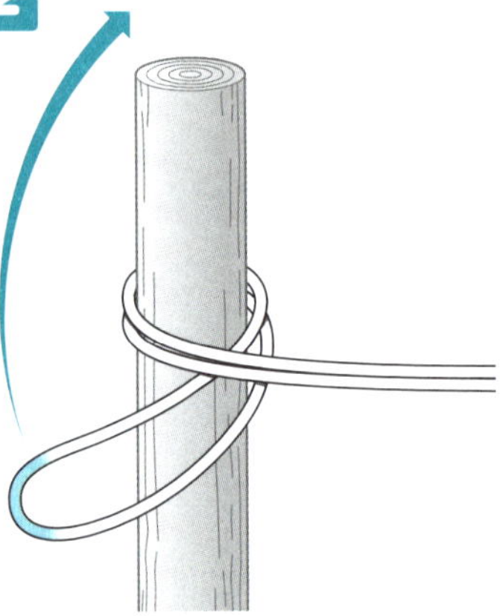

杭に巻いたロープの先端の輪を杭にかける。

3

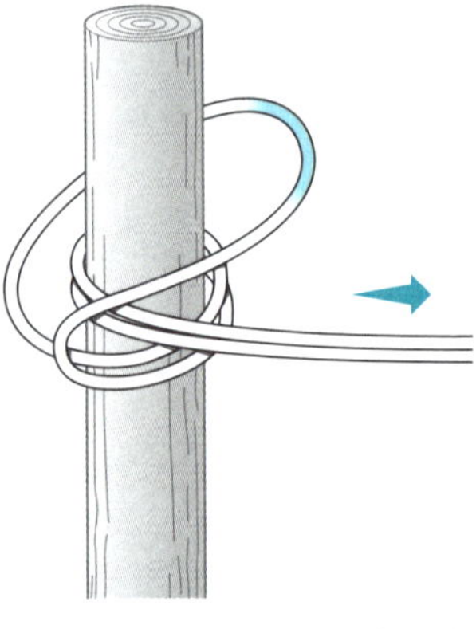

ロープを杭にかけたら、ロープの元側を引いて結び目を締める。

4

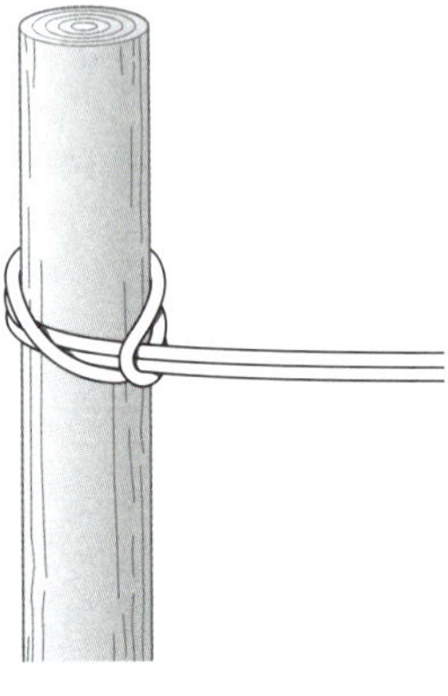

ロープの元側に船がつながれているなど、負荷がかかっていればロープはゆるまない。

船を係留する②

［巻き結び］

ロープの途中につくった2つの輪を重ねて
杭にかけるだけの「巻き結び」。
非常に簡単に結べるため、船を係留するときによく使われる。

1

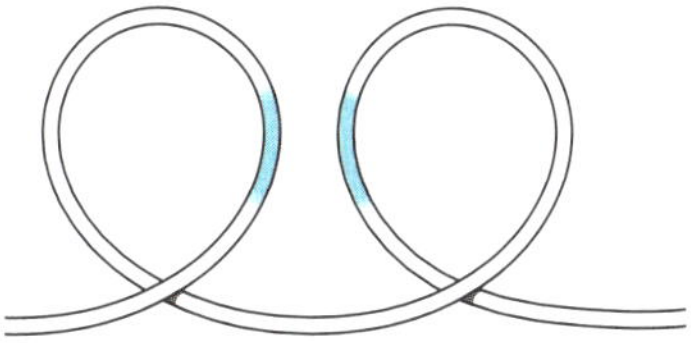

2つの輪をロープの途中につくる。

2

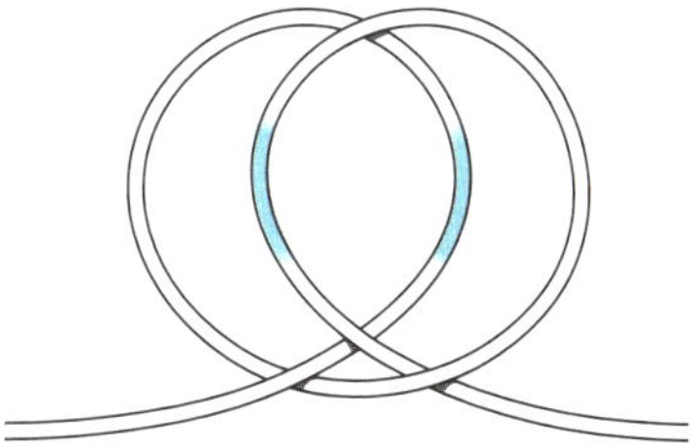

1でつくった2つの輪を重ねる。

3

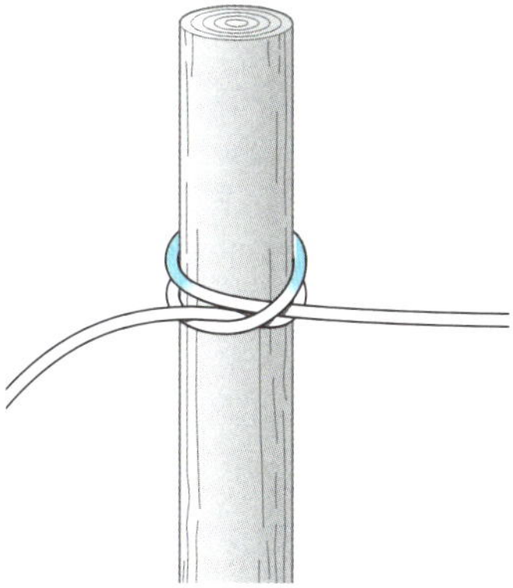

重ねた輪を杭にかけて、巻き結び（P12参照）にする。

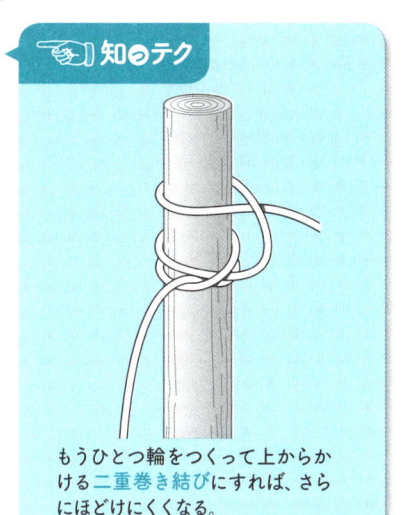

知っテク

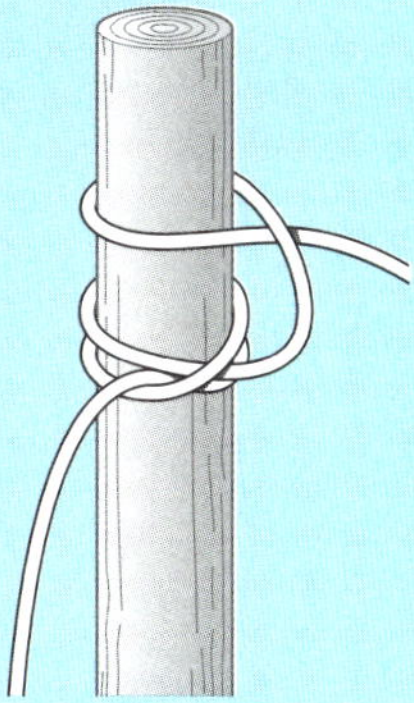

もうひとつ輪をつくって上からかける二重巻き結びにすれば、さらにほどけにくくなる。

船を係留する③―リング

［もやい結び］

係留のリングなどにロープをかける場合、
もっとも多く使われているのが「もやい結び」。

1

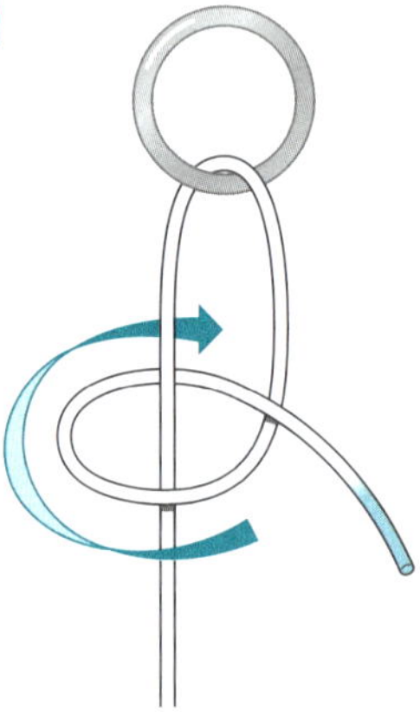

リングにロープを通して、ひと結び（P10参照）をする。

2

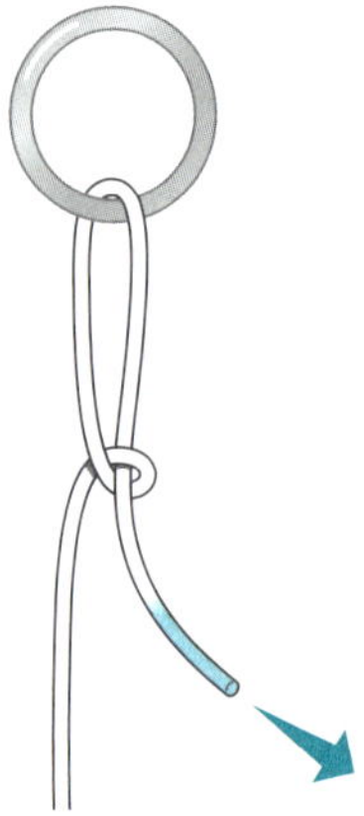

ロープの先端を強く引くと、図のような結び目になる。

3

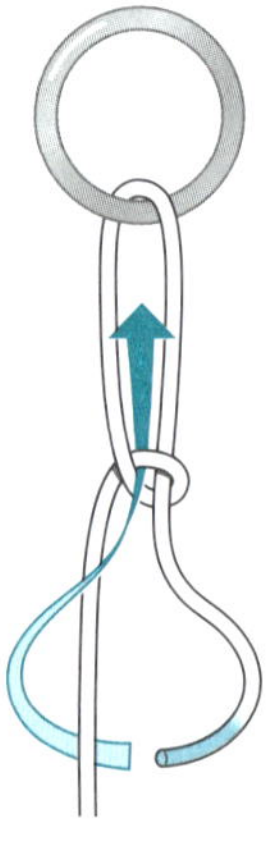

図のように、ロープの先端を輪に通す。

4

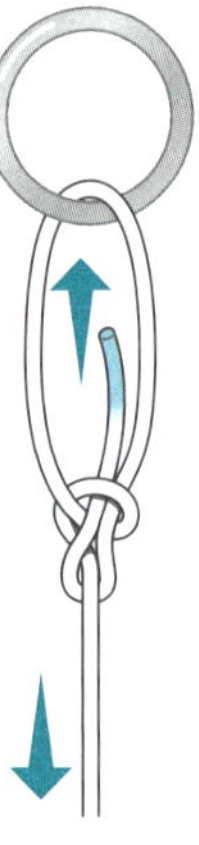

ロープの先端と元側を引いて、結び目を締める。

船を係留する④―クリート

［クリート・ヒッチ］

クリート（係留用索具）にロープを巻きつけて、
船を係留する結び方。

1

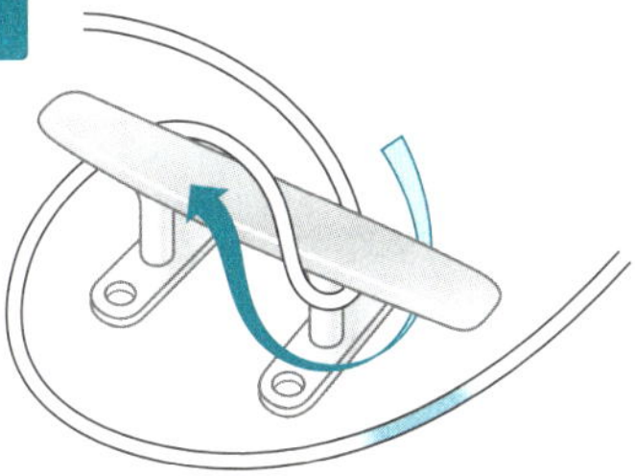

ロープをクリートにかける。

2

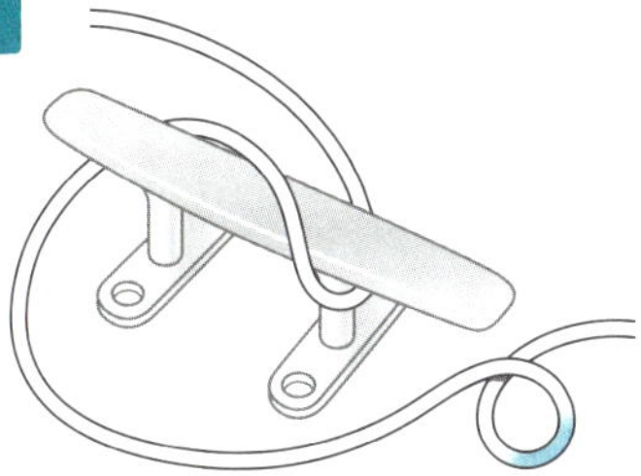

図のようにロープの途中に輪をつくる。

3

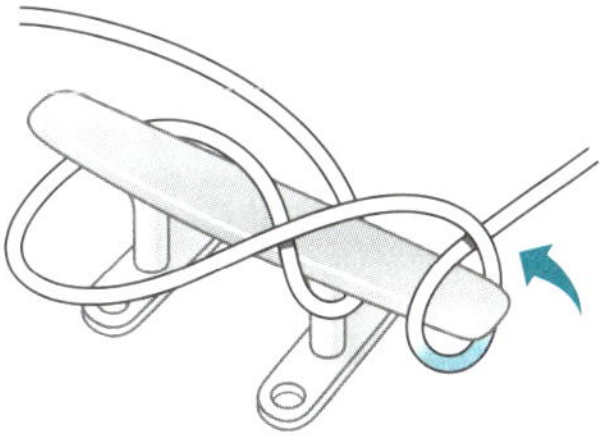

2でつくった輪をクリートにかける。

4

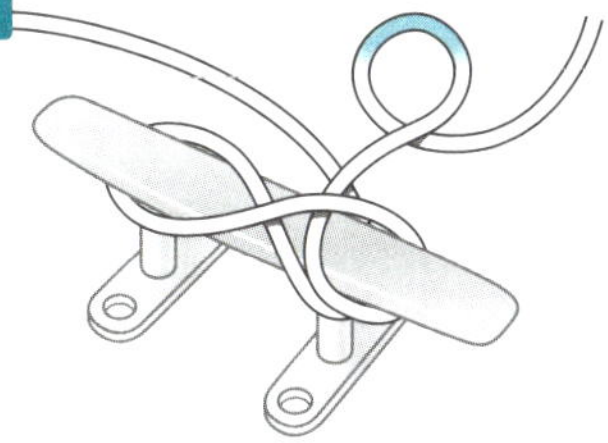

もう一度ロープの途中に輪をつくる。

5

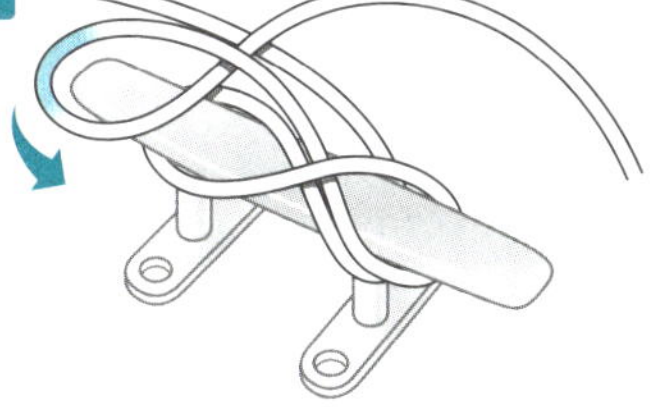

3でつくった輪をクリートの反対側にかける。

6

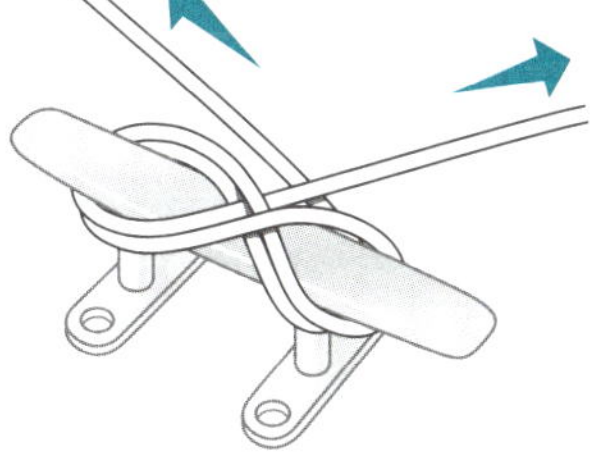

ロープの両端を引いて結び目を締める。2～5を繰り返して巻きの回数を増やせば、強度は高まる。

アンカーに結ぶ①

［ アンカー結び ］

アンカー（錨）にロープを巻きつける「アンカー結び」。
リングに2回巻きつけているぶん、擦れに強い。

1

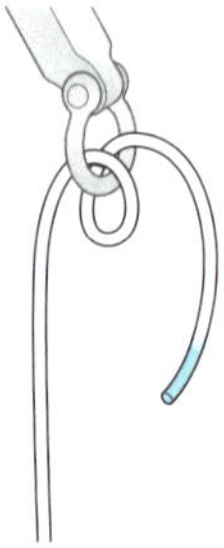

ロープをアンカーのリングに2回巻きつける。

2

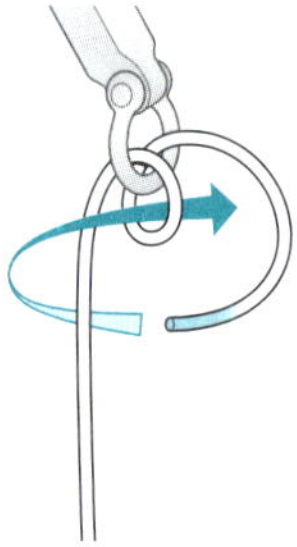

巻きつけたロープの輪に先端を通す。

3

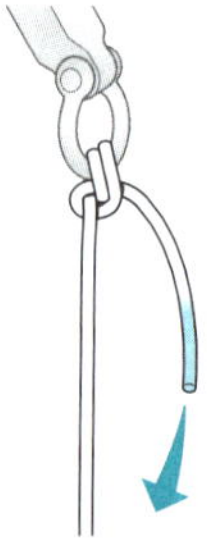

ロープの先端を引いて結び目を締める。

4

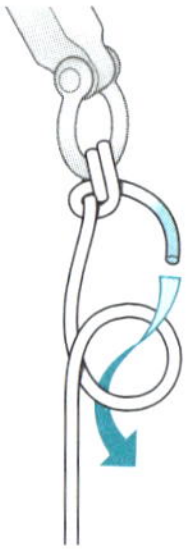

ロープの元側で輪をつくり、先端を通す。

5

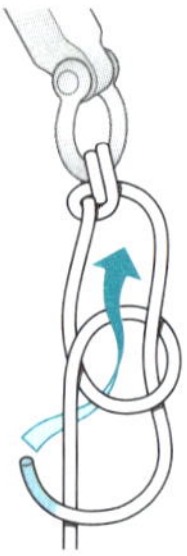

ロープの先端を図のように引き戻す。

6

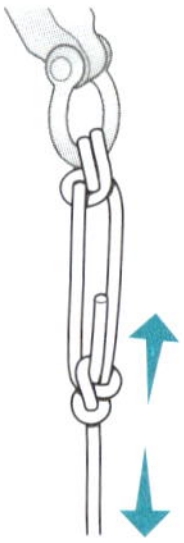

ロープの先端と元側を引いて、もやい結びにする。

アンカーに結ぶ②

［ 変形もやい結び ］

「もやい結び」にひと手間加え、信頼性をより高めた「変形もやい結び」でアンカーにロープを結ぶ方法。

1

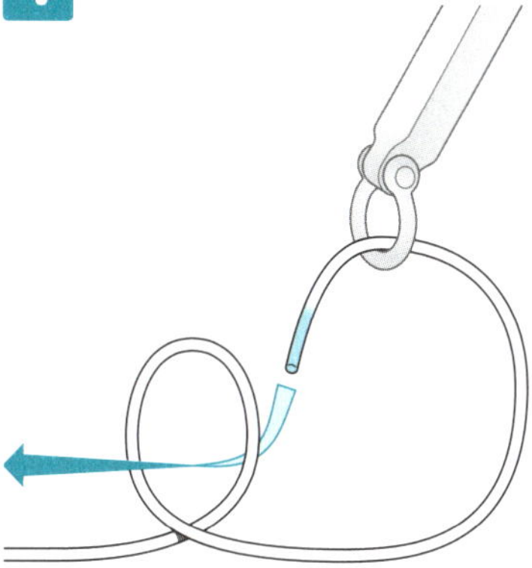

ロープの途中に輪をつくり、アンカーのリングに通したロープの先端を輪にくぐらせる。

2

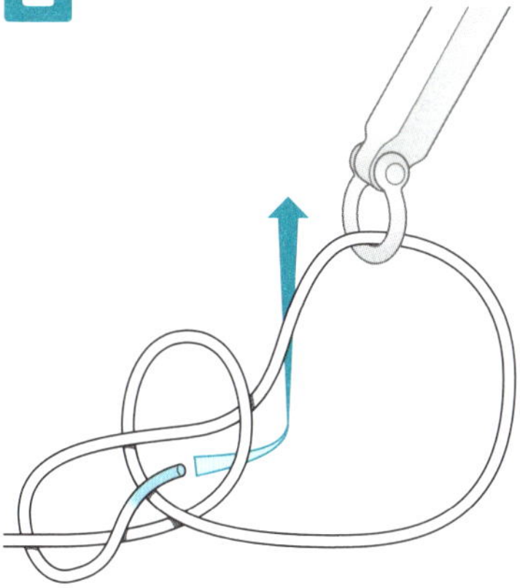

ロープの先端を元側に絡めてもう1度輪の中に入れる。

3

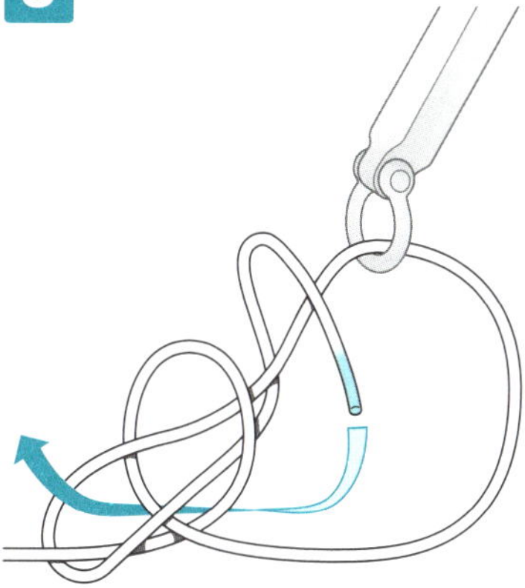

ロープの先端を図のように絡めて、今度は下からロープの輪に通す。

4

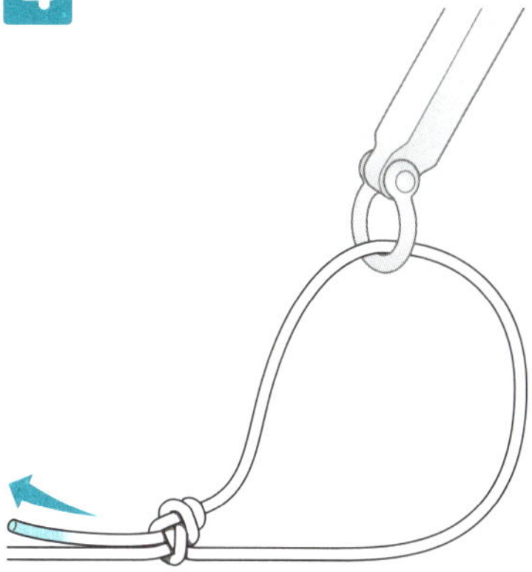

輪の先端を引き、結び目を締める。

船を牽引する①

[一重継ぎ]

「一重継ぎ」は2本のロープをつなぐための結び。
動けなくなったボートをロープでつないで
牽引するときなどに用いられる。

1

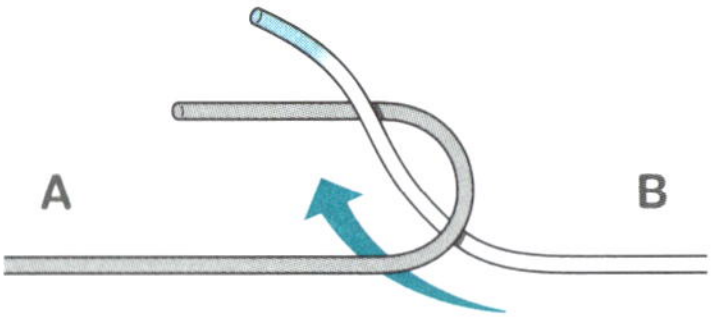

Aのロープの端を、2つに折り、Bのロープを絡める。

2

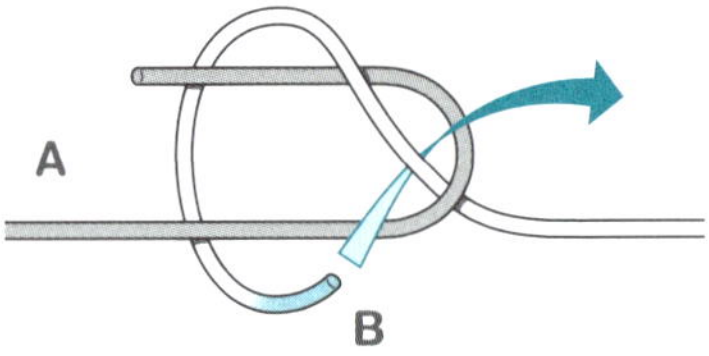

絡めたBのロープを図のように巻きつけ、矢印のように通す。

3

2でBのロープを通し、このような形にする。

4

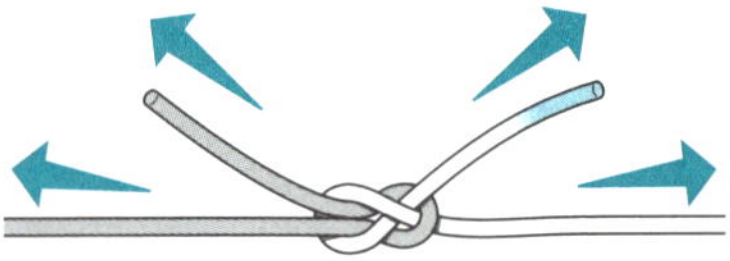

ロープの先端と元側を引いて、結び目を締めて一重継ぎする。

船を牽引する②

［ 二重継ぎ ］

「一重継ぎ」（P106参照）の絡みを増やして
強度を高めたのが「二重継ぎ」。
やはりボートや船を牽引するときなどに使われる。

1

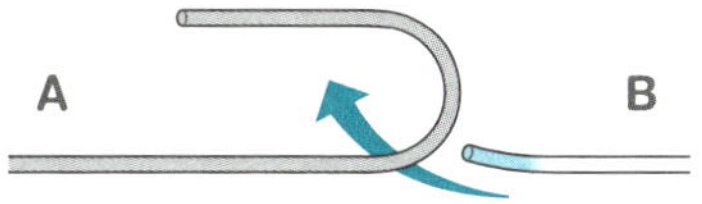

Aのロープの端を2つに折り、Bのロープを矢印のように通す。

2

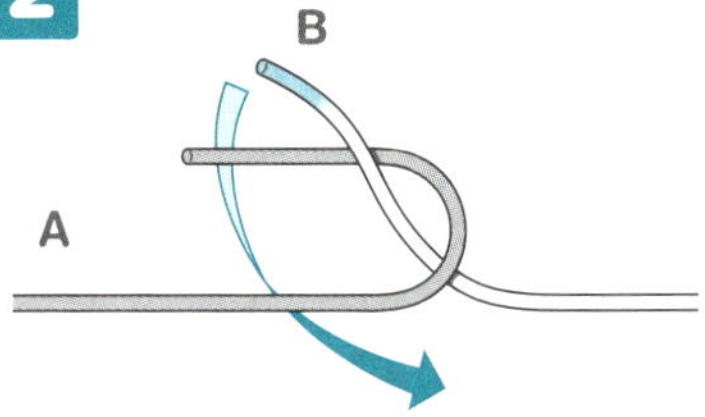

絡めたBのロープを図のように巻きつける。

3

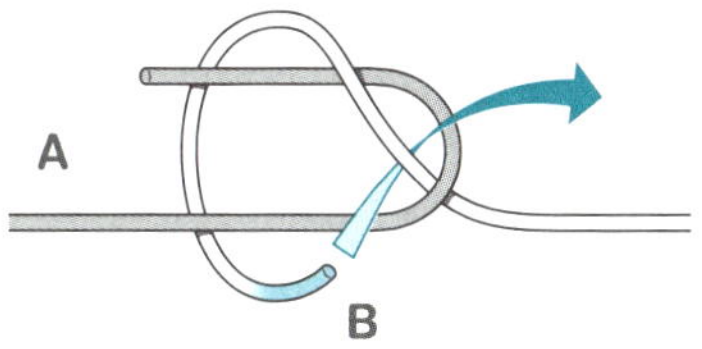

巻きつけたBのロープを矢印のように通す。

4

ここまでは一重継ぎ（P138参照）と同じ手順。

5

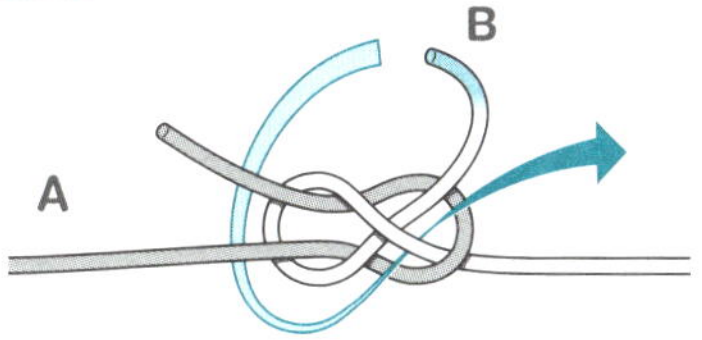

さらにもう1回、同様にしてBのロープを巻きつけていく。

6

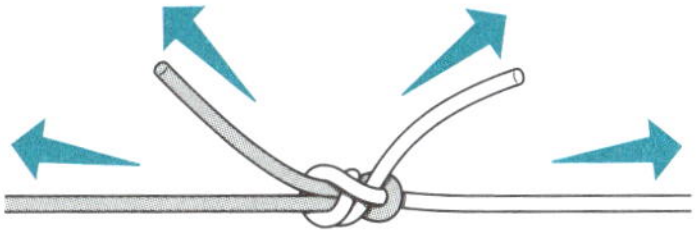

2つのロープの先端と元側を引いて結び目を締め、二重継ぎにする。

船を牽引する③

［もやい結び］

カヌーなどの持ち手にロープを結んで、
人力で船を牽引するときには「もやい結び」が使われる。

1

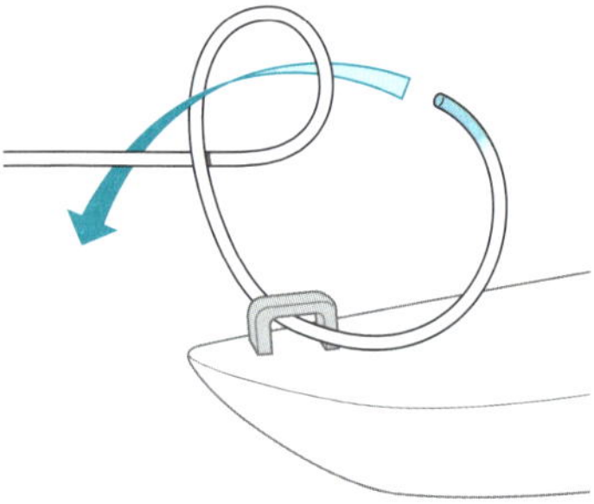

ロープの途中に輪をつくる。先端をボートの持ち手に通し、さらに輪を通す。

2

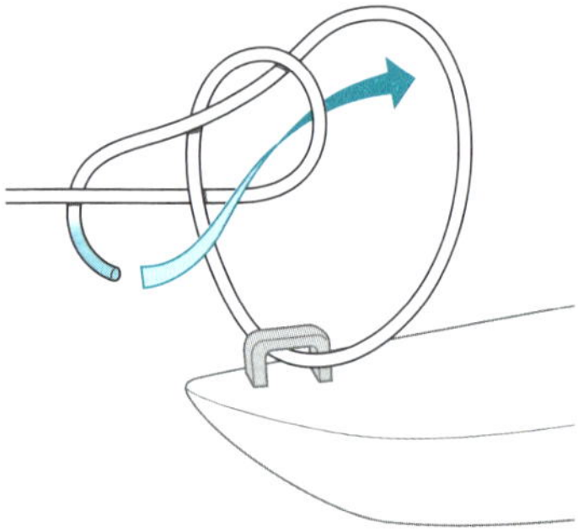

先端を図のように絡めていく。

3

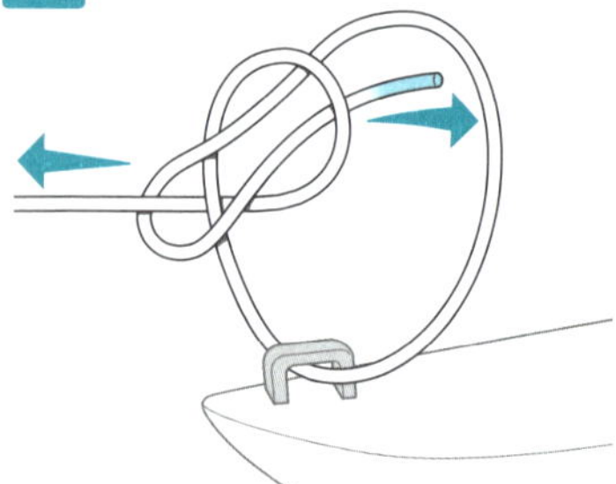

ロープの先端と元側を引いて、結び目をしっかりと締める。

4

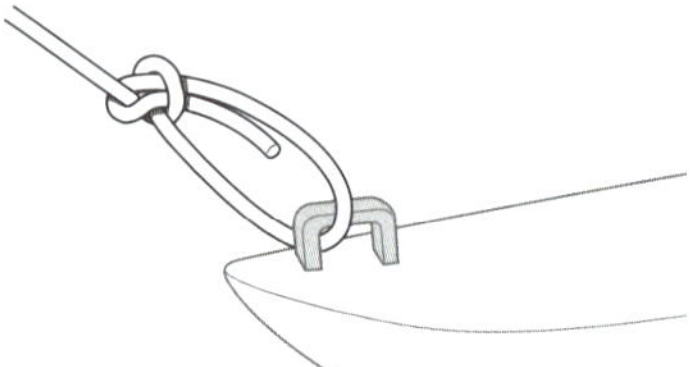

ロープの元側を持ってひっぱり、船を牽引する。

スローバッグを固定する

［ 二重8の字結び ］

スローバッグとは、10〜25mほどのロープが
袋のなかに収納された船のレスキュー用品。
ここでは、カヌーのグラブループに固定する方法を紹介する。

1

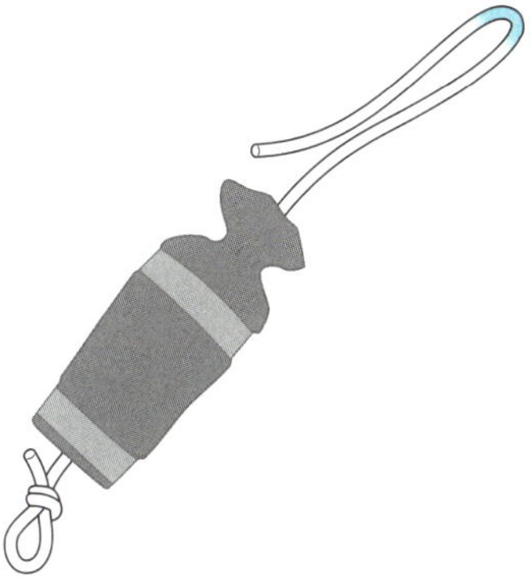

スローバッグのロープの端を2つに折る。

2

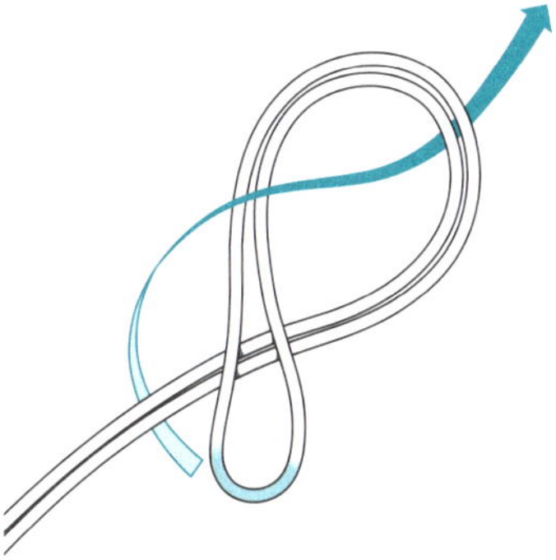

図のようにして、2つに折ったロープの部分を8の字結び（P13参照）にする。

3

ロープの輪と元側を引いて、結び目をしっかりと締める。

4

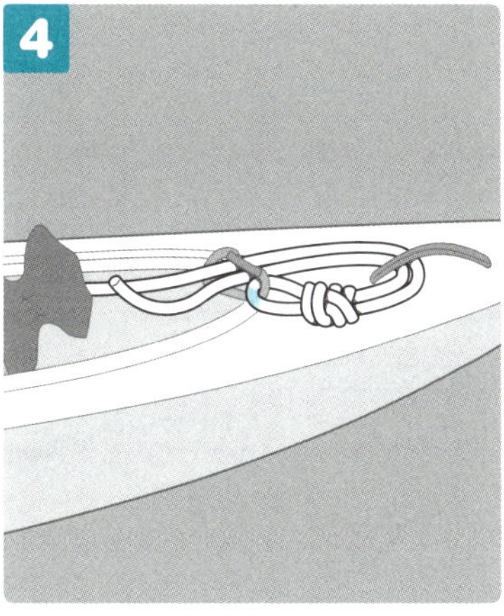

3でできた輪にカラビナをかけ、図ようにしてカヌーに固定する。

ロープを投げる①

［固め止め結び］

ロープに大きなコブをつくるための結びのひとつが「固め止め結び」。結び目の形をきれいに整えながら結ぶのがコツ。

1

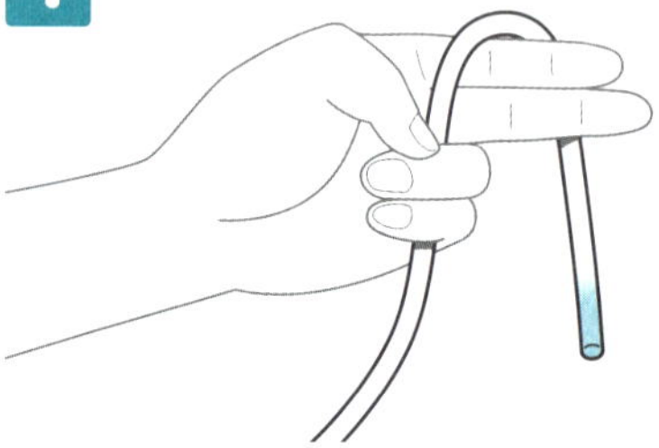

ロープを2本の指にかける。

2

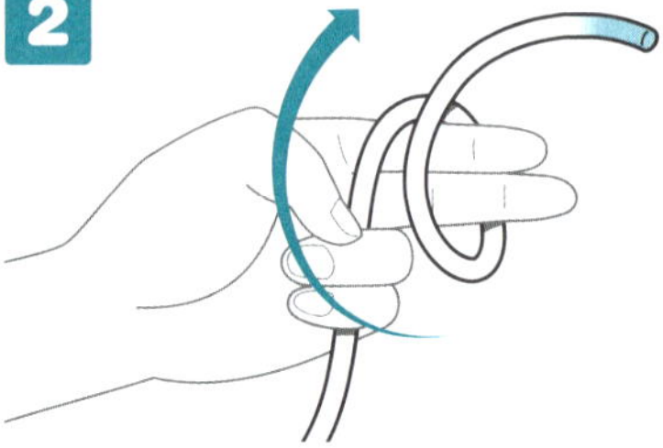

図のように2本の指にロープを巻きつける。

3

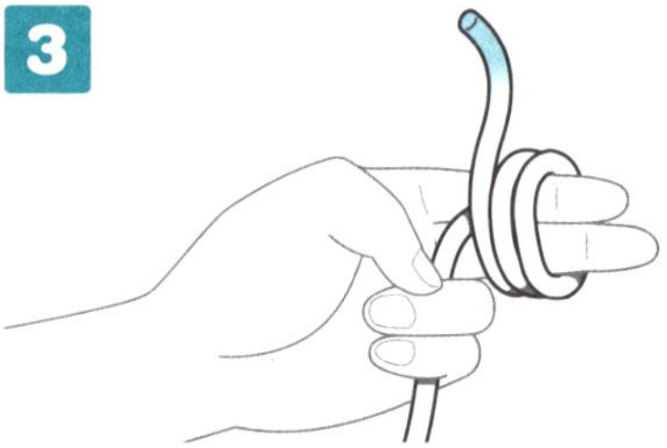

指先から付け根に向けてロープを巻きつけていく。

4

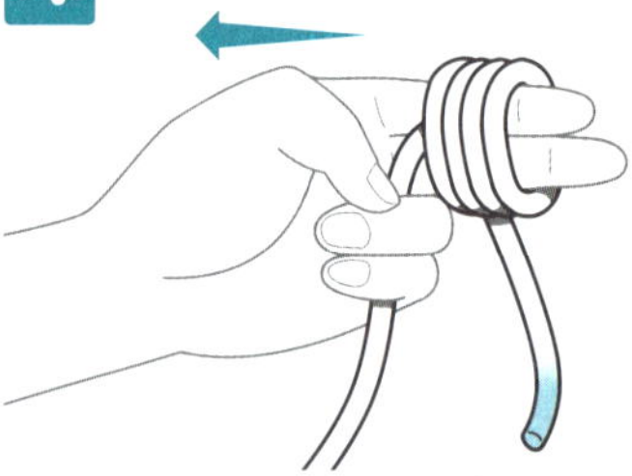

4～5回巻いたら、巻き目を崩さないように指を抜く。

5

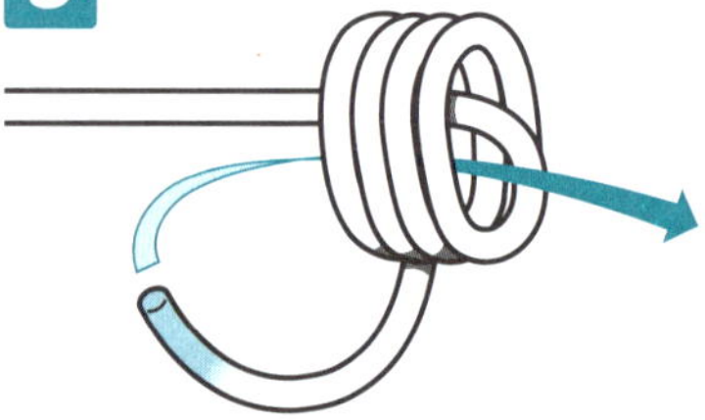

指を抜いてできた穴に、ロープの先端を通す。

6

ロープの先端と元側を引いて、結び目を締める。

ロープを投げる②
［ヒービングライン・ノット］

ロープに大きな結び目をつくる「ヒービングライン・ノット」。コブの重さでロープをより遠くへ投げることができる。

1

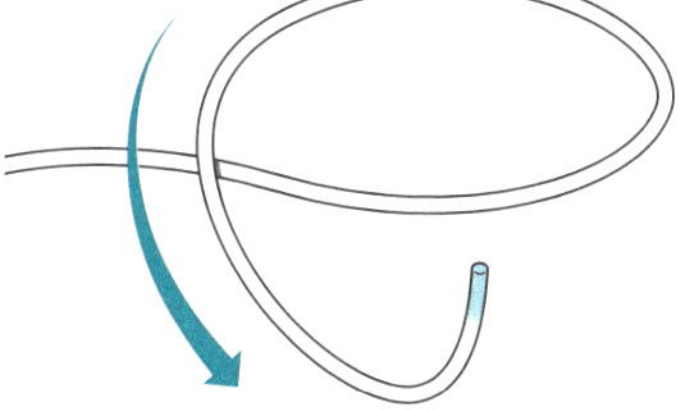

ロープを交差して輪をつくる。

2

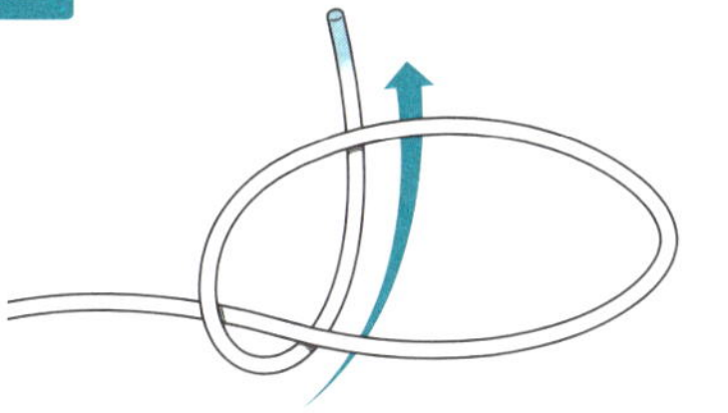

ロープの先端を輪に巻きつける。

3

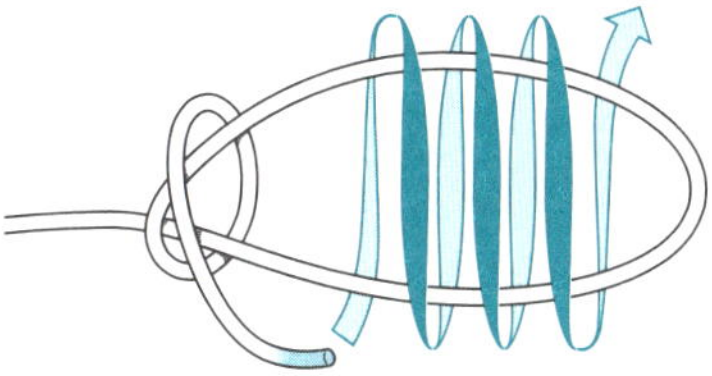

ロープの先端を輪に数回巻きつけていく。

4

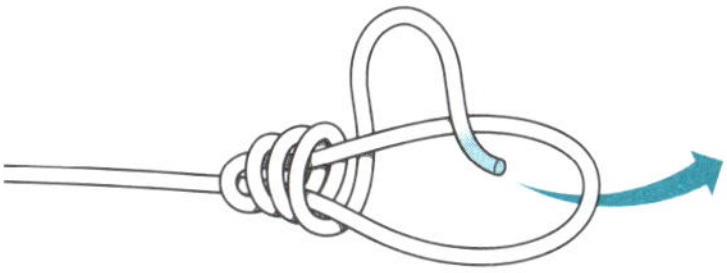

巻きつけたロープの先端を輪に通す。

5

ロープの先端と元側を引いて結び目を締める。

6

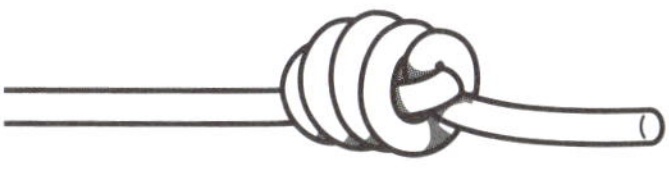

輪にロープを巻きつける回数が多いほど、大きな結び目がつくれる。

固く結ばれたロープのほどき方

固く結ばれたロープがほどけないときには、ここで紹介する２種類の方法を試してみよう。

本結び (P15参照)

結び目が固く締まる本結びは、頻繁にほどく必要がない場合に使われる。しかし、この方法をマスターすれば、簡単にほどくことができる。

1

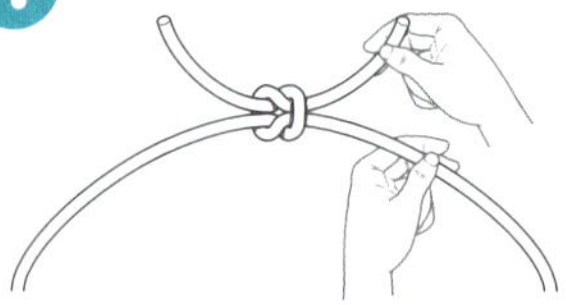

図のように、本結びのロープの先端と元側を持つ。

2

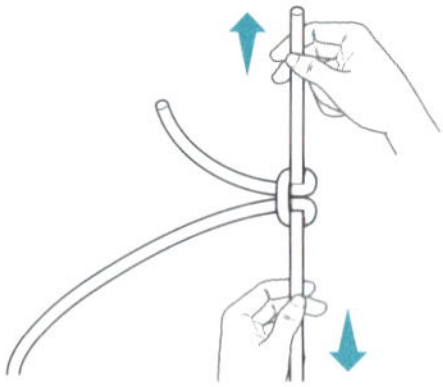

手に持ったロープの先端と元側を上下に強く引く。

3

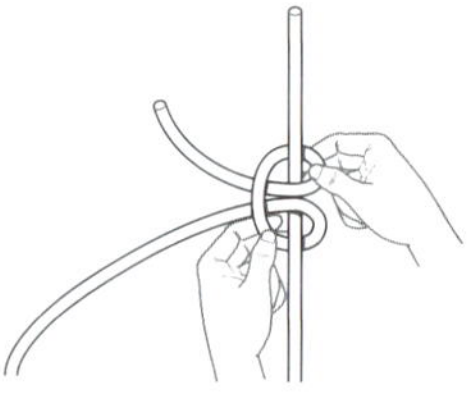

結び目がゆるみ、ほどくことができる。

二重8の字結び (P12参照)

二重8の字結びが固く締まったときには、次のような方法で結び目をほどく。この方法は、ほかの多くの結びにも応用することができる。

1

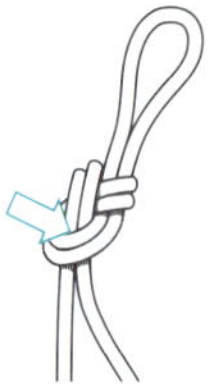

結び目の矢印の部分に指をそえる。

2

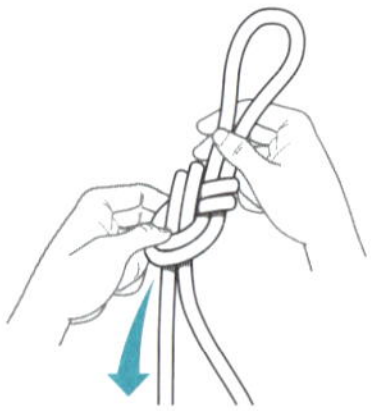

指をそえたまま、結び目を下にずらす。

3

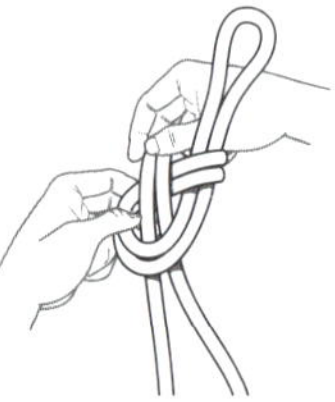

結び目がゆるむ。

【4章】
釣り

釣り

釣りでいうロープワークとは、いわゆる「仕かけづくり」のこと。ここでは、針に糸を結ぶ方法や、糸同士を結ぶ方法など、釣りの初心者が、最初に覚える基本的な「仕かけづくり」を紹介する。

連結金具を結ぶ
P120 P121 P122 P123
ラインとリーダーを直結する P132
ウキ止めを結びつける P143
チチワをつくる P134
枝ハリスを出す
P135 P136
ヨリチチワをつくって
枝ハリスを出す
P137
リールに
道糸を巻く
P142

針にライン(釣り糸)を結ぶ①

[外かけ結び]

針にラインを結ぶときに最初に覚えることの多い「外かけ結び」。なお、釣り用語で「ハリス」とは、針に結ぶラインのことをいう。

1

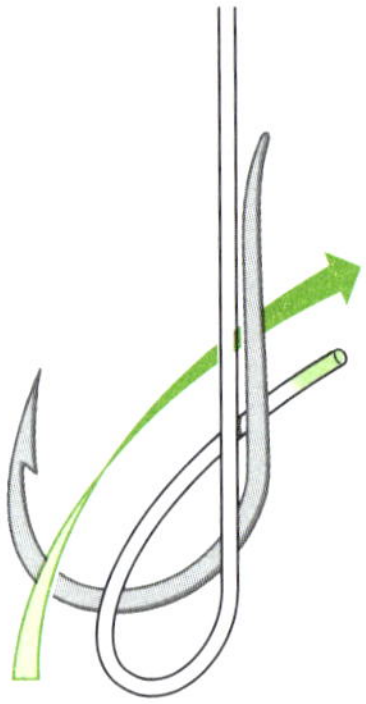

針に沿ってラインを折り返し、輪をつくる。

2

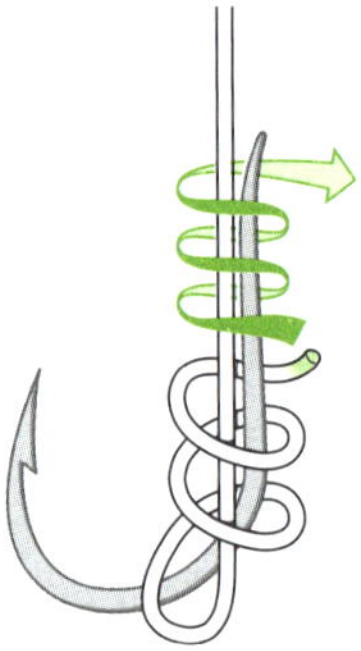

1でつくった輪を押さえ、針とラインを一緒に4～6回巻きつける。

3

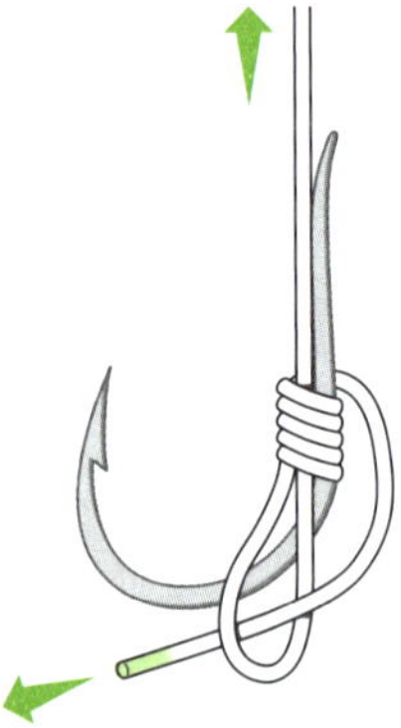

端糸を1でつくった輪に通す。

4

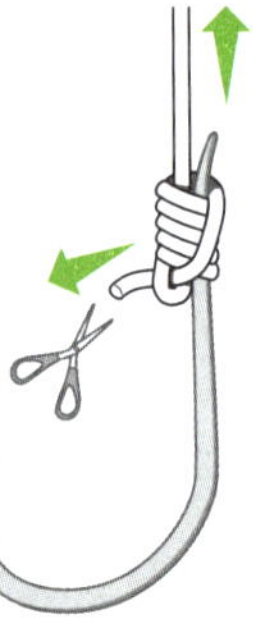

端糸が図のように針の内側から出るように整えながら、結び目を元側に引いて締める。余分な端糸はカットする。

針にライン(釣り糸)を結ぶ②

［ 内かけ結び ］

「内かけ結び」は、「外かけ結び」(P116参照)と同じくらいポピュラーで信頼のできる結び。
どんな釣り針にも結ぶことができる。

1

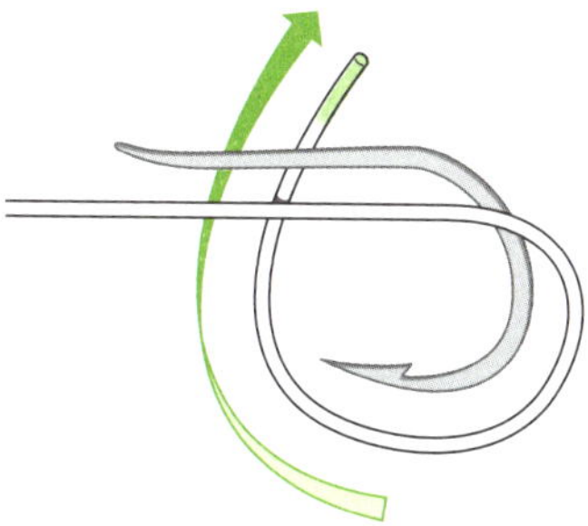

ラインを針に沿わせて、輪をつくる。

2

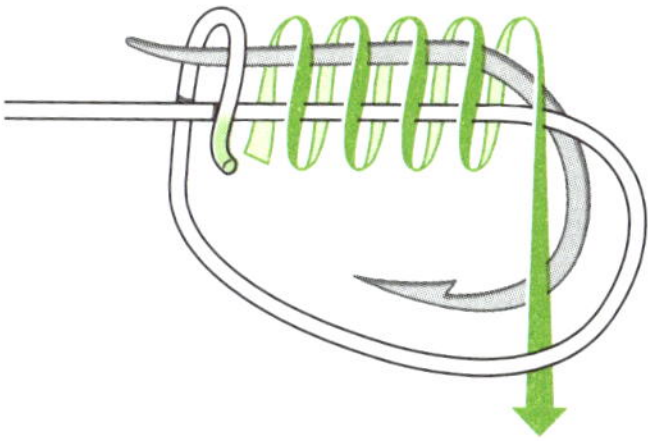

図のように針とラインを一緒に4～6回巻きつける。

3

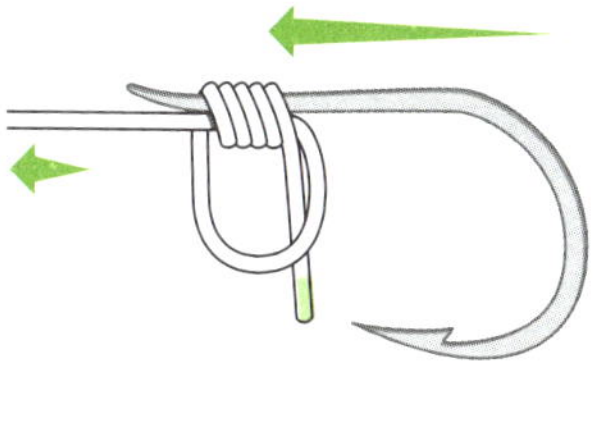

ラインの元側をゆっくり引いて結び目を締める。

4

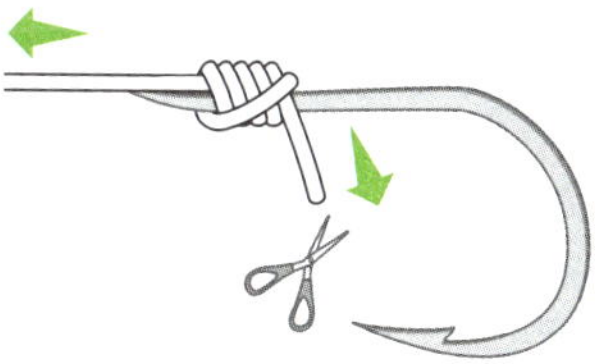

端糸が針の内側から出るように整えながら、結び目を締める。余分な端糸はカットする。

針にライン(釣り糸)を結ぶ③

[漁師結び]

昔から漁師が使っている結び方。
一見複雑だが、慣れると手早く針にラインを結ぶことができる。

1

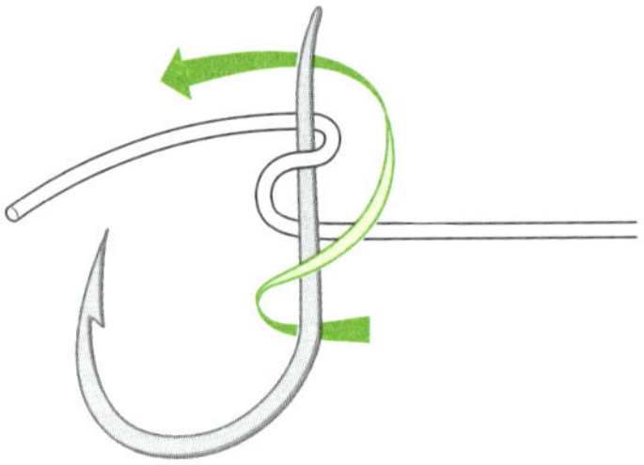

ラインを針の根元に巻きつける。

2

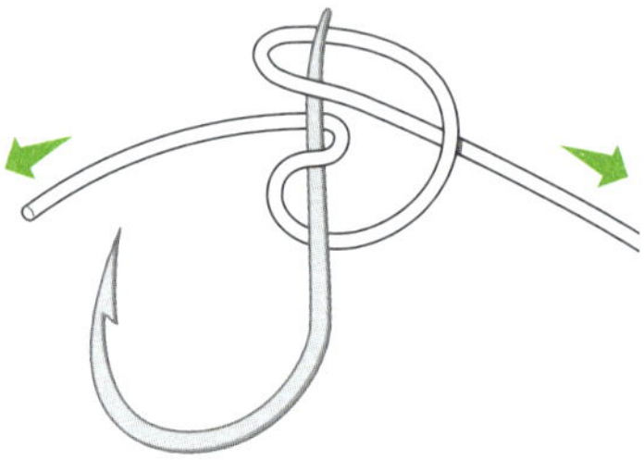

ラインの元側で輪をつくり、針にかけて、元側と先端を引いてきつく締める。

3

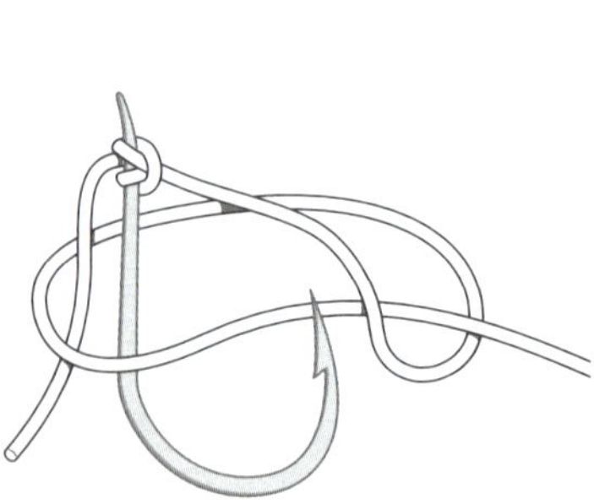

さらにラインの元側で輪をつくり、図のように通す。

4

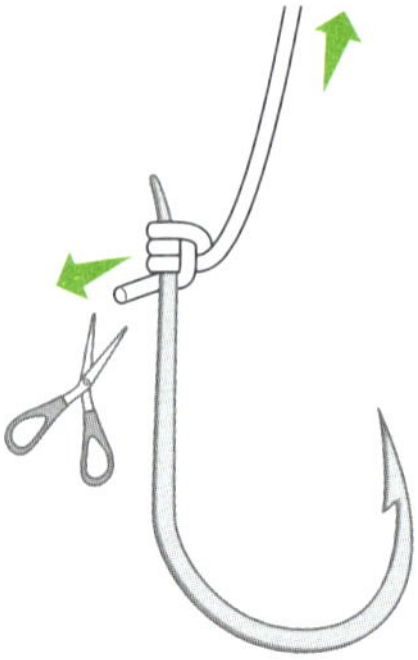

端糸と元側をゆっくりとひっぱり、結び目を締める。余分な端糸はカットする。

針に
ライン(釣り糸)を結ぶ④

[フィンガー・ノット]

「フィンガー・ノット」は、端糸を引いて締める結び方。
元側のラインが縮れる心配がないので、細いラインを使うときに用いられることが多い。

1

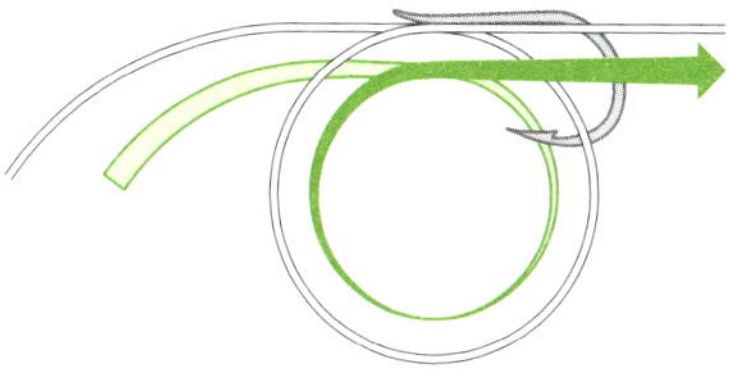

針に沿って図のように輪をつくる。

2

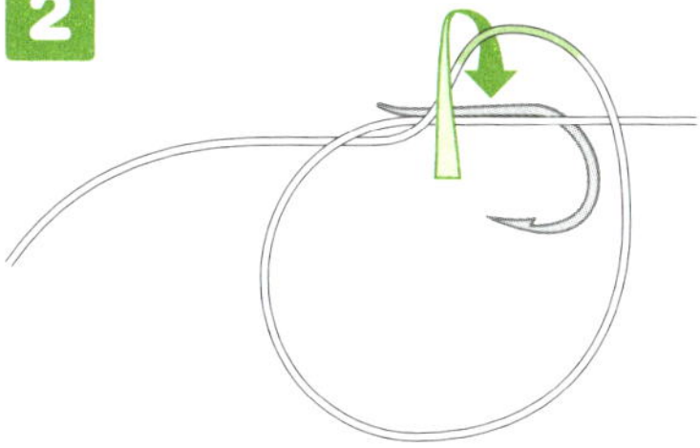

輪をつまみ、端糸と針の軸ごと巻きつけていく。

3

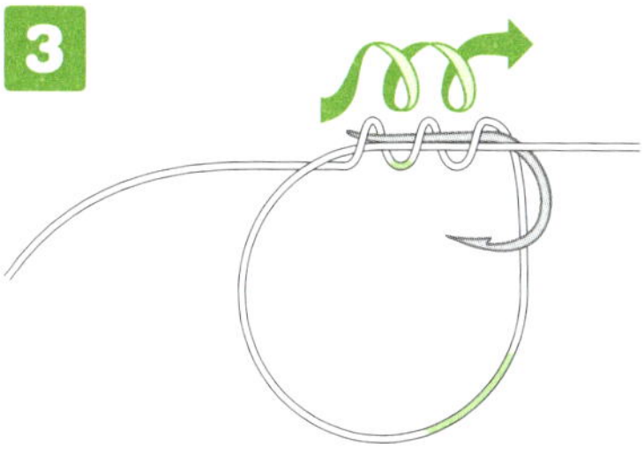

まずは、針の方向にラインを2回巻き込む。

4

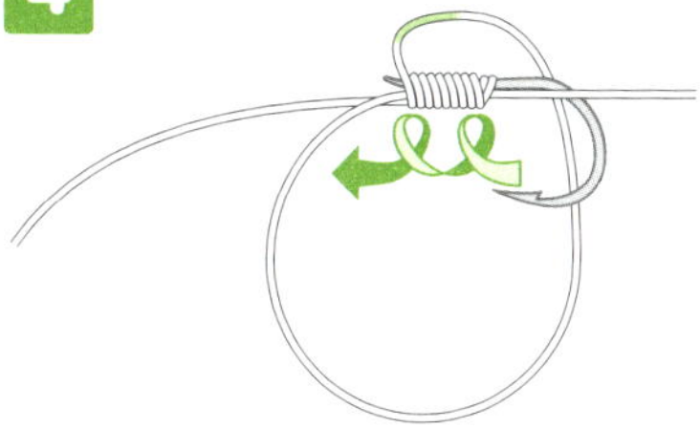

次に針の元側に向かって7～8回巻き込む。

5

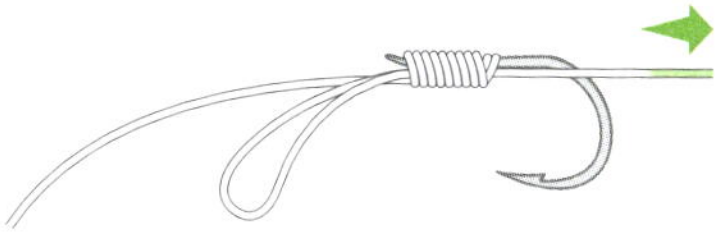

巻き込んだ部分を指で押さえながら、端糸を引き出す。

6

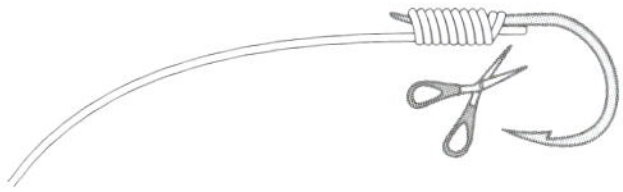

ラインが針の内側から出るように整えて固定。余分な端糸を切る。

連結金具を結ぶ①

［クリンチ・ノット］

簡単に結べるため、釣りのジャンルを問わず、
連結金具やルアーにラインを結ぶときに使う。

1

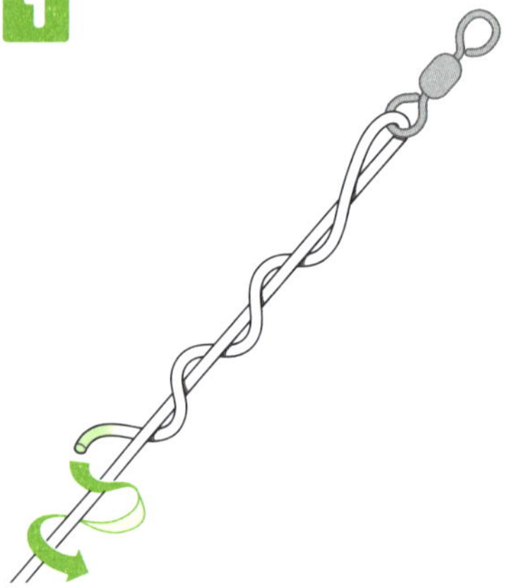

ヨリモドシなどの連結金具にラインを通して、端糸を元側に3〜5回巻きつける。

2

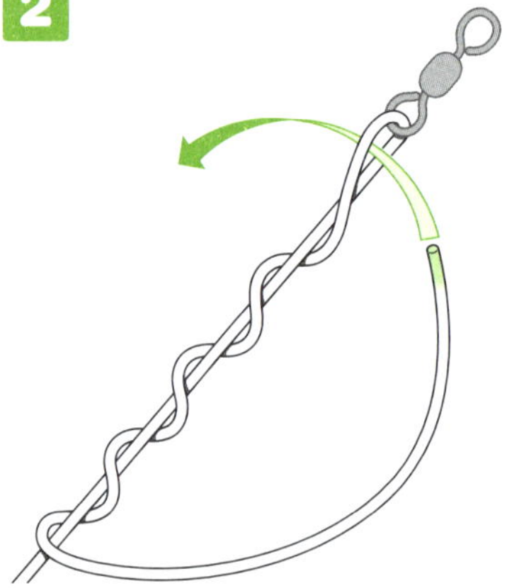

巻きつけたラインの端を図のように通す。

3

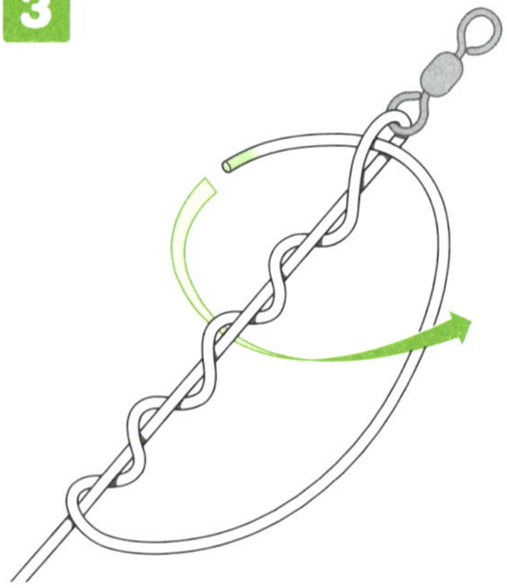

3でできた輪のなかにラインの端を通す。

4

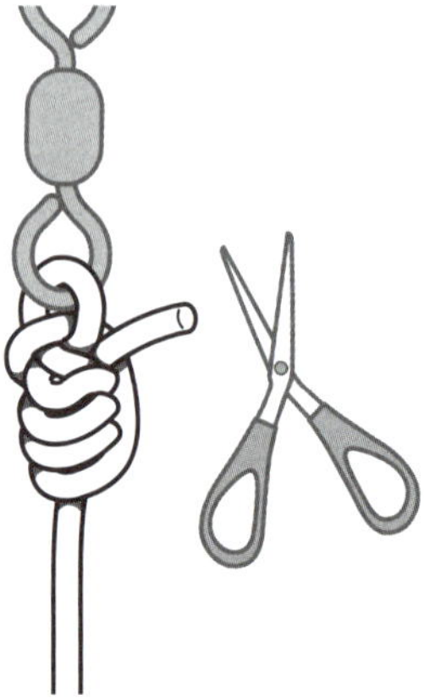

ラインの端と元側を引いて結び目を締める。余分な端糸はカットする。

連結金具を結ぶ②

［ダブルクリンチ・ノット］

丈夫な「ダブルクリンチ・ノット」は、「クリンチ・ノット」**（P120参照）****同様に連結金具やルアーにラインを結ぶときに多用される。**

1

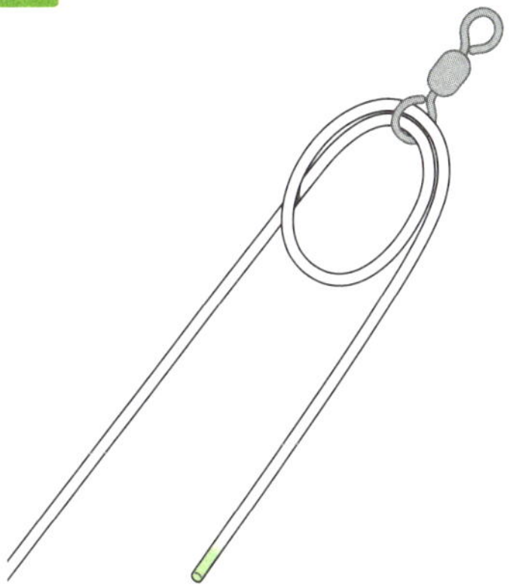

ラインを連結金具に2回通して輪をつくる。

2

端糸を元側に5回ほど巻きつける。

3

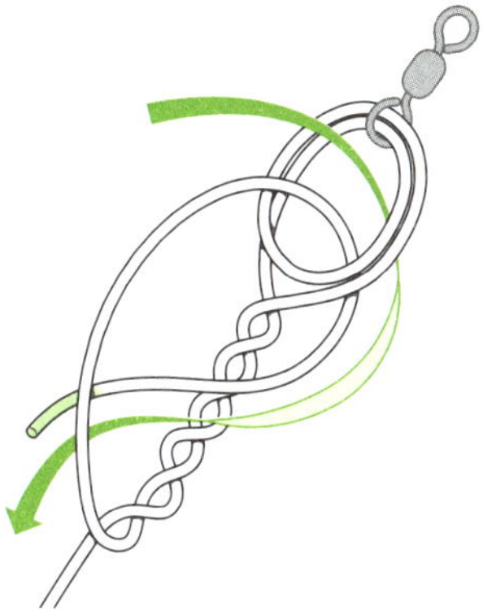

端糸を1でつくった輪に通し、新たにできた大きな輪にも通す。

4

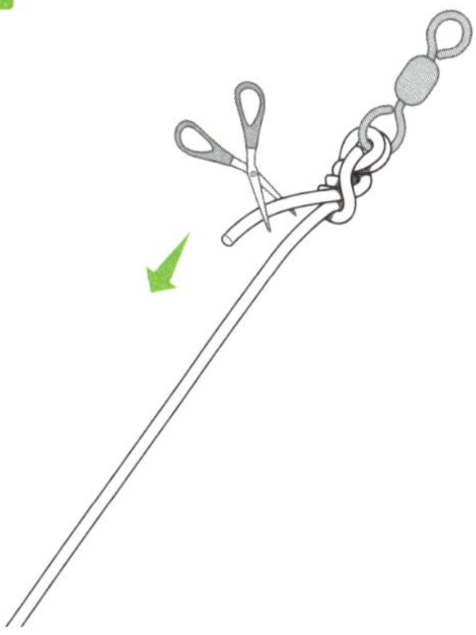

元側と端糸を引いて、しっかりと結び目を締める。余分な端糸はカットする。

連結金具を結ぶ③

［パロマー・ノット］

強度が高く、簡単に結べる「パロマー・ノット」。
連結金具やルアーにラインを結ぶときに使う。

1

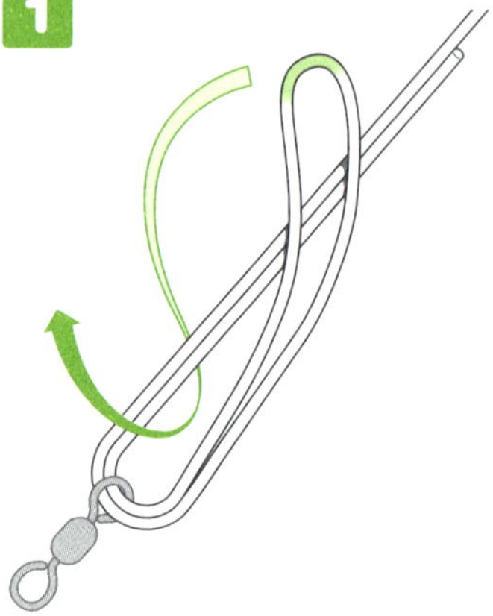

2つ折りにしたラインを連結金具に通す。
ラインの折った部分を図のように通す。

2

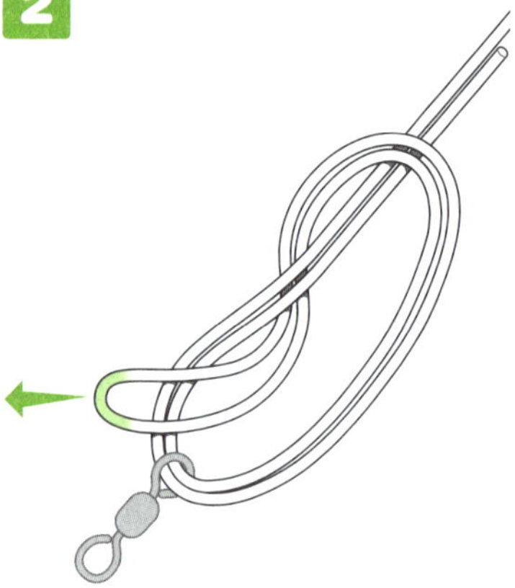

折った部分を引き出す。

3

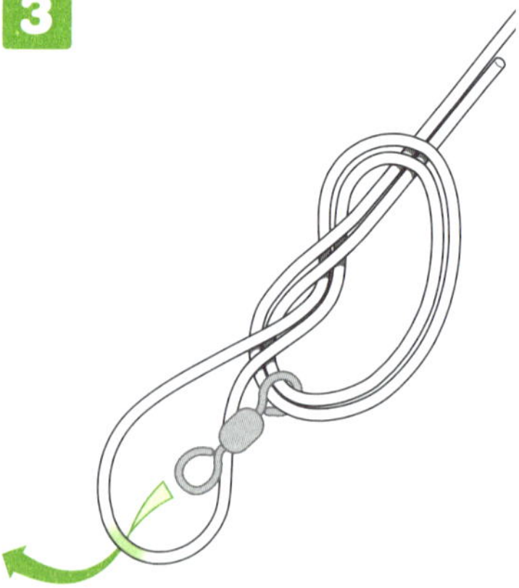

折った部分を金具に通す。

4

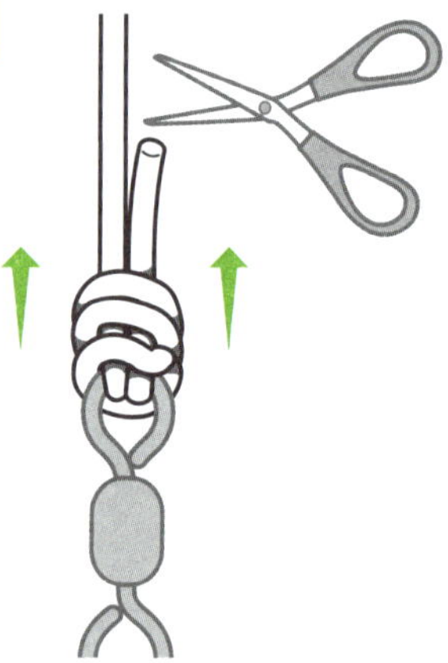

端糸と元側を同じ方向にひっぱって結び目を締める。余分な端糸はカットする。

連結金具を結ぶ④

［ サルカン結び ］

ラインの末端に「二重8の字結び」で輪をつくり、
「ひばり結び」でサルカンに結びつける。釣りの世界では、
この方法を「サルカン結び」「8の字チチワ結び」などと呼んでいる。

1

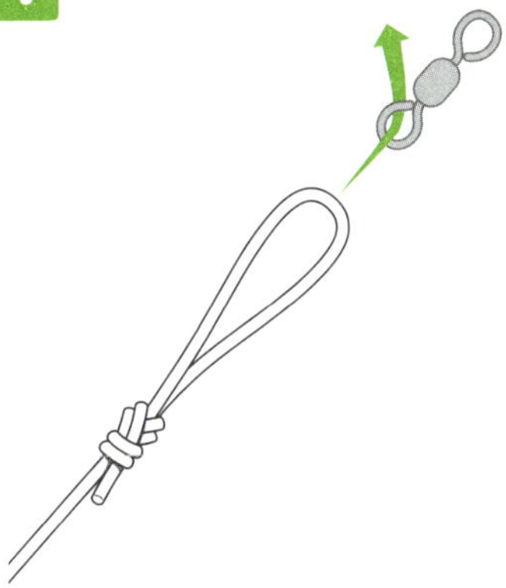

二重8の字結び（P13参照）でラインの末端につくった輪をサルカンの穴に通す。

2

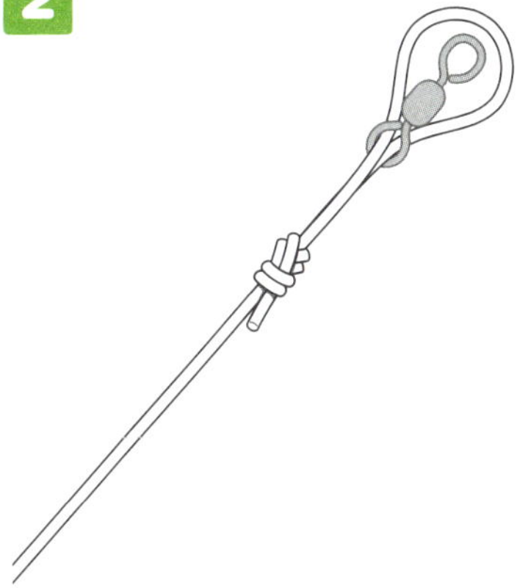

通した輪を広げてサルカンをくぐらせる。

3

そのままラインの元側をひっぱってひばり結び（P73参照）にする。

4

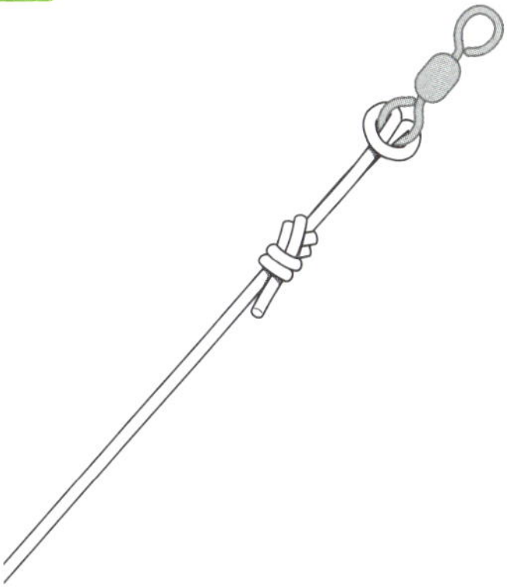

結び目を締める。

ラインとラインを結ぶ①

［ユニ・ノット］

結び方が非常に簡単な「ユニ・ノット」。
ルアーや連結金具をつけるときにも使用する釣りの代表的な結び方。
「ダブル・ユニ・ノット」「電車結び」「フィッシャーマンズ・ノット」とも呼ばれる。

1

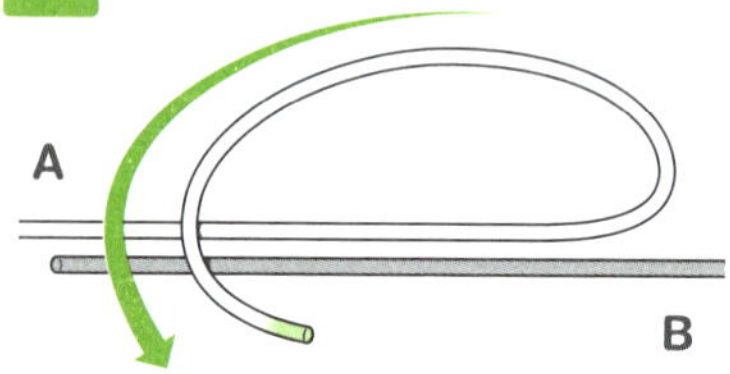

2本のラインが合わさるように並べ、Aのラインで輪をつくる。

2

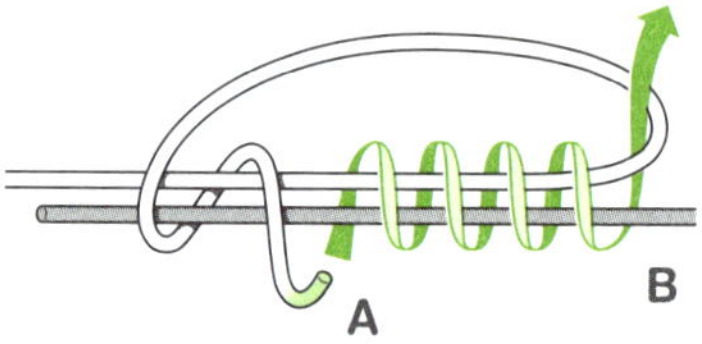

輪をつくったAの端糸を図のように4～5回ほど巻き込んでいく。

3

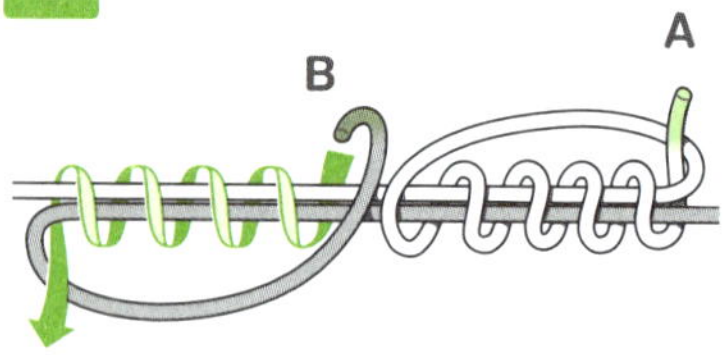

Bの端糸でも輪をつくり、2同様に4～5回巻き込んでいく。

4

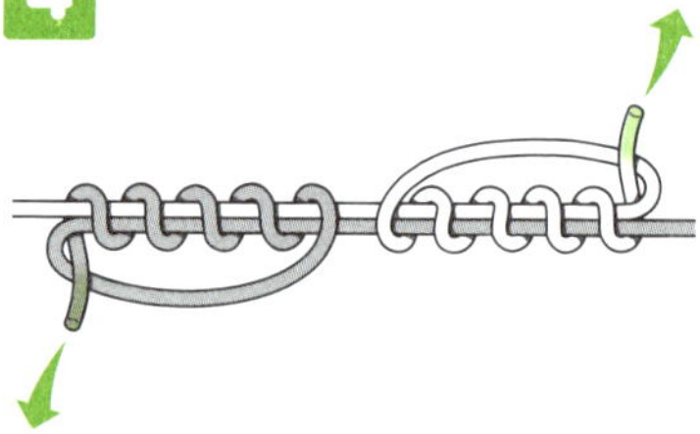

それぞれの端糸をひっぱって結び目を締める。

5

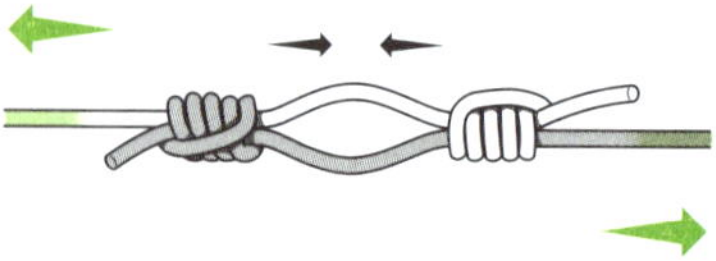

それぞれのラインの元側をひっぱって、2つの結び目を合わせる。

6

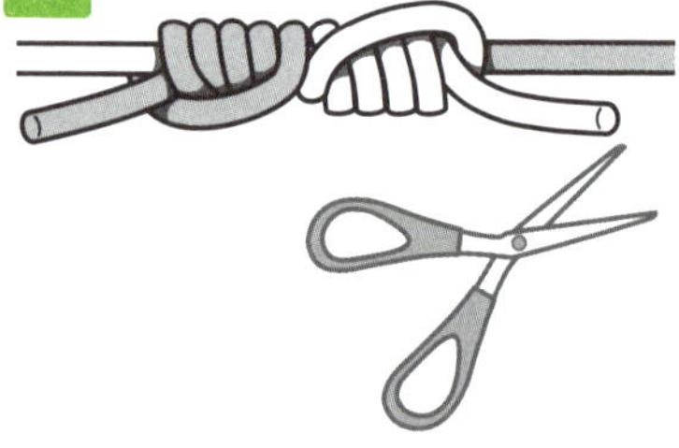

図のように結び目をしっかり合わせたら、それぞれの余分な端糸をカットする。

ラインとラインを結ぶ②

［ブラッド・ノット］

同じ太さや同素材のラインとラインを結ぶときには「ブラッド・ノット」。ライン同士をまっすぐ結べて、結び目も小さい。

1

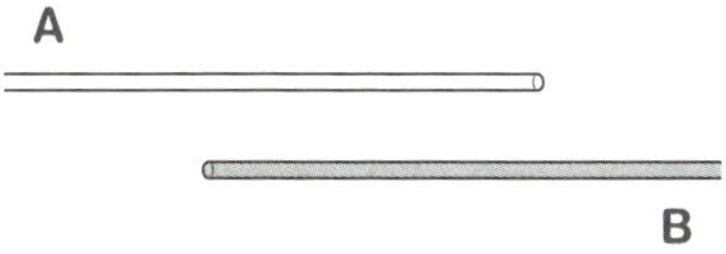

2本のラインが合わさるように並べる。

2

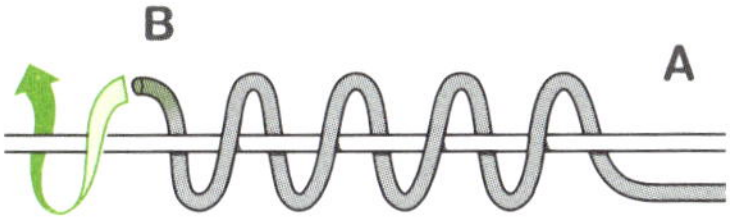

Bのラインを4〜6回ほど巻きつける。

3

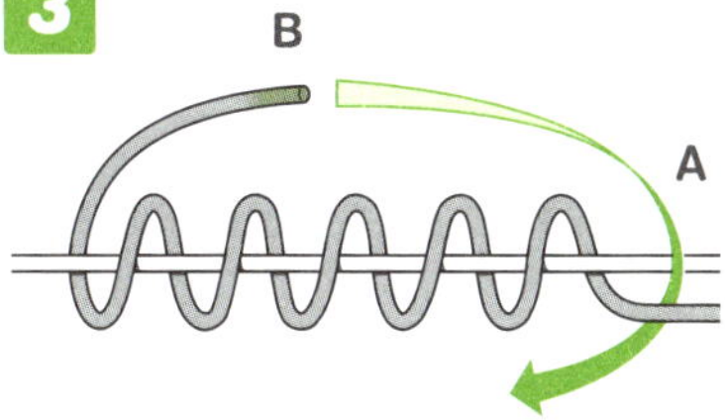

巻きつけたBのラインの端糸を図のように通す。

4

Aのラインも同様にする。

5

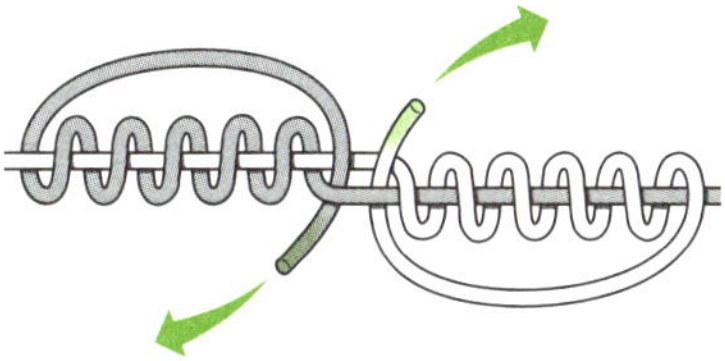

それぞれのラインの端糸をひっぱって、結び目を締める。

6

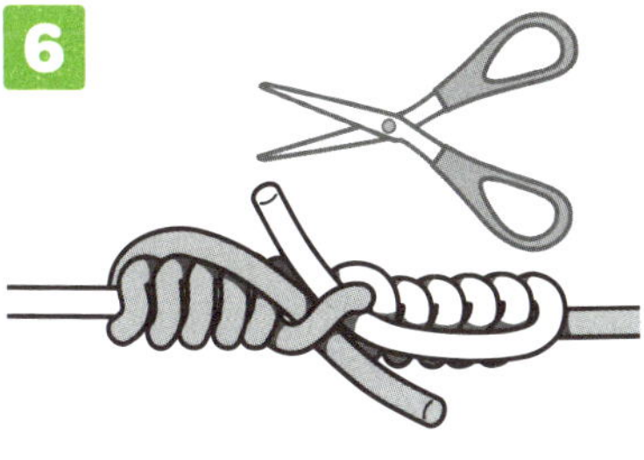

結び目をしっかり締めたら、それぞれの余分な端糸をカットする。

ラインとラインを結ぶ③

［フィッシャーマンズ・ノット］

PEラインとショックリーダーを結ぶときなどに使われる。
「ユニ・ノット」(P124参照)と「クリンチ・ノット」(P120参照)を
合わせたような結びで、「フィッシャーマンズ・ノット」と呼ばれている。

1

2本のラインが合わさるように並べる。

2

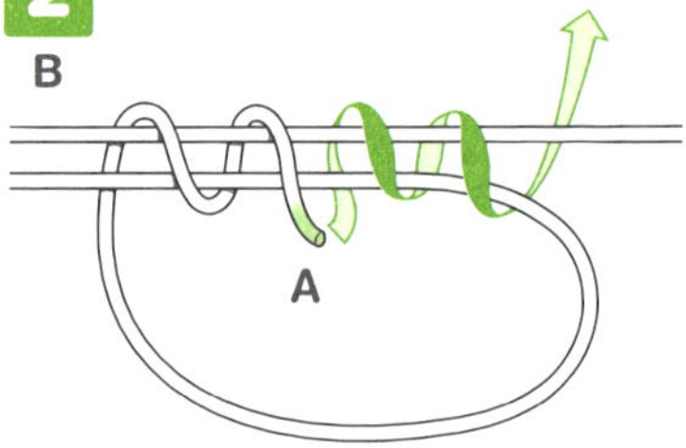

Aの先端を折り返して、元側から4～5回巻いていく。

3

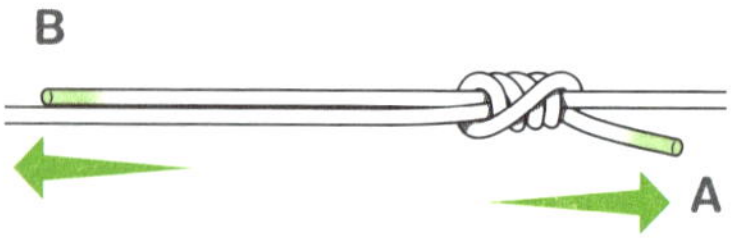

巻いたAのラインの元側と先端を引いて、結び目を締める。(ユニ・ノット)

4

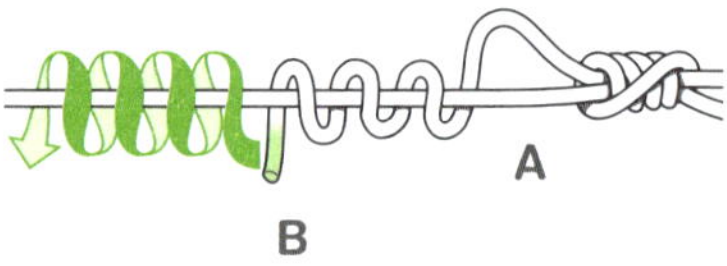

次に、Bのラインを図のように6～7回巻きつけていく。

5

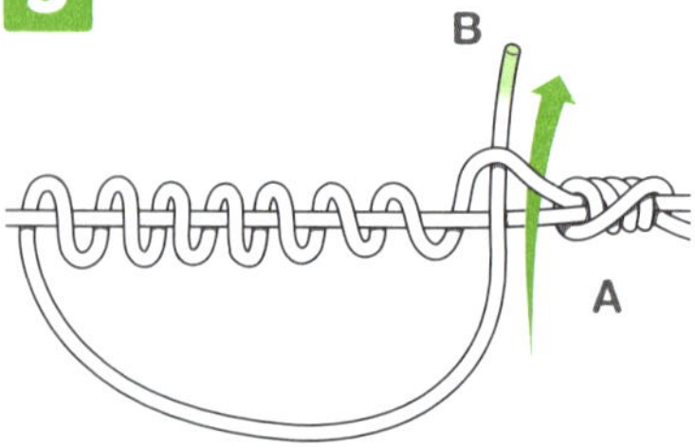

巻いたBのラインの先端を折り曲げて、最初の輪に通して結び目を締める。

6

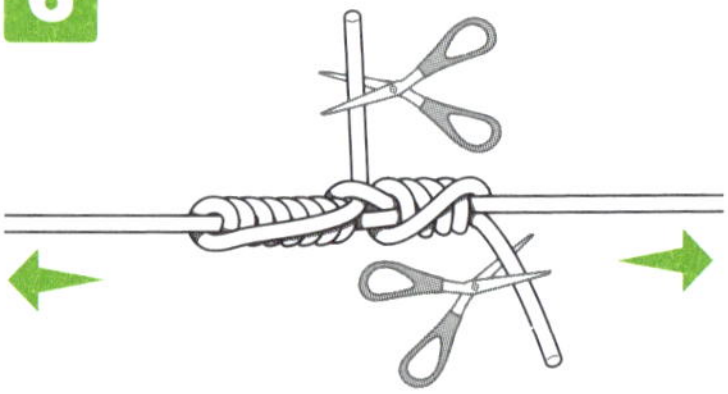

2本のラインの元側を引き締めたら、それぞれの余分な端糸をカットする。

ラインとラインを結ぶ④

［ トリプルエイト・ノット ］

**素早く結べ強度が高い「トリプルエイト・ノット」。
海外では「シーガー・ノット」と呼ばれて親しまれている。**

1

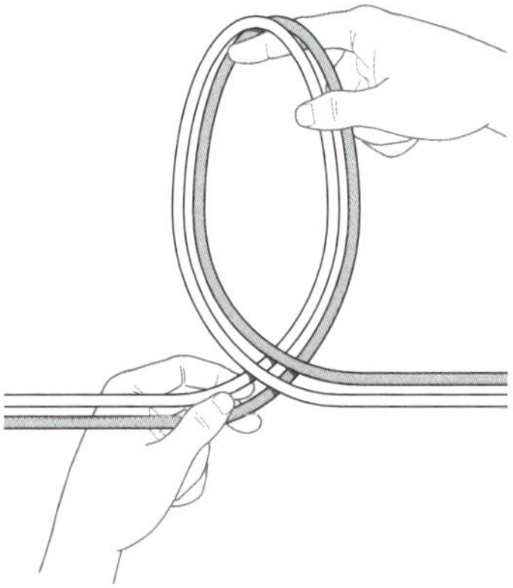

2本のラインを重ねて輪をつくり、図のように手で押さえる。

2

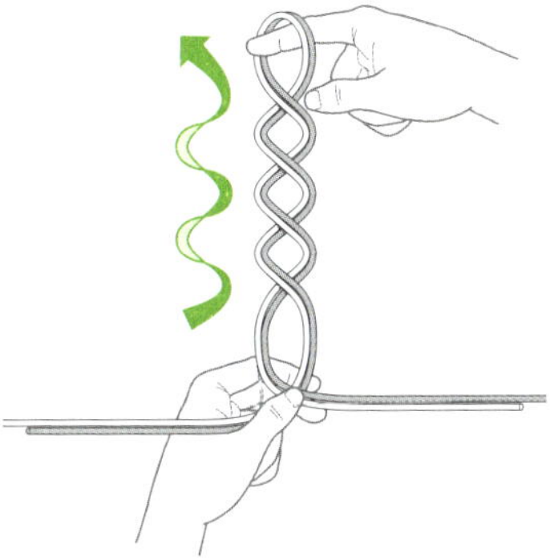

つくった輪を人差し指で3回ひねる。

3

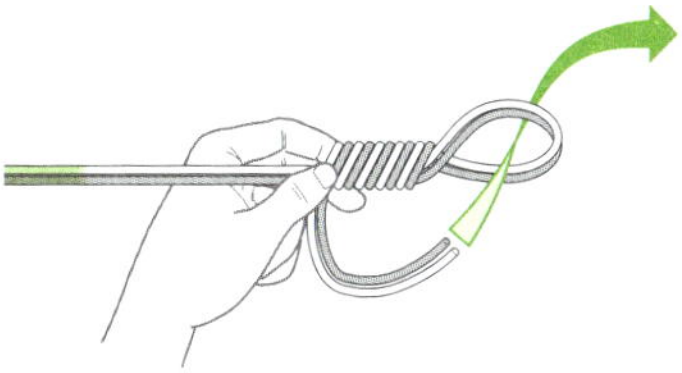

ひねってできた輪に2本のラインの先端を通す。

4

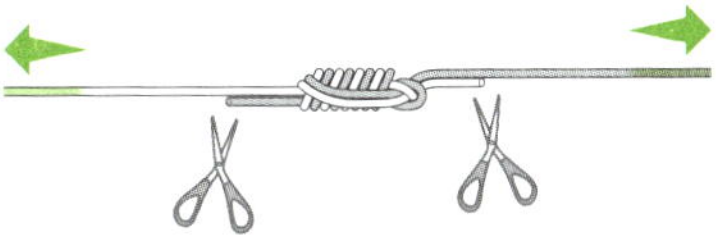

両側からラインをひっぱって結び目を締める。2本のラインそれぞれの余分な端糸はカットする。

ラインとラインを結ぶ⑤

［FGノット］

PEラインとほかの素材のライン（リーダー）を結ぶときには「FGノット」。強度が高いので大物を釣るときに使う。

1

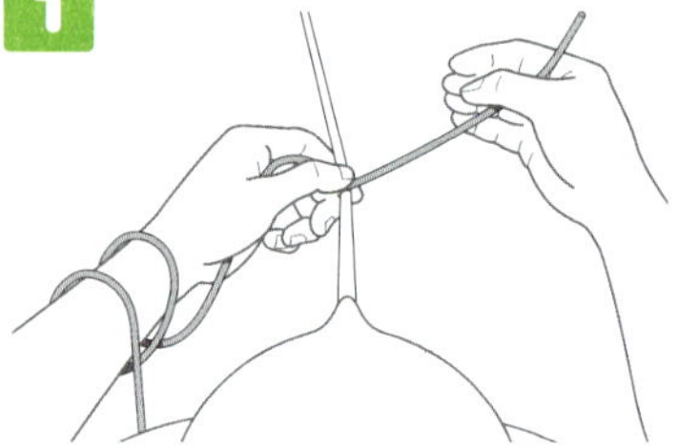

PEラインを口にくわえて、リーダーは腕に巻いておく。

2

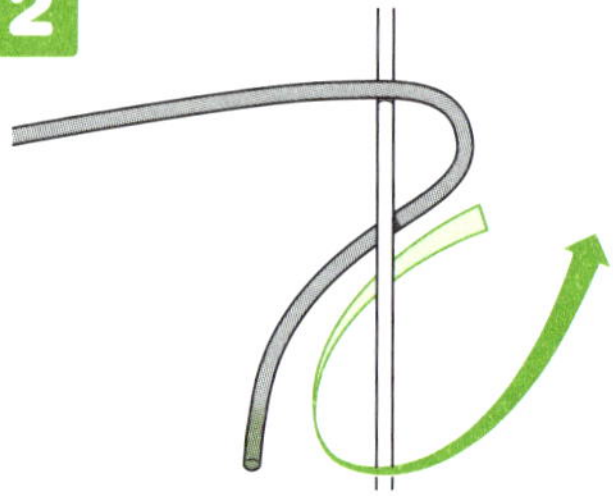

PEラインにリーダーを図のように巻きつける。

3

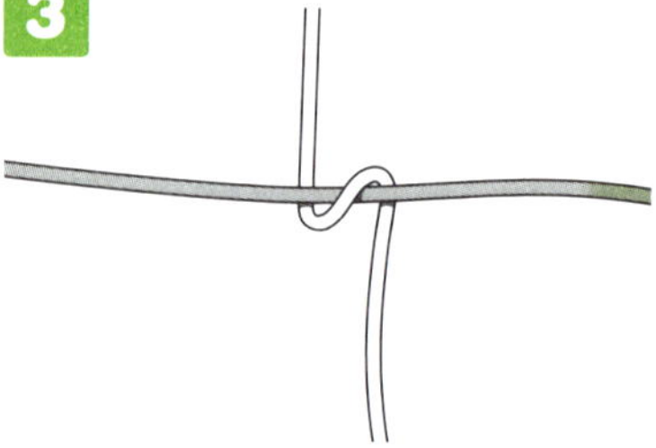

巻きつけると、このような状態になる。

4

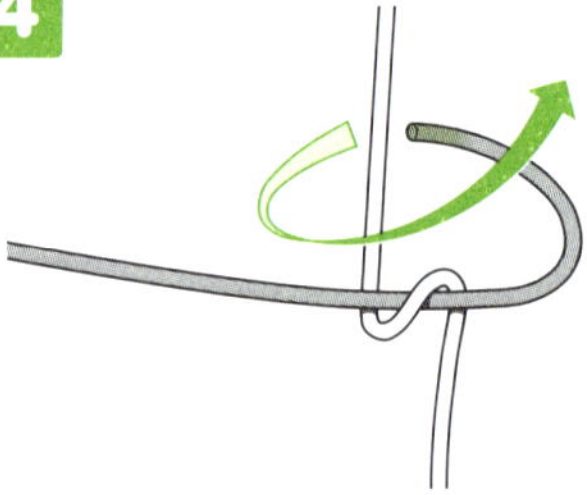

端糸を図のように、もう一度巻きつける。

5

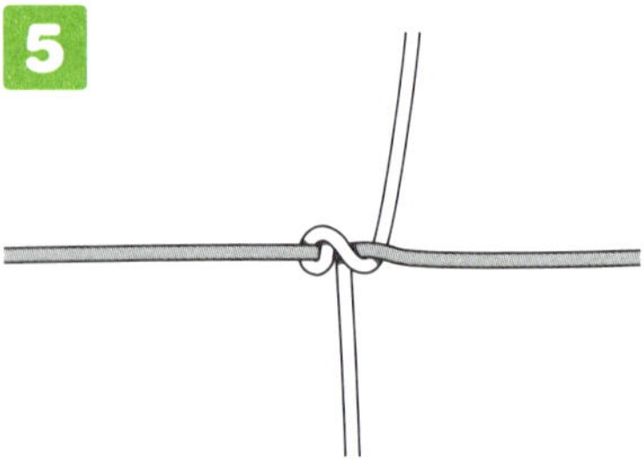

巻きつけると、このような状態になる。

6

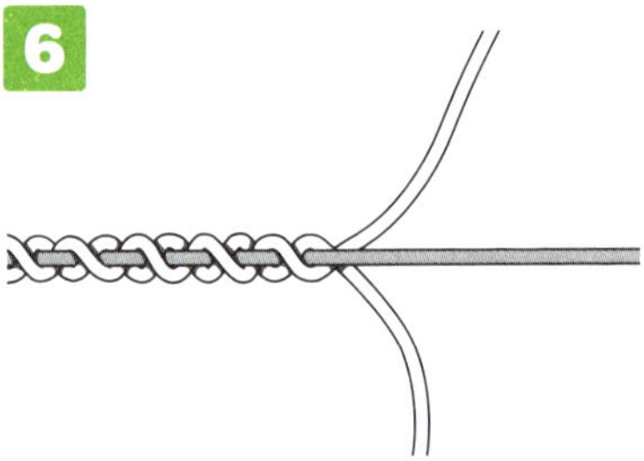

2～5を10～15回繰り返す。

7

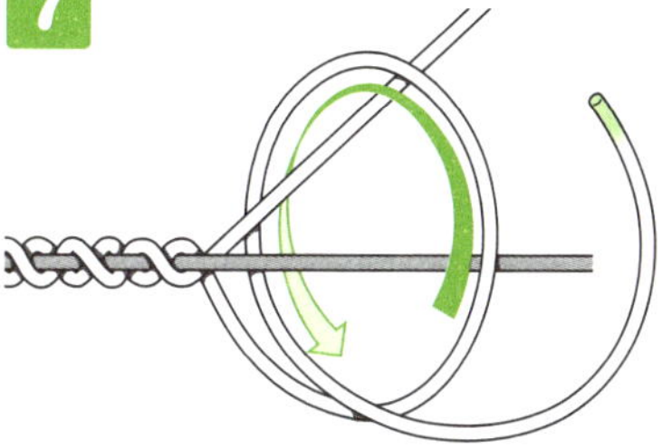

口にくわえていたPEラインの先端を巻きつけて、仮止めのための<u>ひと結び</u>（P10参照）する。

8

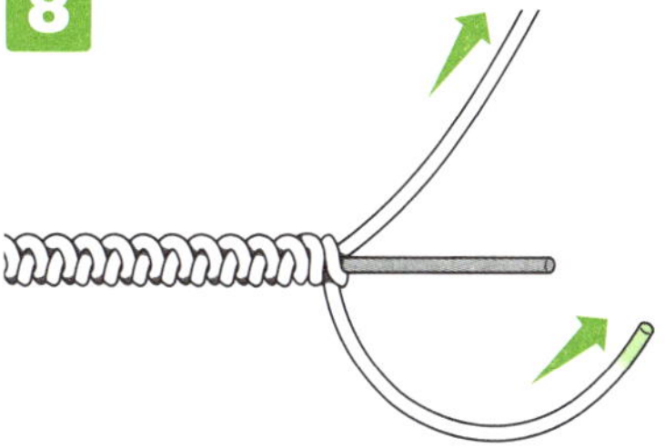

PEラインを湿らせながら、先端と元側を引いて結び目を締める。

9

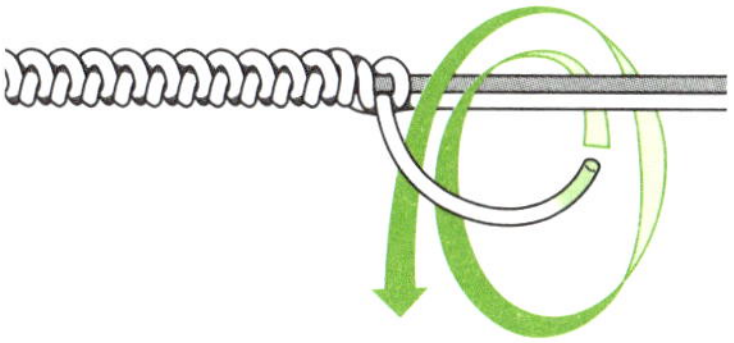

補強のために<u>ひと結び</u>を繰り返す。

10

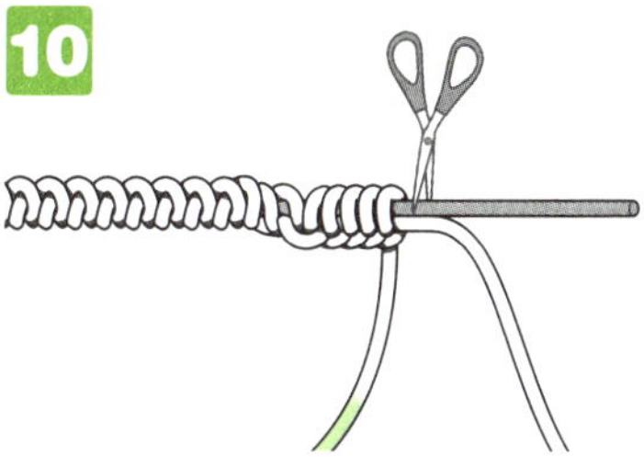

9のように<u>ひと結び</u>を5～10回繰り返したら、PEラインの結びからはみ出した余分なラインをカットする。

11

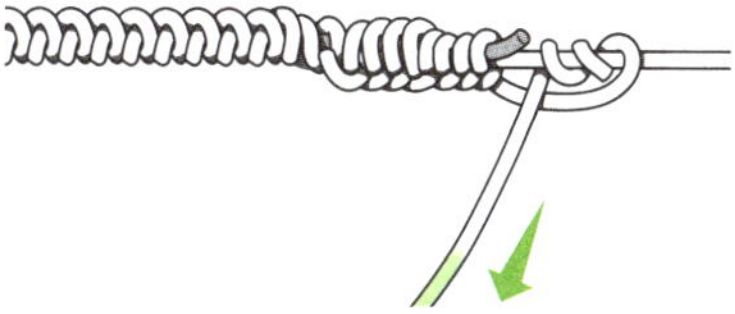

最後にPEラインを図のように結んで締める。

12

PEラインの余分な端糸をカットする。

ラインとラインを結ぶ⑥

［ SFノット ］

結び目が細いのでガイドの通りがいい「SFノット」。
PEラインとほかのリーダーを結ぶ。
「FGノット」(P128参照)に比べると強度は劣るが素早く結べる。

1

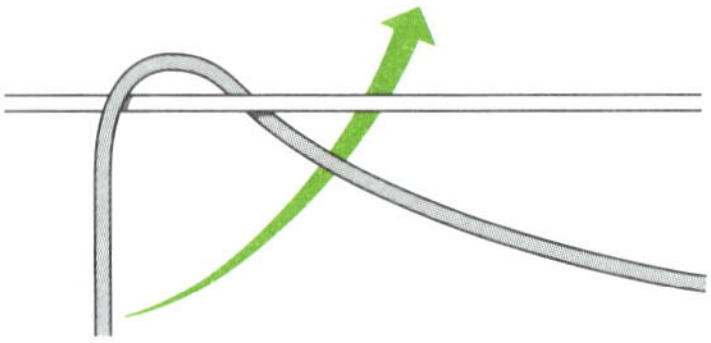

リーダーにPEラインを巻いていく。

2

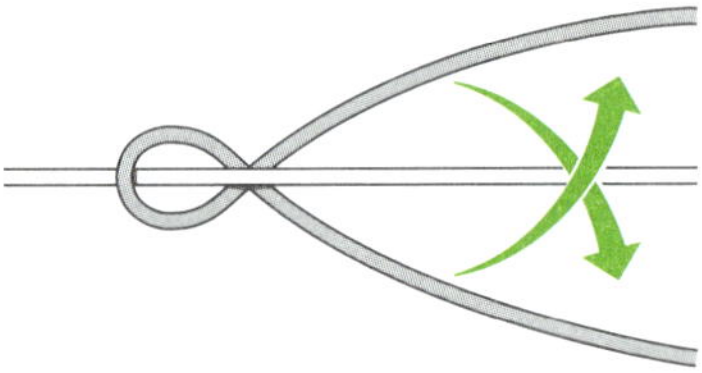

PEラインの両端をクロスするように交互に編み込む。

3

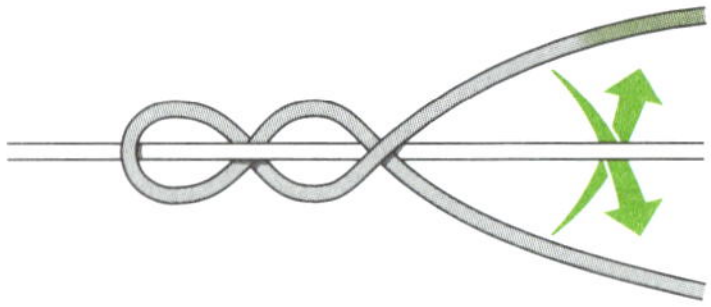

PEラインの編み込みは、10回前後。

4

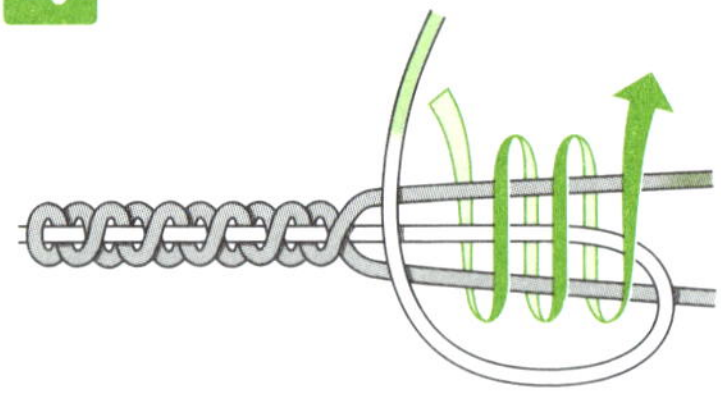

リーダーの先端を、編み込んだPEラインにユニ・ノット(P124参照)で3回ほど巻きつける。

5

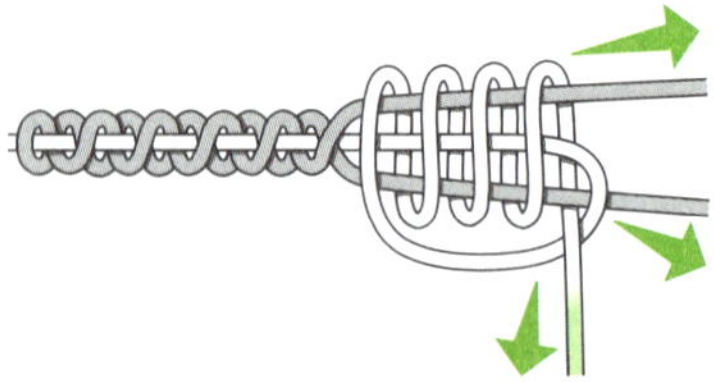

PEラインの両端、リーダーの先端をひっぱって結び目を締める。

6

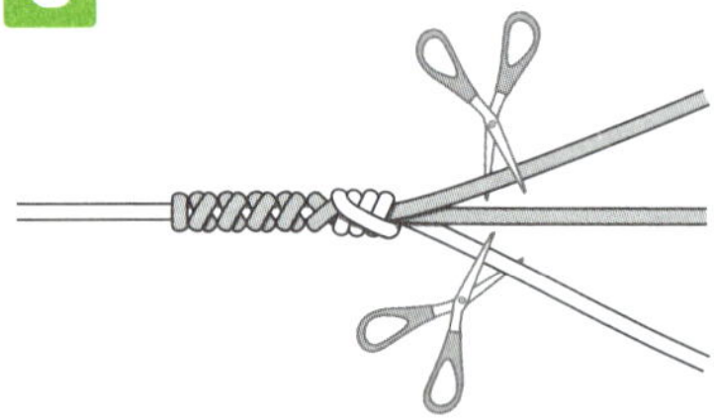

PEラインとリーダーの余分な先端をカットする。

太さの違うラインを結ぶ

［オルブライト・ノット］

PEラインとほかの太さのライン（リーダー）を結ぶときは「オルブライト・ノット」。耐久性に優れている。

1

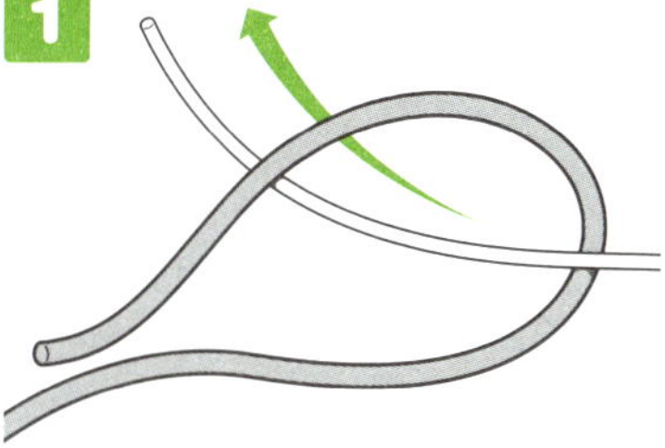

リーダーで輪をつくり、PEラインを輪に通す。

2

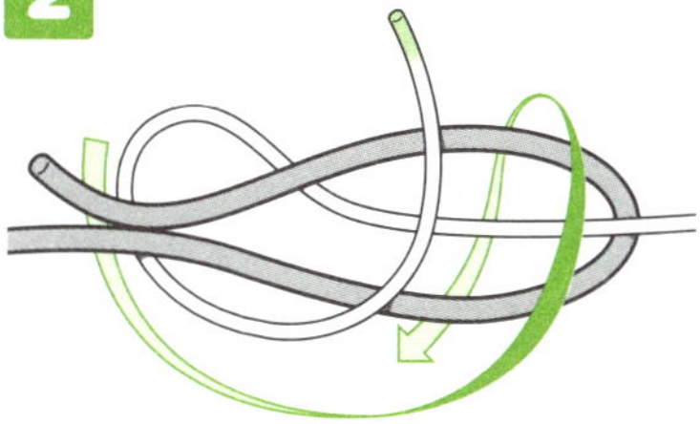

輪の付け根を押さえて、PEラインでリーダーを包み込むように巻く。

3

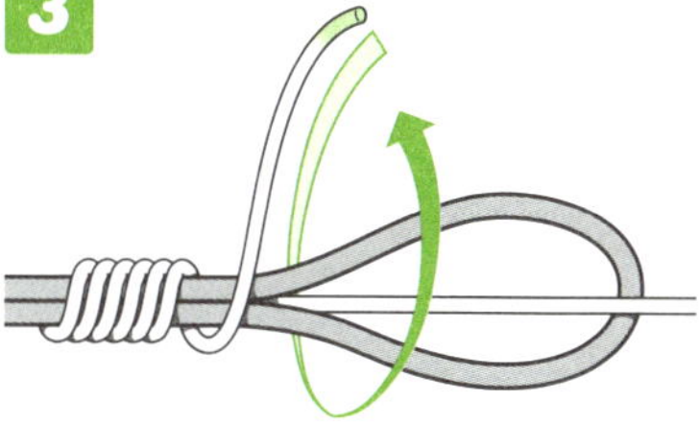

7～8回、堅く巻きつける。

4

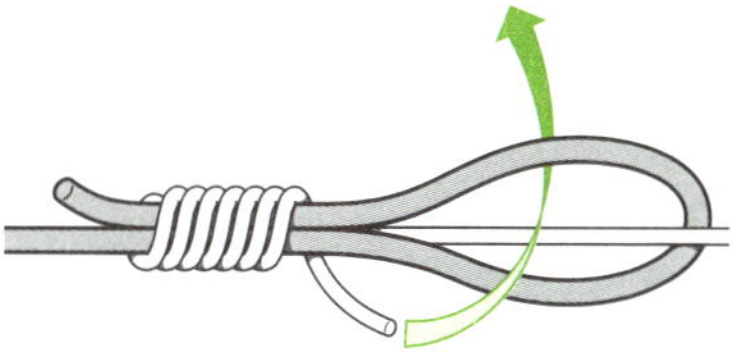

巻きつけ終わったら、PEラインの端糸を輪に通す。

5

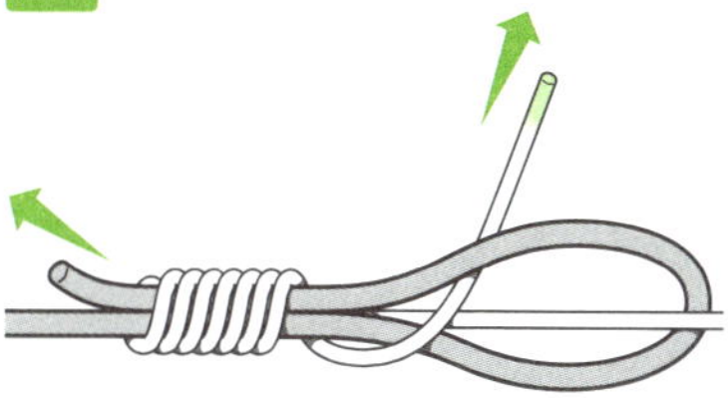

それぞれの端糸と元側を引いて、結び目をしっかりと締める。

6

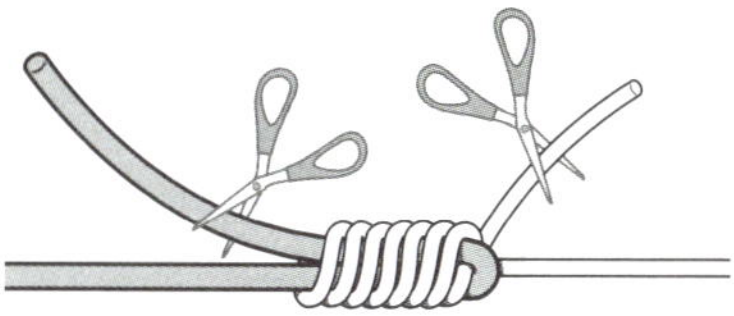

余分な端糸を切る。

ラインとリーダーを直結する

［PRノット］

PEラインとリーダーを直結する結び方。
別名「バックラットノット」と言われ、
強度が高いので、海釣りで使われることが多い。

1

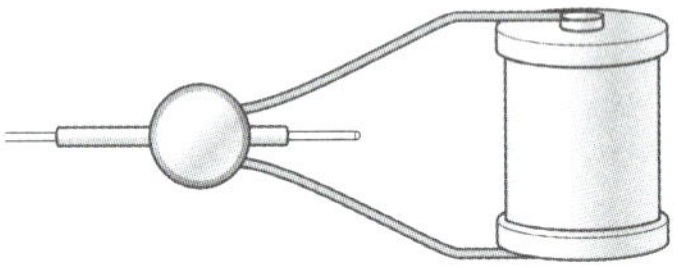

PRノット専用のボビンを用意する。

2

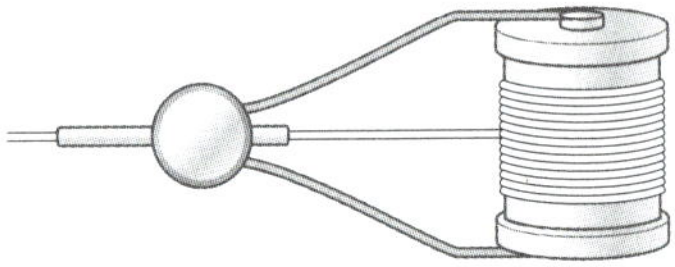

PEラインを20～25回巻きつける

3

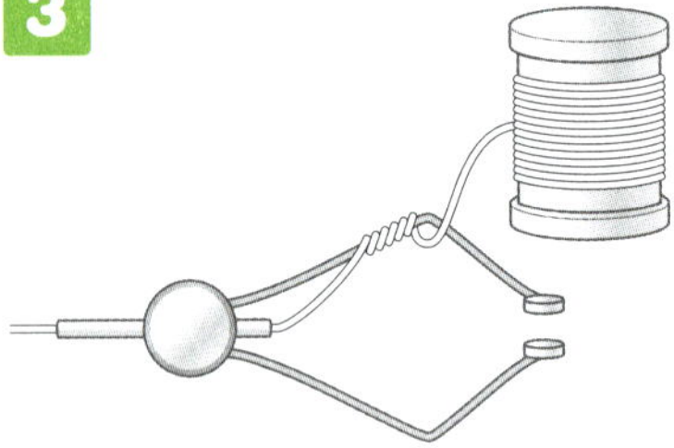

ボビンのアラームに、PEラインを5～6回巻きつける。

4

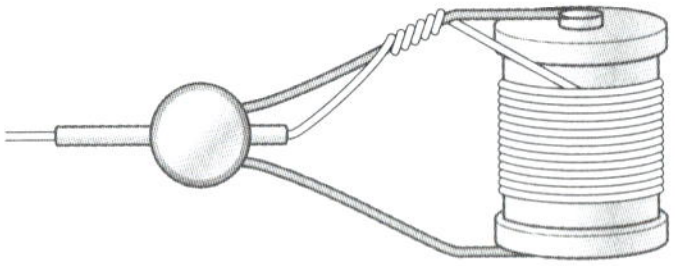

ラインを巻きつけたボビンのアラームを図のようにセットする。

5

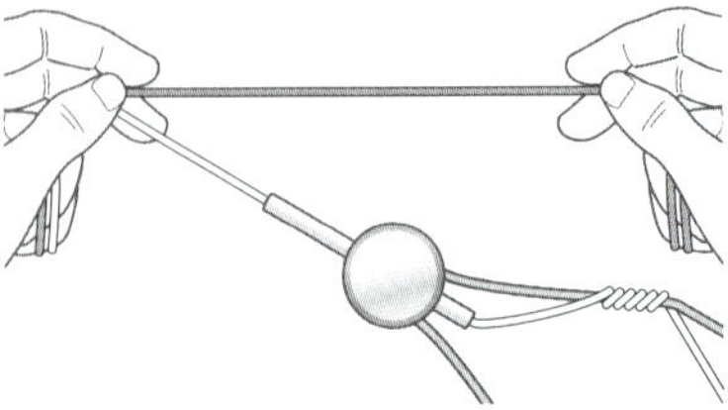

PEラインとリーダーの先端を左手に2～3回巻きつける。

6

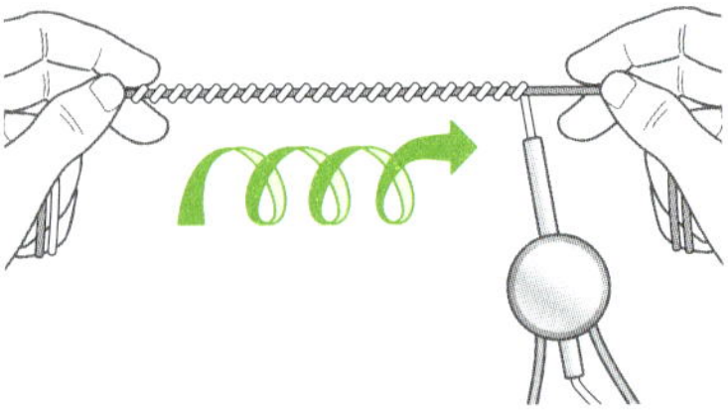

手前から奥へとボビンを回して、リーダーにPEラインを7～10cm巻きつける。

※PEラインを巻きつける長さは釣りの内容に合わせてアレンジする。初心者は短めのほうが良い。

7

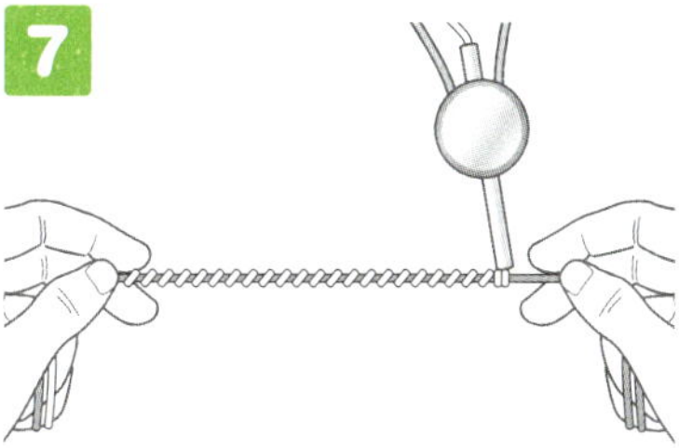

逆方向にコブをつくるように2～3回巻きつける。

8

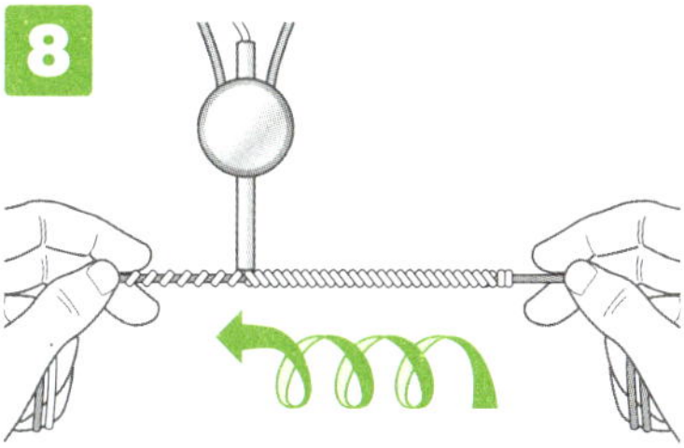

さらにボビンを手前から奥に回して、逆方向にPEラインを0.5～1cmほど長く巻きつける。

9

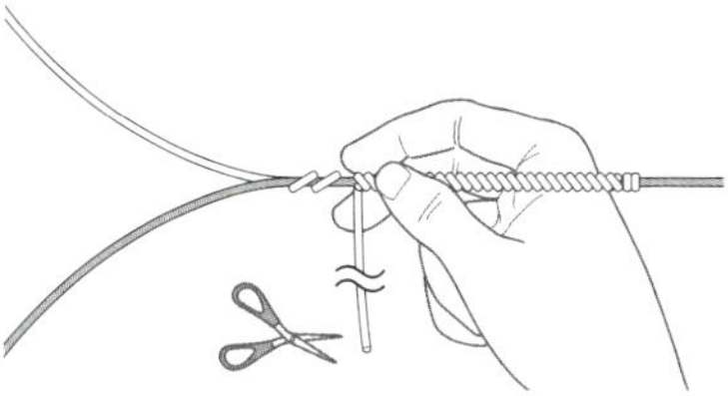

巻きつけが終わったら、PEラインを10cmほど残してカットする。

10

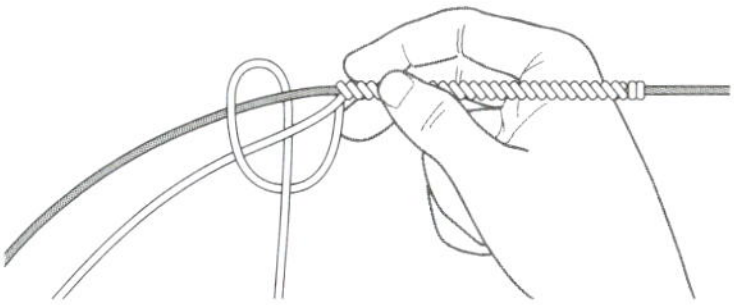

図のようにPEラインでひと結び（P10参照）をする。

11

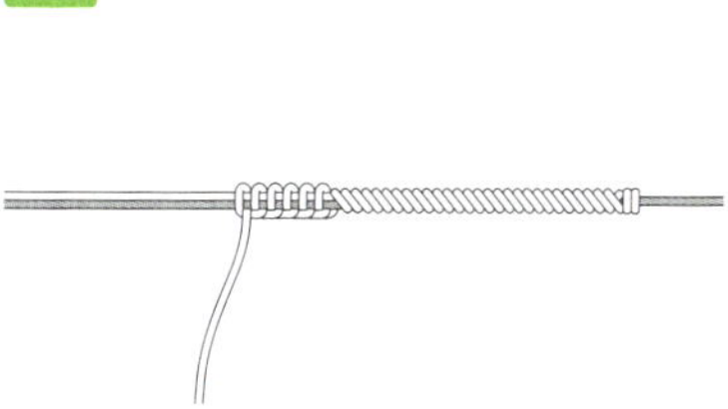

ひと結びを6～8回繰り返す。

12

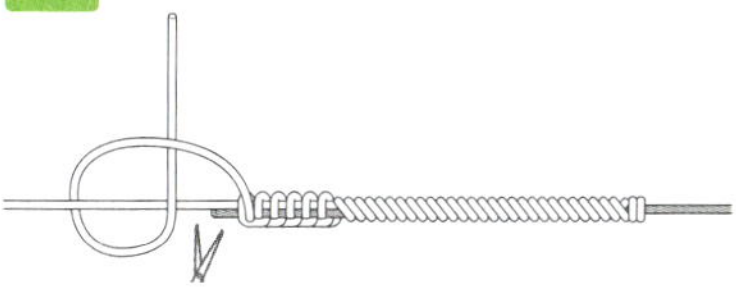

最後にPEラインを図のように結んで締める。余分なリーダーとPEラインの端糸をカットする。

チチワをつくる

［チチワ結び］

チチワとは、ラインの先端や途中につくる輪のこと。
連結金具や新たなラインをつけて、
魚を釣るための仕かけをつける。

1

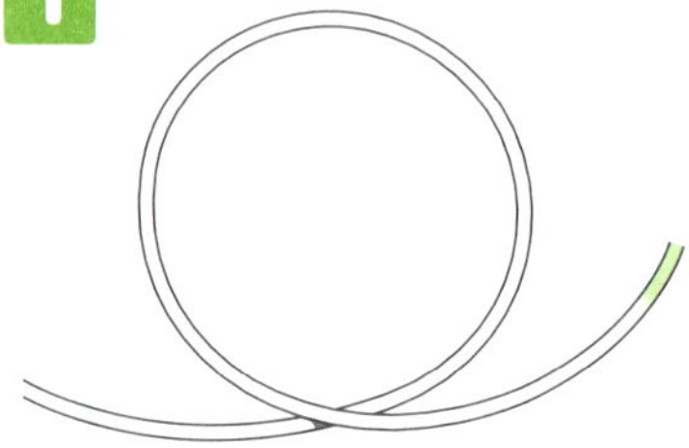

ラインの途中に輪をつくる。

2

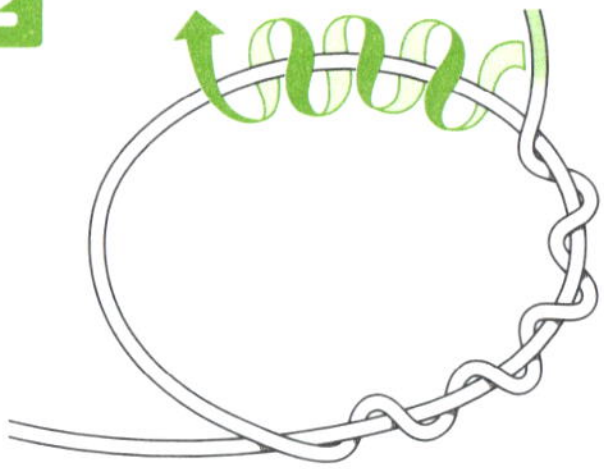

端糸を図のように7～8回巻きつける。

3

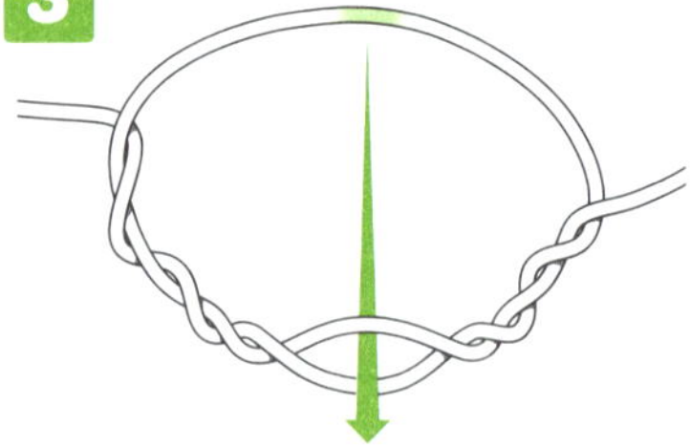

巻きつけた部分の中央が輪になるように広げる。その輪に、大きな輪の一部を通す。

4

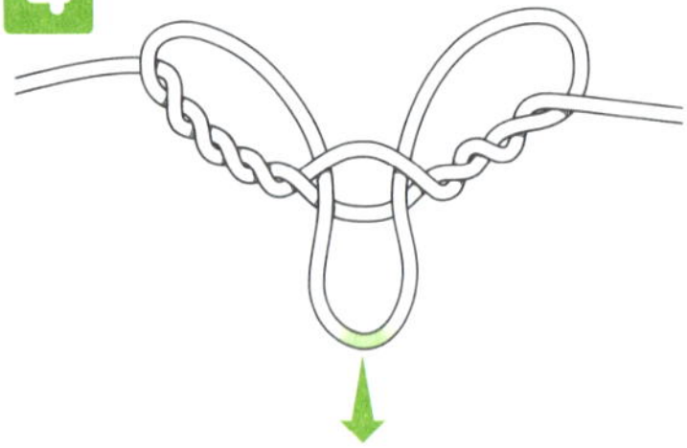

通した輪を引き出す。

5

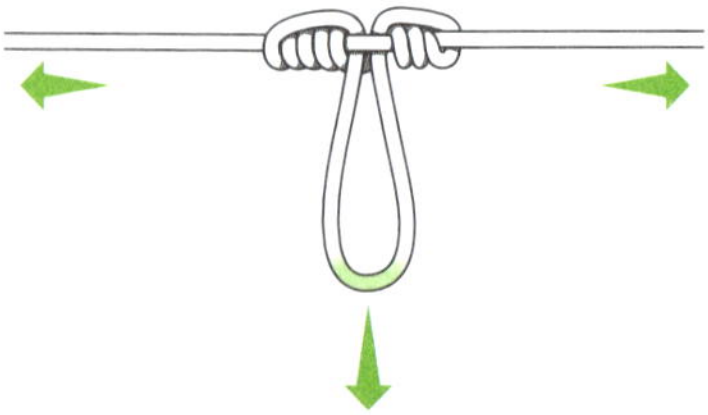

輪と元側を引いて、結び目を締める。

6

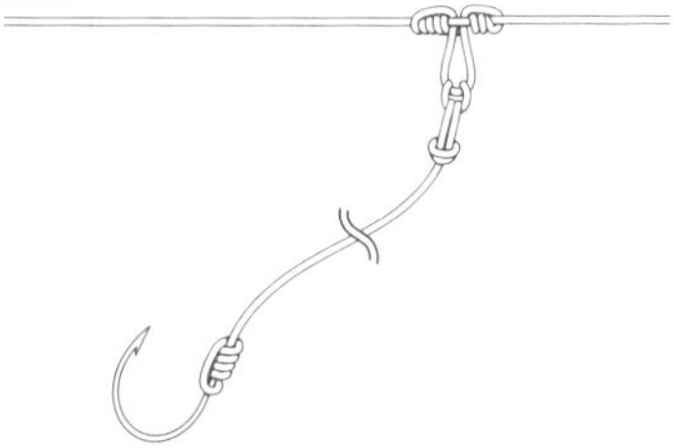

できたチチワに枝ハリスをつけて使う。

枝ハリスを出す①

［枝ハリス＋ひと結び］

幹糸に枝のように針つきのラインを結ぶ「枝ハリス」。略して「枝ス」というときもある。

1

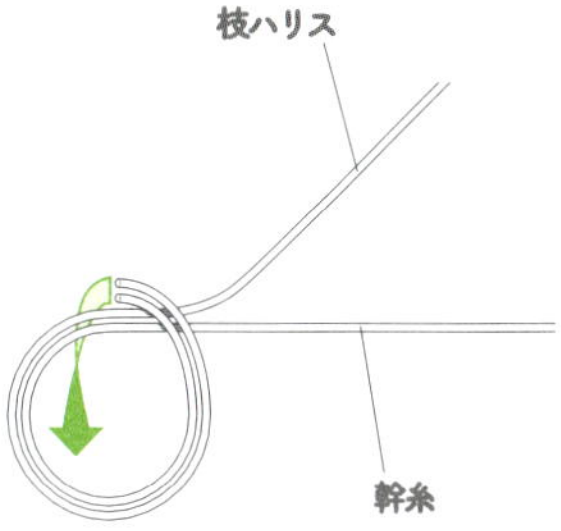

幹糸に枝ハリスを重ねて、輪をつくる。

2

幹糸と枝ハリスを図のように2～3回巻く。

3

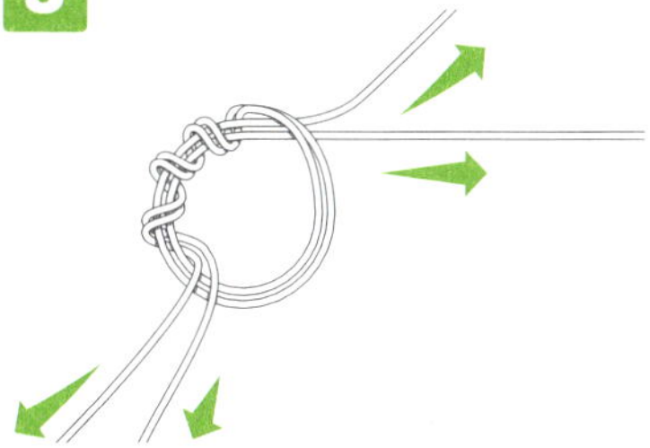

巻き終わったら、幹糸と枝ハリスの両端を引いて結び目を締める。

4

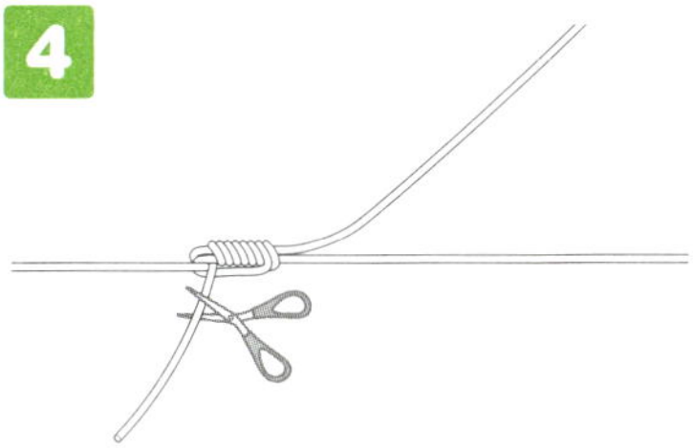

枝ハリスの余分な端糸をカットする。

5

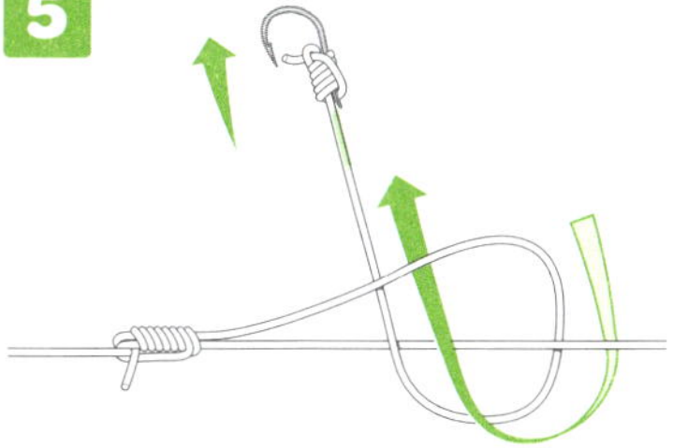

枝ハリスを、幹糸にひと結び（P10参照）をして固定する。

6

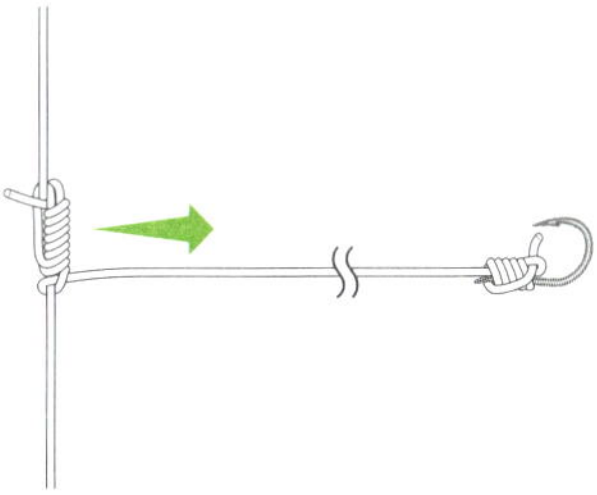

3の結び目を締めると、枝ハリスは幹糸から直角に出る。

枝ハリスを出す②

［8の字結び＋ユニ・ノット］

幹糸に「8の字結び」で輪をつくり、
枝ハリスを通して「ユニ・ノット」で結びつける方法。

1

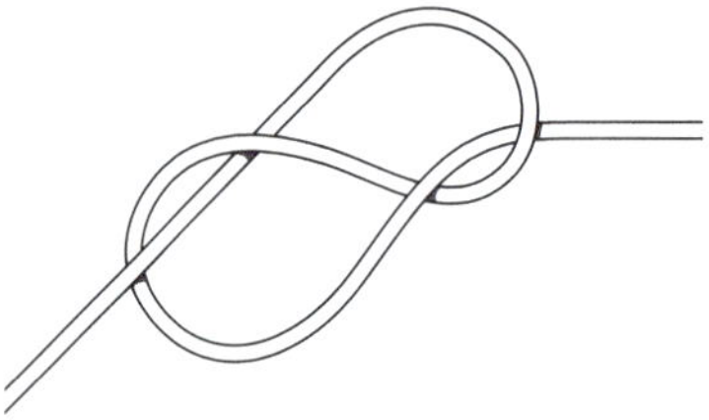

幹糸に8の字結び（P13参照）をつくる。

2

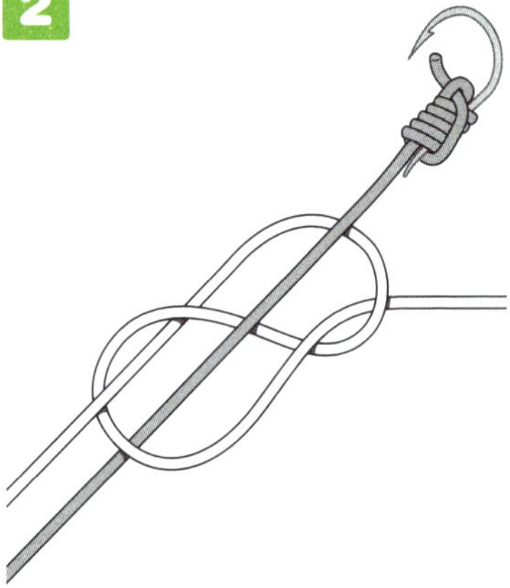

枝ハリスを図のように輪のなかに通す。

3

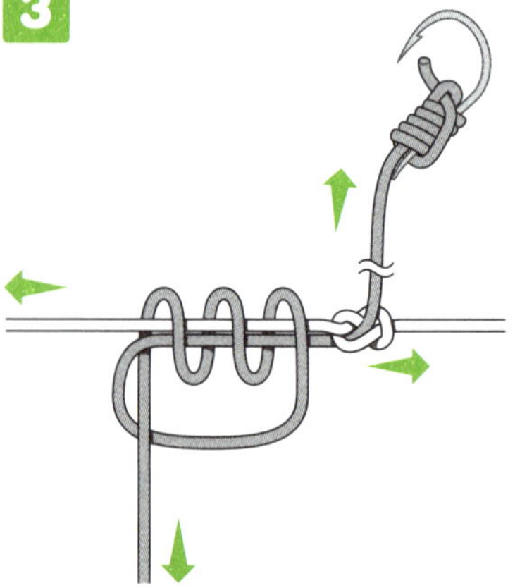

8の字結びの結び目を締め、枝ハリスをユニ・ノット（P124参照）で幹糸に結びつける。

4

結び目を締めたら、枝ハリスの余分な端糸をカットする。

ヨリチチワをつくって枝ハリスを出す

［ クリンチ・ノット ］

「枝ハリス」は、釣りの結びの基本。
「クリンチ・ノット」でも結べる。

1

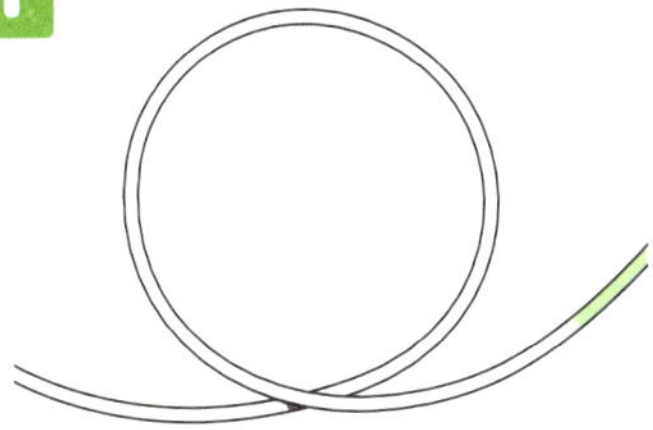

ラインの途中に輪をつくる。

2

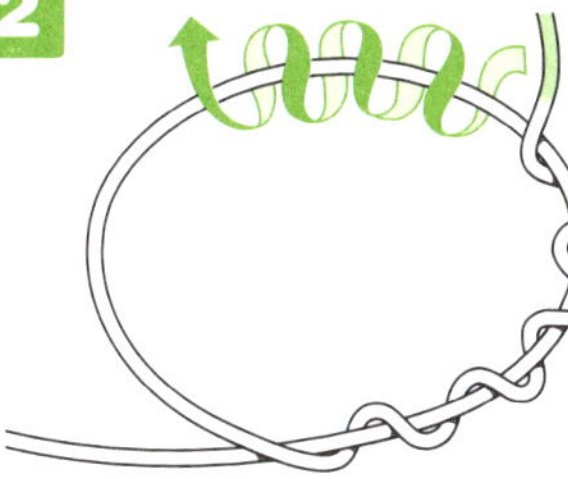

端糸を図のように7～8回巻きつける。

3

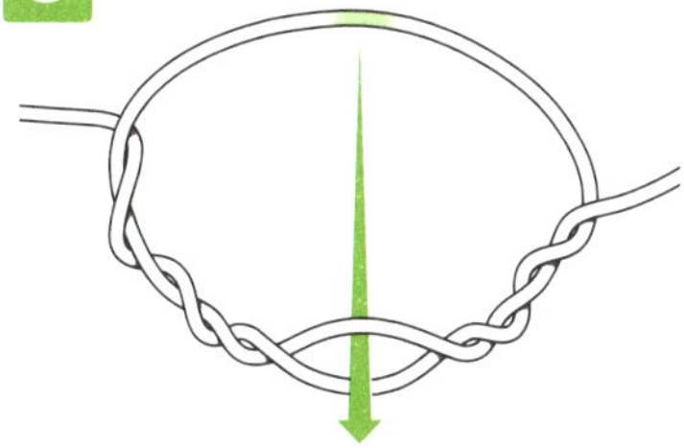

巻きつけた部分の中央が輪になるように広げ、大きな輪の一部を通す。

4

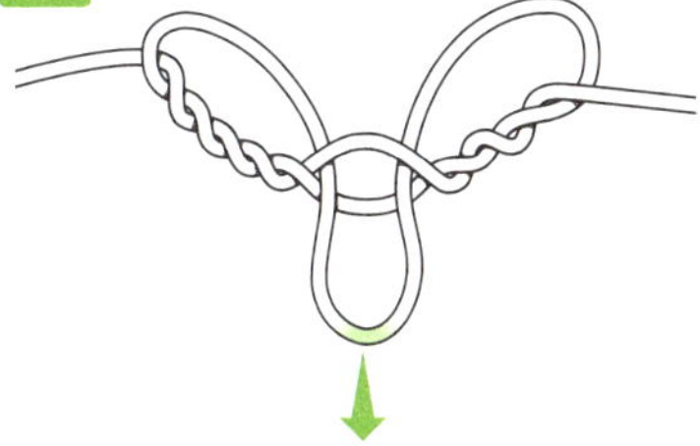

通した輪を引き出して、結び目を締てヨリチチワにする。

5

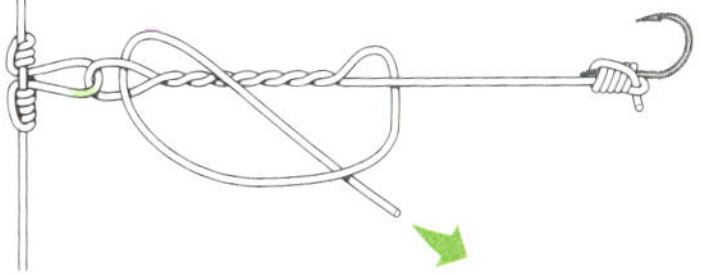

4 でつくったヨリチチワにハリスを通したら、クリンチ・ノット（P120参照）で結ぶ。

6

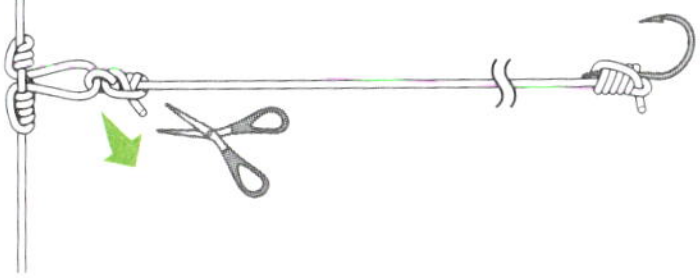

端糸をしっかりと引いて結び目を締める。枝ハリスの余分な端糸はカットする。

ルアーにラインを結ぶ①

［フリー・ノット］

ルアーに太いラインを結ぶときは「フリー・ノット」。
ルアーのアイと結び目の間が輪になっているので、
ルアーが自然に動く。

1

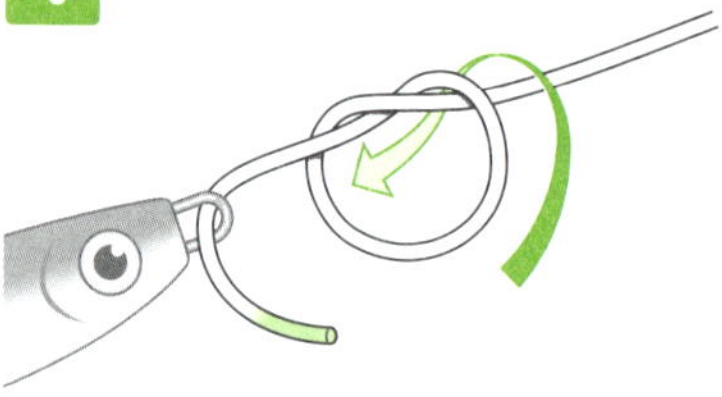

止め結び(P72参照)をしたラインをルアーのアイに通す。

2

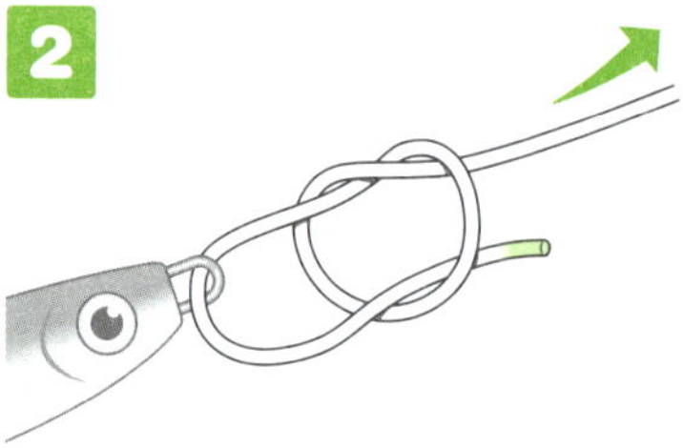

図のように、端糸を輪に通し、元側を引いて結び目を締める。

3

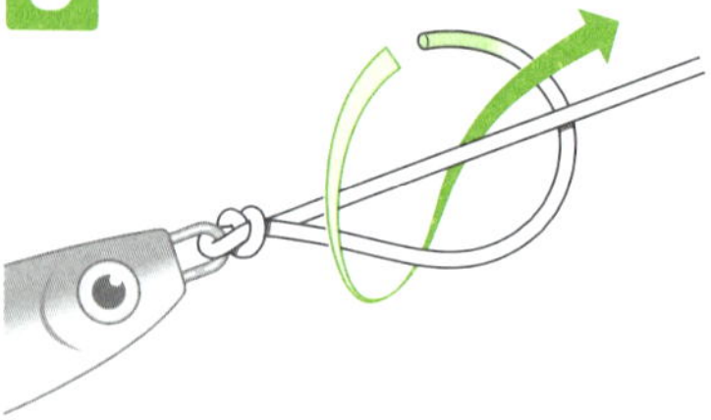

アイとラインを結びつけたら、端糸でもう一度止め結びをする。

4

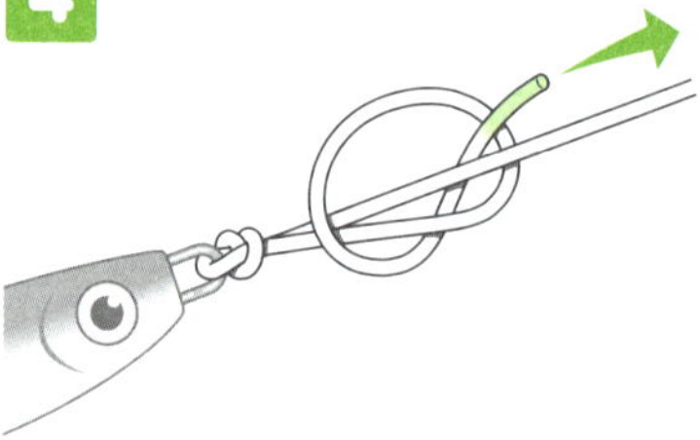

任意の位置で結び目を締める。

5

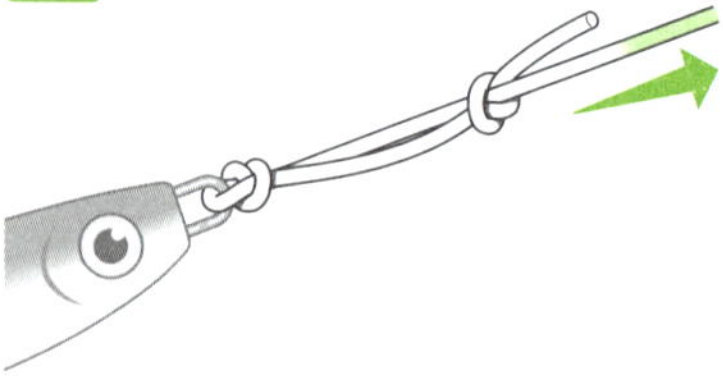

ラインの元側を引いて2つの結び目を合わせる。

6

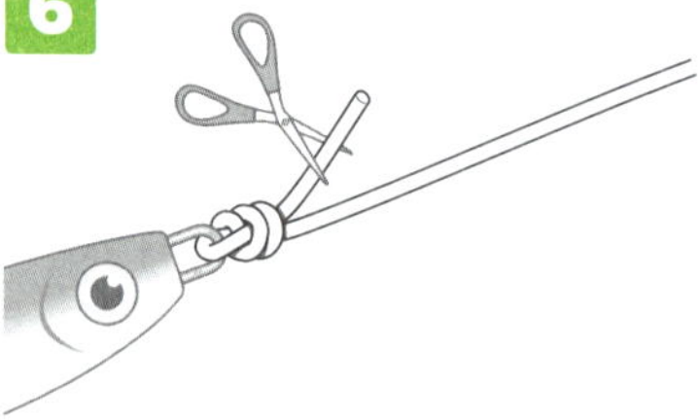

最後に、余分な端糸をカットする。

ルアーにラインを結ぶ②

［ユニ・ノット］

**万能の「ユニ・ノット」は、
ルアーにラインを結ぶときにも使う。**

1

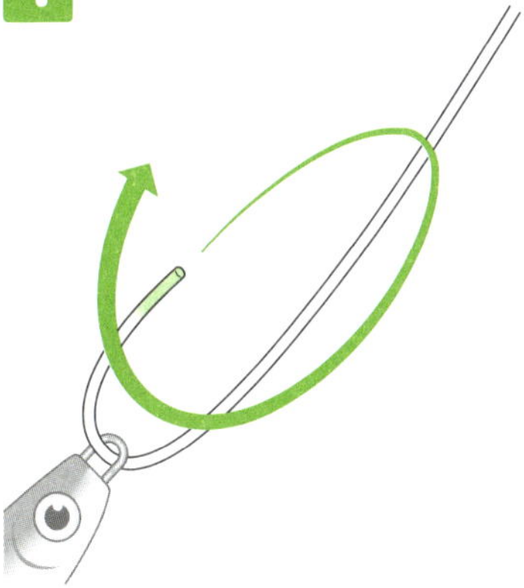

ルアーのアイに通したラインを5cmくらい引き出して輪をつくる。

2

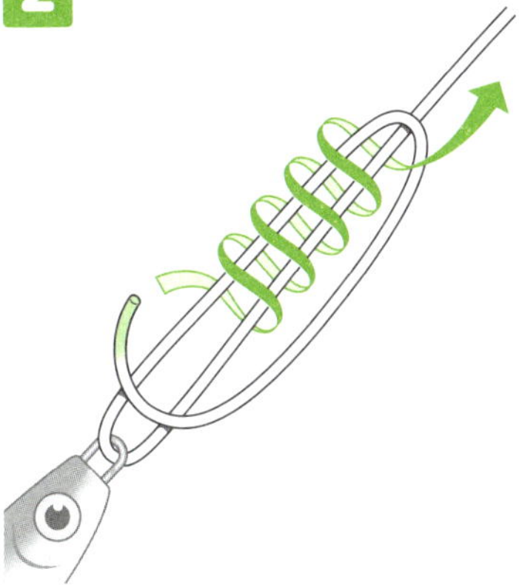

端糸で元側を3〜4回巻きつける。

3

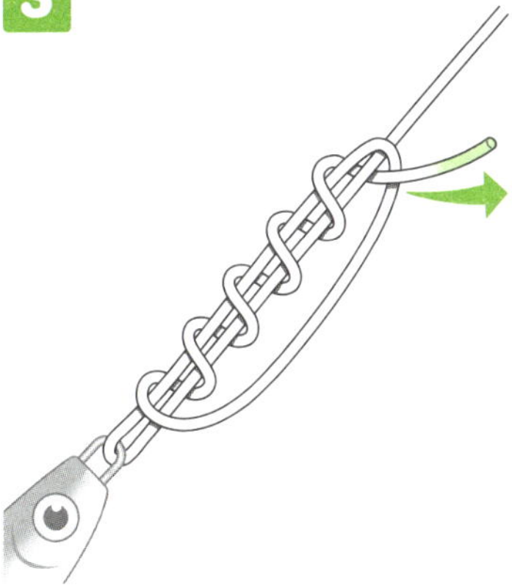

端糸を輪から引き出す。

4

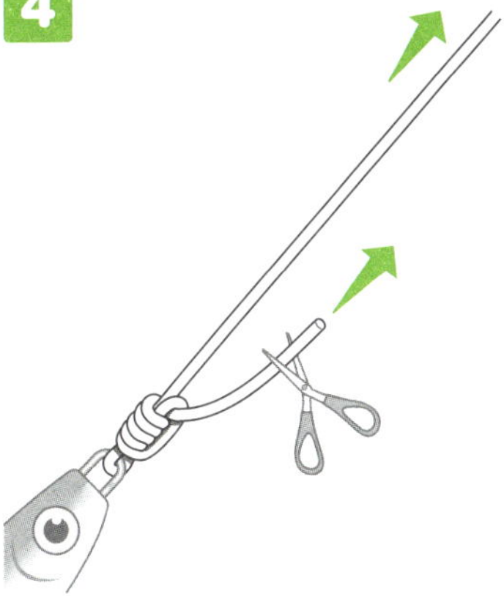

ラインの先端と元側を引いて、結び目を締める。余分な端糸はカットする。

ルアーにラインを結ぶ③

［クリンチ・ノット］

結び方が簡単で強度も高い「クリンチ・ノット」。
釣りのジャンルを問わず、人気のある結び。

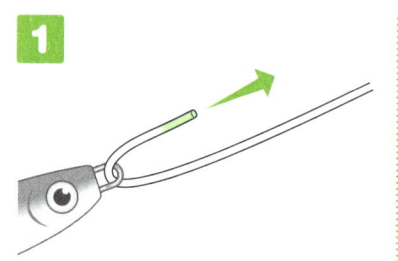

1

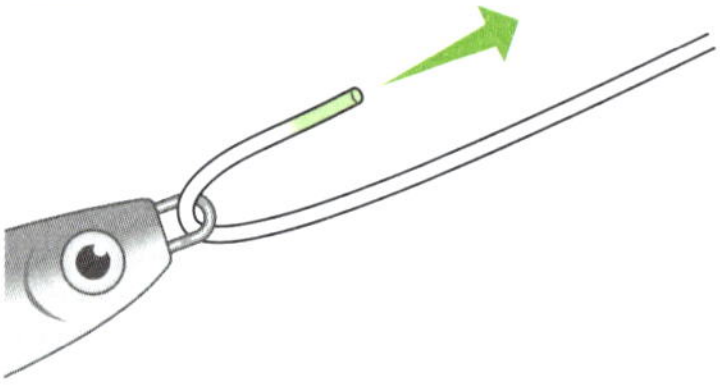

ルアーのアイにラインを通す。

2

4〜5回ほどラインを巻きつける。

3

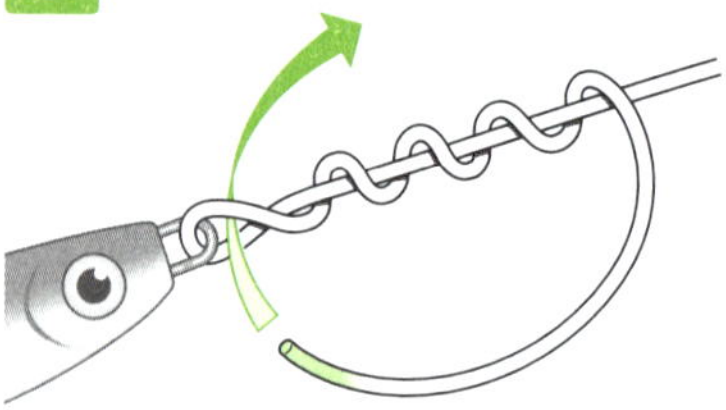

端糸を折り返し、巻きはじめの輪のなかに端糸を通す。

4

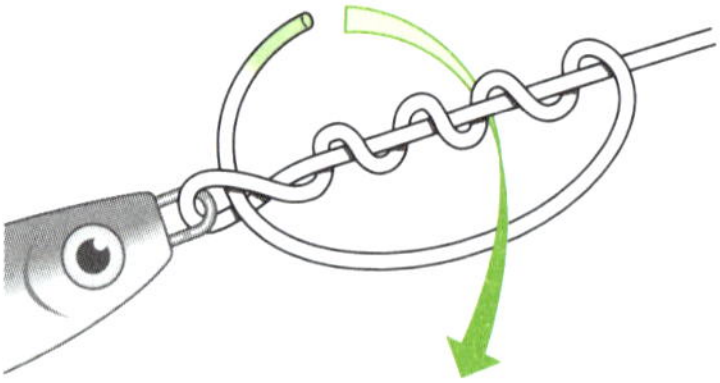

3でできた大きな輪のなかに端糸を通す。

5

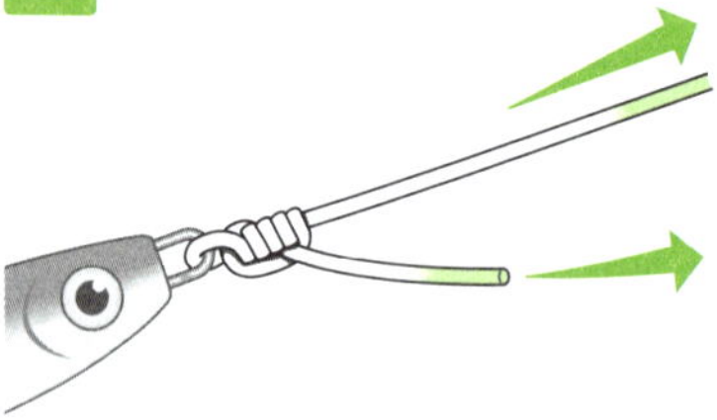

端糸と元側を引いて、結び目を締める。

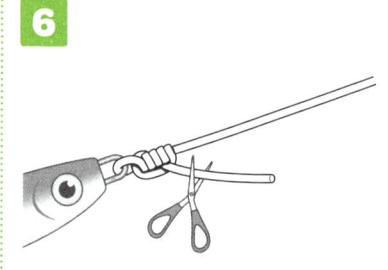

6

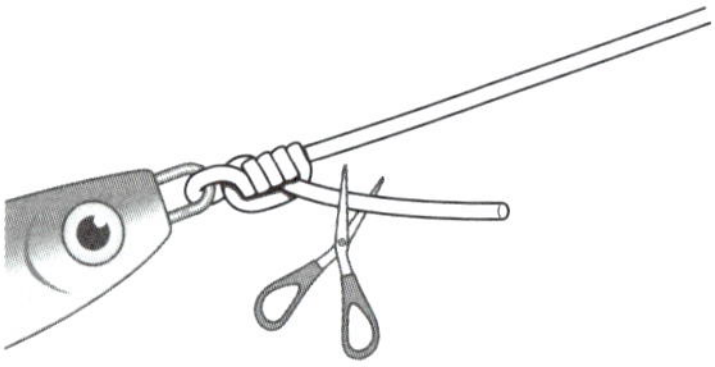

余分な端糸はカットする。

ルアーにラインを結ぶ④

［ループ・ノット］

ルアーのアイから離れた位置に結び目をつくる「ループ・ノット」。ルアーを固定しないので、自然な動きを演出できる。

1

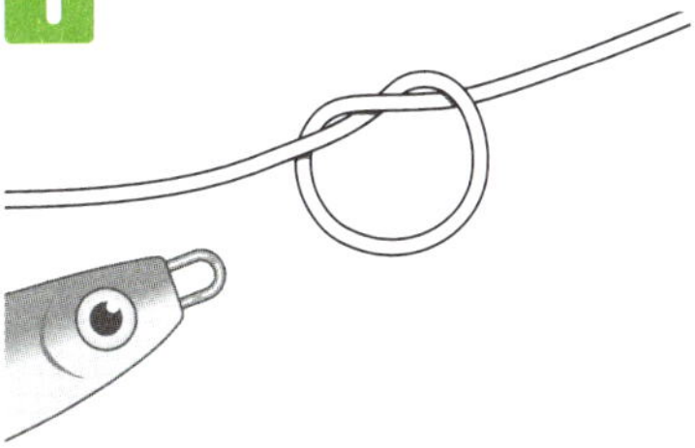

図のようにラインを結んで輪をつくる。

2

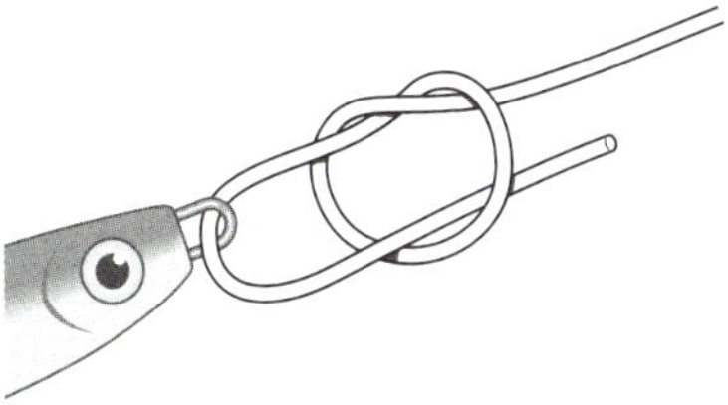

ラインの先端をルアーのアイに通し、さらに1でつくった輪にも通す。

3

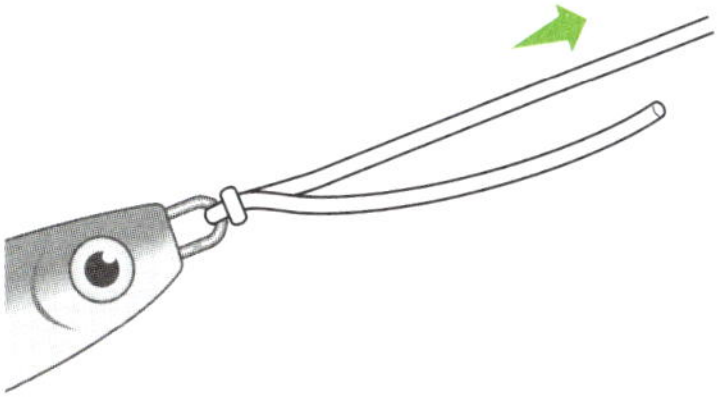

ラインの元側を引いて、アイとラインを固定する。

4

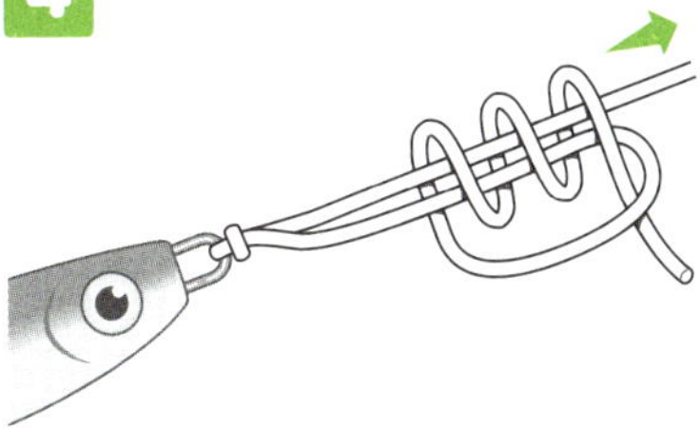

端糸でユニ・ノット（P139参照）を行い、ゆっくりと元側を引いて締める。

5

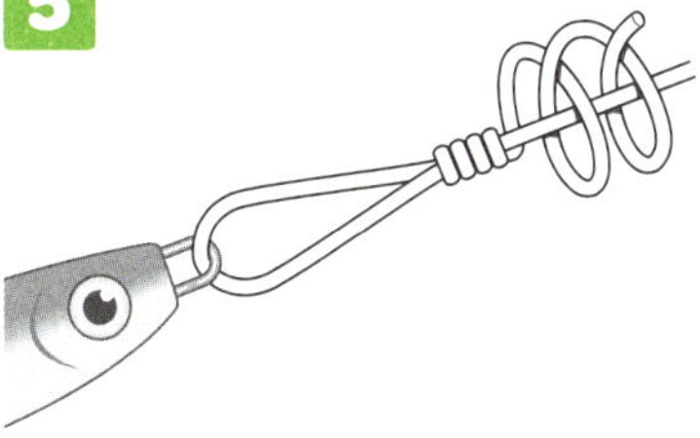

3の結びが移動し、ループ状になる。さらに図のようにラインの先端を巻きつける。（ふた結び）

6

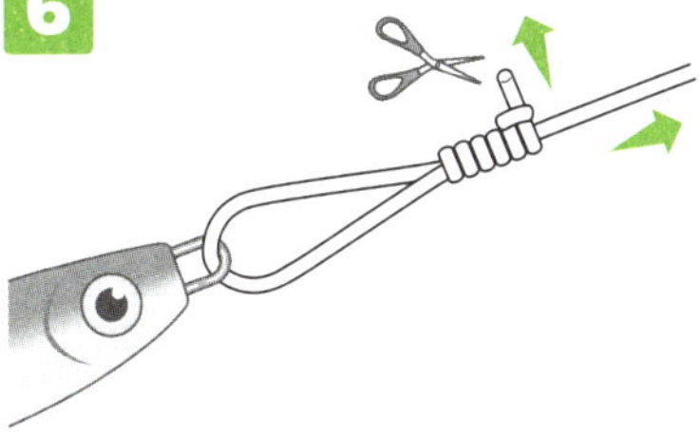

ラインの先端と元側を引き締めて、結び目を締める。余分な端糸はカットする。

リールに道糸を巻く

［クリンチ・ノット］

「クリンチ・ノット」は、リールのスプールや連結金具にラインを結ぶときにも用いられる。

1

リールのスプールに道糸を巻く。4～5回巻きつける。

2

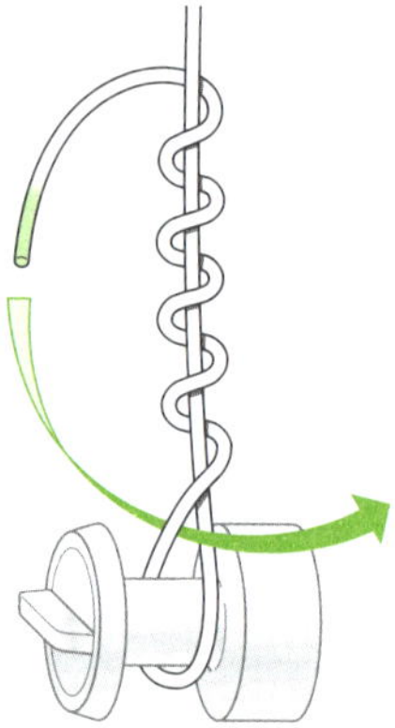

図のように端糸を巻きはじめのを輪に通す。

3

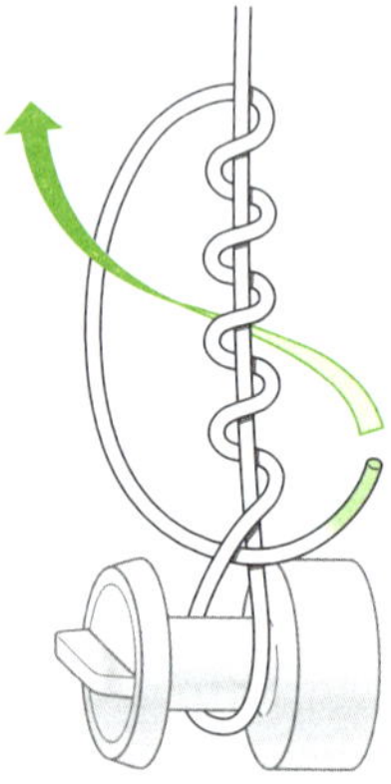

2でできた大きな輪のなかに端糸を通す。

4

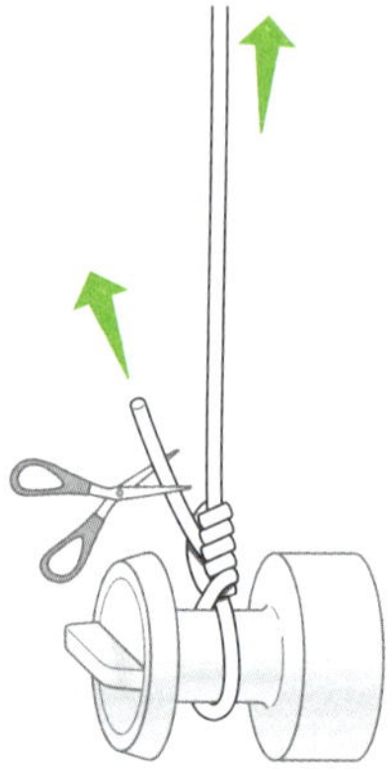

端糸と元側を引いて、結び目を締める。余分な端糸はカットする。

ウキ止めを結びつける

［ユニ・ノット］

道糸にウキ止めを結びつけるときも「ユニ・ノット」を使う。手早く結べるようにマスターしよう。

1

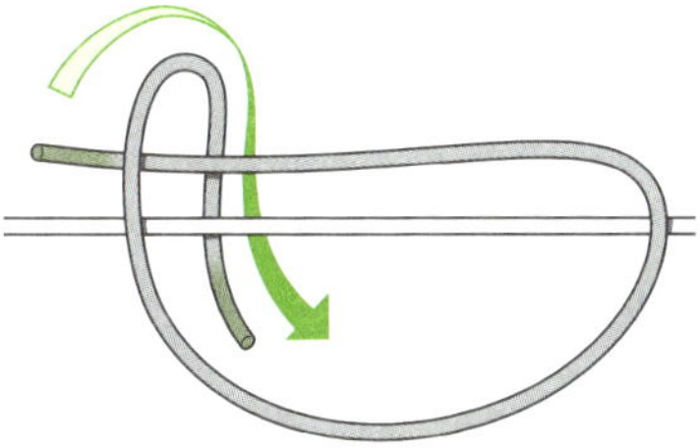

ウキ止め用のライン（約20cm）で輪をつくり、幹糸に重ねる。

2

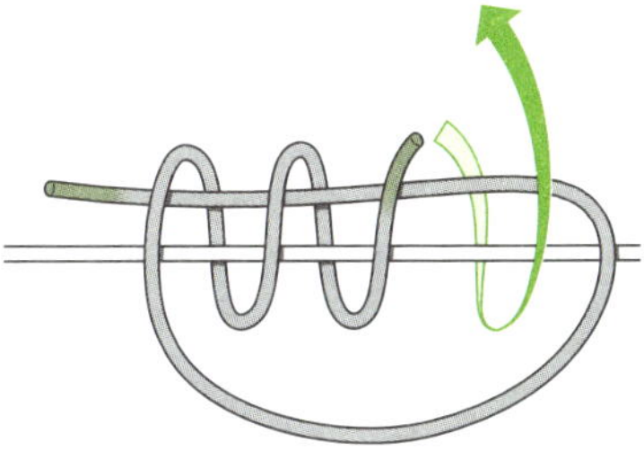

ウキ止め用のラインの端を図のように、4～5回幹糸に巻きつけていく。

3

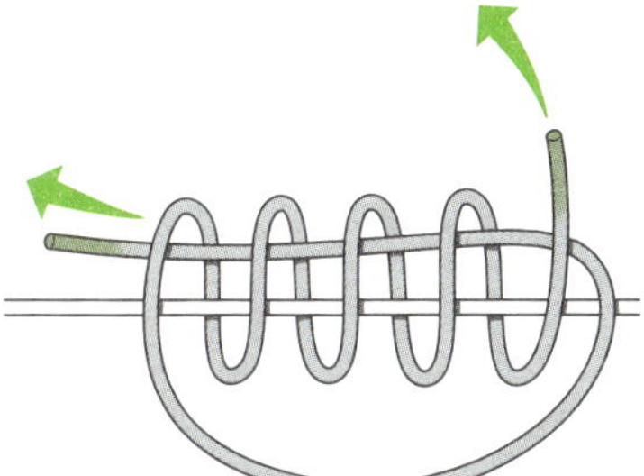

巻きつけたウキ止め用のラインの両端を引いて、結び目を締める。

4

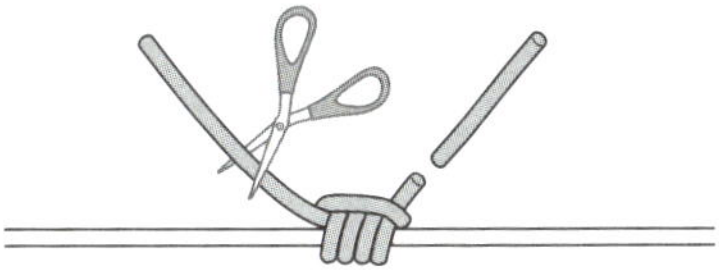

ウキ止め用のラインは余分な端糸をカットする。

【ラインの種類と特徴】

釣りで使う主なラインは、3種類。
それぞれの長所と短所を知って、
目的にあったラインを選ぼう。

釣りのラインには、さまざまな素材と太さがある。使用するルアーによってもラインの太さが変わり、釣りたい魚によってもラインの使い分けが必要になる。

主なラインは、ナイロンライン、フロロカーボンライン、PEラインの3種類だが、最近ではバス用やトラウト用など、用途別に改良された専用のラインを購入することもできる。

ラインのパッケージには、基本的にラインの色、強さ、太さ、長さが表示されている。ラインの色には蛍光のものが多く、見やすくて便利だが、蛍光色は魚にも見つけられやすい。最近では、水中では見えない蛍光色なども開発されているのでチェックしてみよう。ラインの強さは、ポンドテスト(lb)で表示され、太さは号数で表示されている。つまり、号数(太さ)が同じでも、ラインの種類によって強度はそれぞれ違う。

初心者は、値段が安くて結びやすいナイロンラインをベースに、用途に合わせてフロロカーボンラインやPEラインを使い分けるようにしよう。

主なラインの種類と特徴

	長所	短所
ナイロンライン	・結びやすい ・種類が豊富 ・値段が安い	・感度がよくない ・水を吸う(劣化しやすい)
フロロカーボンライン	・感度がいい ・水を吸わない(劣化しにくい) ・屈折率が水に近い(水中で目立たない)	・巻き癖がつきやすい ・種類が少ない ・値段が若干高い
PEライン	・感度が高い ・巻き癖がつかない	・結びづらい ・値段が高い ・色が目立つ

主なラインの号数と強度

ナイロン・フロロカーボン

号数	1.0号	1.5号	2.0号	2.5号	3.0号	4.0号	5.0号	6.0号	8.0号
強度(lb)	4 lb	6 lb	8 lb	10 lb	12 lb	16 lb	20 lb	24 lb	32 lb

PEライン

号数	0.6号	0.8号	1.0号	1.2号	1.5号	2.0号	2.5号	2.8号	3.2号
強度(lb)	6 lb	8 lb	10 lb	12 lb	15 lb	20 lb	25 lb	28 lb	32 lb

【5章】
レスキュー

レスキュー

動かなくなった車をロープで牽引したり、傷病人をロープを使って背負うなど、緊急事態に必要なロープワークを中心に、包帯や三角巾の基本的な使い方も紹介。いざというときに役立てよう。

人を背負う
P174 P175

縄ばしごをつくる
P148

傷んだロープを一時的に使う
P150

シーツをロープ代わりに使う
P159

重いものを運ぶ
P151 P152 P153

2本のロープをつなぐ P156

太さの違うロープをつなぐ
P158

包帯を巻く
P160 P161 P162
P163 P164 P165

三角巾を使う
P166 P168 P169 P170
P171 P172 P173

荷台に荷物を固定する
P154

縄ばしごをつくる

［てこ結び］

ロープと丸太があれば、「てこ結び」によって簡易のはしごをつくることができる。

1

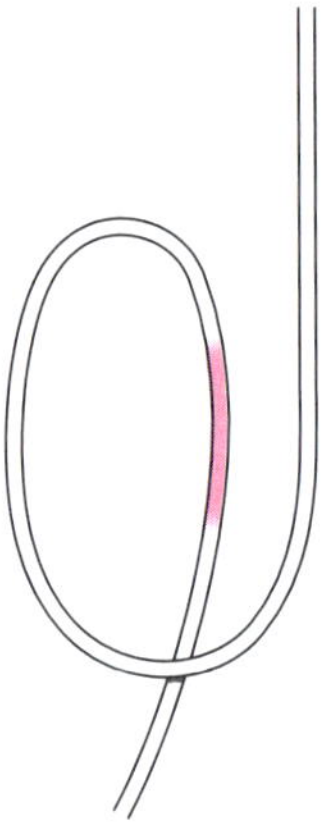

ロープの途中に図のような輪をつくる。

2

輪を元側に重ねる。

3

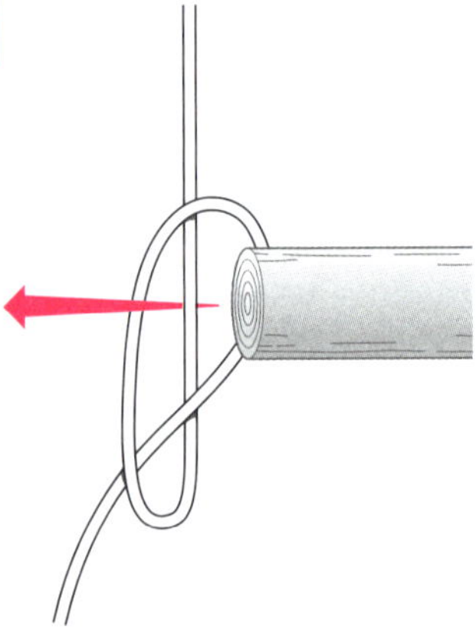

図のように輪のなかに丸太を通す。

4

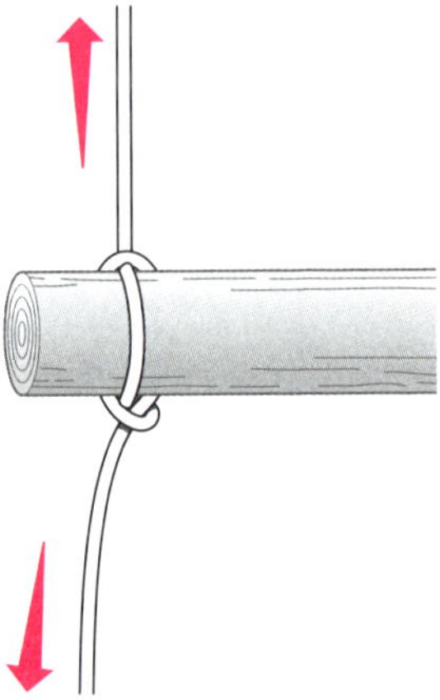

ロープを上下にひっぱって結び目を締める。

【こんなときにも使えます!】

キャンプなどで子供を遊ばせるための縄ばしごやブランコなどをつくるときもこの方法で。また、「てこ結び」はロープに取っ手をつけるときにも使われる。

5

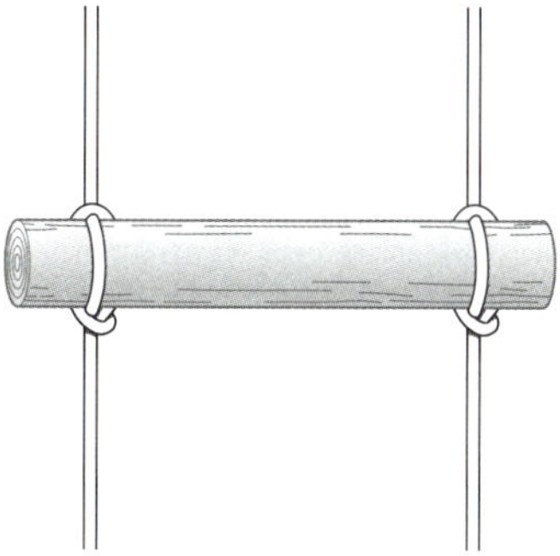

もう1本のロープを丸太の反対側の端のほうに結びつける。

6

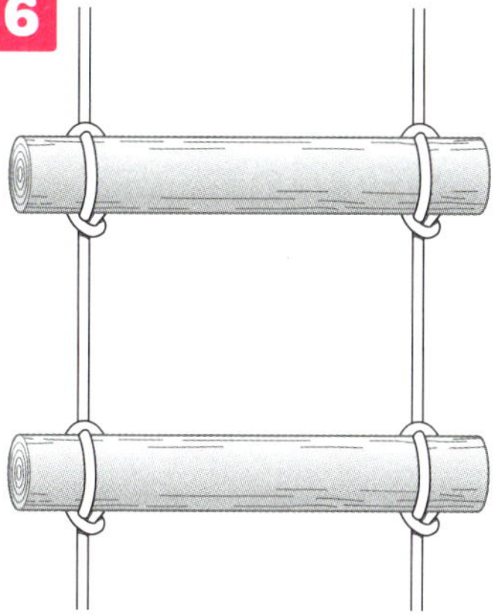

1～5を繰り返して縄バシゴをつくる。丸太が並行に並ぶようにロープの長さを調節しながら結んでいくこと。

7

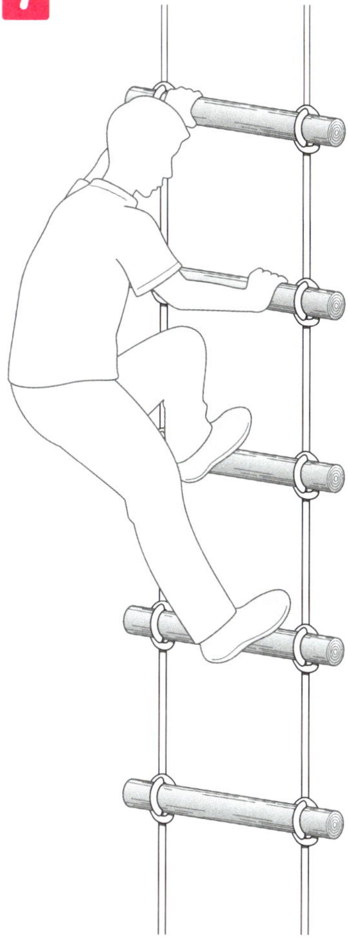

必要な数だけ丸太をロープで結びつけたら、縄ばしごの完成。

傷んだロープを一時的に使う

［ 二重止め結び ］

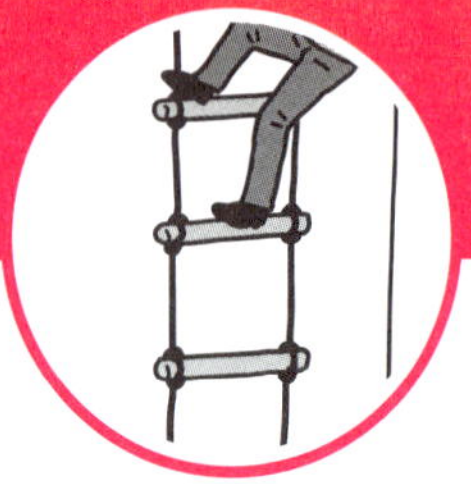

傷んだロープでも「二重止め結び」をすることで、一時的・応急的に使用することができる。

1

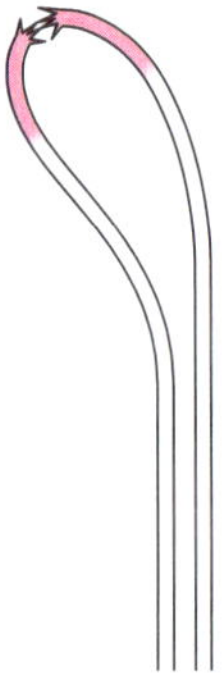

傷んだ部分のところでロープを2つ折りにする。

2

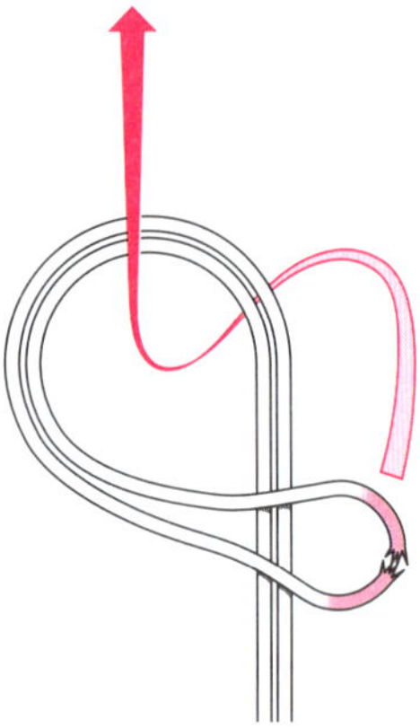

傷んだ部分を手前に交差させて**止め結び**（P72参照）で結ぶ。

3

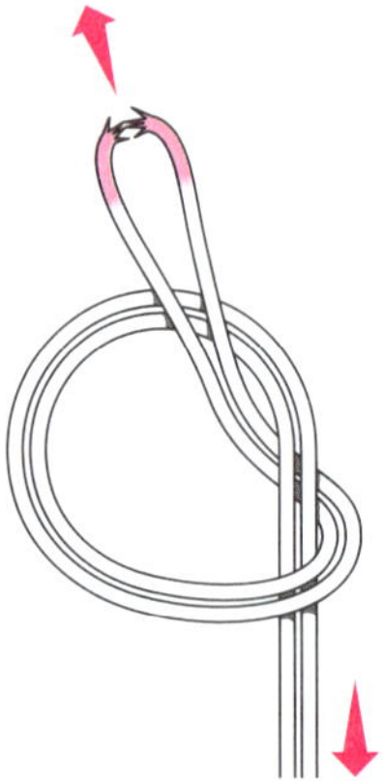

傷んだ部分と元側をひっぱって、結び目を強く締める。

4

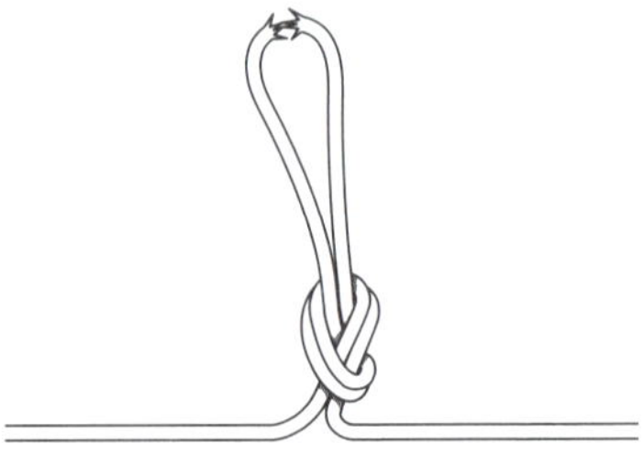

痛んだ部分には力がかからない。ただし、使用はあくまで一時的なものとし、すぐに新しいロープととりかえること。

重いものを運ぶ①

［ ひばり結び ］

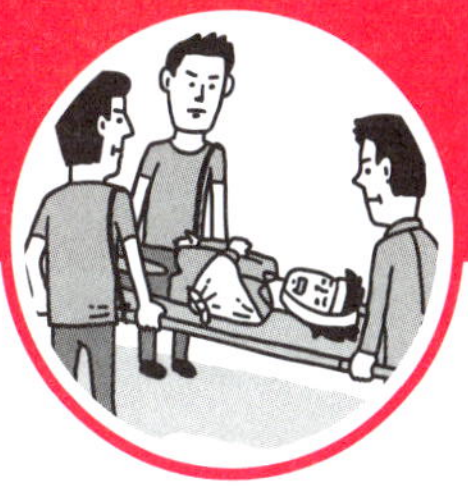

簡易タンカなどのフレームに「ひばり結び」でロープスリングを結びつけ、肩にかけると運ぶときの重さが軽減される。

1

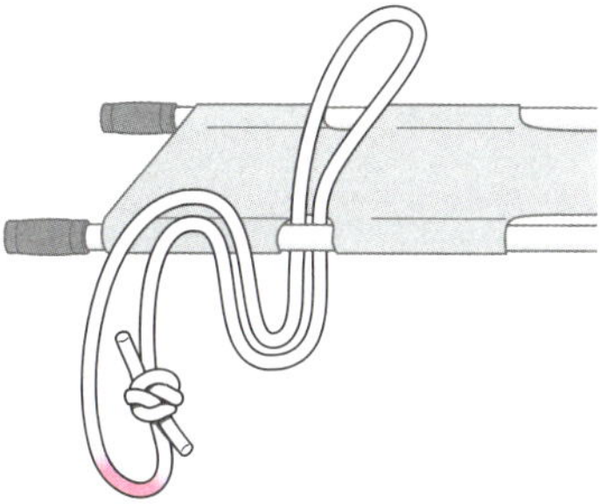

簡易タンカのフレームにロープスリング（P78参照）を通す。

2

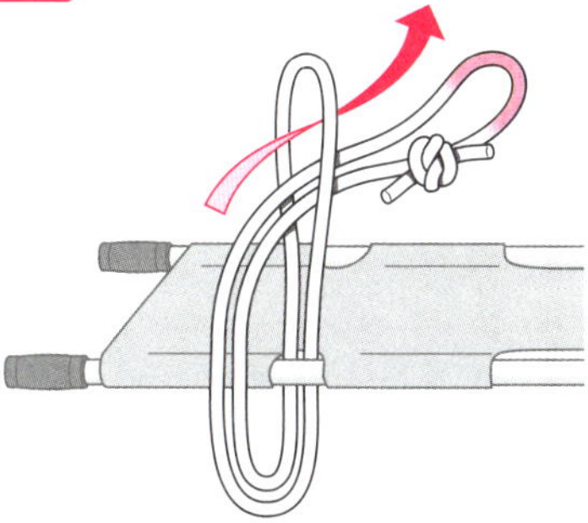

ひばり結び（P30参照）でロープスリングをセットする。

3

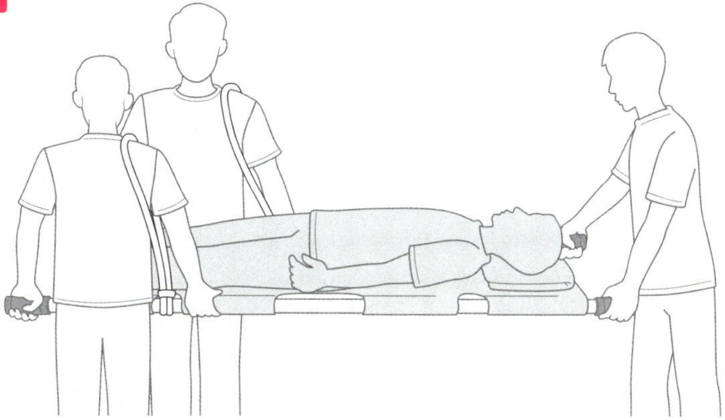

運ぶ人数に応じて、ロープスリングを結びつける。
セットしたロープスリングを肩にかけて搬送する。

重いものを運ぶ②

［よろい結び］

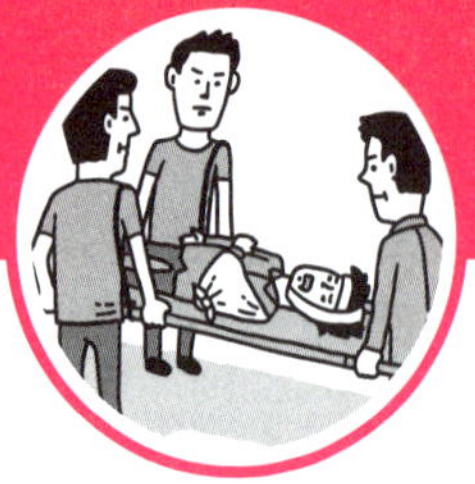

故障した車など、重いものを人力で運ぶときに使う。
ロープの途中につくった輪を肩にかけてひっぱる。

1

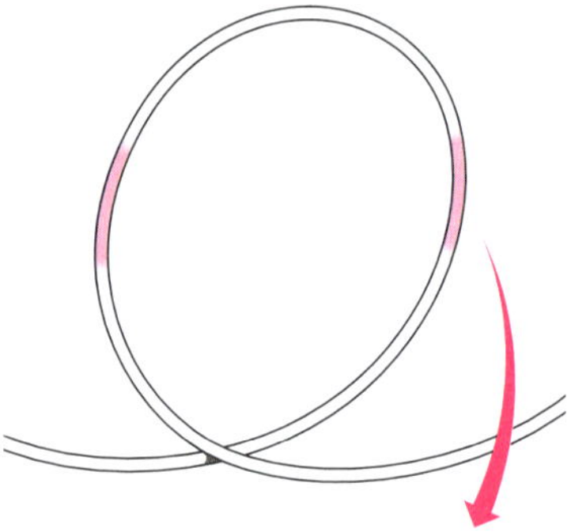

ロープの途中に輪をつくり、手前に引き出す。

2

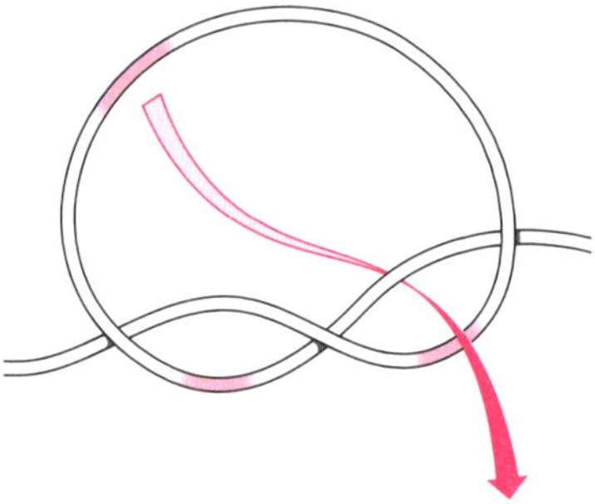

引き出してできた隙間に、ロープの一部を通す。

3

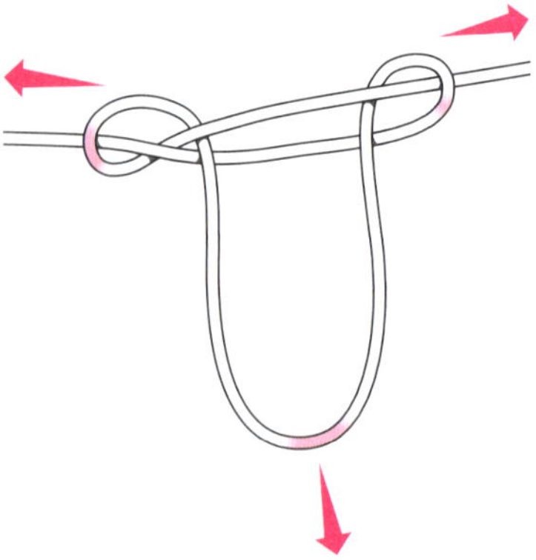

通したロープと元側の両端を引いて結び目を締める。

4

1本のロープに、必要な数だけ輪をつくり、その輪を肩にかけて重いものを移動させる。

重いものを運ぶ③

［変形もやい結び＋ひと結び］

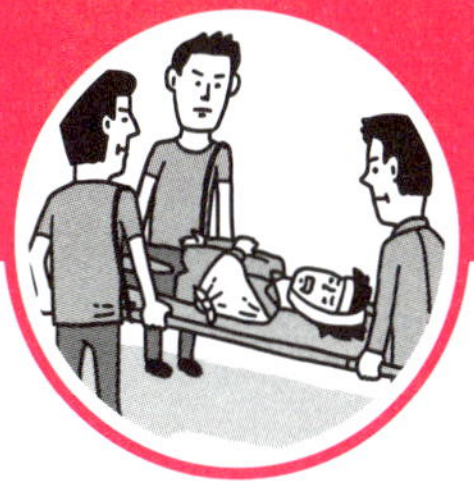

車で車を牽引するときなどには、強度が高くほどけにくい「変形もやい結び」を使用する。途中に「ひと結び」を結んでおくと、結び目をほどくときに比較的ほどきやすい。

1

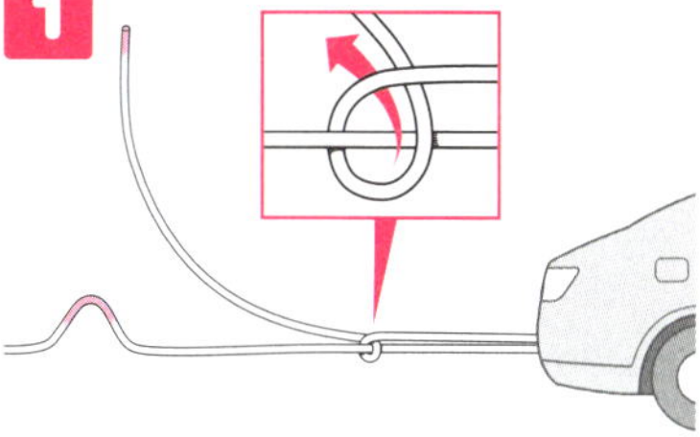

車の牽引用フックにロープを通す。図のように途中にひと結び（P10参照）を結ぶ。

2

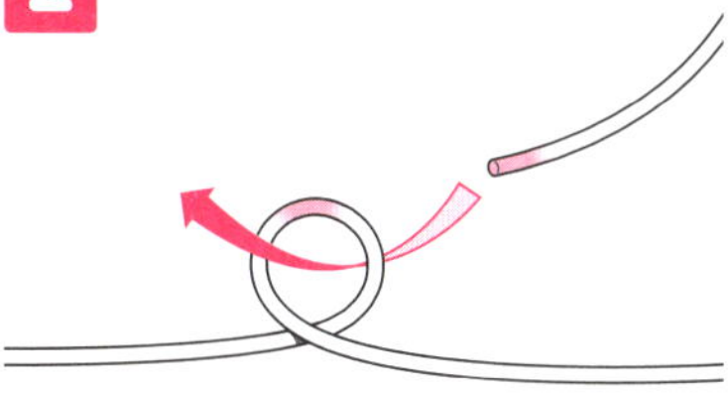

ロープの途中に輪をつくり、先端を通す。

3

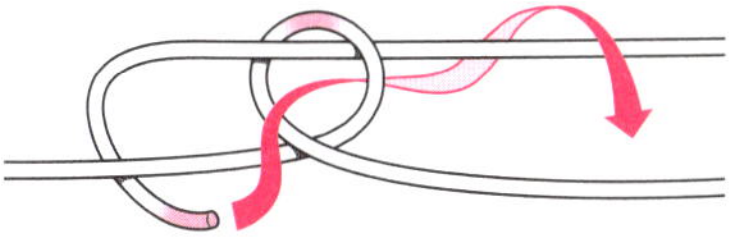

ロープの先端を図のように絡める。

4

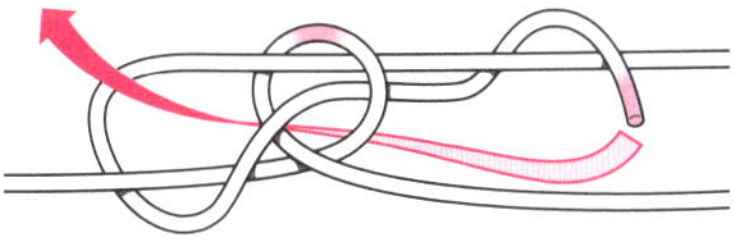

絡めたロープの先端を図のように通す。

5

ロープの先端と元側を引いて、結び目をしっかりと締める。

6

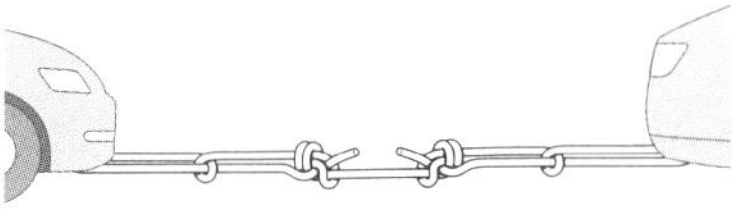

もう1台の車にも1～5のようにして、変形もやい結び（P84参照）でロープを結ぶ。

荷台に荷物を固定する

［ワゴナーズ・ヒッチ］

トラックの荷台などに荷物を固定する方法で、
テコの原理によって強い張力をかけながら結ぶことができる。

1

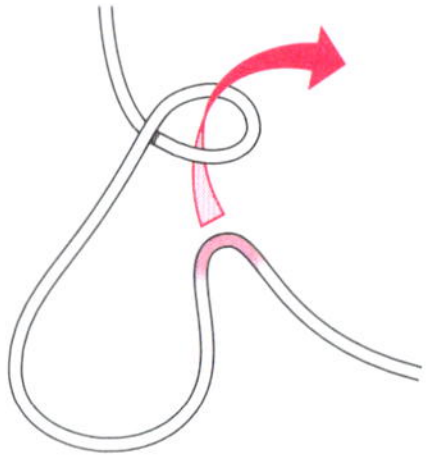

ロープの途中に輪をつくり、折った部分を通す。

2

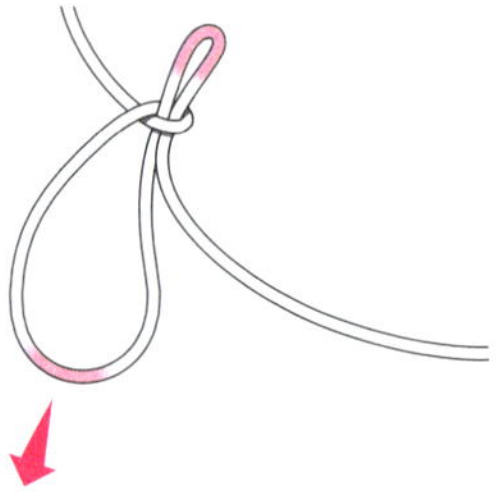

下の輪をひっぱって、上の輪を締める。

3

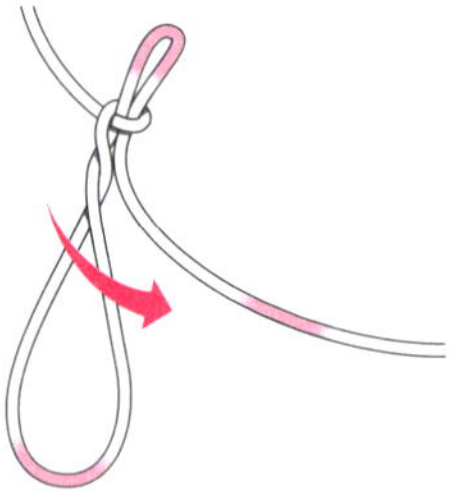

下の輪を2回よじる。

4

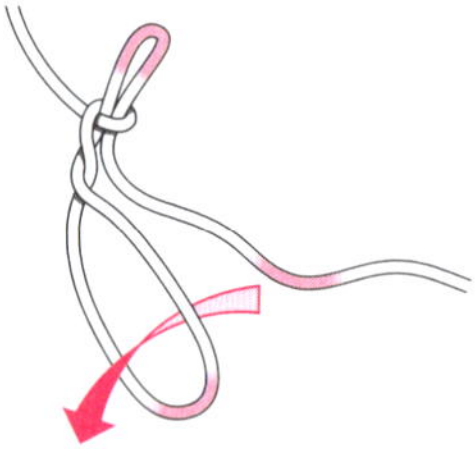

図のように下の輪にロープを通す。

5

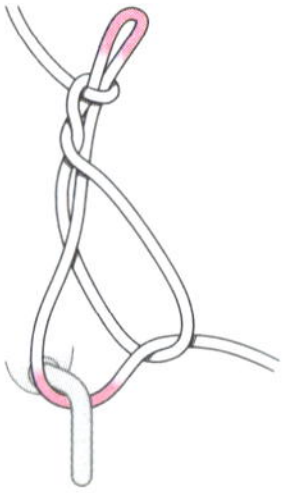

通した部分をトラックのフックに引っかける。

6

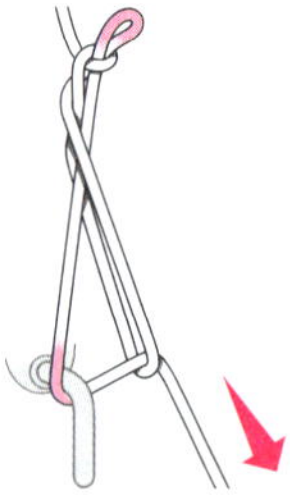

ロープの先端を強くひっぱって、荷物を固定する。

【こんなときにも使えます！】

トラックや車のルーフなどに荷物を積んで運搬するときの定番の結び方。コツを覚えると、ロープを締めながら素早くさっと結べるようになる。

7

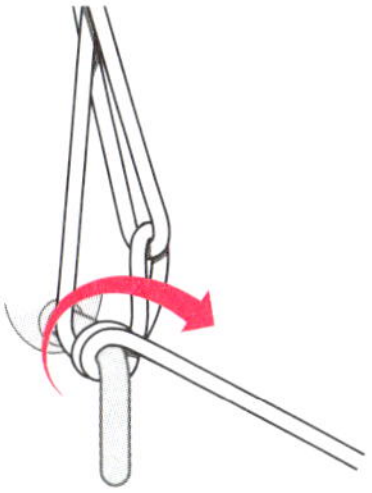

ロープを強くはったままフックに1、2回巻きつける。

8

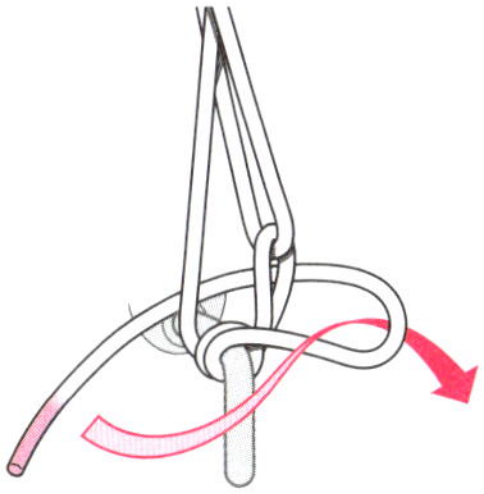

図のように通す。

9

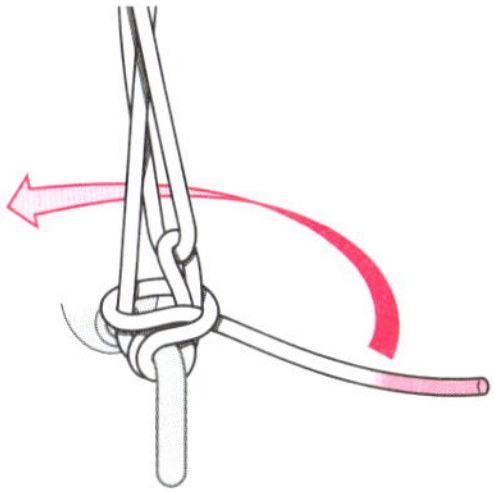

結び目にひと巻きする。

10

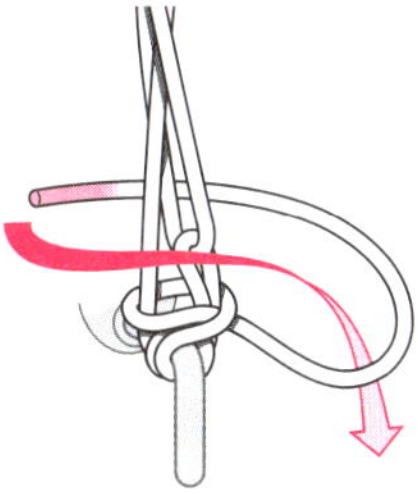

巻き結び（P12参照）で結び目を締める。

11

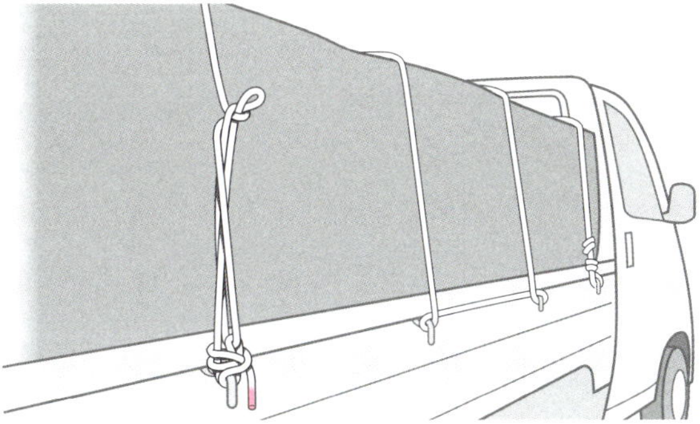

車体の両サイドにロープを渡しながら積み荷を固定していく。

2本のロープをつなぐ

［二重テグス結び］

「テグス結び 」(P14参照)の「止め結び」(P14参照)の巻きつけを1回増やす「二重テグス結び」(P78参照)。ロープをつなぎあわせて長い命綱をつくるときに有効だ。

1

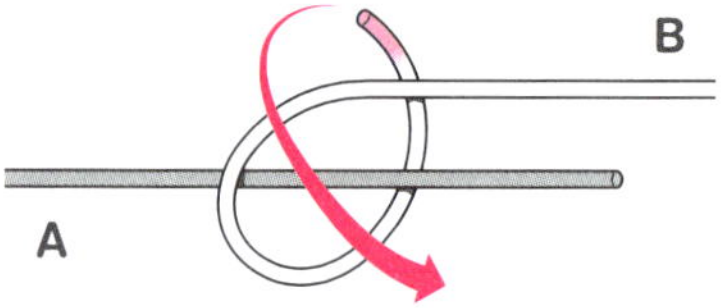

平行に並べたロープのBを図のように巻きつける。

2

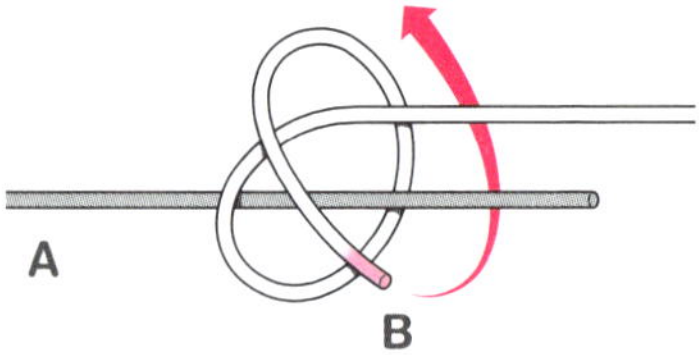

Bのロープの先端をもう1回巻きつける。

3

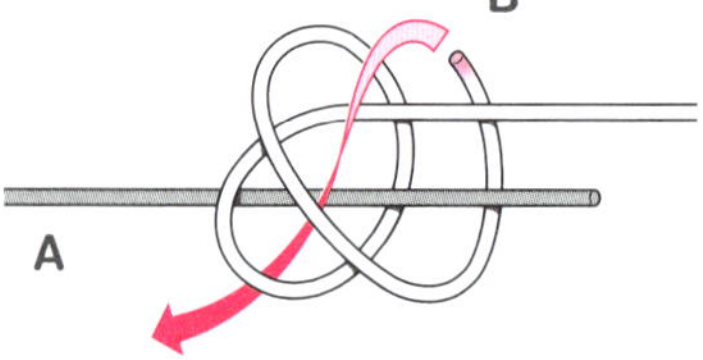

Bのロープの先端を巻きつけた輪のなかに通す。

4

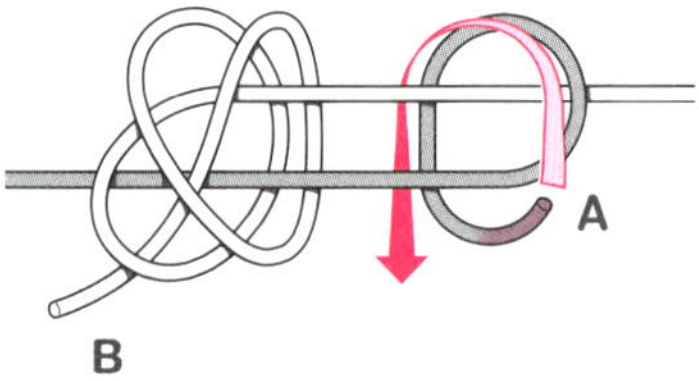

Aのロープも同じように2回巻きつける。

【こんなときにも使えます！】

信頼性の高い二重テグス結びは、命綱や重量物の牽引時など、ロープに大きな負荷がかかるときに使われる。ただし、結び目が大きくなると、負荷がかかったときにほどきにくくなるのが難点だ。

5

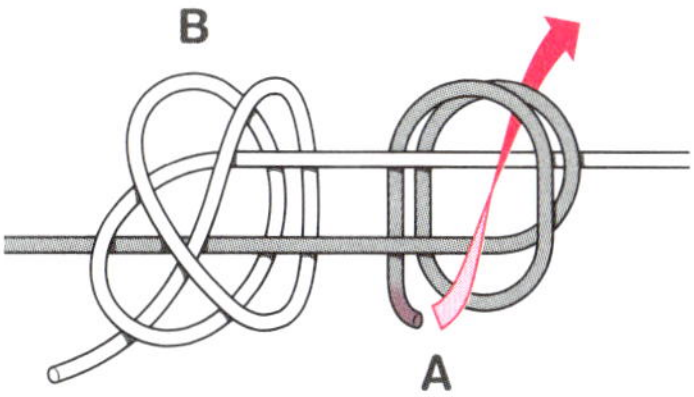

Aのロープの先端を巻きつけた輪のなかに通す。

6

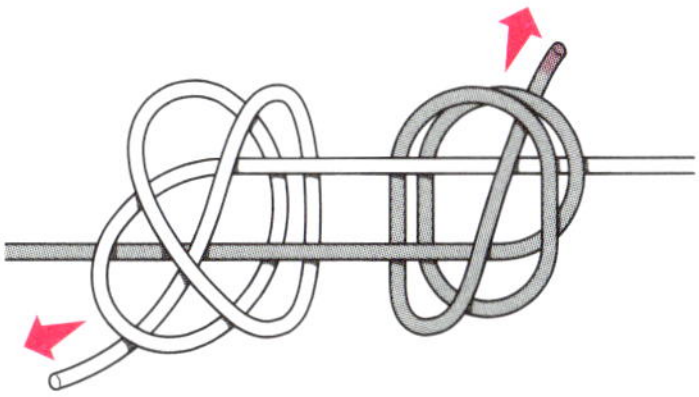

それぞれのロープの先端を引いて、結び目を締める。

7

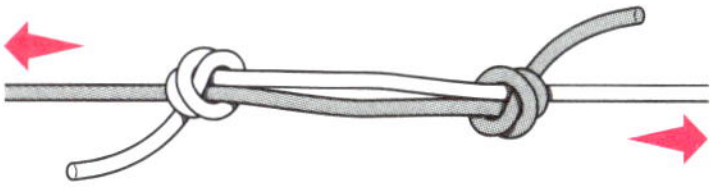

2本のロープの元側を同時にひっぱる。

8

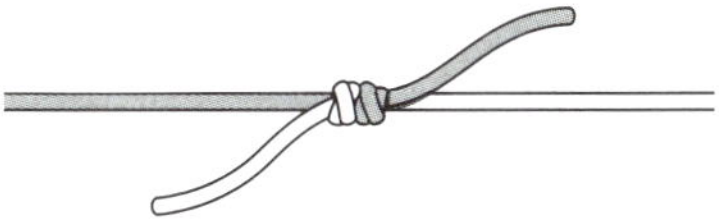

2つの結び目がくっついたら完成。

太さの違うロープをつなぐ

［二重継ぎ］

緊急時、太さの違うロープしかなくても、
「二重継ぎ」を用いることで頑丈で長いロープができあがる。

1

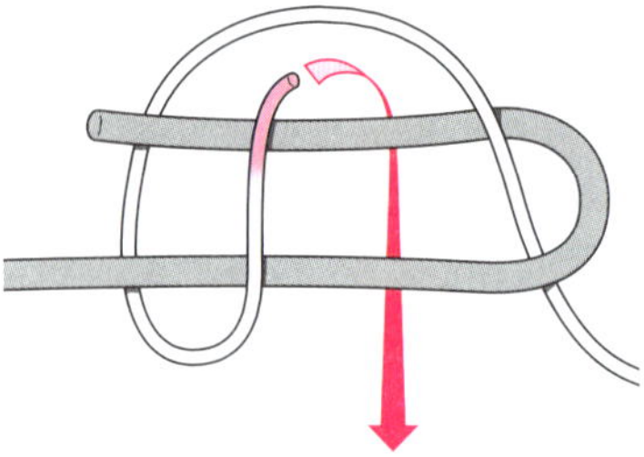

太いほうのロープをふたつ折りにし、細いロープを「一重継ぎ」（P33参照）の要領で通す。

2

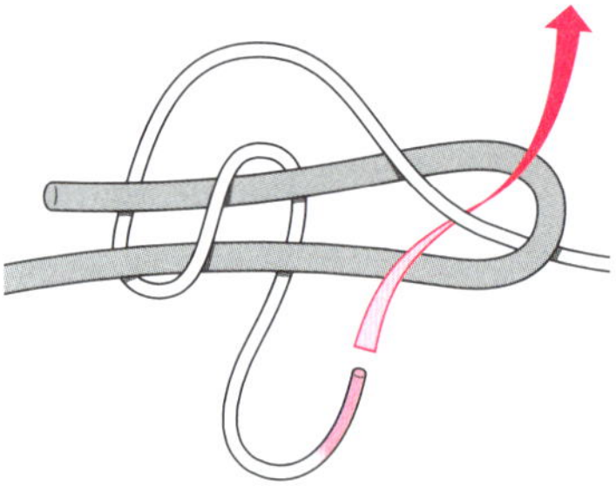

細いロープの先端をもう一回輪に巻きつけて矢印のように通す。

3

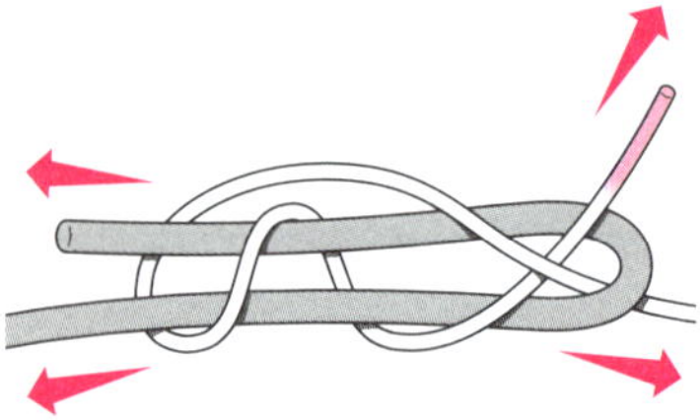

太いロープと細いロープの先端と元側を左右に強くひっぱる。

4

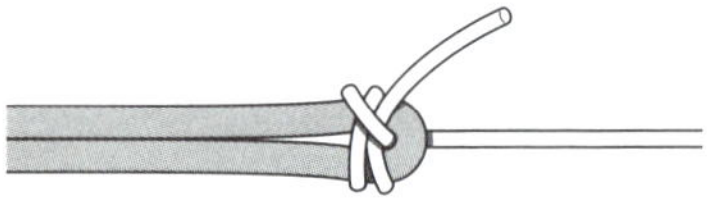

二重継ぎを結ぶことで、太さが違う2本のロープをつなぐことができる。

シーツを
ロープ代わりに使う

［ 本結び＋止め結び ］

シーツなど布状のものでも、
「本結び」と「止め結び」を行うことで
ロープの代用として使用できる。

1

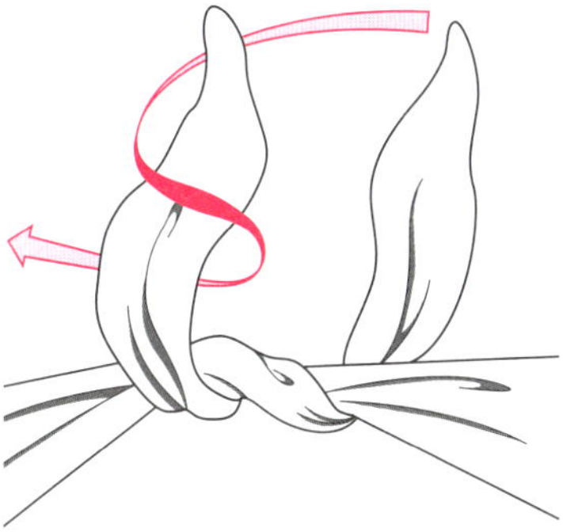

2枚のシーツの隅を絞ってから**本結び**（P15参照）をする。

2

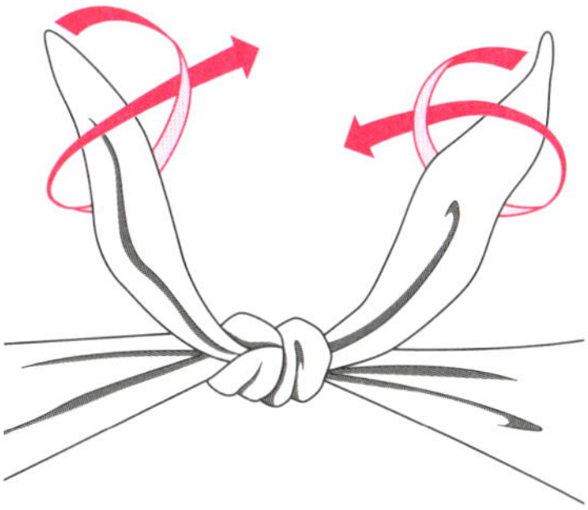

さらに両方の先端を**止め結び**（P14参照）にする。

3

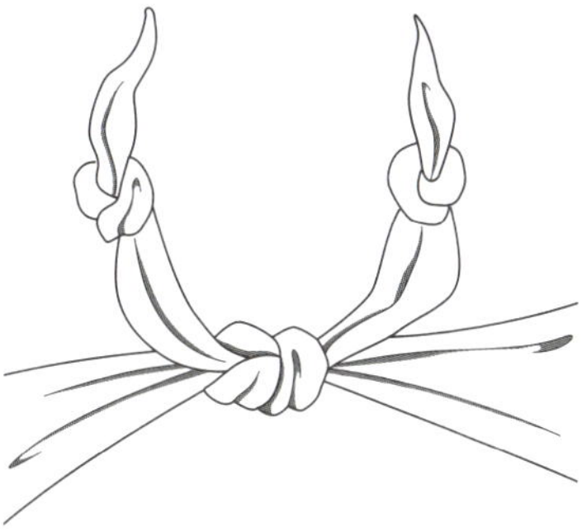

この方法で複数のシーツをつないでいく。

4

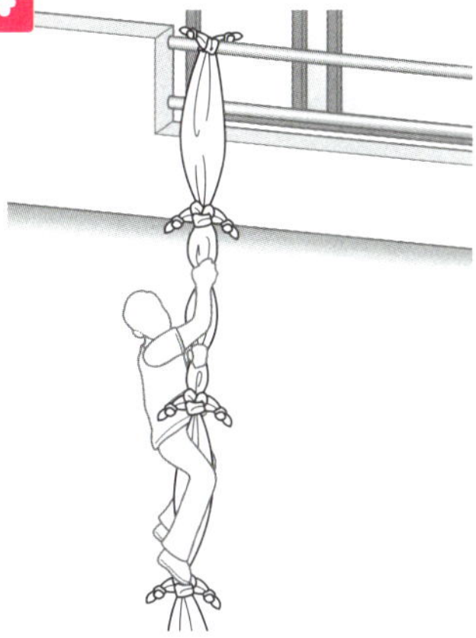

非常時の脱出法として覚えておくといい。

包帯を巻く①

［巻きはじめ］

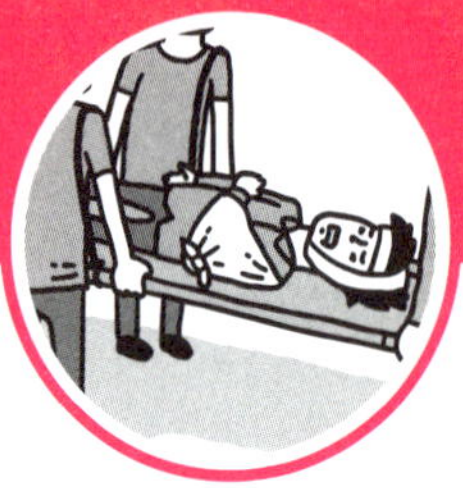

患部に包帯を巻く最初の工程となる「巻きはじめ」。
包帯がゆるんでこないようにするためにも必須となる。

1

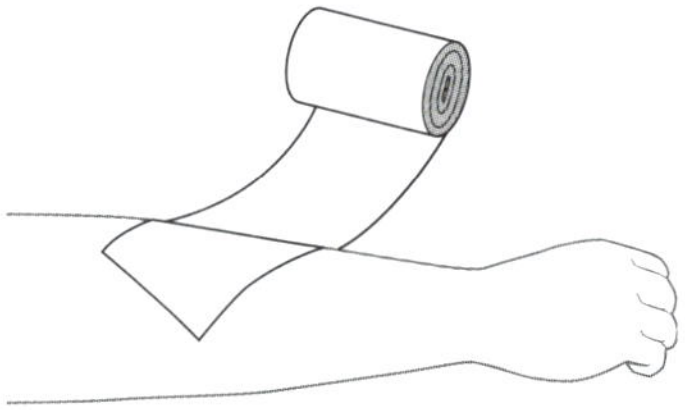

包帯の端を患部に対し斜めにあてる。

2

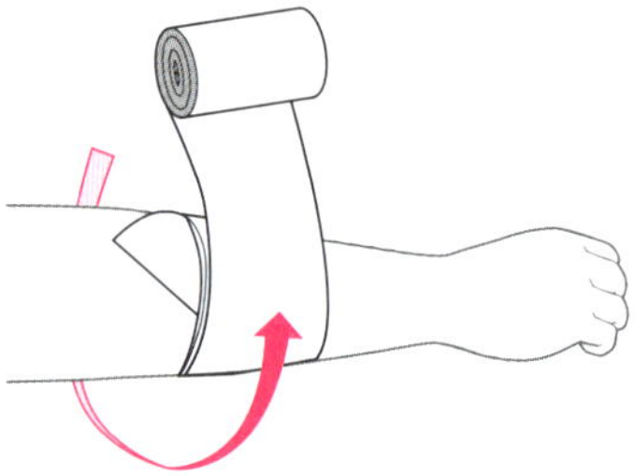

端をはみ出させた状態で、包帯を2回巻く。

3

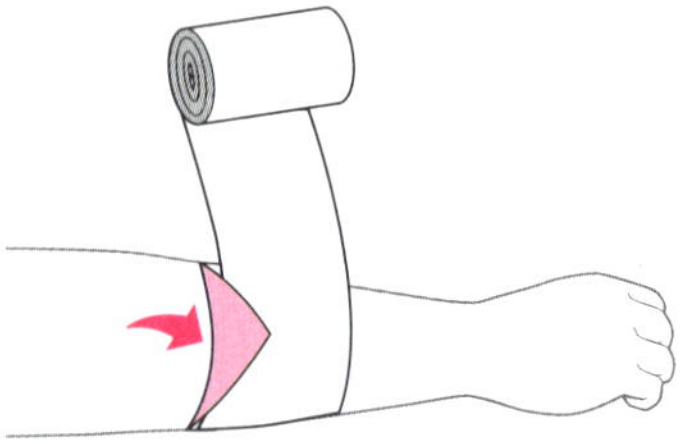

はみ出した包帯を図のように折り込む。

4

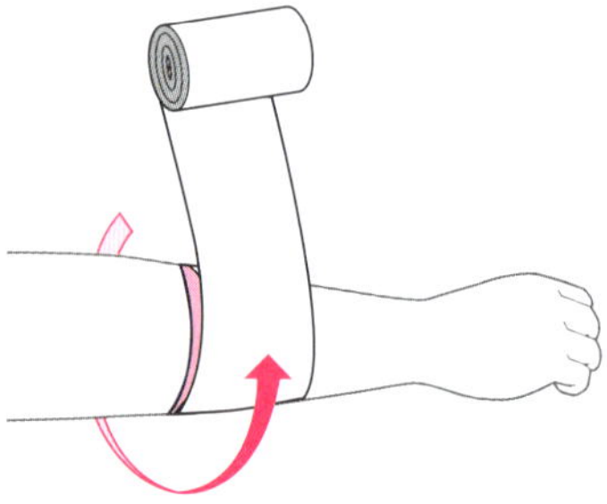

折り込んだ部分をおおうように巻く。

包帯を巻く②

［巻き終わり］

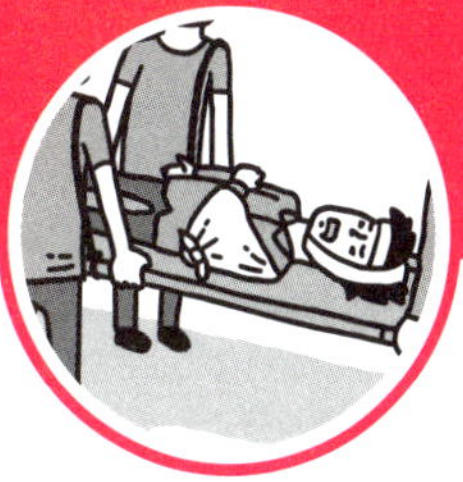

包帯を巻くときの最後の工程となる「巻きおわり」。最後は患部に直接刺激を与えない位置で「本結び」でしっかりと止める。

1

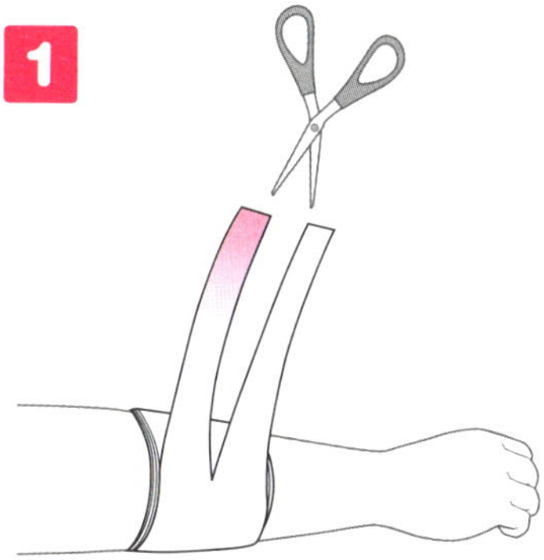

端をある程度残し、巻き終えたら、図のようにハサミを入れる。

2

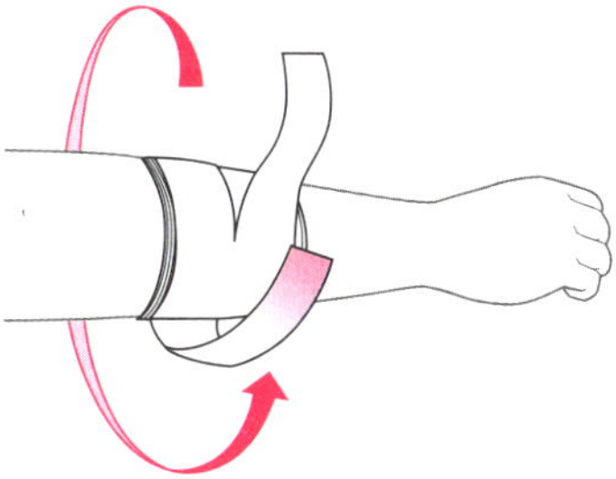

一方の端を腕に巻きつける。

3

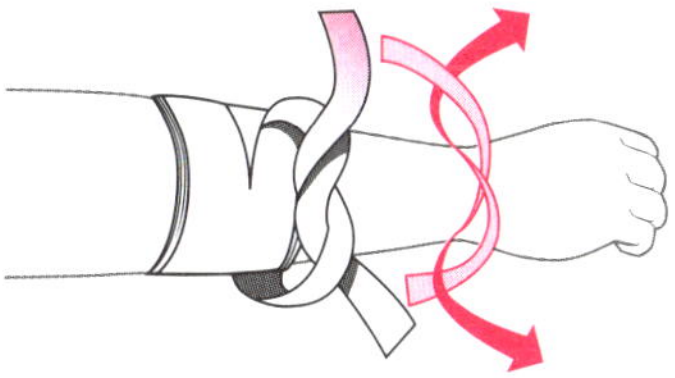

両方の端を本結び（P15参照）で止める。

4

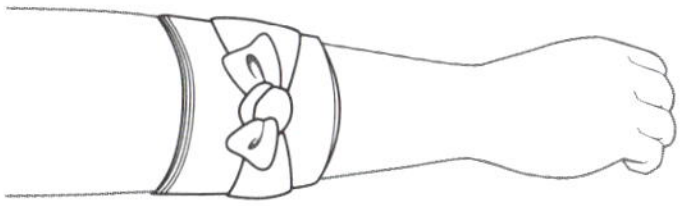

最後に余った部分をカットする。

包帯を巻く③

［手の指］

手の指に包帯を巻くときは、ケガをした指と手首に包帯を巻きつけよう。包帯の当たる場所を最小限にすることで、ほかの指や手のひらが動かしやすくなる。

1

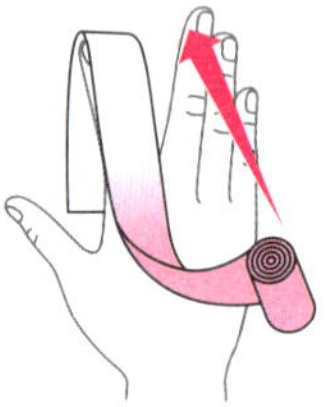

ケガをした指に包帯をかぶせたら、指先のほうへ折り返す。

2

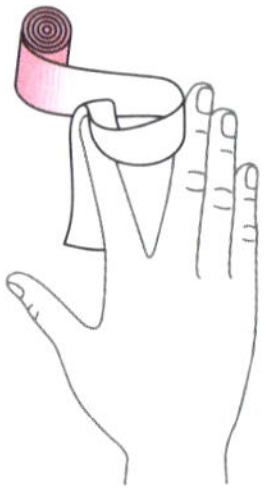

指先から包帯を巻きつける。

3

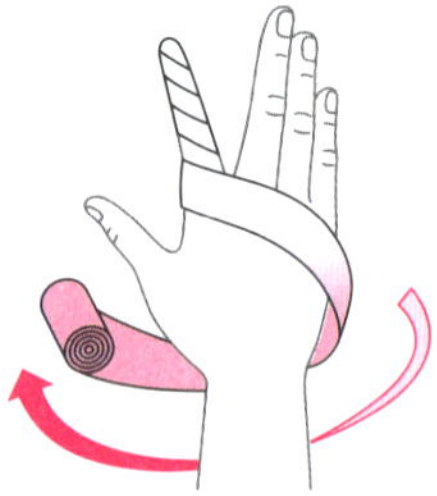

指の付け根まで包帯を巻いたら、包帯を手首にまわし、数回巻きつける。

4

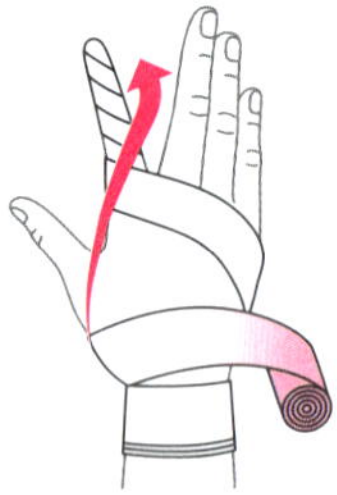

図のようにケガをした指の間から包帯を通して、もう一度、手首に巻きつける。

5

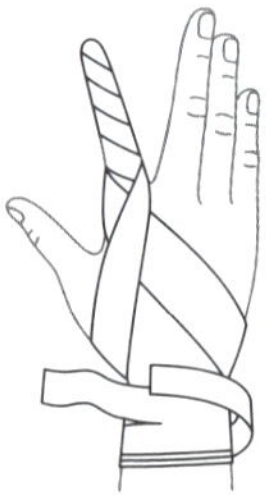

包帯の端をカットして一方を手首に巻きつける。

6

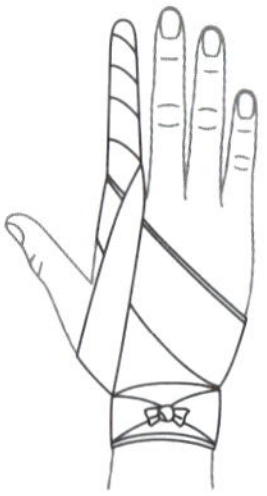

巻き終わり（P161参照）の手順で本結び（P15参照）をし、包帯をとめる。

包帯を巻く④

［ 手のひら・甲 ］

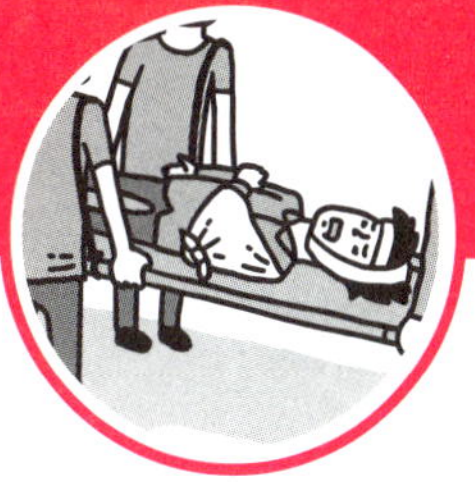

手のひらや甲は、曲げ伸ばしがしやすく、
包帯がずれにくい「麦穂帯(ばくすいたい)」という結び方をする。

1

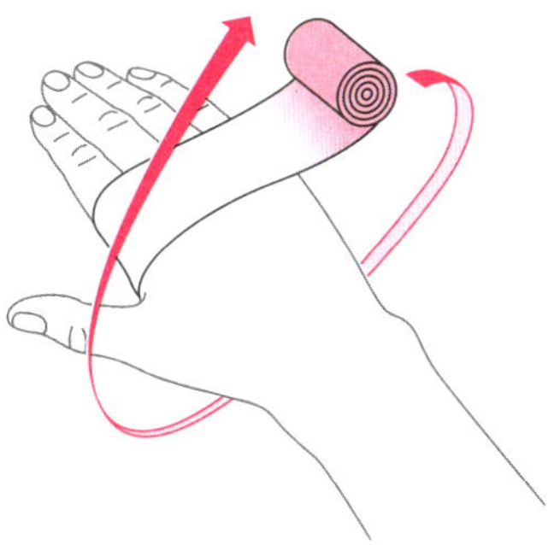

手のひら(甲)に包帯を2回巻いたら、親指の付け根に回す。

2

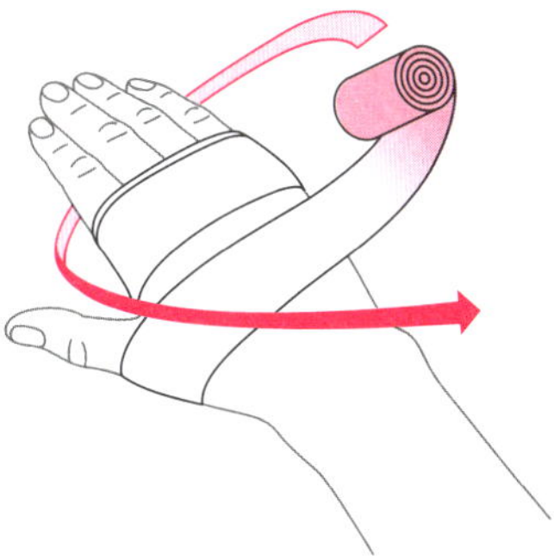

親指から1回巻いて、薬指と親指の間から包帯を回す。

3

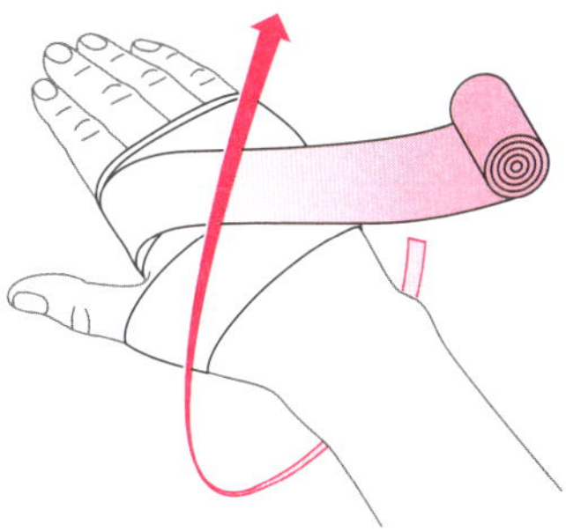

手のひら(甲)で対角線を描くように手首から包帯を回す。包帯の描く対角線が少しずつ下にずれるように**2**と**3**を繰り返す。

4

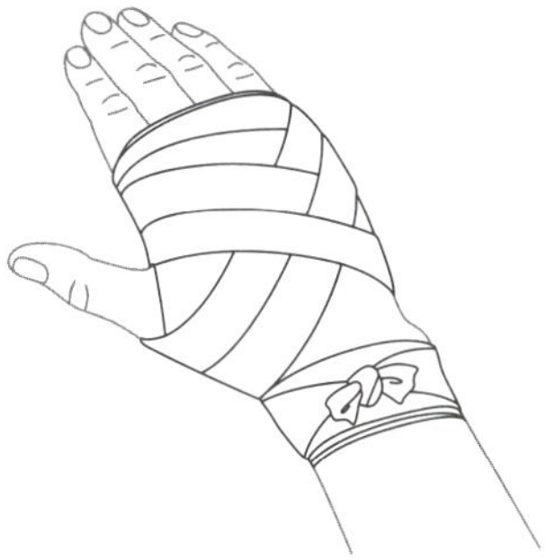

包帯を手首に数回巻いたら、巻き終わり(P161参照)の手順で包帯をとめる。

包帯を巻く⑤

［関節］

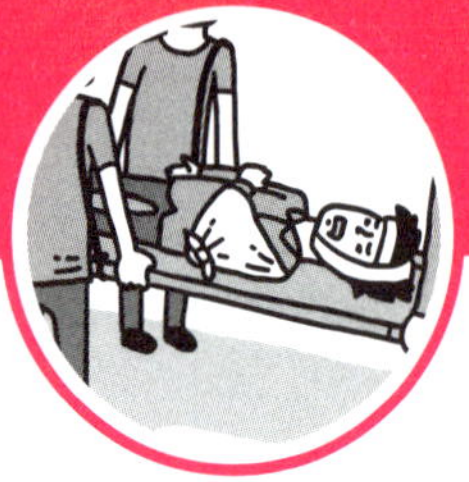

関節は、包帯を巻く基点が同じ場所になる「亀甲帯(きっこうたい)」で結ぶ。

1

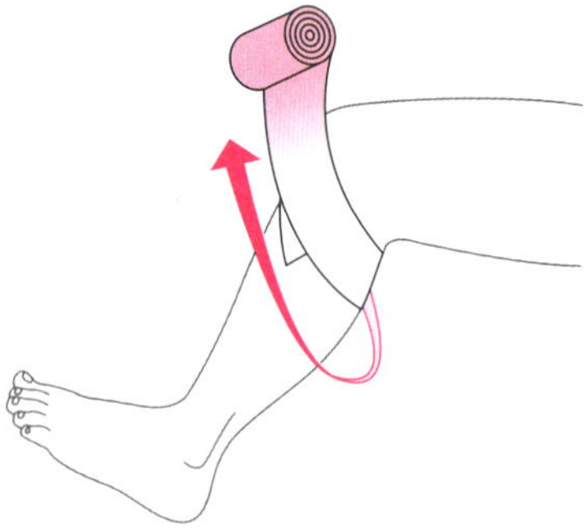

ケガをしている関節よりも少し下で包帯を2回巻く。

2

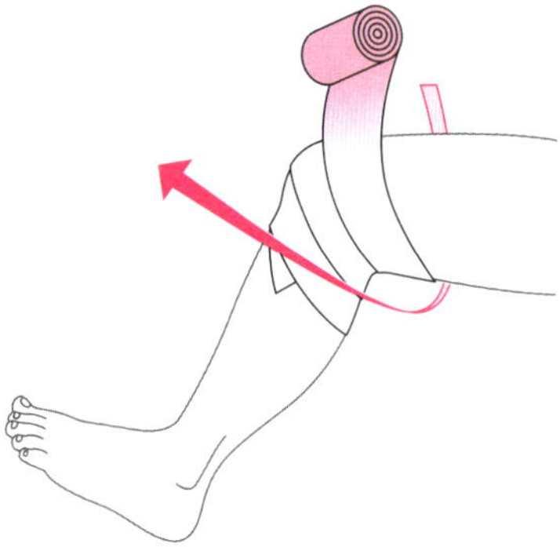

次に関節を包帯で1回巻き、さらに関節よりも少し上で1回巻く。

3

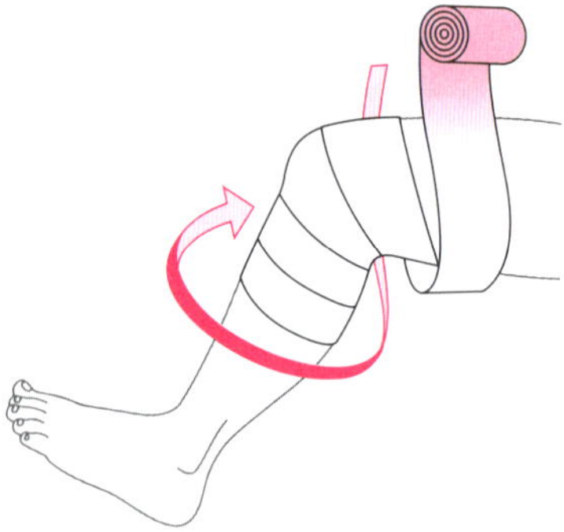

1で巻いた場所よりも少し下で包帯をひと巻きする。少しずつ上下に包帯の巻く位置をずらしながら2と3を繰り返す。

4

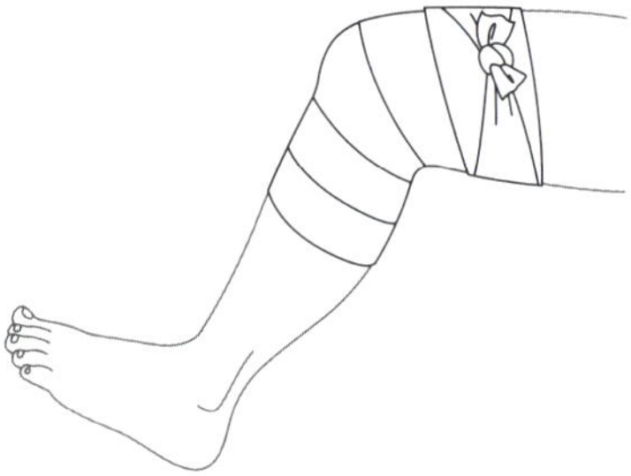

数回巻いたら巻き終わり(P161参照)の手順で包帯を止める。ひじの関節も同様。

包帯を巻く⑥

［足］

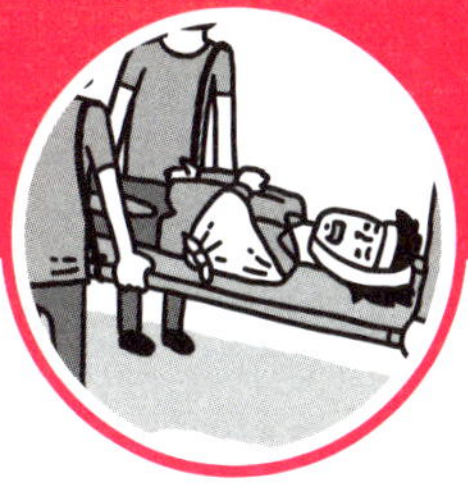

足は、手のひらや甲と同じように
「麦穂帯（ばくすいたい）」で巻く。

1

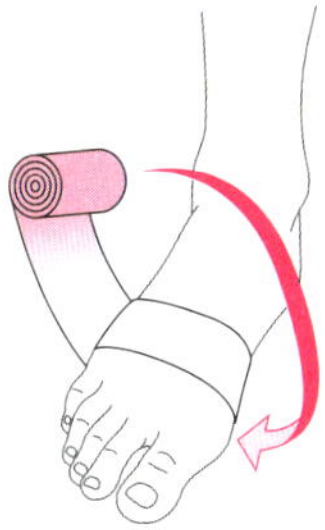

指の付け根からかかとに向かって、少しずつ位置をずらしながら包帯を巻く。

2

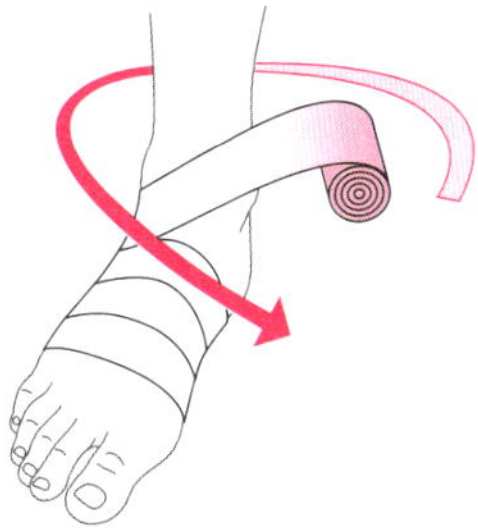

かかとまで巻いたら、図のように足首に包帯を回す。

3

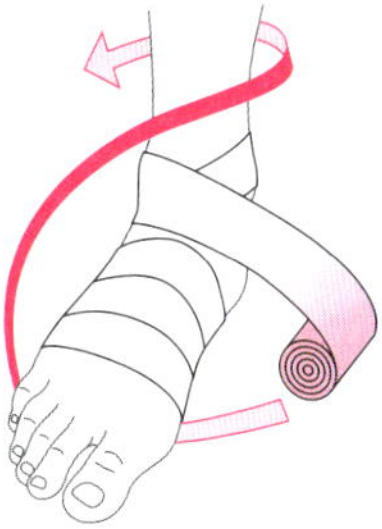

包帯を足の裏に回して、もう一度、足首を巻く。

知っテク

足の指に包帯を巻くときは、手の指（P162参照）と同様に指に包帯をかぶせたら、指だけに包帯を巻きつける。

4

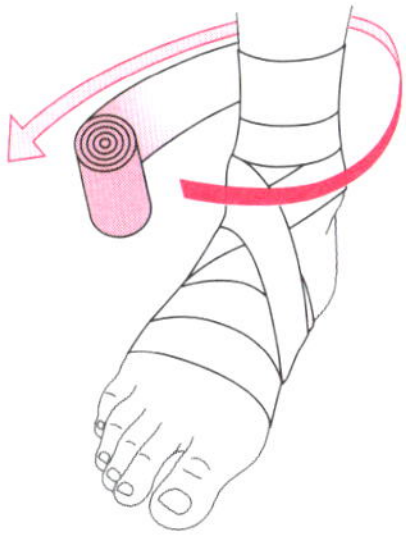

包帯を足首に数回巻きつける。

5

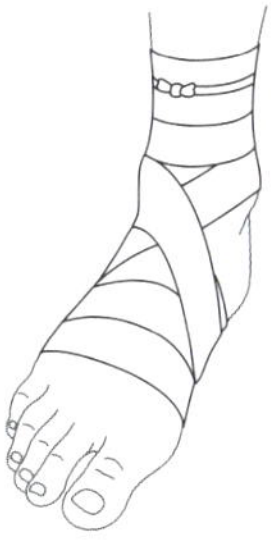

巻き終わり（P161参照）の手順で包帯をとめる。

三角巾を使う①

［使う前の処置］

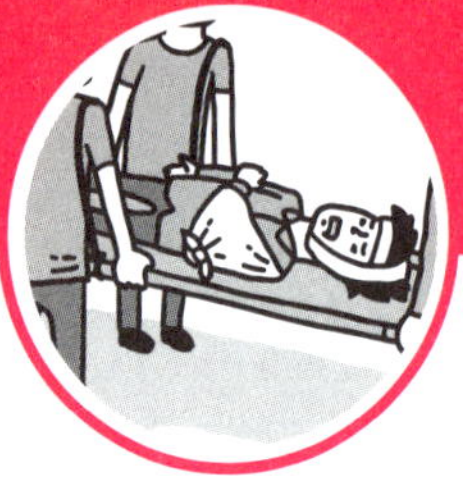

緊急時に使用することの多い三角巾。
ここでは、「8つ折り三角巾」にして包帯として使う場合の折り方を紹介する。

1

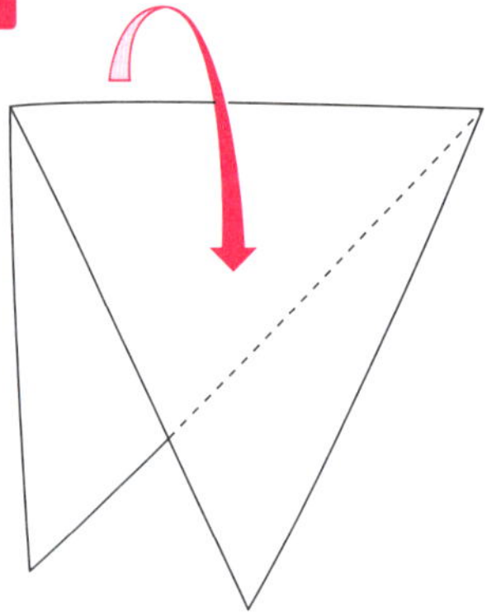

三角巾を半分に折る。

2

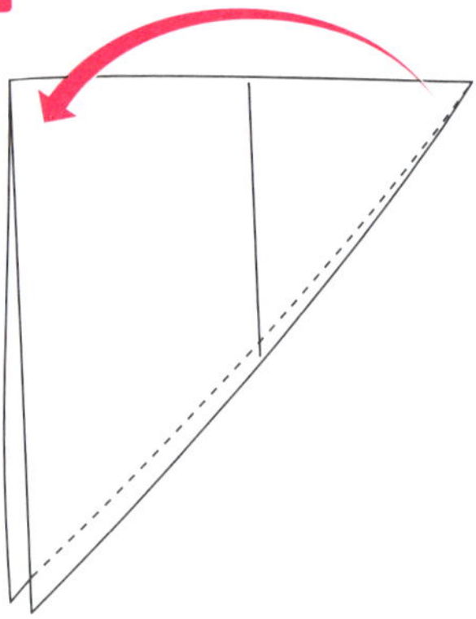

さらに、図のように折る。

3

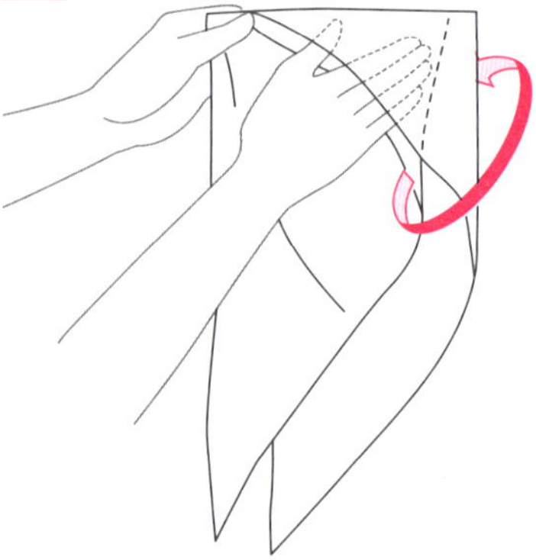

2でできた部分に手を入れて、角をつかみ折り返す。

4

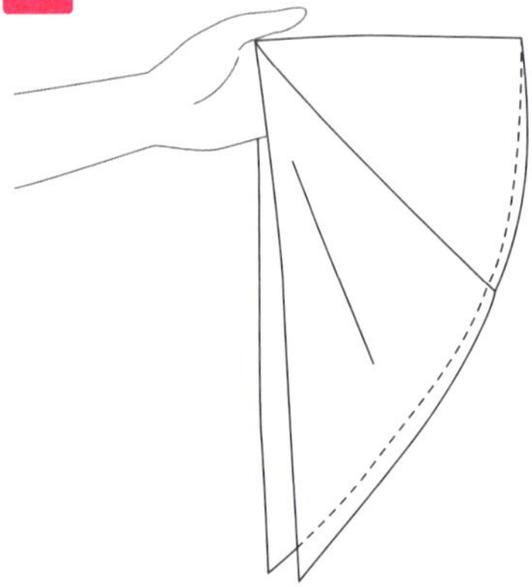

折り返した状態を2つ折り三角巾という。

【こんなときにも使えます！】

三角巾は、本書で紹介した以外にも、傷を保護するための円座にしたり、圧迫止血に用いたりと、ケガに応じてさまざまな使い方ができる。野外で活動するときは、1人1枚は必ず携行しよう。

5

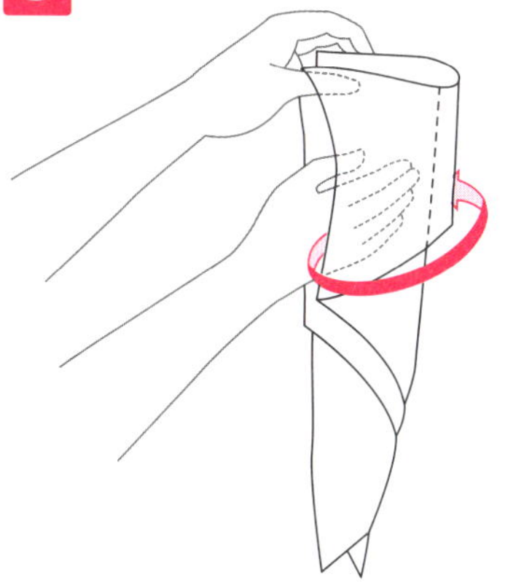

再び縦に2つ折りにする。3同様に袋の部分に手を入れて、角をつかみ折り返す。

6

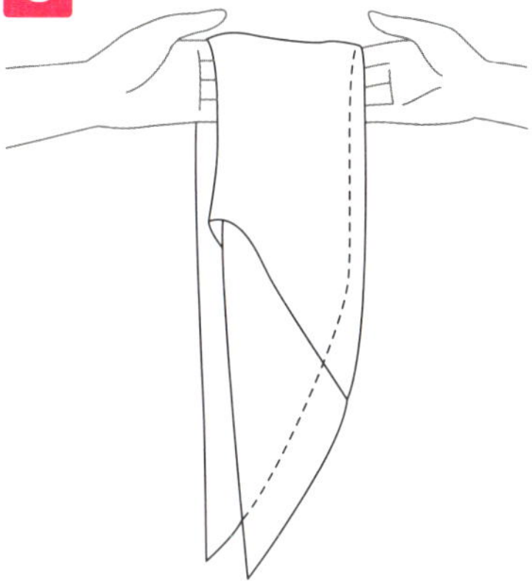

折り返した状態を4つ折り三角巾という。

7

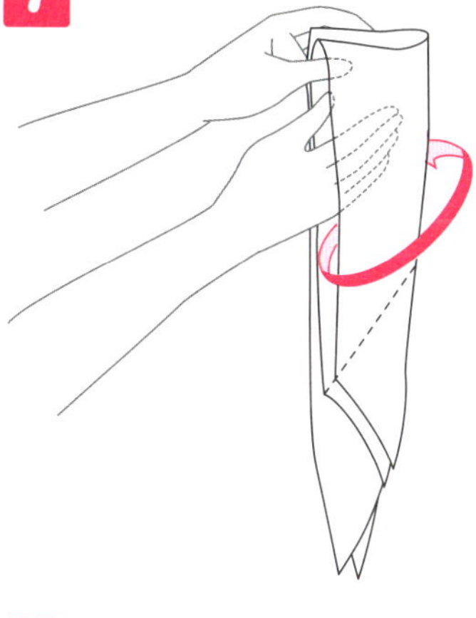

56をもう1回繰り返す。

8

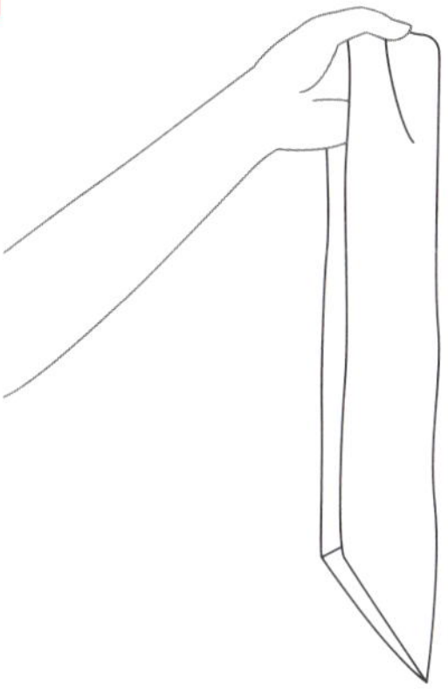

8つ折り三角巾(たたみ三角巾)の完成。すべての折り目が内側に隠れている。

三角巾を使う①

［ 頭部・頬部・下顎部 ］

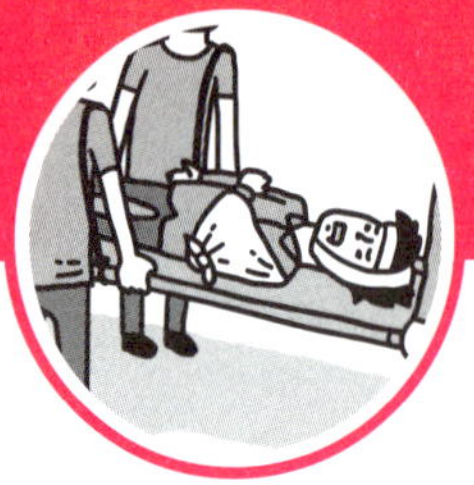

額や頬、あごなどへの三角巾の当て方を紹介する。

1

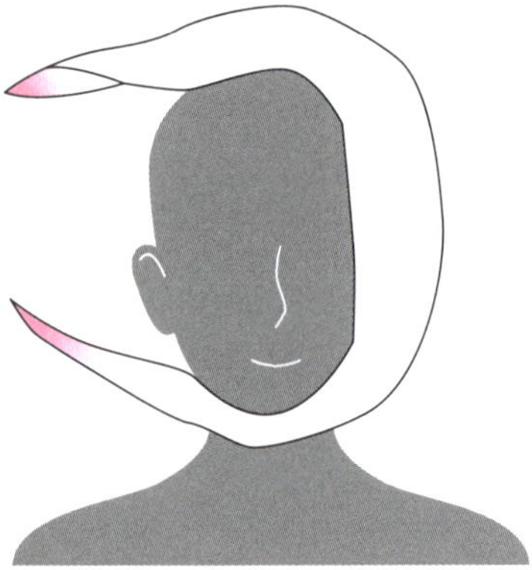

8つ折り三角巾(P166参照)をケガに当てる。

2

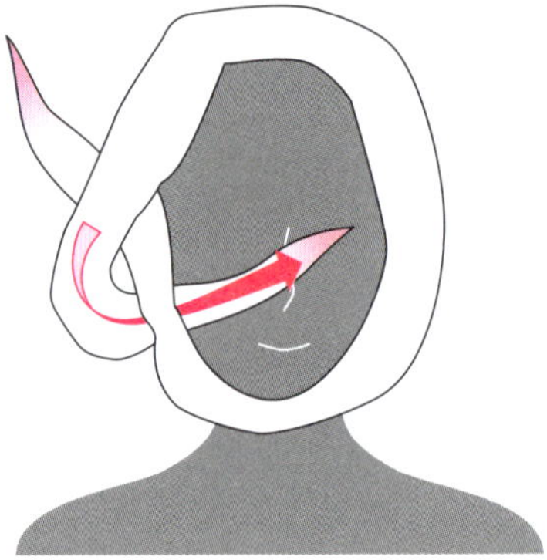

三角巾の両端を反対側の耳の辺りで絡める。

3

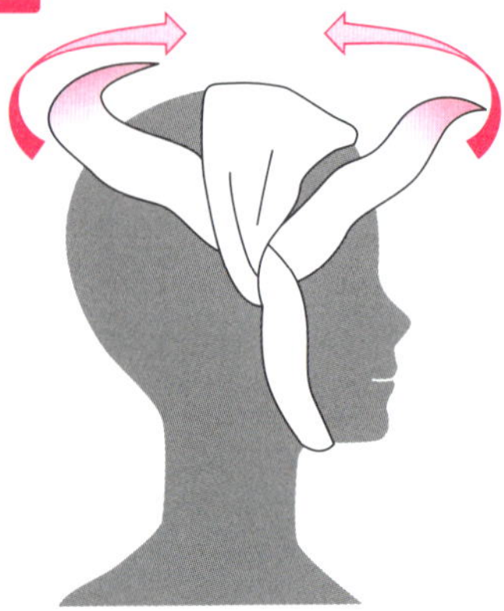

交差した両端を頭部に回す。

4

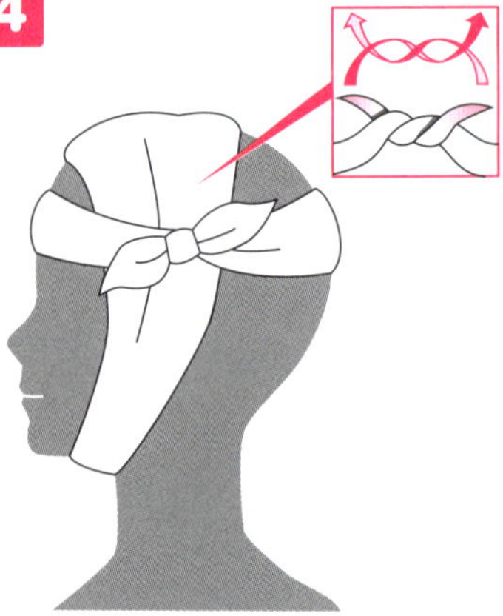

反対側で三角巾の両端を本結び(P15参照)で止める。

三角巾を使う③

[手のひら・手の甲・足の裏・足の甲]

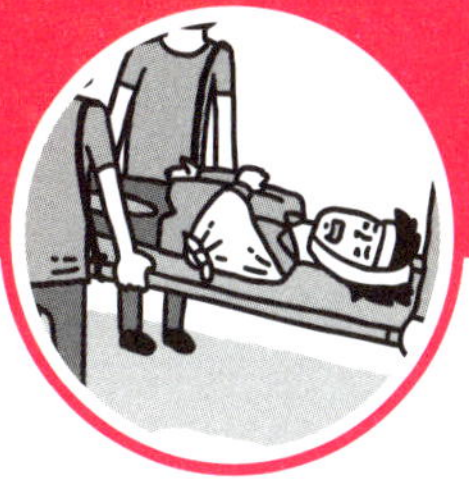

手のひらや甲に三角巾を当てるときは、
袋のように全体を包み込む。
足の場合も同様の方法で三角巾を当てることができる。

1

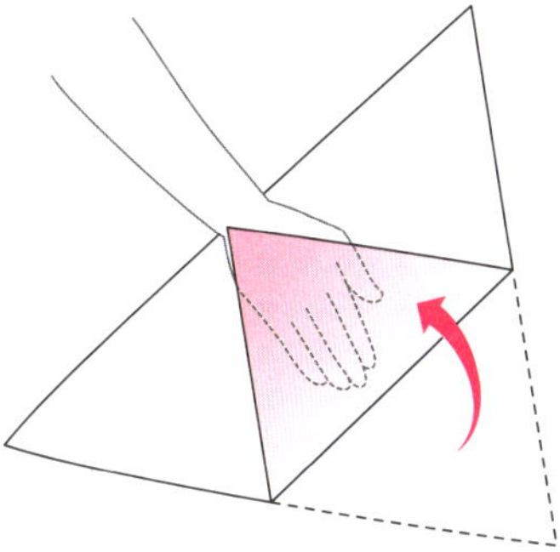

広げた三角巾に、手のひらを上にして置いたら、図のように折り曲げる。

2

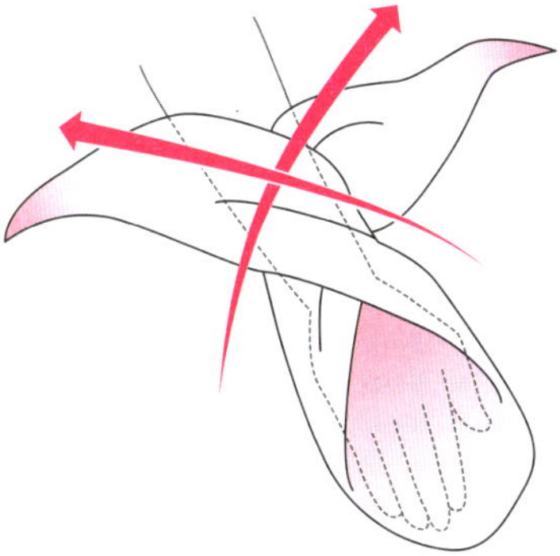

手を包み込むように、三角巾の両端を交差させる。

3

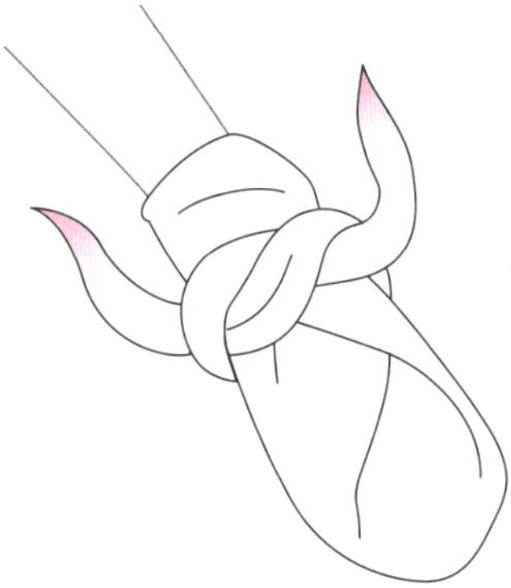

交差させた部分を図のように絡ませる。

4

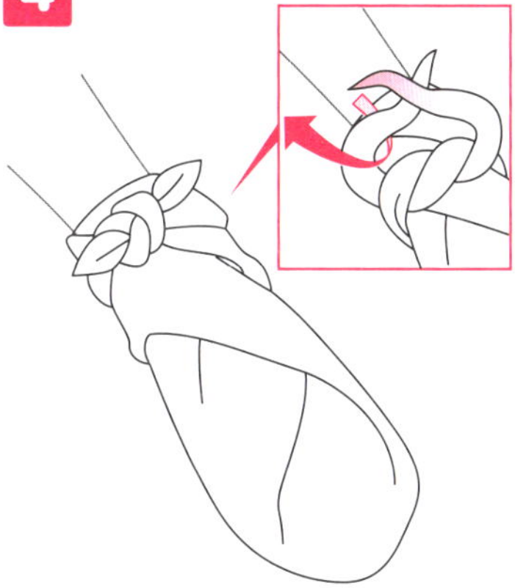

三角巾の両端を本結び(P15参照)で結ぶ。

三角巾を使う④

［ 足首 ］

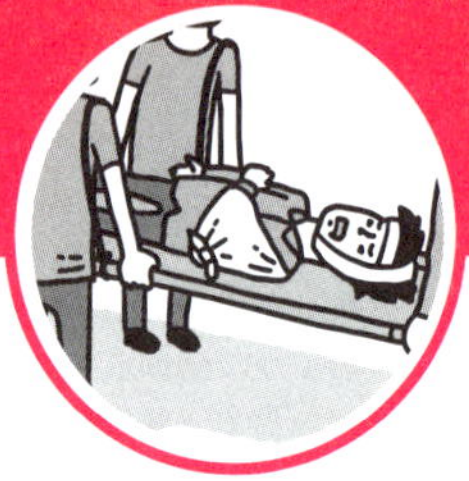

足首をねんざしたときに三角巾で固定する方法。

1

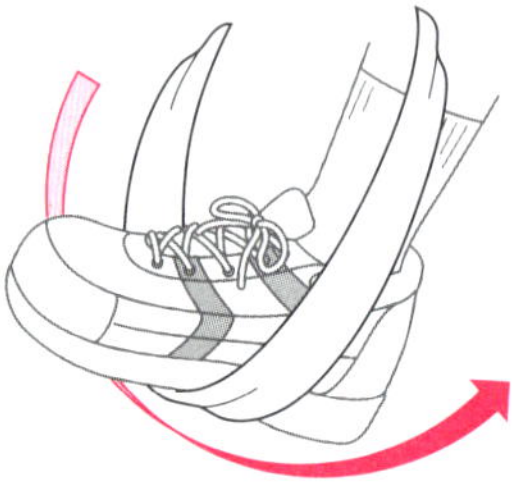

8つ折り三角巾(P166参照)を靴の裏の土踏まずに当てる。

2

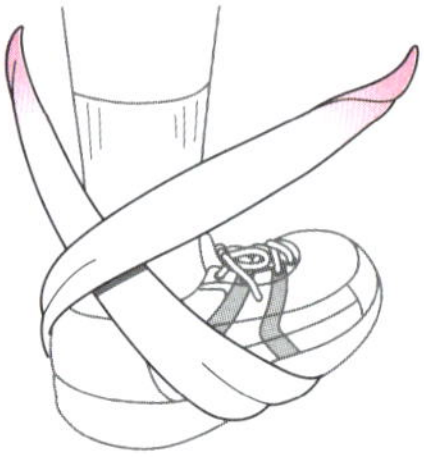

図のようにかかと側で交差する。

3

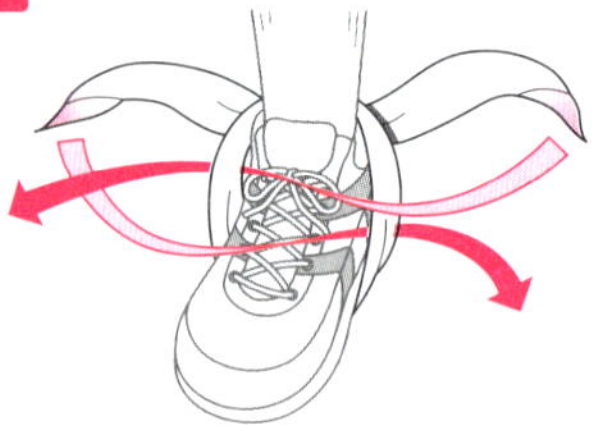

三角巾の両端を前に回す。図のように、三角巾の両端を通す。

4

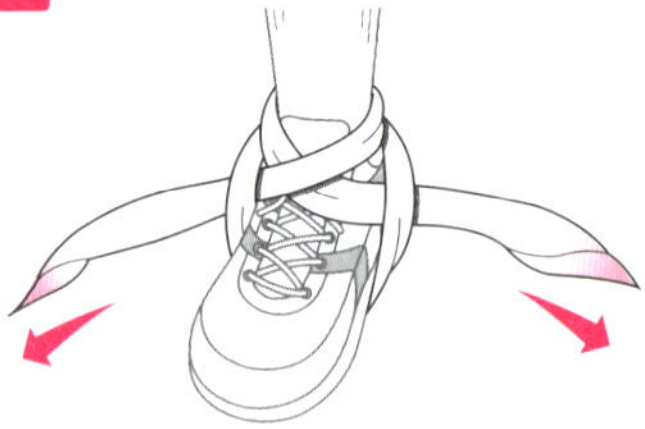

しっかりとひっぱって足を固定する。

5

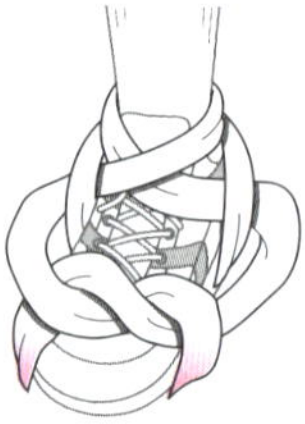

両端を本結び(P15参照)で止める。

6

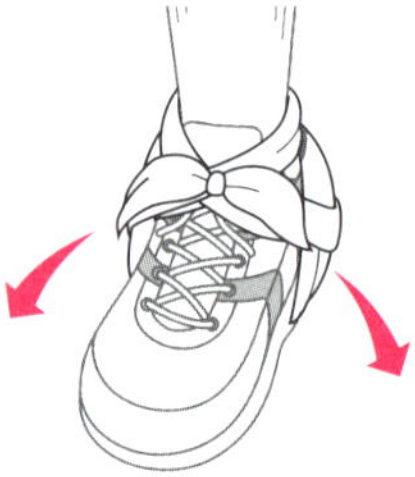

両端をひっぱり結び目を締める。室内でねんざしたときは、裸足の足を同様の手順で固定する。

三角巾を使う⑤

［ 腕を吊る ］

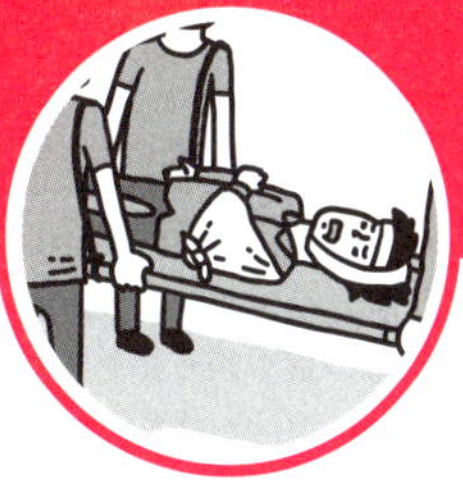

三角巾を首に回して腕を吊る方法。

1

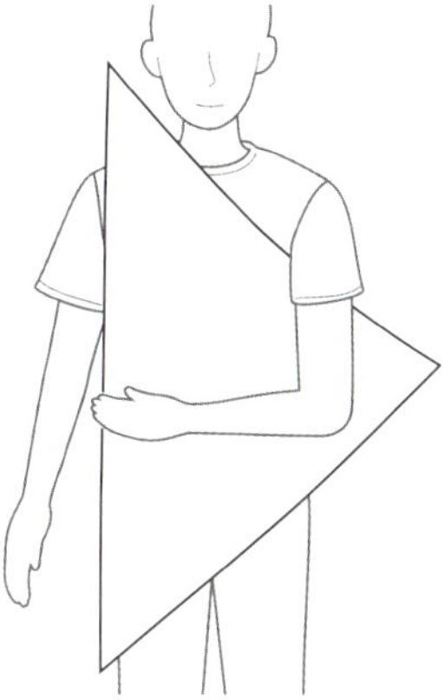

腕を曲げて、三角巾を広げて挟む。

2

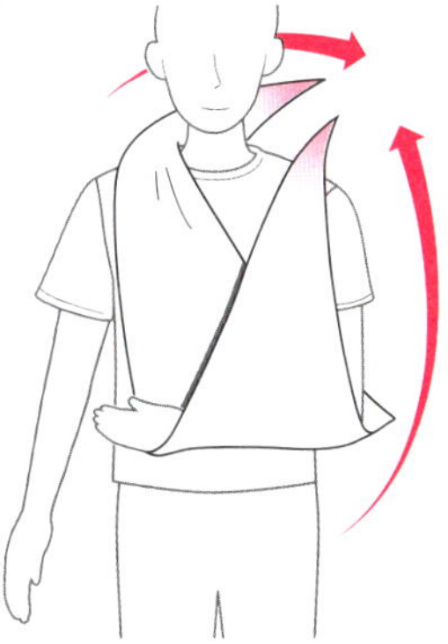

図のように後ろで両端をあわせる。

3

本結び(P15参照)で止める。首の真後ろよりも、肩甲骨の辺りに回して結ぶと首が疲れにくい。

知っテク

ひじの部分を止め結び(P72参照)で結んでおくと、より安定する。

三角巾を使う⑥

［腕を固定する］

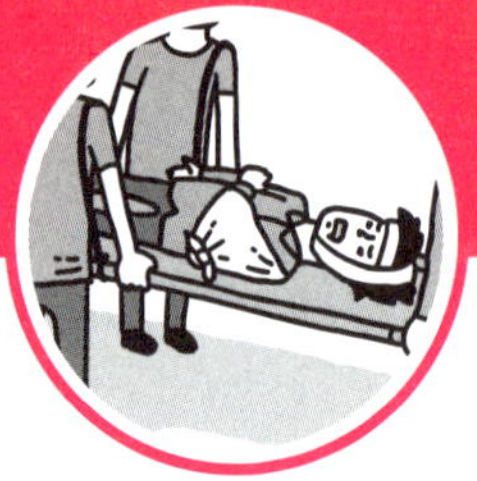

腕を骨折したときの固定の仕方。
木の板や折りたたんだ新聞紙など、
しっかりと固定できる添え木が必要になる。

1

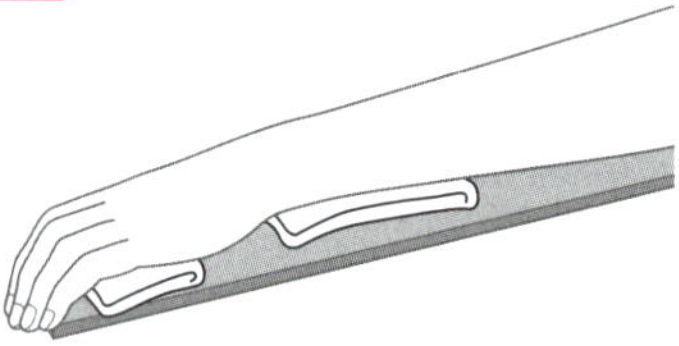

手のひら手首などに、折りたたんだハンカチやタオルを挟み、添え木を腕に当てる。

2

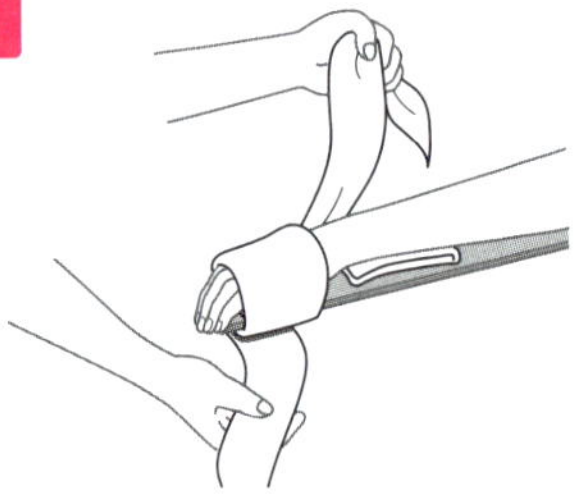

手のひらに8つ折り三角巾(P166参照)を2～3回巻く。

3

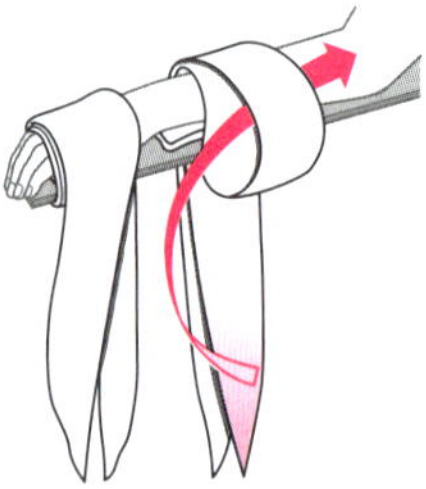

手のひらとひじの間には、2つに折った8つ折り三角巾を当て、一方の端を折り曲げた輪に通す。

4

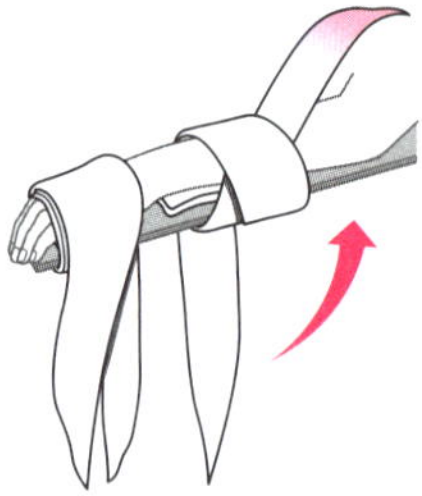

輪に通した端と、もう一方の端を本結び(P15参照)で止める。

5

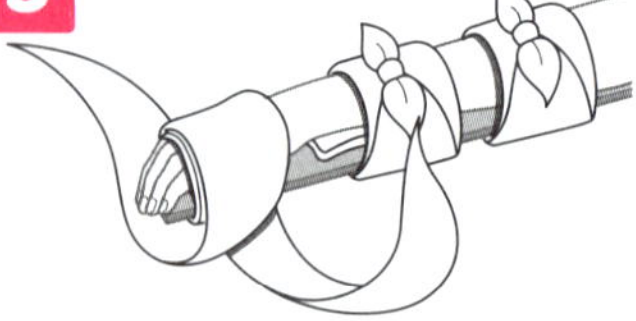

ひじも34と同じ手順で止める。

6

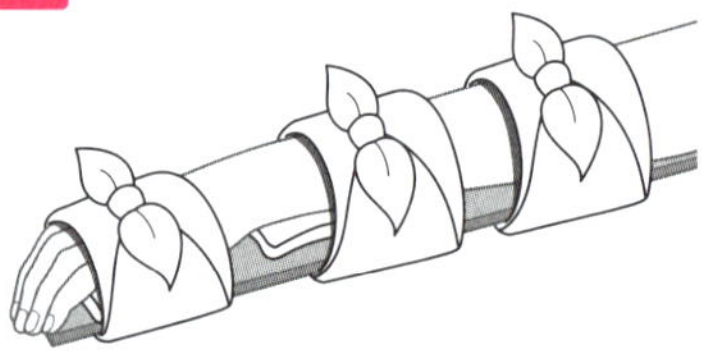

最後に手のひらの三角巾を本結びで固定する。

三角巾を使う⑦

[足を固定する]

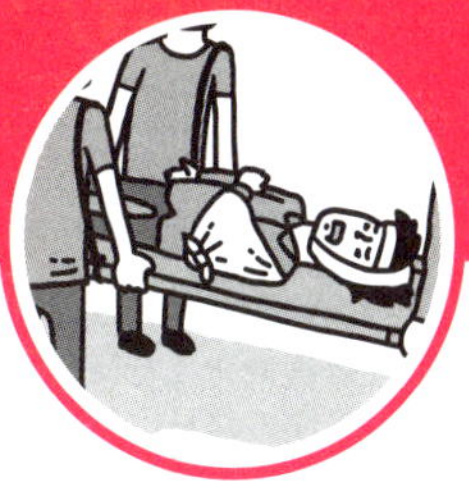

足を骨折したときの固定の仕方。
腕のとき(P172参照)と同じ方法で固定できる。

1

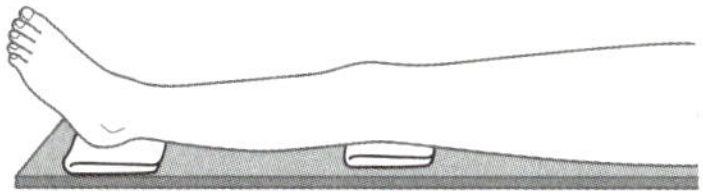

足首やかかと、ひざなどに折りたたんだハンカチやタオルを挟み、添え木を足に当てる。

2

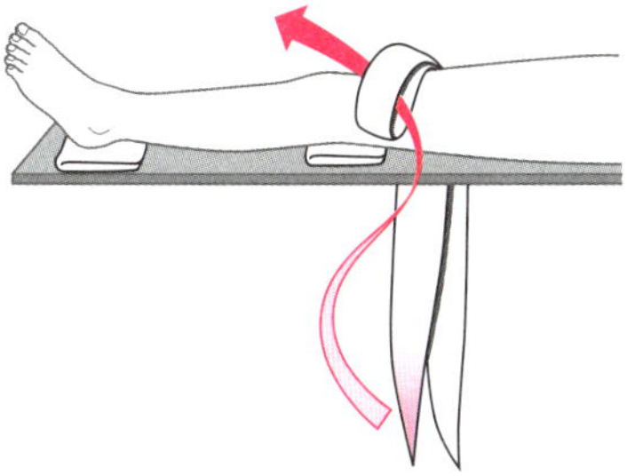

ひざ上に2つに折った8つ折り三角巾(P166参照)を当て、一方の端を折り曲げた輪に通す。

3

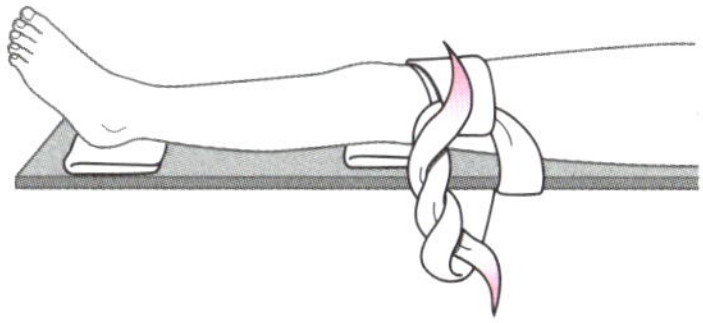

輪に通した端と、もう一方の端を本結び(P15参照)で止める。

4

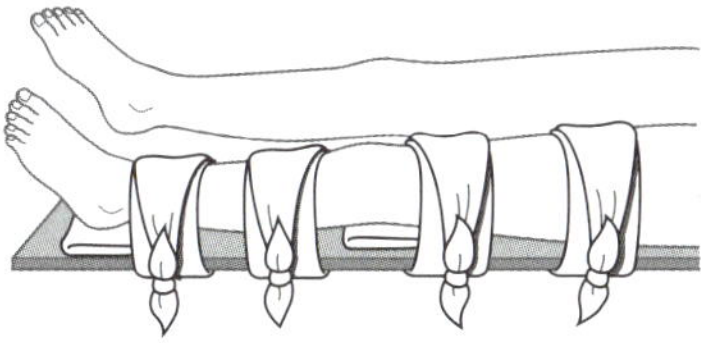

ひざ下、足首、太ももの順に、23と同じ手順で足を固定する。

人を背負う①

［スリングを使用する］

登山の章で紹介した「テープスリング」(P75参照)などを使って
負傷者や病人を背負う方法。
長時間の移動には向いていない。

1

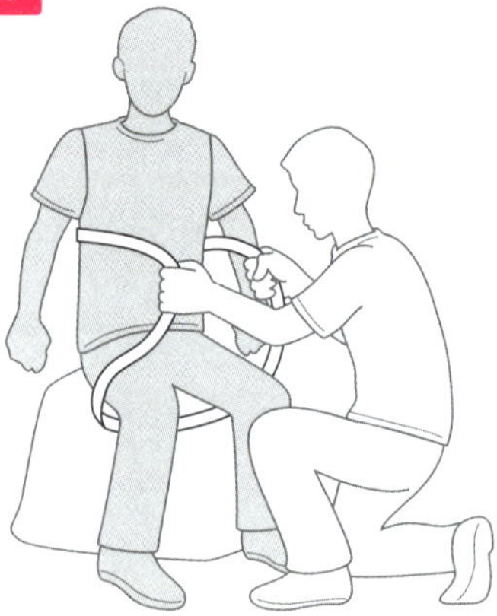

登山用スリング(直径約120cm)を傷病者の背中とももの辺りに回す。

2

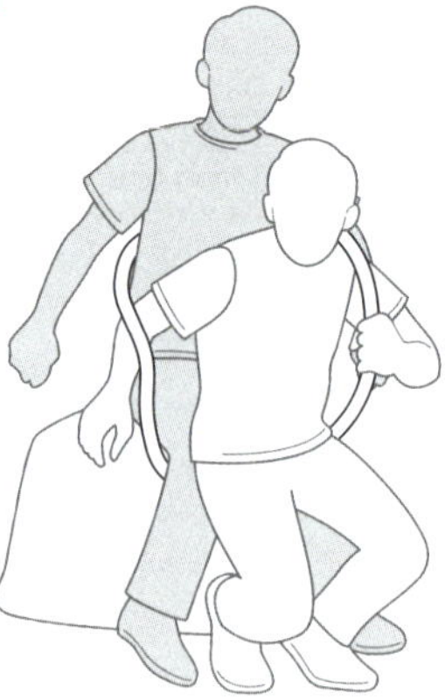

図のように運搬者の両腕を通す。

3

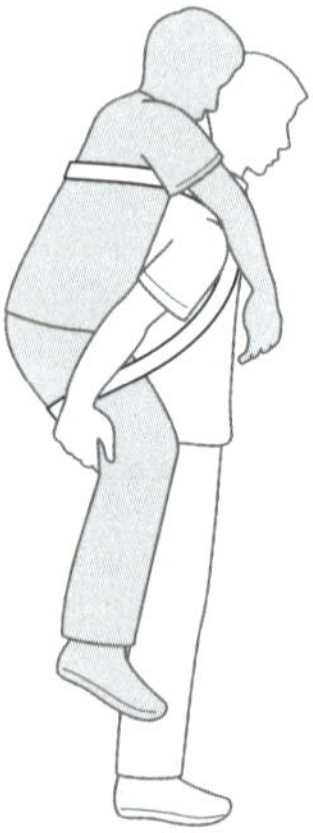

傷病者の両腕を運搬者の肩にかけて担ぎ上げる。

4

運搬者の肩や傷病者のももにはスリングが食い込んで痛むので、クッション代わりのタオルを挟む。また、短めのスリングを図のように結んで持つと背負いやすくなる。

人を背負う②

［ロープの束を使用する］

**コイル状に束ねたロープを使って傷病者を背負う方法。
登山用の長いロープを携行しているときに有効な方法だ。**

1

コイル状のロープの束(P216参照)を8の字にひねる。

2

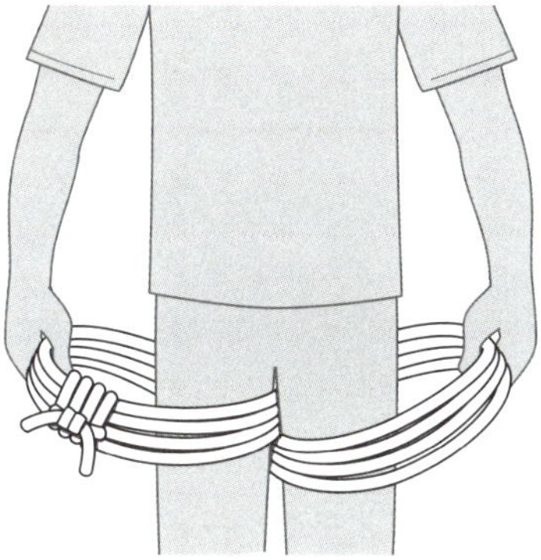

傷病者の両足を通す。

3

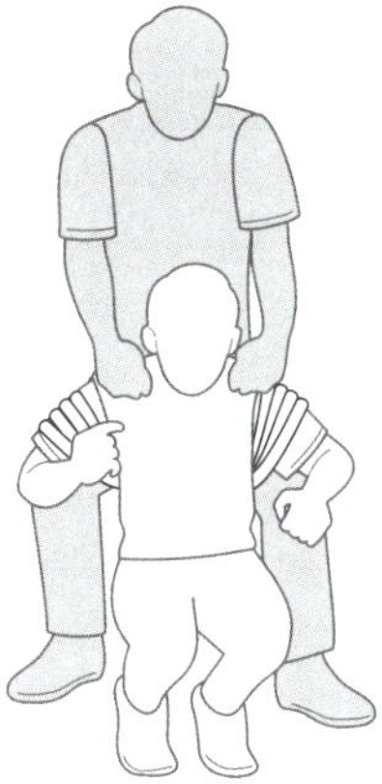

ロープの輪の隙間から、運搬者の両腕を通す。

4

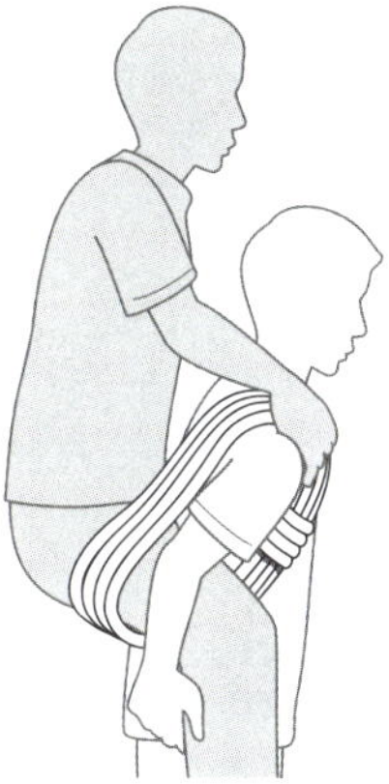

傷病者の両腕を運搬者の肩にかけて担ぎ上げる。

ROPEWORK MEMO ロープワークメモ

FILE No. 5.

ストックを松葉杖として使う

トレッキングや登山の最中に足をケガしたときは、ストックを松葉杖代わりにして使おう。

1

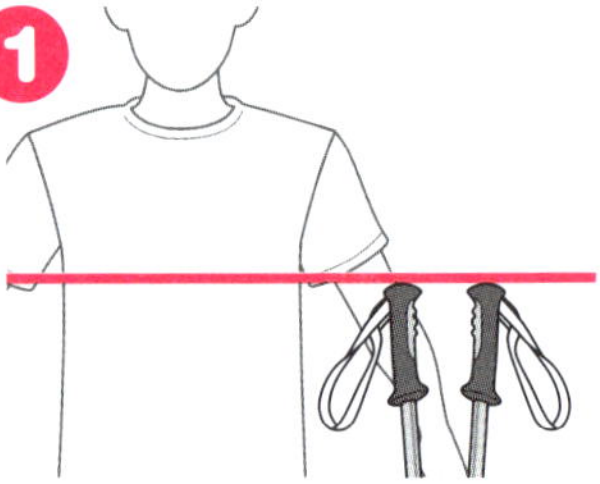

2本のストックの高さを脇の下に合わせる。

2

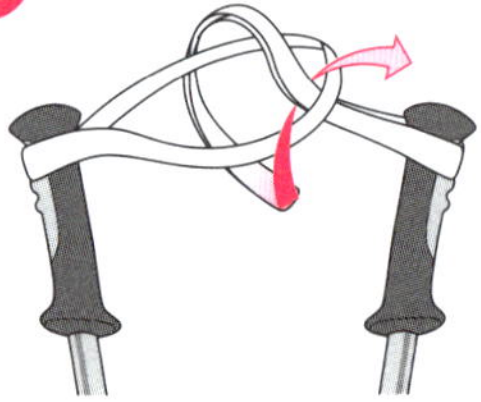

ストックのループを一重継ぎ(P138参照)で結ぶ。

3

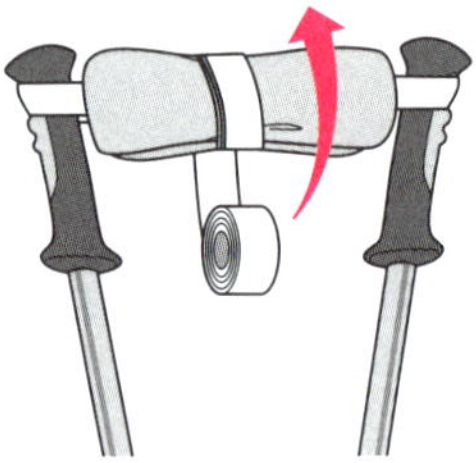

ループにタオルを巻きつけて、テーピング用のテープで固定する。

4

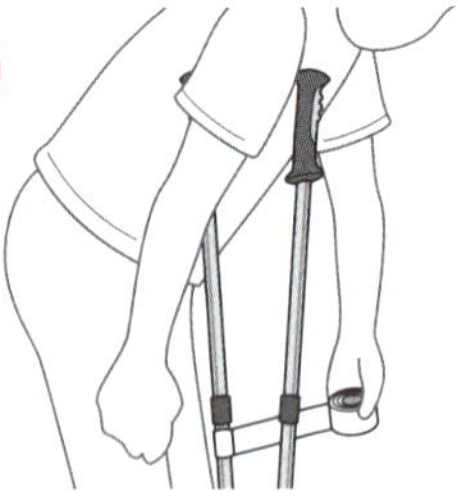

ストックに脇を当てて持ち手の位置を決め、5～6回ほどテープを水平に巻く。

5

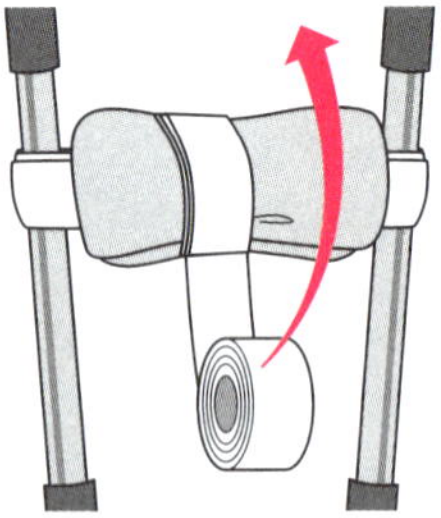

4にタオルを巻きつけて、テープで固定する。

6

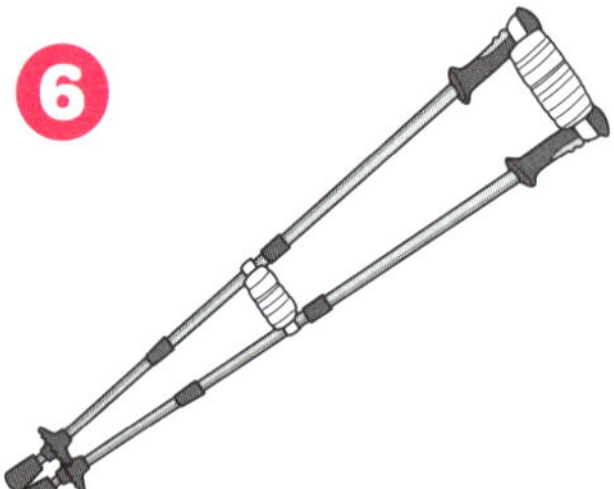

ストックを使った簡易松葉杖の完成。

【6章】
日常生活

日常生活

新聞や雑誌を縛ったり、電気コードをまとめたり、日常生活でもロープワークを知っていると便利。ここでは、ガーデニングで必要なロープワークから、ふろしきの包み方までも紹介している。

電気コードをまとめる P194 P195

タンスの上げ下ろし P196

新聞や雑誌を縛る P186 P187

段ボールを縛る P188

袋を縛る P190 P191

小さな木の支柱をつくる P182

大きな木の支柱をつくる P184

ロープで柵をつくる P180

細い竹や木で垣根をつくる P181

ビンを縛る P192

ふろしきで包む

P197 P198 P199

P200 P201 P202

ロープで柵をつくる

［固め止め結び］

ロープと杭を使って、花壇などに柵をつくる方法。
柵で囲いたい範囲から、必要なロープの長さを割り出しておこう。

1

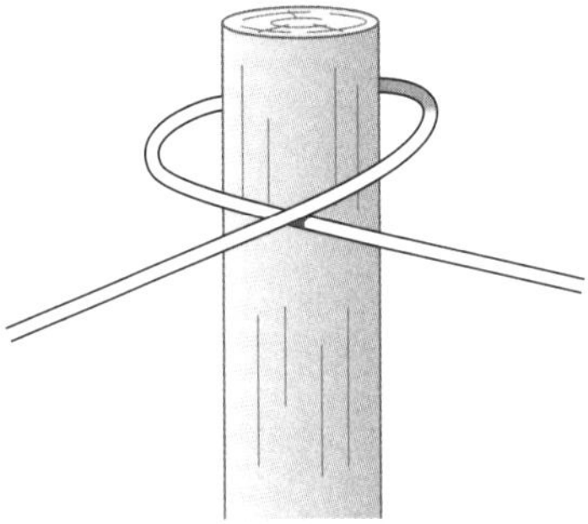

杭にロープを1回巻きつける。

2

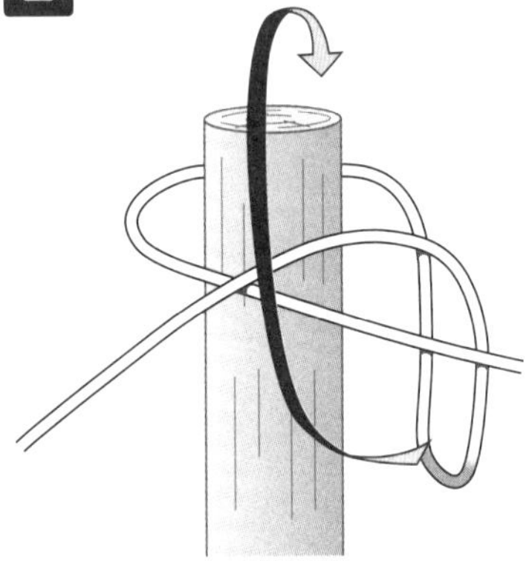

巻きつけた部分を少しゆるめて輪をつくる。
その輪をはったロープの下にくぐらせる。

3

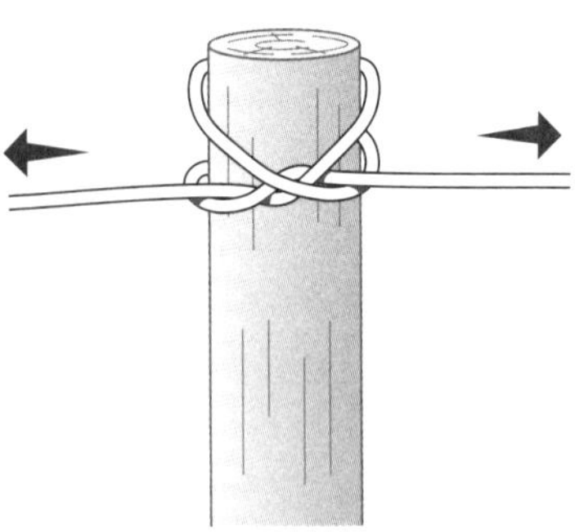

くぐらせた輪を上にもっていき、杭にかけて締める。

4

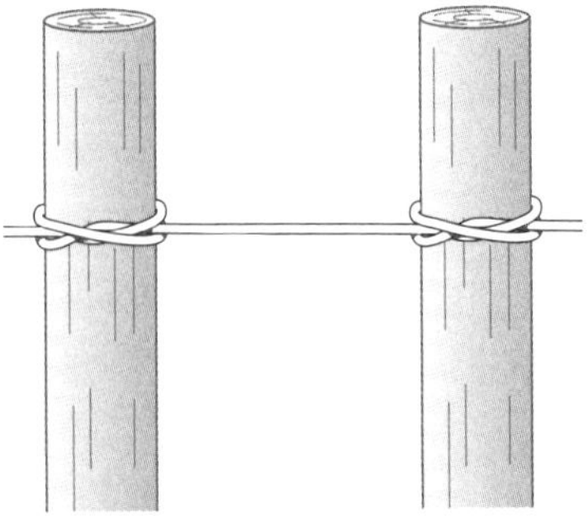

1～3を繰り返して、杭が一定間隔に並ぶように、杭とロープを結んでいく。

細い竹や木で垣根をつくる

［ 垣根結び ］

垣根となる竹や木を十文字に固定する結び方。
ひとつひとつの交差部を結ぶので手間はかかるが、
その分見ばえがよい。

1

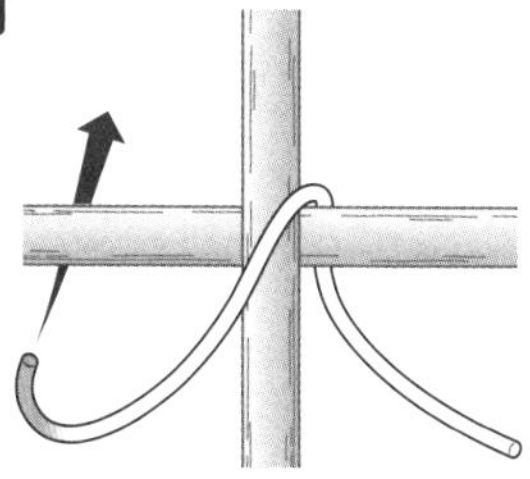

木の交差部にロープを斜めにかける。

2

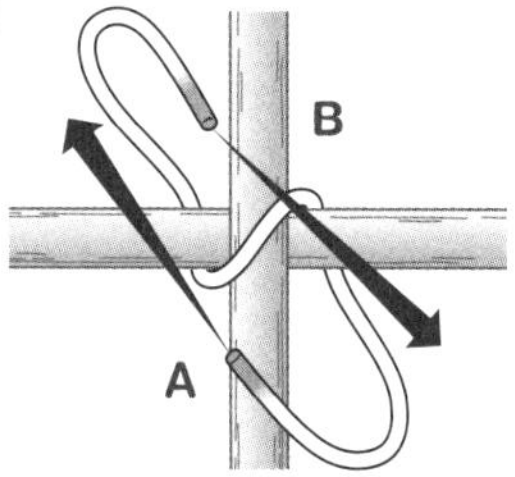

それぞれの端を図のように動かす。

3

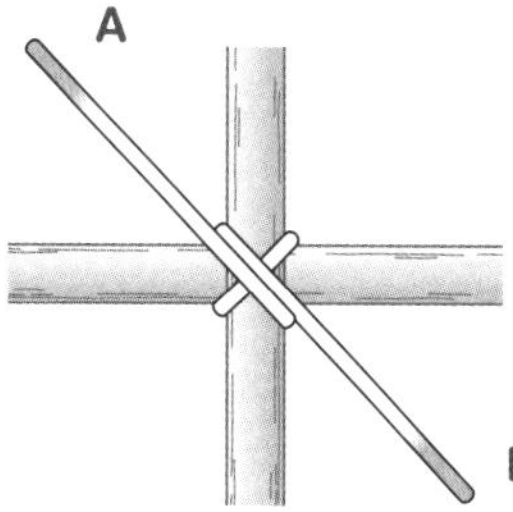

X字に交差させて締める。

4

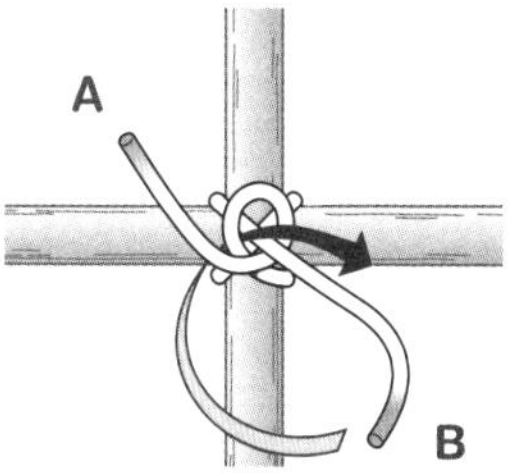

Aの端をBに一回巻きつける。できた輪にBの端を通す。

5

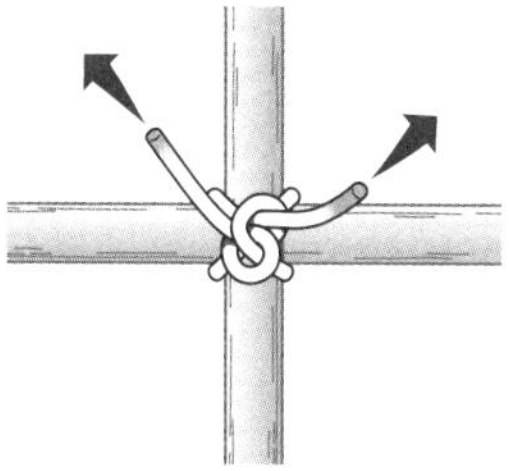

両端をひっぱって結び目を締める。

6

細いロープを使えば結び目が小さくなり、きれいになる。

小さな木の支柱をつくる

[角縛り]

支柱となる木材をしっかりと結んで組み合わせる。
あまり高くなく、幹も細めの木に使う方法。

1

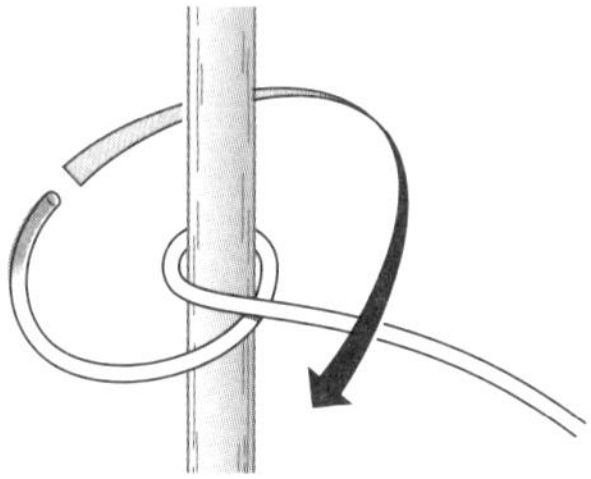

ロープの先端を縦棒に1回巻いて、元側の下をくぐらせる。

2

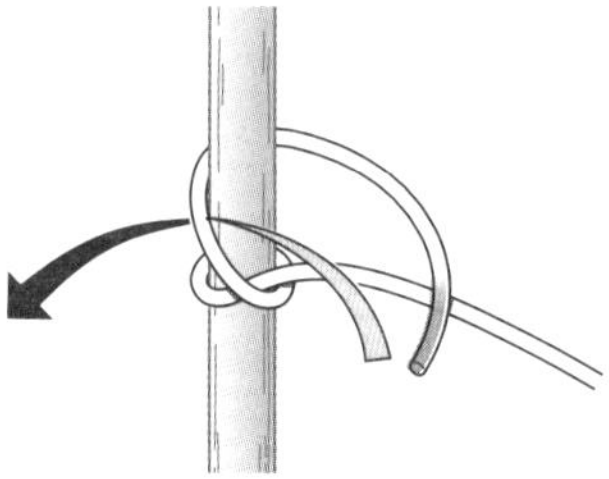

もう1回巻いて、ロープの先端を図のように通す。

3

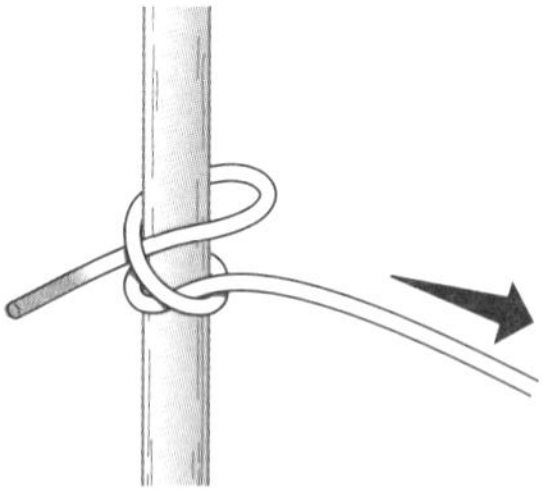

元側を締めると巻き結び（P12参照）ができる。

4

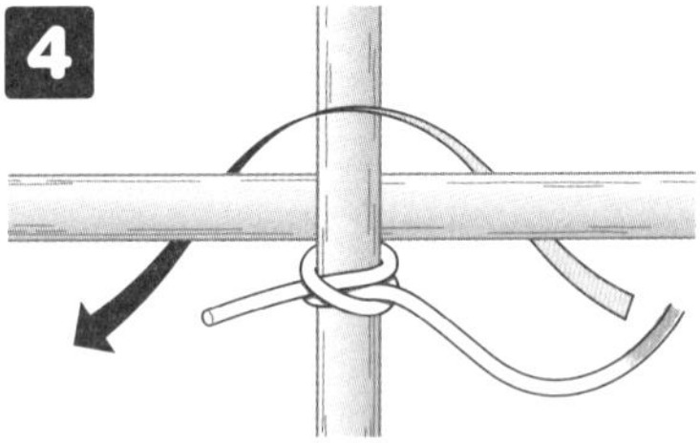

横棒を縦棒の裏側に直角に配置する。この横棒は結び目の上に接するようにしておく。図のようにロープの先端を裏と表に回す。

5

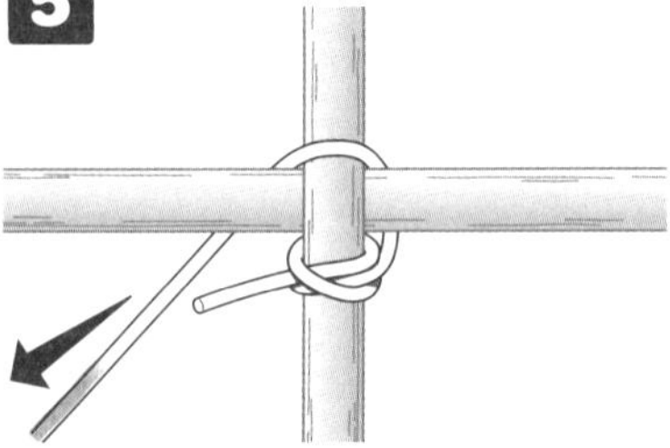

元側をひっぱって締める。このとき巻き結びの結び目が90度ずれる場合がある。

6

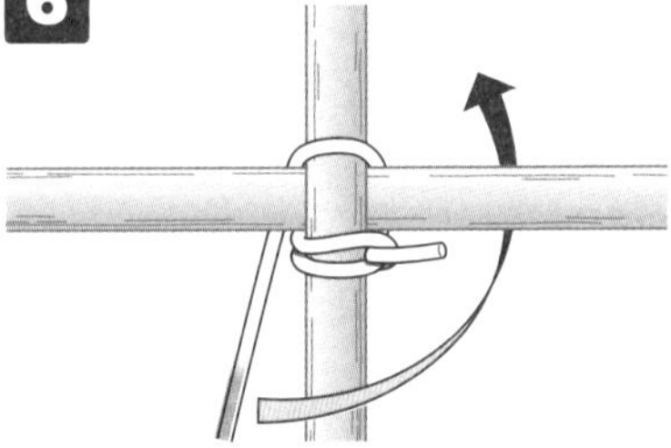

ロープを縦棒の下表から、横棒の右裏部分へ回す。

【こんなときにも使えます！】

「角縛り」は、直角に交差した２本の丸太を縛りつけるための結び。丸太でさまざまな工作物をつくるときに使われる。ゆるまないように強く締めつけながら縛っていこう。

7

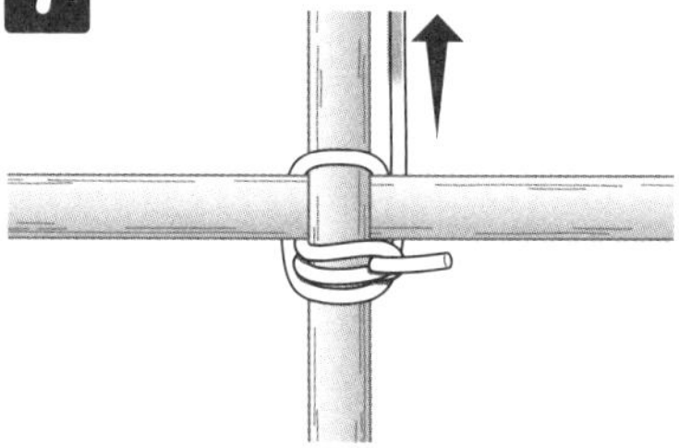

1回ごとにひっぱって締めつつ、4～6の手順を3回繰り返す。

8

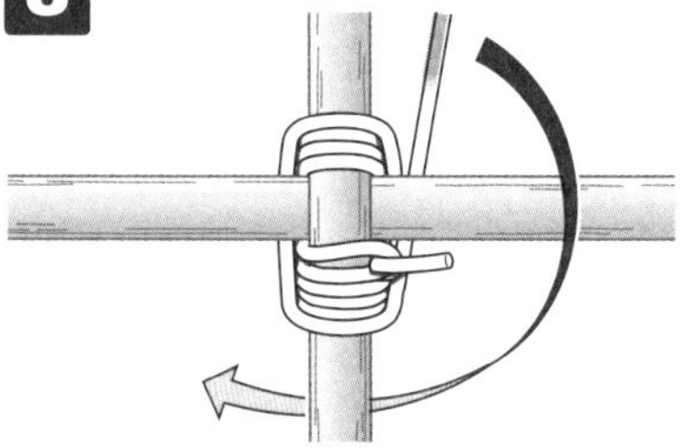

次にロープの端を横棒の右表から、縦棒の下裏部分へ回しこむ。

9

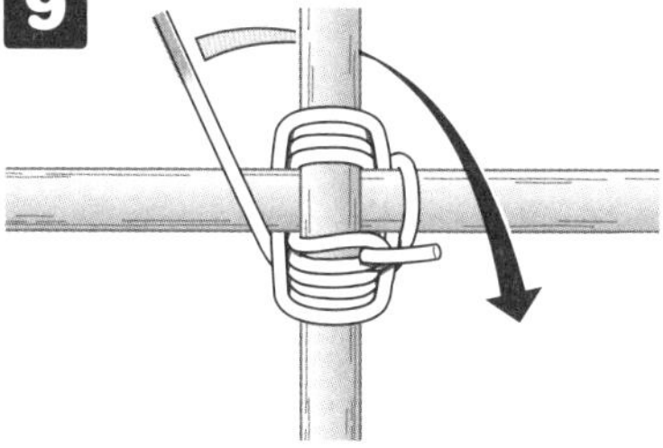

さらに横棒の左表、縦棒の上裏、横棒の右表部分へ回しこむ。

10

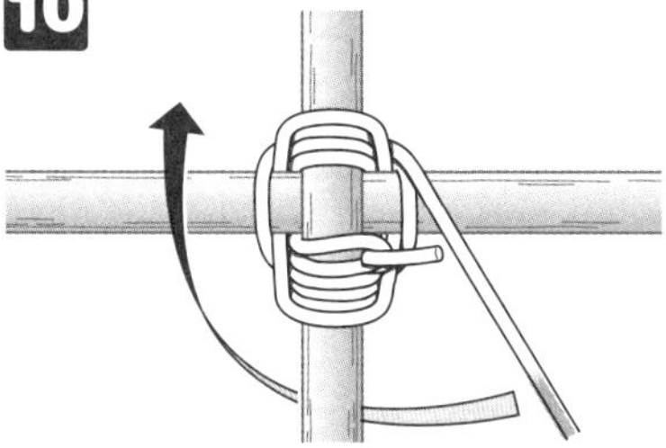

8と9の手順を3回繰り返す。

11

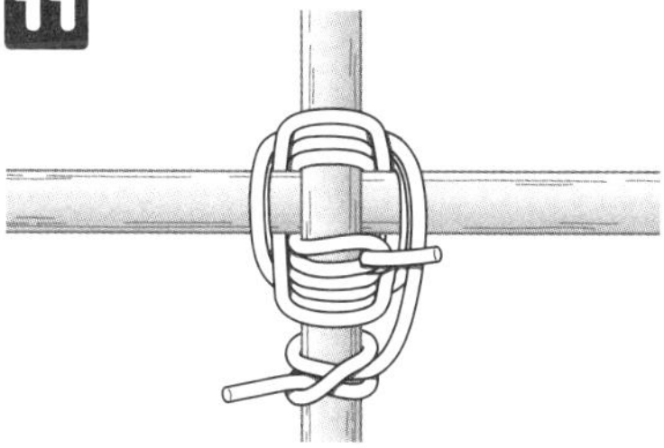

縦棒の下部分に巻き結び（P12参照）をする。

12

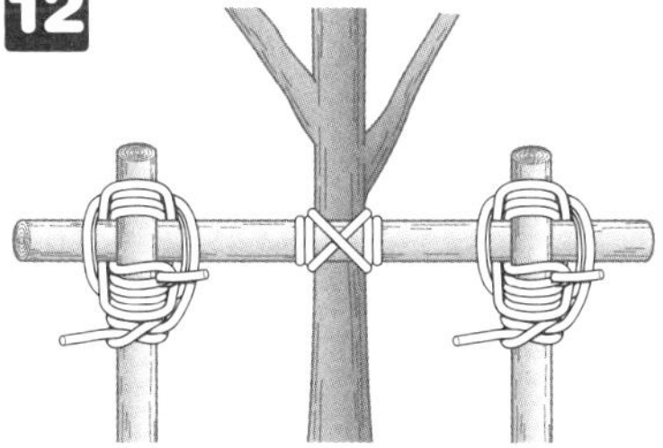

支柱部分を図のように組む。

大きな木の支柱をつくる

［筋交い縛り］

斜めに支柱を組んで、補助する木を安定させる。
ある程度生長した、背の高く幹が太い木に使う方法。

1

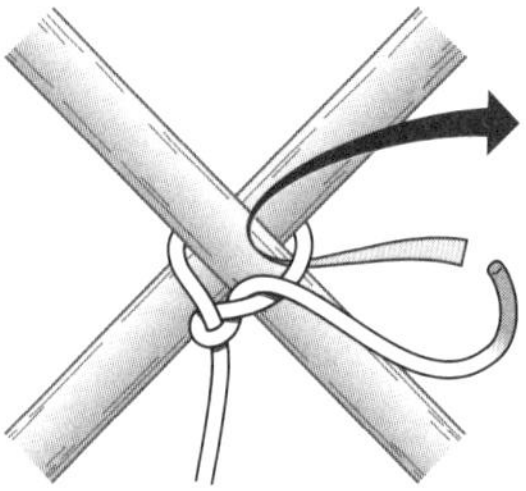

棒が交わるところをねじり結び（P35参照）で締める。

2

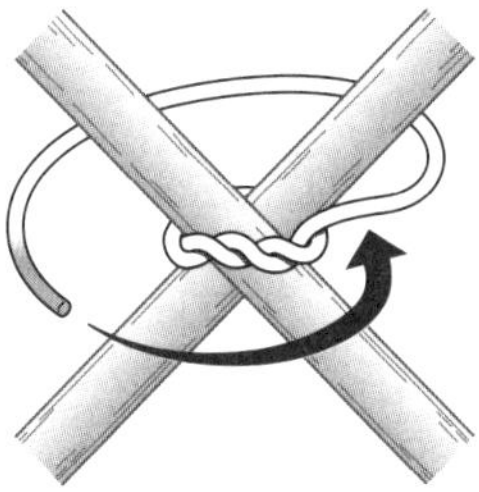

右から左へロープを横に巻く。

3

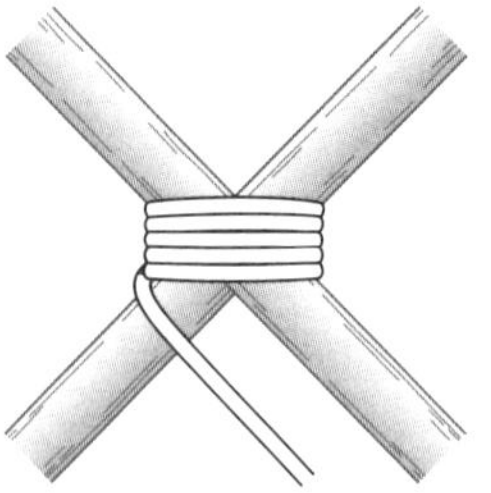

ひと巻ごとにひっぱって締めつつ横に何度か巻く。

4

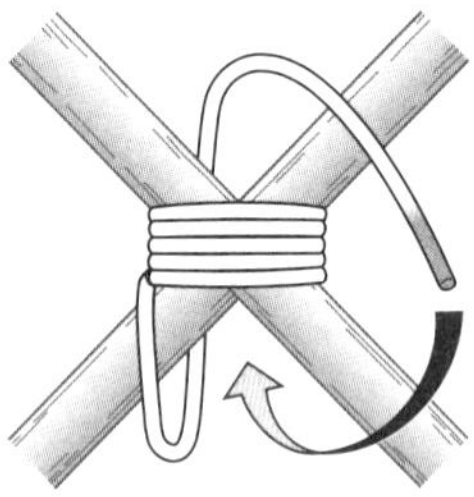

次はロープを前から下に回して縦に巻く。

5

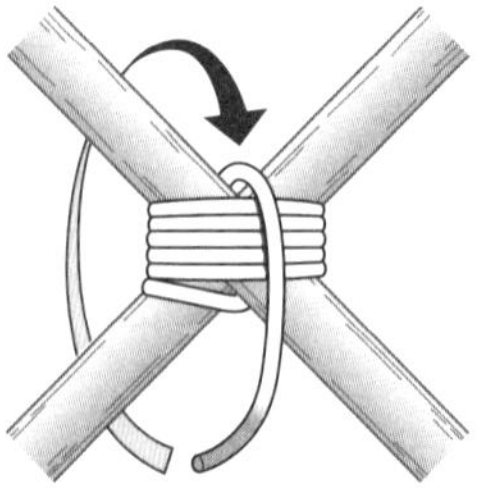

図のようにぐるりと縦に3回巻く。

6

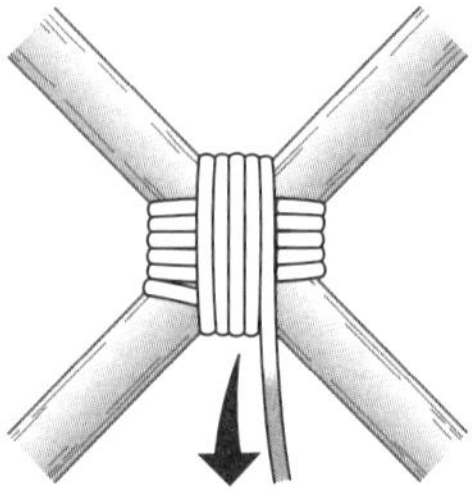

4回目に入ったところでロープを強く下にひっぱって締める。

【こんなときにも使えます！】

斜めに交差した丸太を組むための結びが「筋交い縛り」。「角縛り」同様、丸太を組んでイスやテーブル、垣根をつくるときなどに使われている。

7

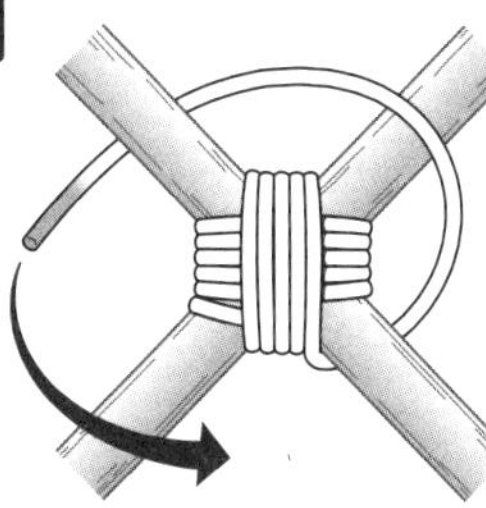

右下の裏、右上の表、左上の裏、左下の表という順番でロープを回していく。

8

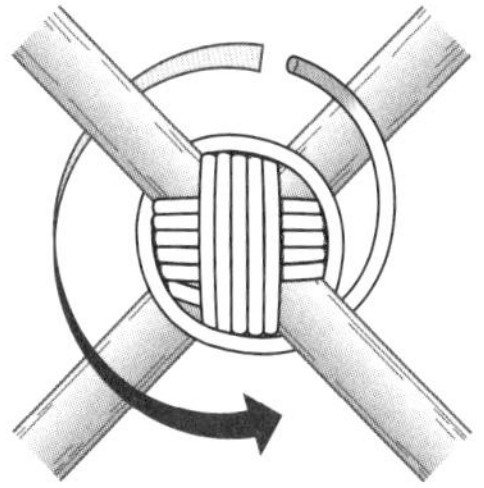

同じように強くひっぱり締めながらロープを3回巻きつける。

9

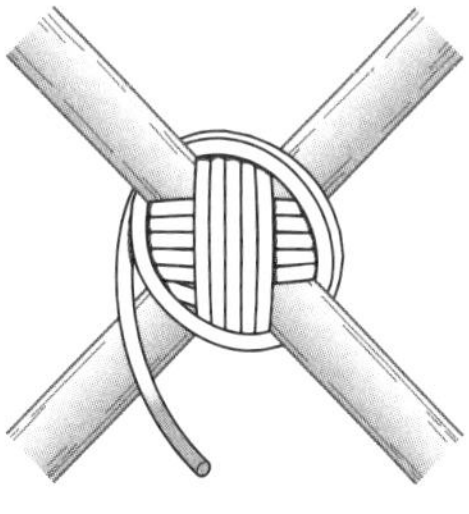

ロープが左下の表にきたら、❼と❽の手順を3回繰り返す。

10

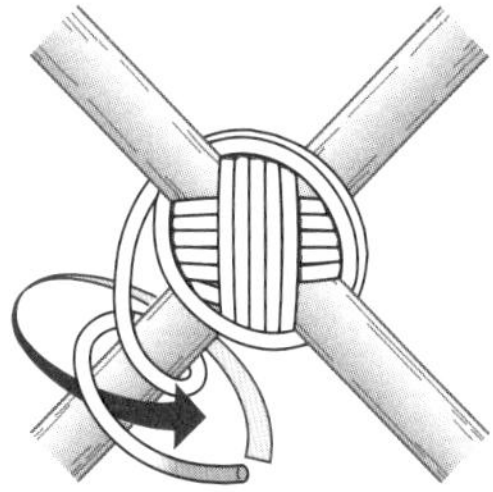

3回巻き終えたところでロープの端が前にきたら、左下に巻き結び（P12参照）をする。

11

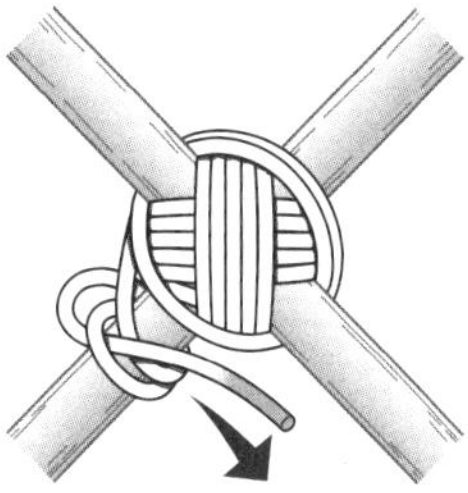

結び目を強く締める。

12

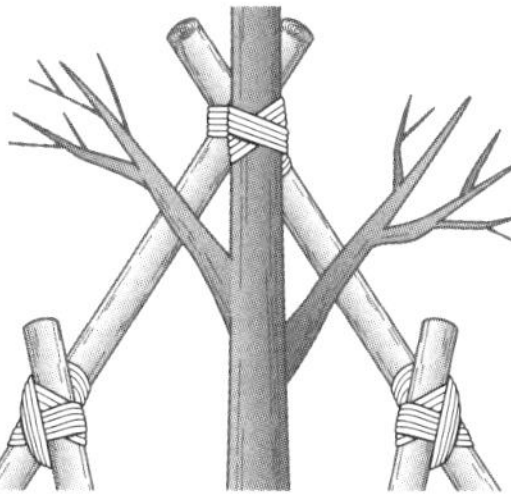

木の支えたい部分にロープをかけ、支柱を使って補強する。

新聞や雑誌を縛る①

［かます結び］

簡単に結ぶことができるので、古紙回収を出すときに便利な方法。片方の端を引くとすぐにほどける。荷物の角で結ぶのが鉄則。

1

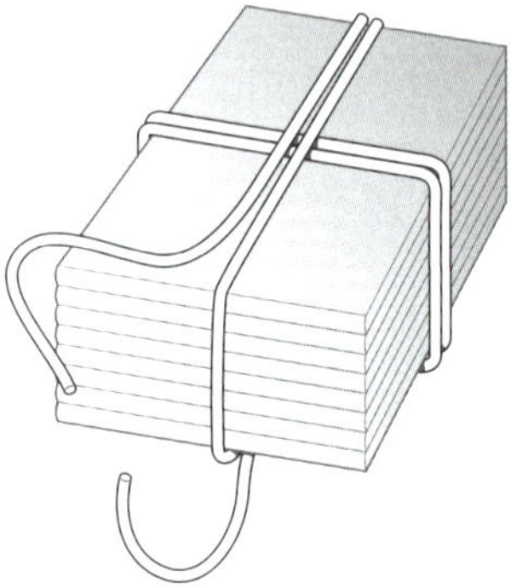

縦方向と横方向に2回ずつロープを巻きつけて、両端を角にもっていく。

2

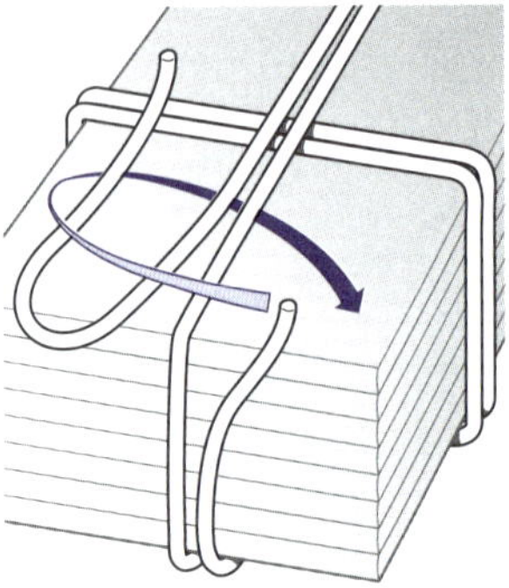

一方の端を2つ折りにしておき、それにもう一方の端を巻きつける。

3

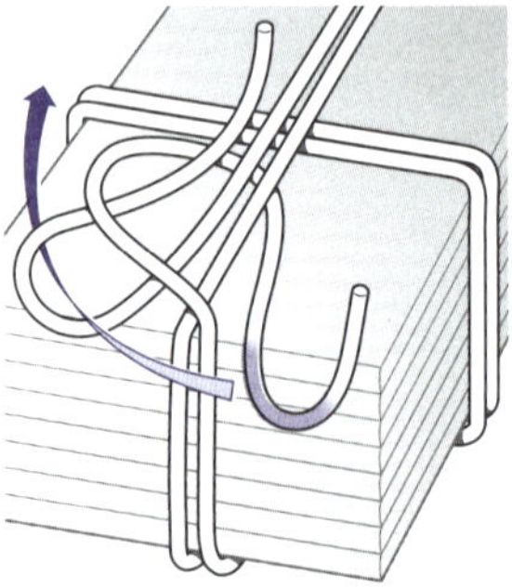

巻きつけた方の端を2つ折りにし、図のように輪のなかを通す。

4

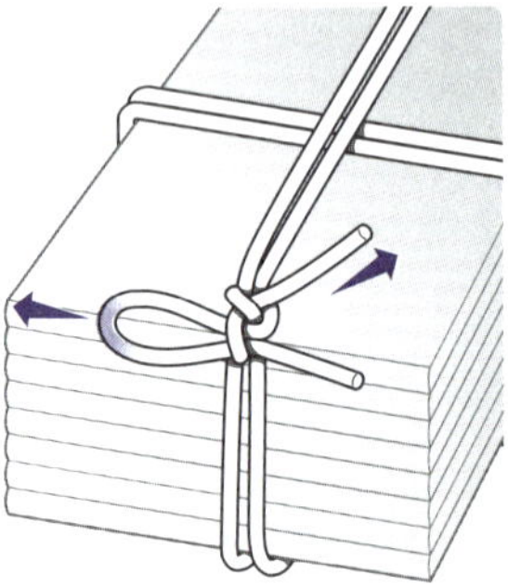

輪に通した2つ折りの部分と、もう一方の端を引いて、結び目を締める。

新聞や雑誌を縛る②

[外科結び]

「かます結び」(P186参照) よりしっかり結びたいときに使う。
強度があって、たるまない結び方。
名前の由来は外科手術で使われていたことから。

1

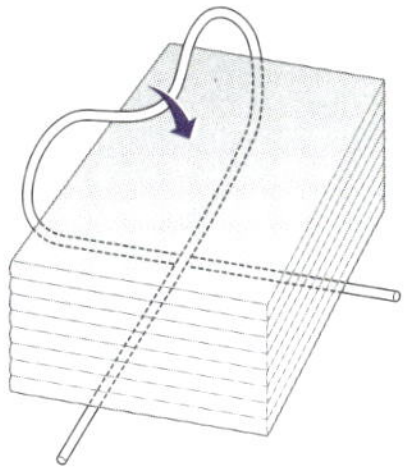

あらかじめロープの中央に輪をつくり、それを荷物の上の方の角にゆるく引っかけるようにしておく。

2

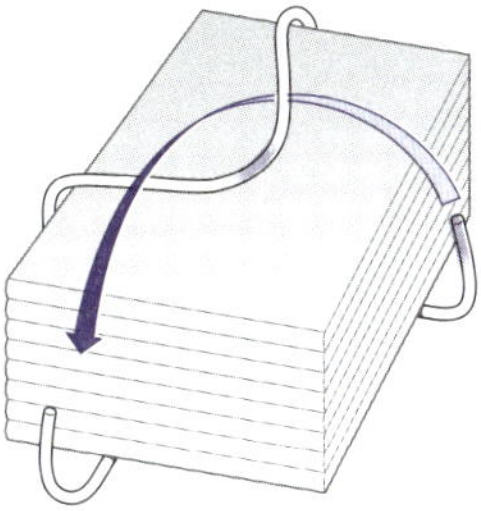

ロープの一方の端をゆるく引っかけておいた輪に通す。

3

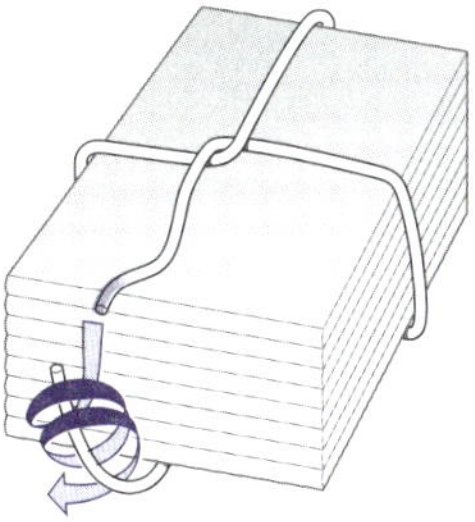

ここで両方の端をひっぱって強く締め、さらに荷物の角で2回巻きつける。

4

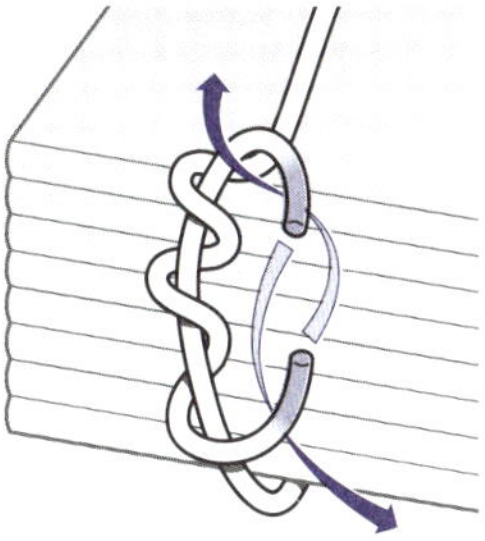

もう一度、図のように巻きつける。

5

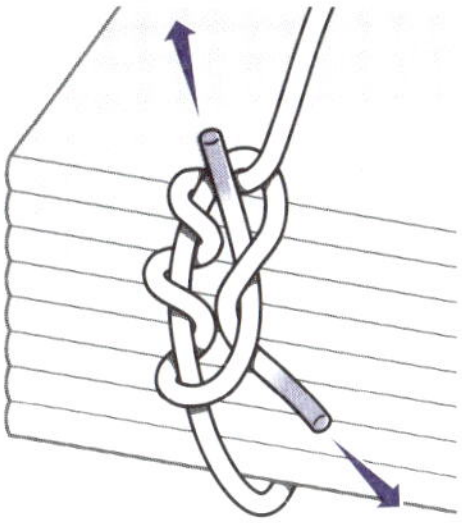

最後に両端をひっぱって、結び目締める。

6

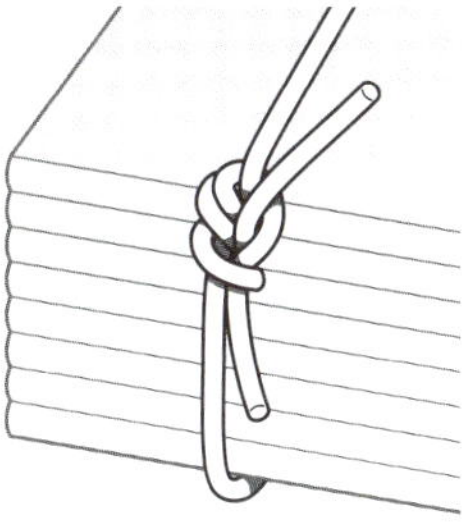

完成。より強度を増したければ、5でもう1度結んでもよい。

段ボールを縛る

［ キの字がけ+外科結び ］

キの文字の形にロープをかけてから、「外科結び」で止める。
大きい荷物を運ぶときに重宝する縛り方。

1

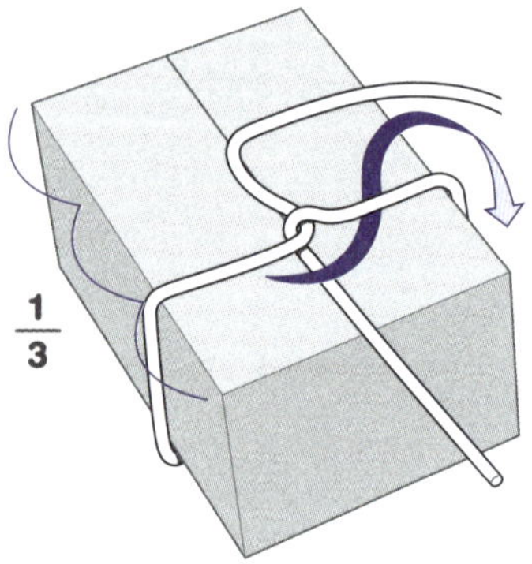

ロープを図のように交わらせる。場所は荷物の、長い辺の1/3くらいの所につくる。

2

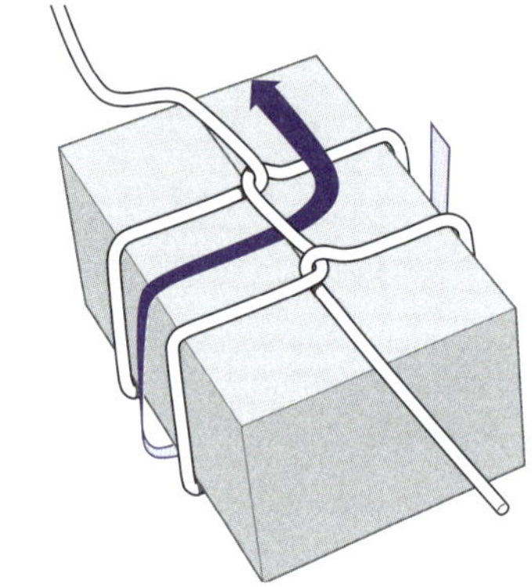

同じようにもう一度交わらせる。

3

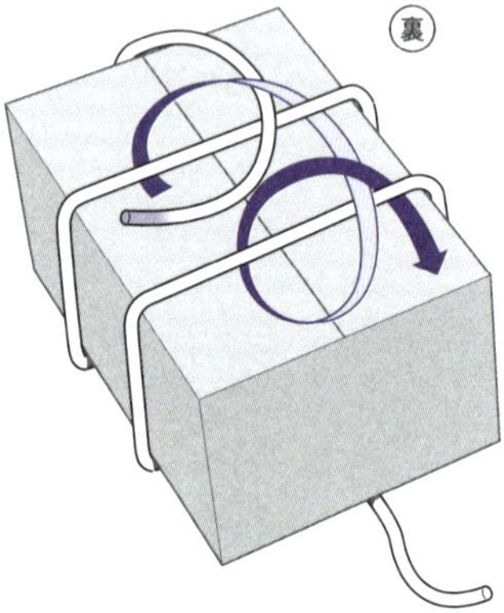

ダンボールを裏返して、2か所それぞれを図のように巻いて交わらせる。

4

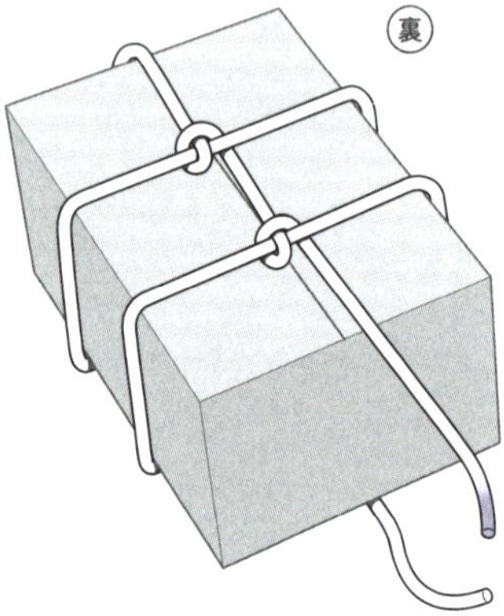

図のような状態になる。

【こんなときにも使えます！】

キの字型にロープをかけていく方法は、布団を縛るときにも用いられる。その際には、布団を布団袋に入れるか大きな布で包んでから縛ること。

5

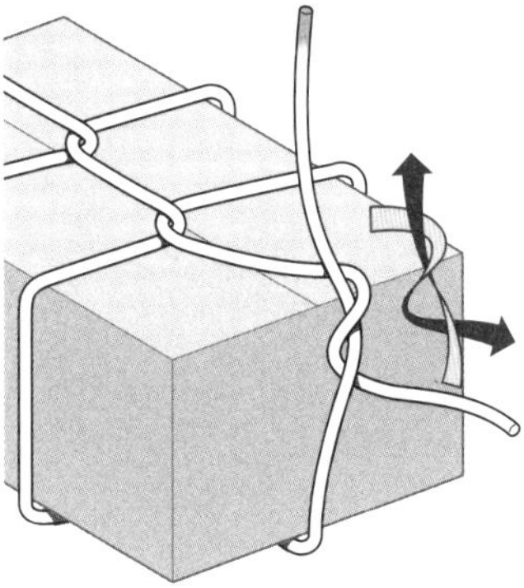

ダンボールを表にもどし、両端を角で絡ませる。

6

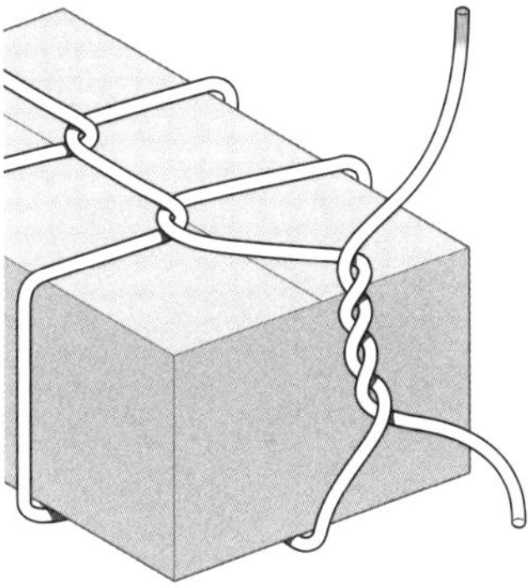

もう1回絡ませる。

7

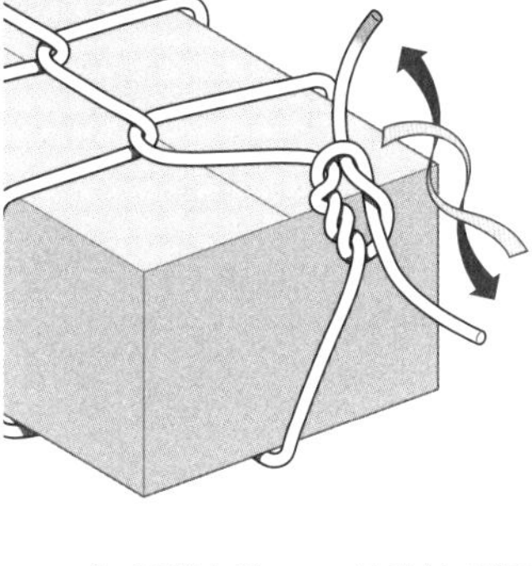

ロープの両端を引いて、外科結び（P187参照）をする。

8

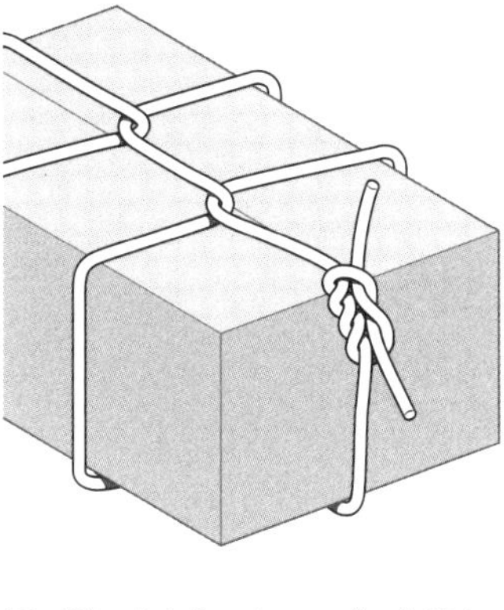

❶と❷で交わらせたロープの位置を、ずらさないようにするのがコツ。

袋を縛る①

［ 粉屋結び ］

片手で袋の口を押さえたまま縛ることができる。ひもにリボンを使えば、かわいいプレゼント用の包装としても使える。

1

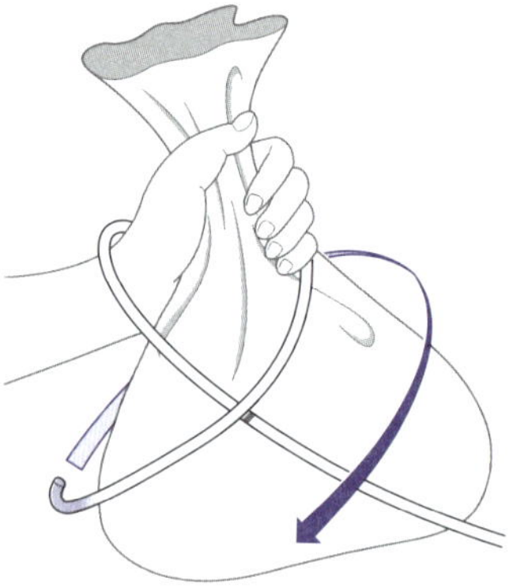

袋の口と手首にひもを2回巻きつける。2周目は袋の口だけで手首には巻きつけない。

2

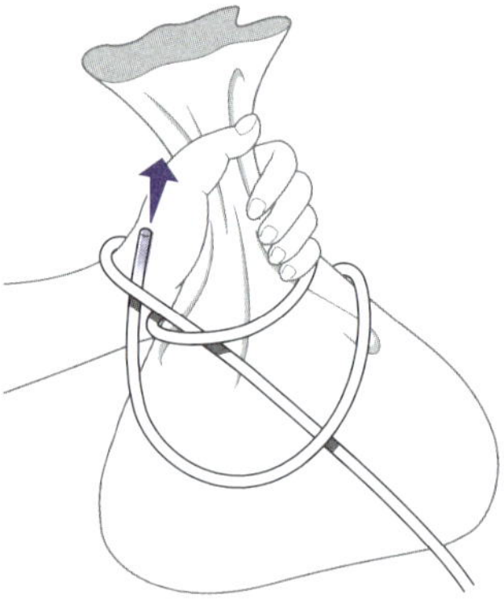

端を手首のひもの下に通す。

3

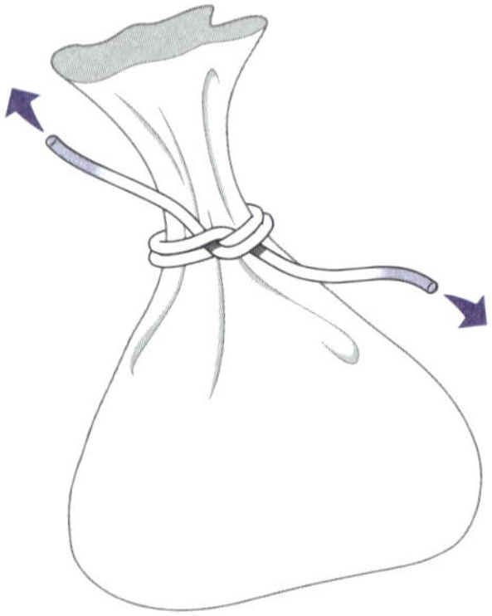

ゆっくり手首を引き抜いて、ひもの両端をひっぱって結び目を締める。

4

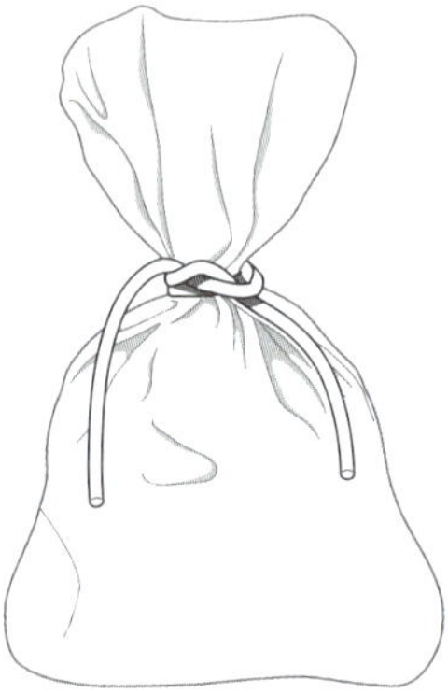

簡単に素早くできるので、数をこなさなければならいない場合にも使える。

袋を縛る②

[ポリ袋結び]

**ポリ袋の持ち手を使って簡単に縛る方法。
自転車のカゴや車の中で、袋の中身が飛び出す心配がなくなる。**

1

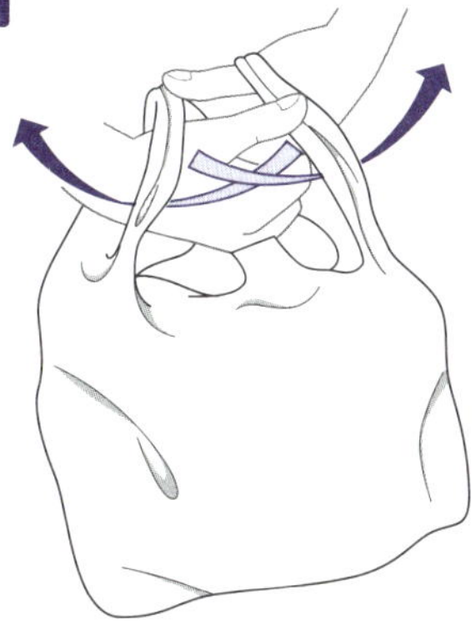

持ち手の外側からそれぞれの手を差し入れ、反対側の持ち手をつかみ、つかんだまま手を引き抜く。

2

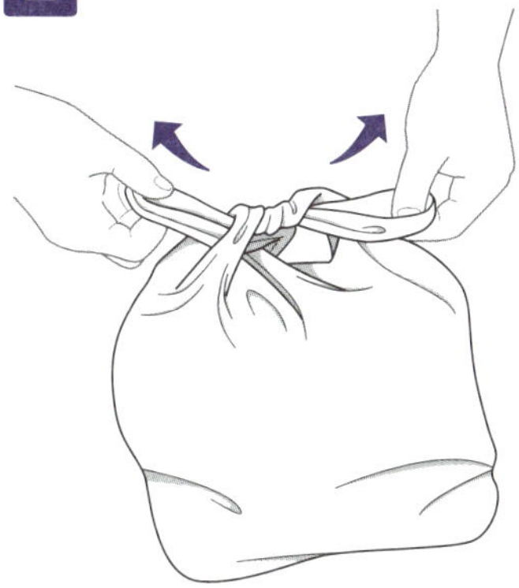

破れない程度にしっかり締める。

3

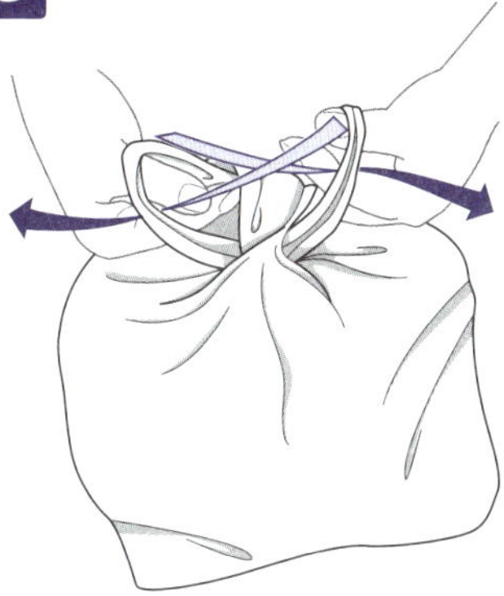

12をもう一度くりかえす。

4

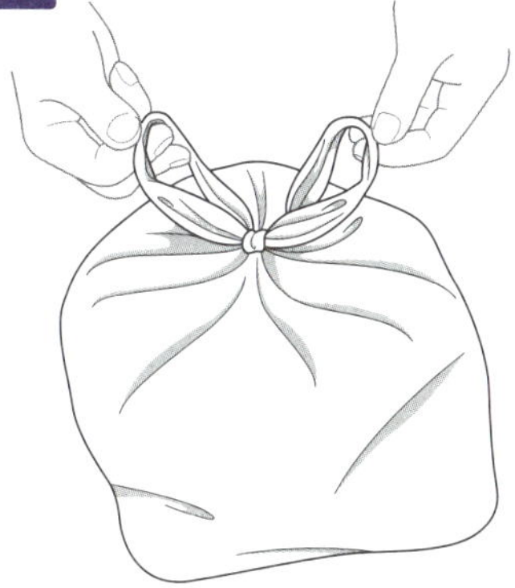

しっかり縛られているが、比較的簡単に結びをほどくことができる。

ビンを縛る

[本結び+片はな結び]

ビールビンや四号ビンなど、形が複雑で運びづらい物でも
まとめて運べるのが縛る技の真骨頂。
ここでは2本のロープで縛る方法を紹介する。

1

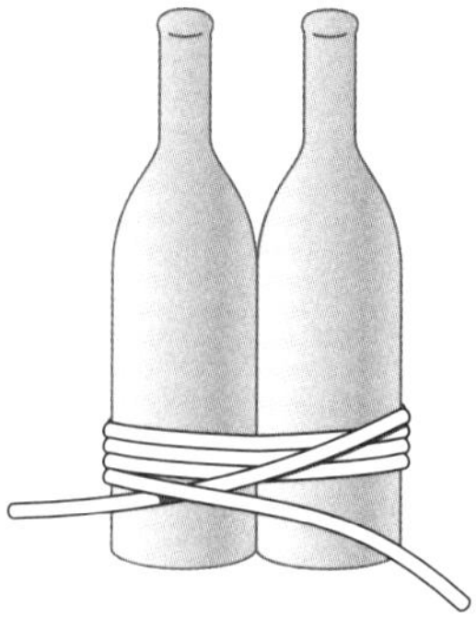

ビンを2本並べて、下部をロープで3〜4回巻きつける。ロープの両端を交差させる。

2

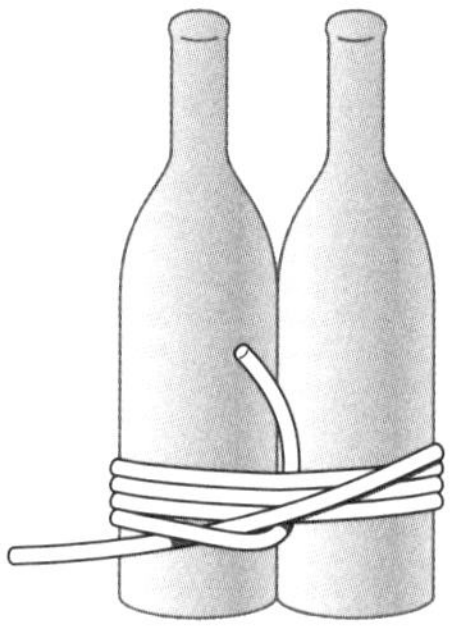

交差させたロープの一方を、巻きつけたロープの内側に下から通す。

3

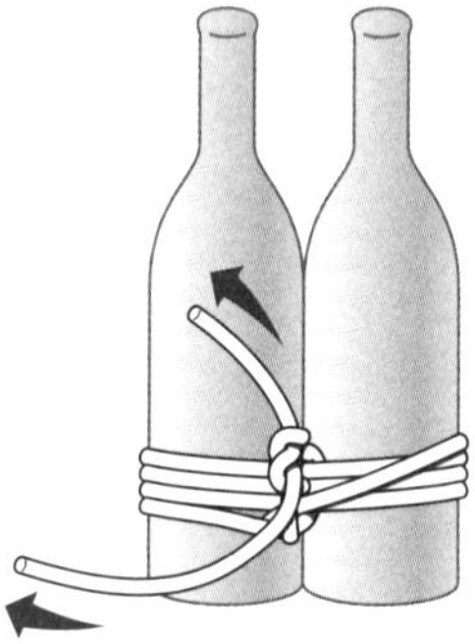

本結び(P15参照)にし、ビンがぐらつかないように、ロープの両端を引いて、しっかりと締める。

4

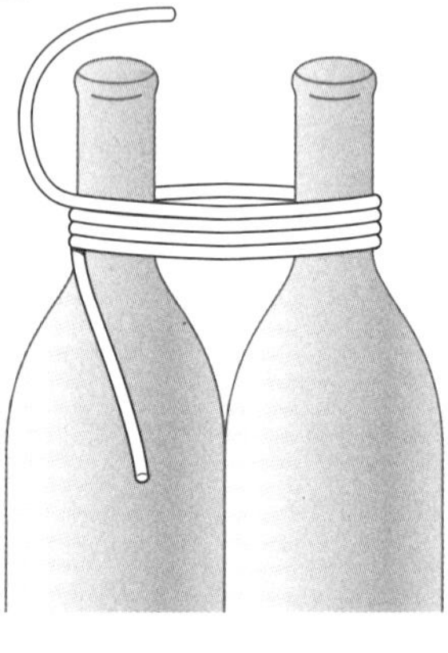

もう1本のロープで、ビンの上部を3〜4回巻きつける。

【 こんなときにも使えます！ 】

滑りやすい2本のビンを縛り合わせて持ち運ぶための方法。ビンが滑り落ちないように強く巻きつけていくのがポイント。ただしあまり力を入れすぎるとビンが割れてしまうので要注意。

5

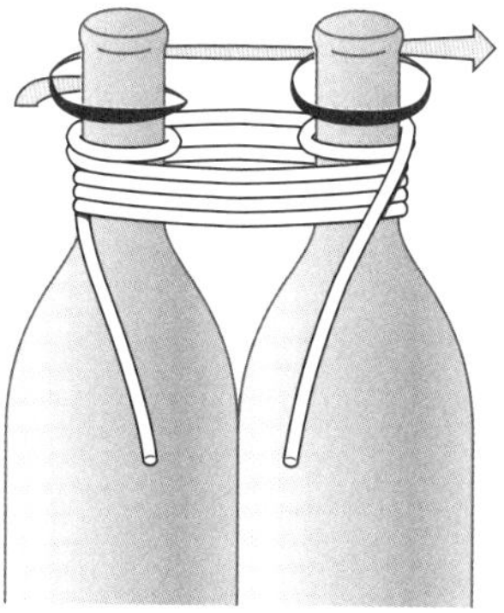

ロープの一方を図のように、それぞれのビンに巻きつける。

6

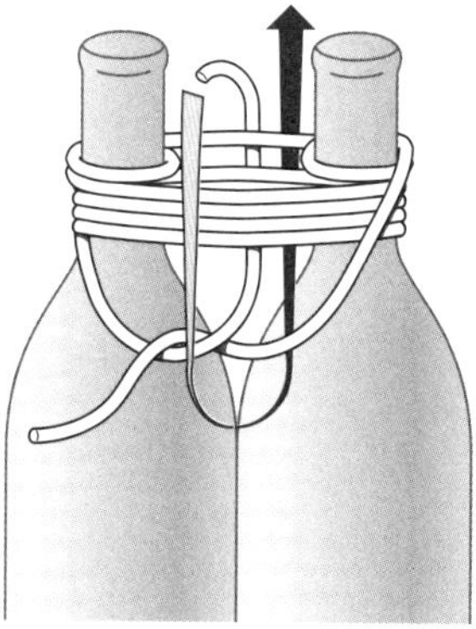

ロープの両端を絡ませたら、一方を図のように下から巻きつける。

7

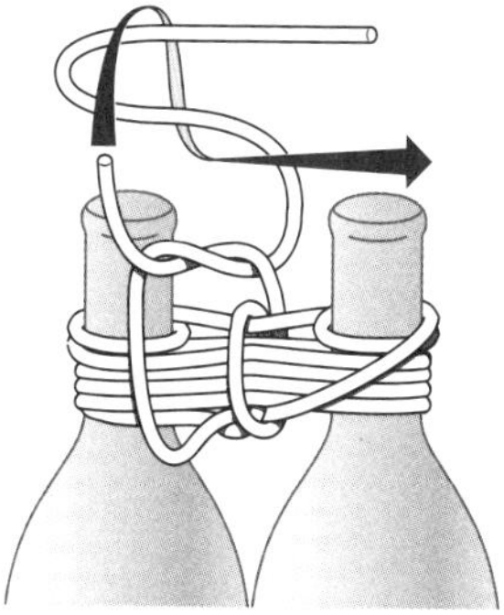

ロープの両端を図のように通す。

8

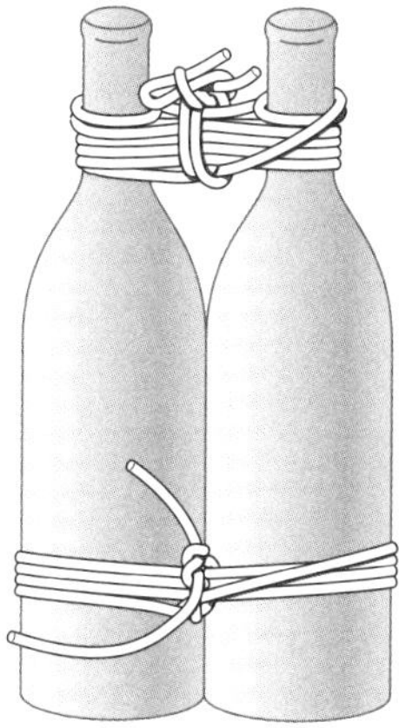

ロープの両端を結んで片はな結びにする。

電気コードをまとめる①

[鎖結び（チェイン・ノット）]

ループ構造を使うことで見た目もおもしろくなる。
コードによっては曲げすぎたり、まとめすぎると
発熱することもあるので注意をしておこう。

1

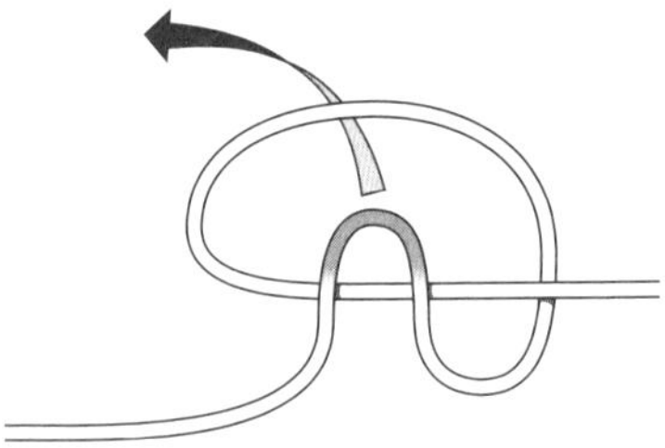

コードの適当なところで輪をつくり、下側を輪に通す。

2

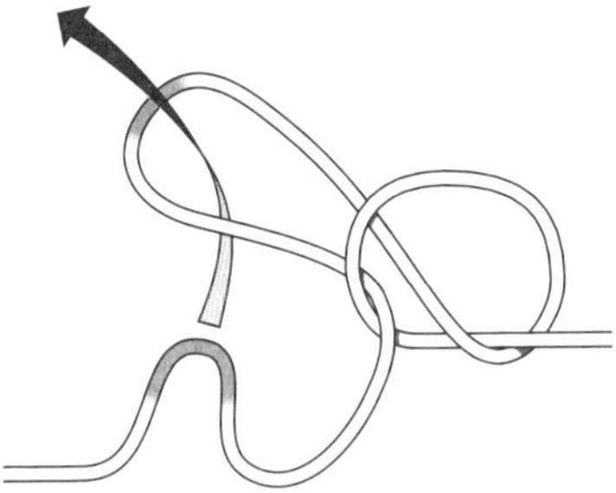

通した部分にできた輪に1と同じ手順を繰り返す。

3

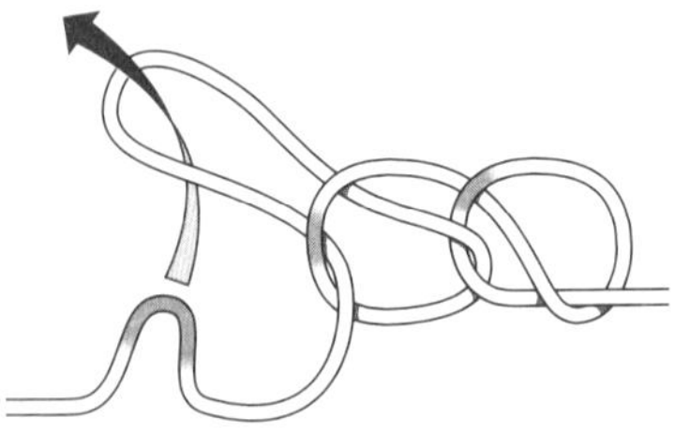

同じ手順を繰り返していく。このとき輪の大きさをそろえると見ばえがよい。

4

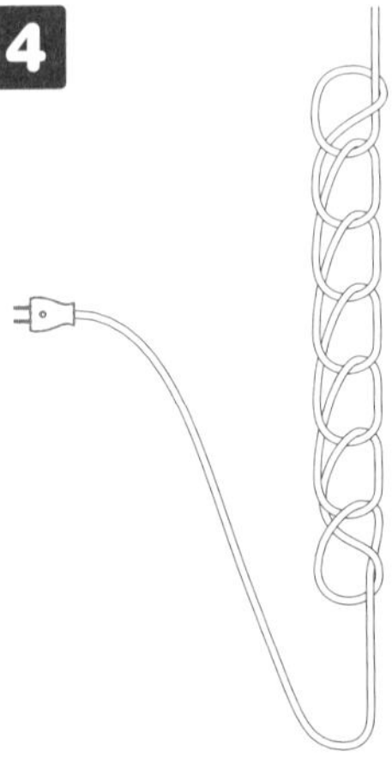

輪が連結する形から鎖結び（チェイン・ノット）といわれている。

電気コードをまとめる②

［縮め結び］

鎖結びよりも簡単にコードをまとめることができる。ただし、ある程度の張力がかかっていないと結び目はゆるんでしまう。

1

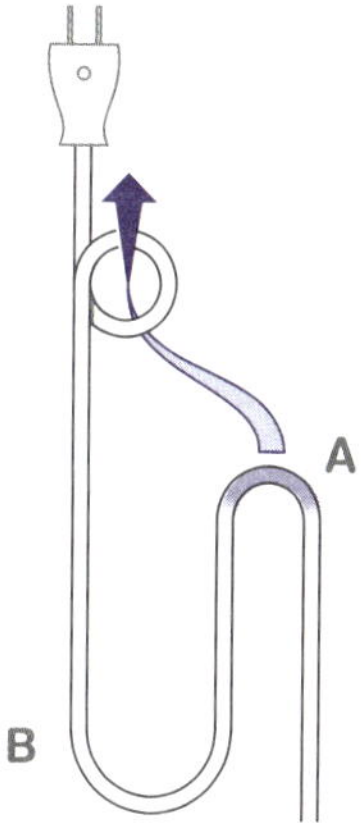

短くまとめたい長さに2回折る。Aの部分をあらかじめつくった輪に通す。輪をつくる所はソケットから離れたところにする。

2

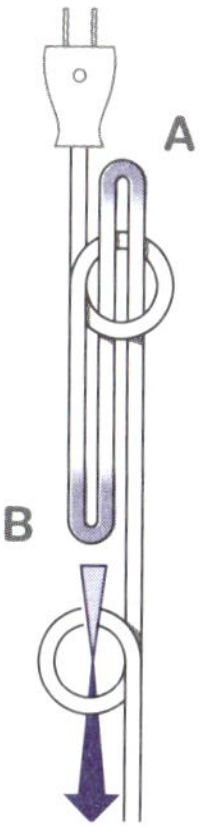

図のように下側にも輪をつくり、Bを通す。

3

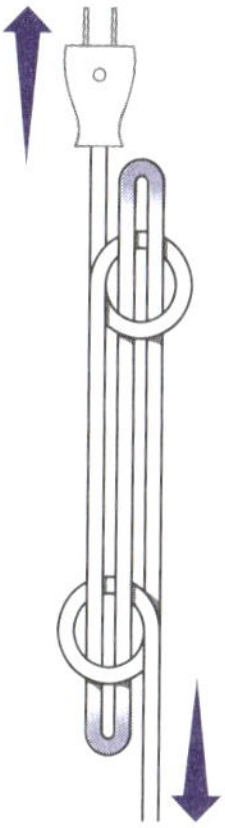

両端をひっぱる。あまり強くひっぱらないように注意。

4

折り返す部分を長くすれば、コードの長さの調節が可能になる。

タンスの上げ下ろし

［ 二重もやい結び ］

大きな荷物をひっぱり上げたり、下げたりする方法。
この方法で2階の窓からタンスなどを搬入できる。
「キの字がけ」(P188参照)と「二重もやい結び」を使う。

1

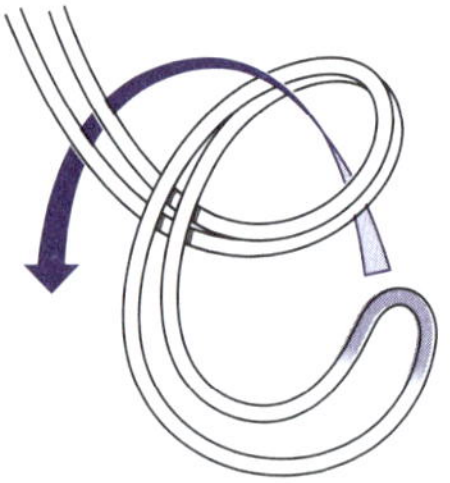

2つ折りにしたロープで輪をつくり、その輪にロープを通す。

2

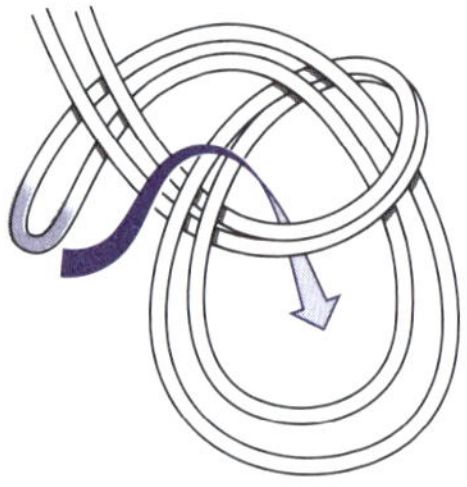

図のように巻きつけて、もう1回輪にロープを通す。

3

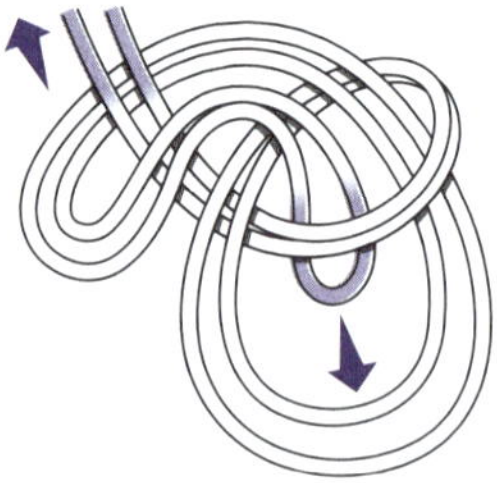

ロープの折った部分と元側を引いて、結び目を締める。

4

二重もやい結びの完成。

5

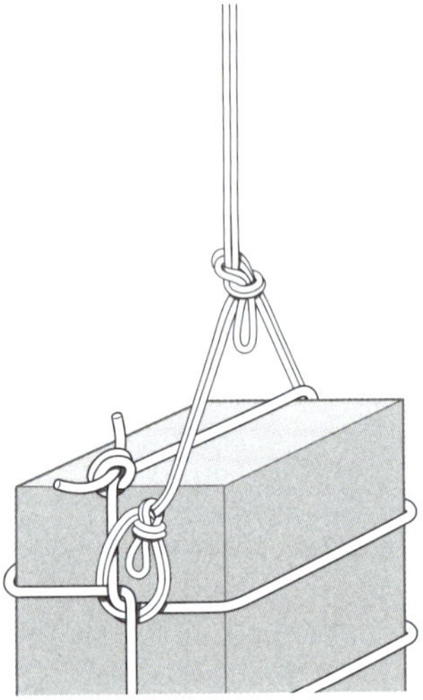

1のときに**キの字がけ**(P188参照)した荷物の左右にもっていき、キの字の交差部分に通しながら、**二重もやい結び**をする。

ふろしきで包む①

［平包み］

結び目を作らずに包むことができる
最も礼儀正しい方法で、ふろしき包みの基本形といわれる。

1

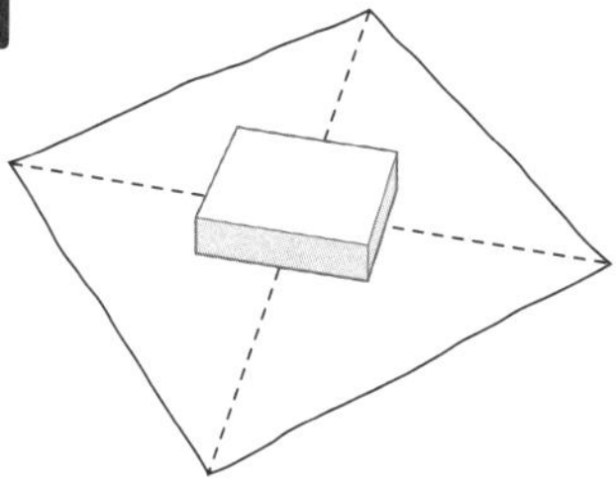

ふろしき裏側の中央に品物を置く。

2

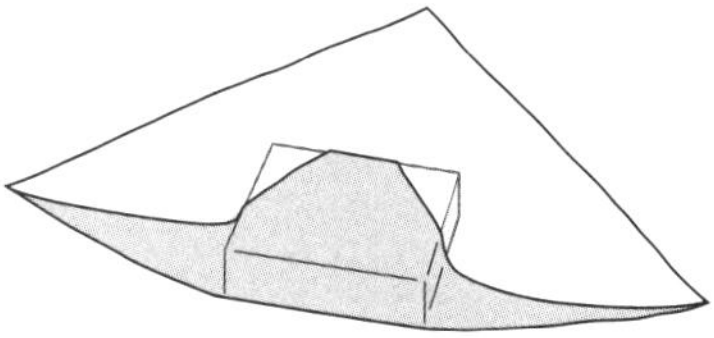

手前をかぶせる。

3

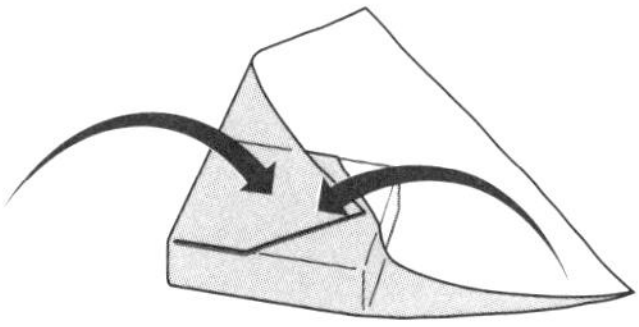

左、右の順番でかぶせていく。

4

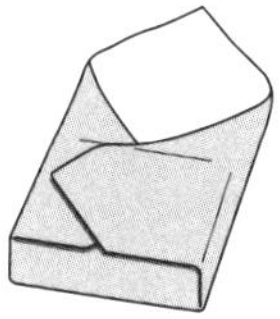

角をきちんと整える。弔事の場合は左右の合わせ方が逆になるので注意。

5

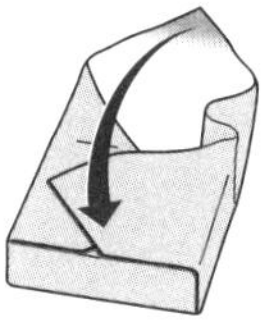

最後に奥側をかぶせる。

6

贈り物を持っていくときなどに使う。

ふろしきで包む②

［おつかい包み］

簡単に包める割にほどけにくい。
お弁当箱などの四角い物に使う一般的な包み方で、
日常的に使える。

1

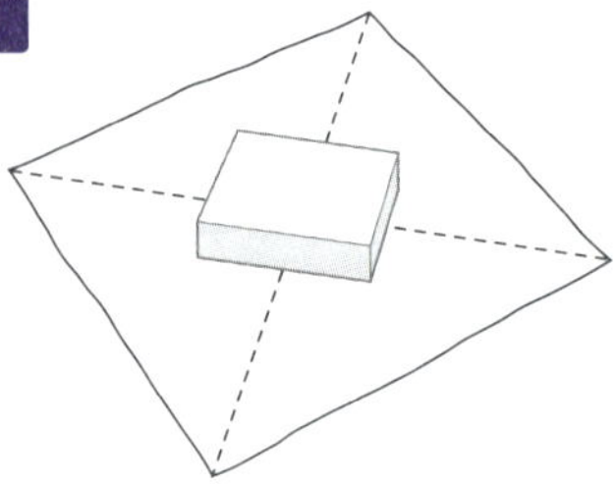

ふろしき裏側の中央に品物を置く。

2

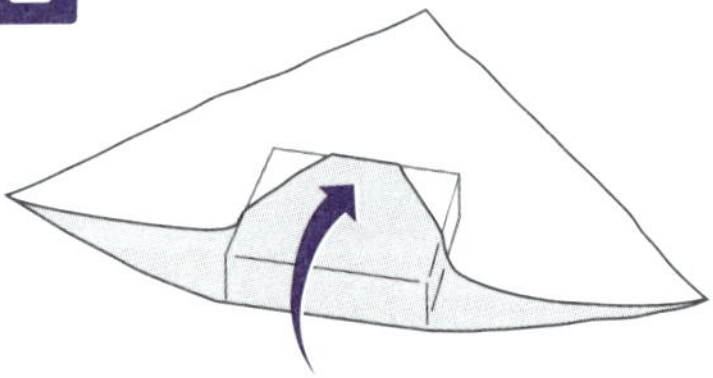

手前をかぶせる。

3

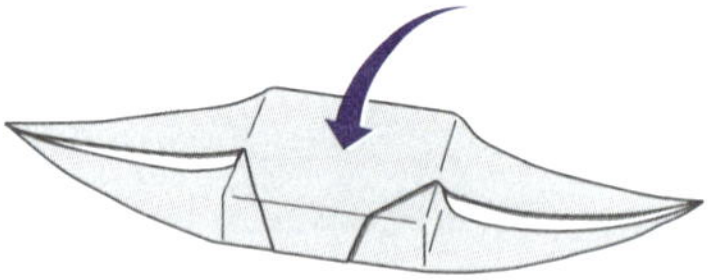

奥側をかぶせる。

4

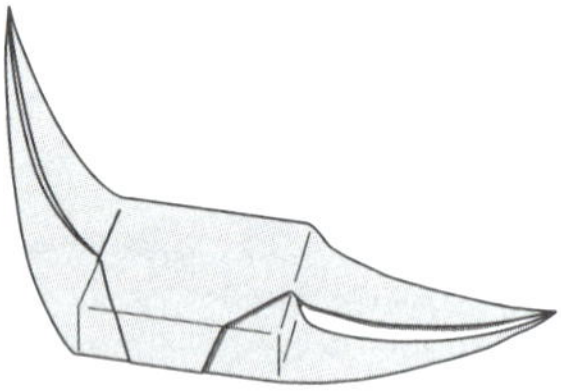

左右の端を軽くひっぱり角を整える。

5

左右の端を品物の真ん中に持っていき、**本結び**（P15参照）をする。

6

結び目を整えて完成。

ふろしきで包む③

［ ワイン包み（1本） ］

ワインなどのビンを包んで持ち運べる方法。

1

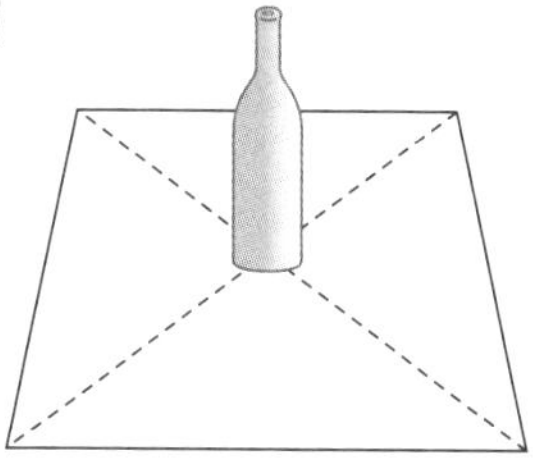

ふろしき裏側の中央にビンを立たせる。

2

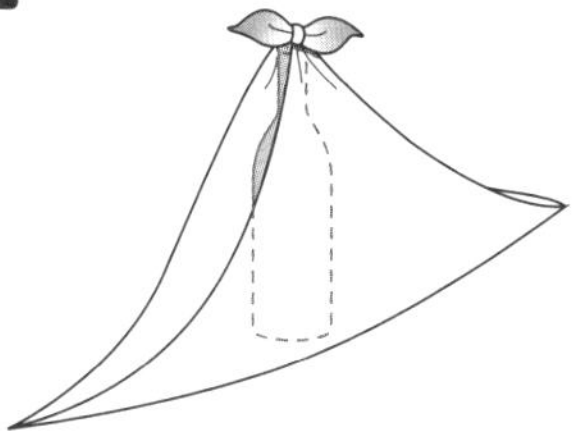

対角線上にある角をビンの口部分で本結び（P15参照）にする。

3

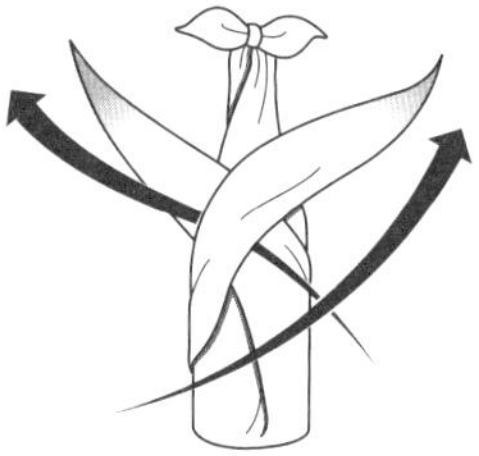

角をビンの前で交差させ、さらにビンの背の部分で交差させる。

4

交差させた部分を巻きつけながら、ビンの手前に回す。

5

ビンの正面で本結びをする。

6

結び目を整えて完成。

ふろしきで包む④

［ワイン包み（2本）］

ワインなどのビンを2本まとめて包む方法で、
片手で持ち運べるため便利。ビンどうしがぶつからないので
安心かつ安全。

1

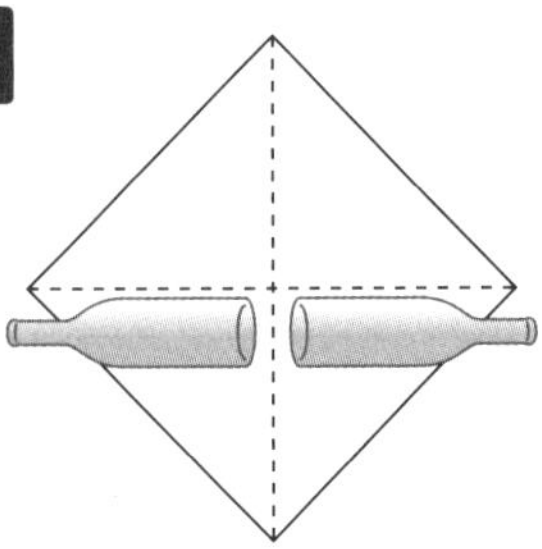

ふろしきの裏側に図のようにビンを配置。2本のビンの底に隙間を空けておく。

2

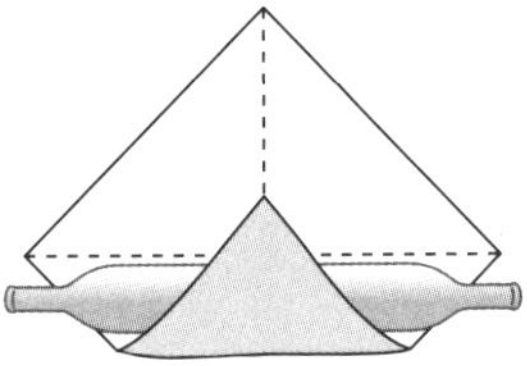

手前からビンにかぶせる。

3

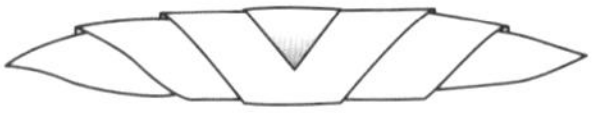

そのままビンを上方向に転がしながらふろしきを巻きつける。

4

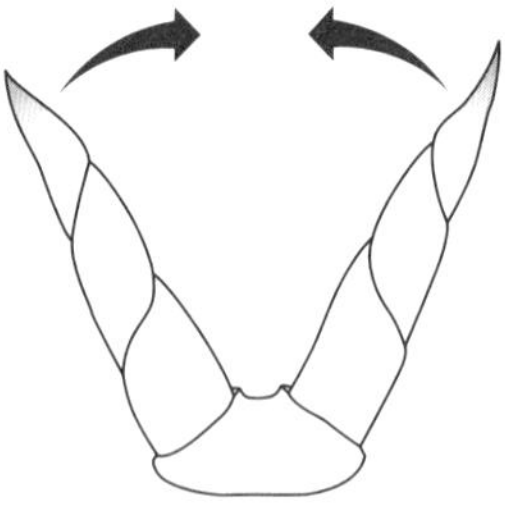

ビンを立たせるように内側に折って起こす。

5

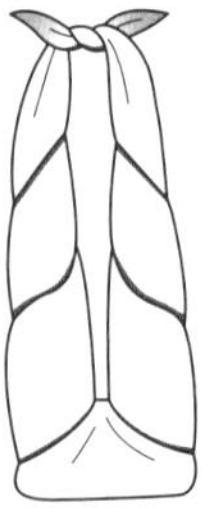

形を整えて、ビンの口部分で本結び（P15参照）をする。

6

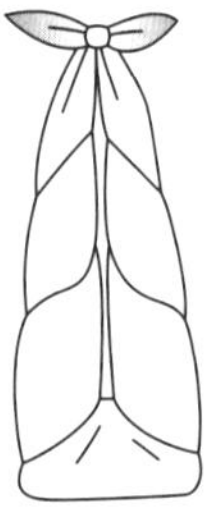

結び目を整えたら、完成。

ふろしきで包む⑤

［まる包み］

球体、不定形のものを包む方法。
持ち手ができるので重い物も持ち運びしやすい。
別名「すいか結び」。

1

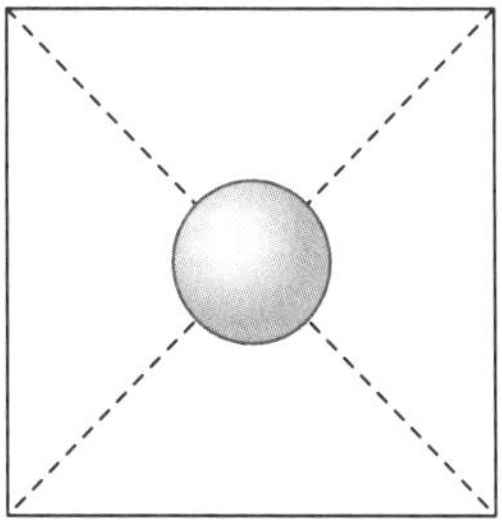

ふろしき裏側の中央に品物を置く。

2

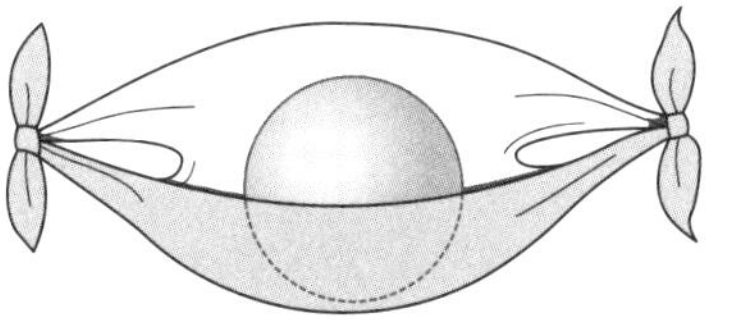

隣り合う角を図のようにそれぞれ本結び（P15参照）にする。

3

一方の結び目を、もう一方の結び目の輪に通す。

4

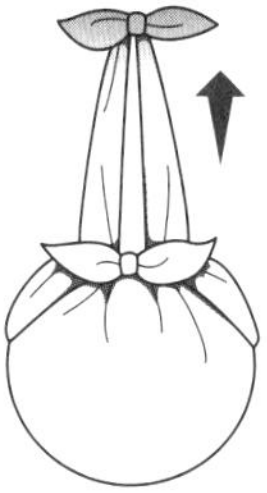

通した方の結び目を上にひっぱって持ち手にし、持ちやすいように形を整える。

ふろしきで包む⑥

［バッグにする］

ふろしきが2パターンのバッグに早変わりする。

［パターン1］

1

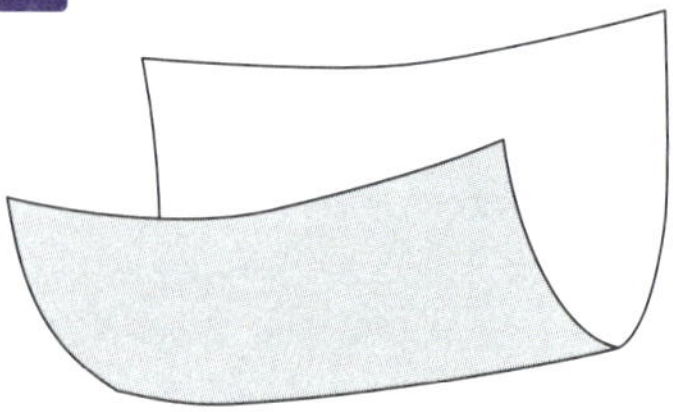

長方形になるように2つに折る。

2

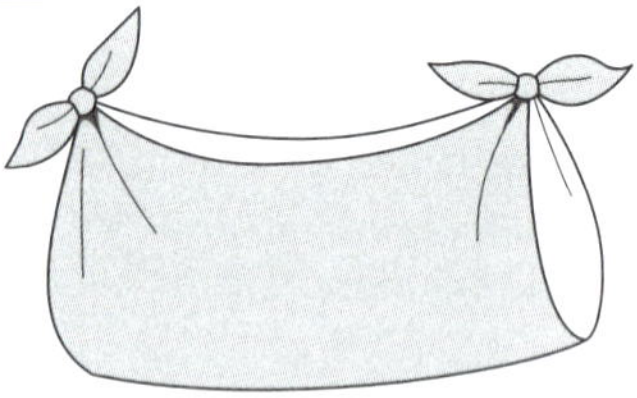

隣り合った角を本結び（P15参照）で結ぶ。

3

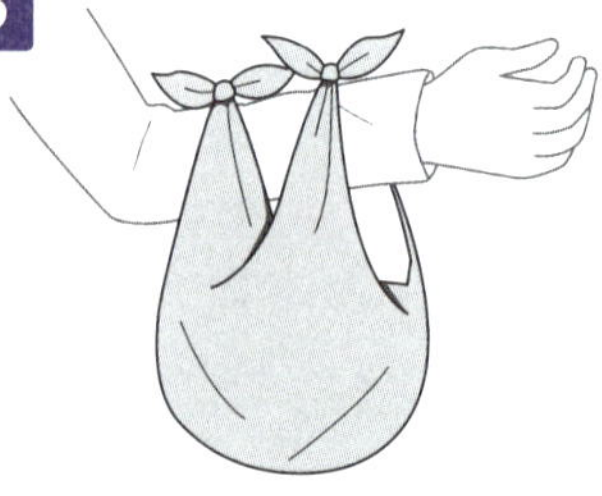

結んでできた輪に腕を通して使う。

［パターン2］

1

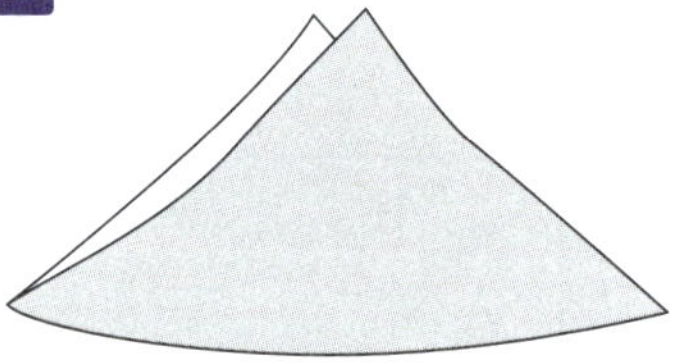

三角形になるように2つに折る。

2

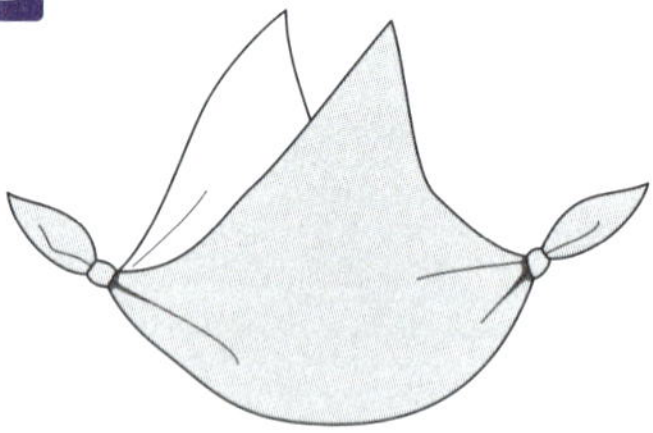

図のように両端を止め結び（P72参照）で結ぶ。

3

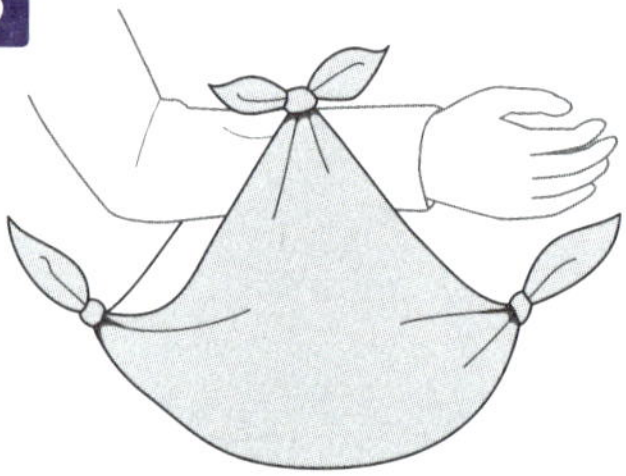

残った2つの角を本結び（P15参照）で結んで持ち手にし腕を通して使う。

【縦結びに注意!!】

本結びを結ぶ手順を間違えると、縦結びになってしまうことがよくある。この状態は、非常にほどけやすく危険なので注意しよう。

本結び (P15参照)

いわゆる縦結びは、本結びの間違いを指す。その名のとおり、結び目を締めると末端が縦になるので、すぐに間違いに気づくはずだ。

○ 正しい

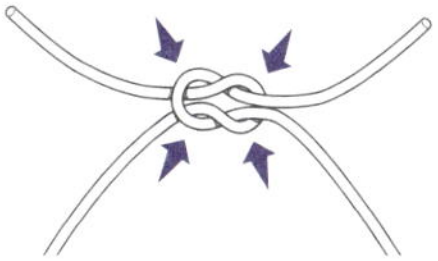

2本のロープが、それぞれ同じ側から輪を通っている正しい本結び。

× 間違い

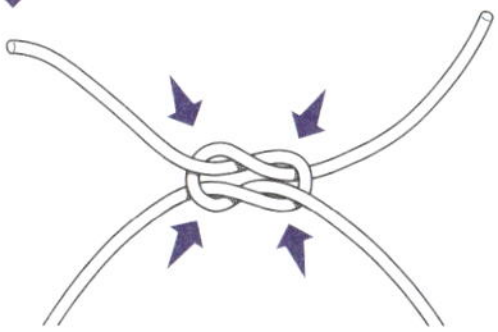

2本のロープが、それぞれ輪の内側と外側を通った間違った本結び。

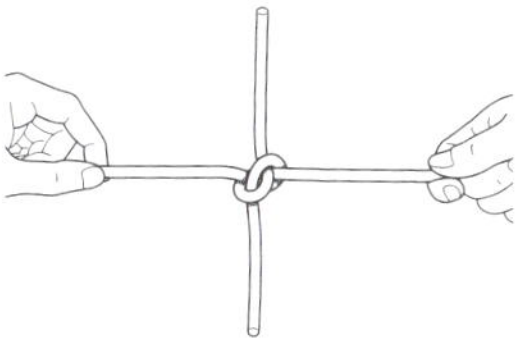

間違った本結びは、ロープを強く締めると、平行に並ぶはずの2本のロープが十字のようになってしまう。

はな結び (P68参照)

はな結びもロープの絡め方を間違えると、本結びと同じ間違いが起こる。こちらも、すぐにほどけてしまうので、正しい手順で結びなおそう。

○ 正しい

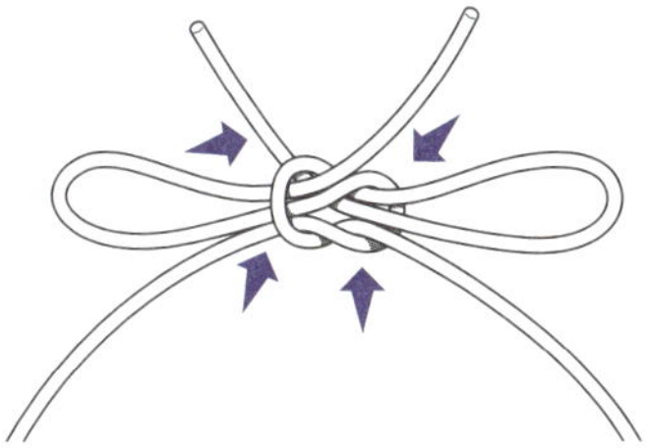

× 間違い

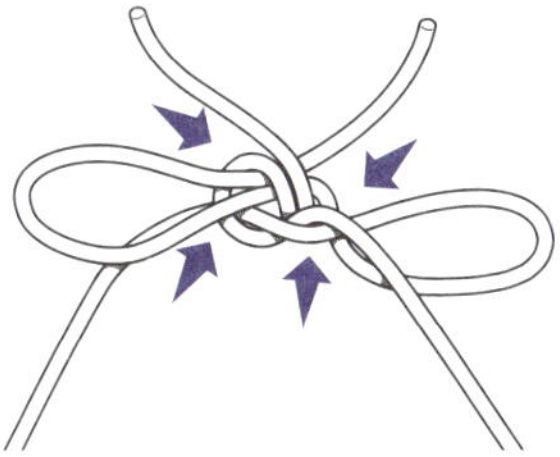

SPECIAL CONTENTS

ロープの基礎知識

ロープの構造

ロープは、「編みロープ」と「よりロープ」の２種類に大きく分けられる。それぞれの特徴と構造の違いをみてみよう。

丸編みロープ

編みロープは、ストランド（子縄）や繊維を編みこんだもの。一般的なのは、繊維を編みこんだ芯を、さらに繊維を編みこんだ外皮で包んだ丸編みロープ。このほか、Sよりストランド２本とZよりストランド２本を交互に編みこんだ角編みロープなどもある。編みロープの長所は、3つよりロープに比べると、やわらかくて、型くずれがしにくいこと。短所は、伸びやすいことが挙げられる。市販されている化繊ロープのほとんどは、この丸編みロープだ。

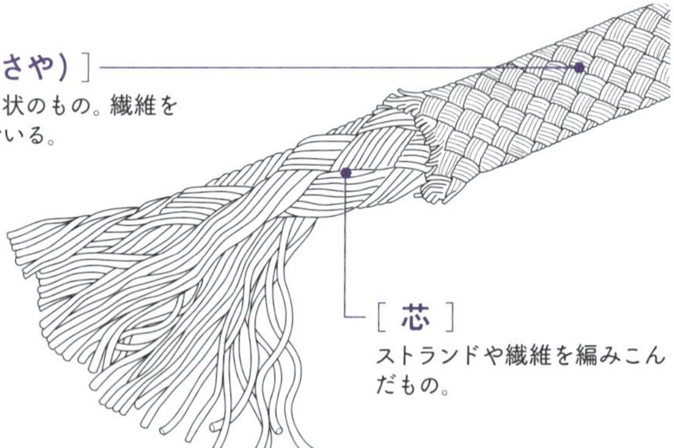

［ 外皮（さや） ］
芯を覆う筒状のもの。繊維を編みこんでいる。

［ 芯 ］
ストランドや繊維を編みこんだもの。

［ 繊維 ］
天然繊維と化学繊維がある。

［ 角編みロープ ］

3つよりロープ

よりロープは、細い繊維をより合わせたもの。なかでも一般的なのが、3本のストランドをより合わせた3つよりロープだ。ストランドとは、何本もの繊維をよったヤーンと呼ばれる糸をさらにより合わせたもので、3つよりロープは、3本のストランドよってできている。また、ストランドをより合わせる方向の違いから「Sよりロープ」と「Zよりロープ」がある。よりロープの長所は、ひっぱりに強い丈夫さ。短所は、やや固く、よじれやすいこと。

[ストランド（子縄）]
ヤーンがより合わさったもの。

[ヤーン（糸）]
繊維がより合わさったもの。

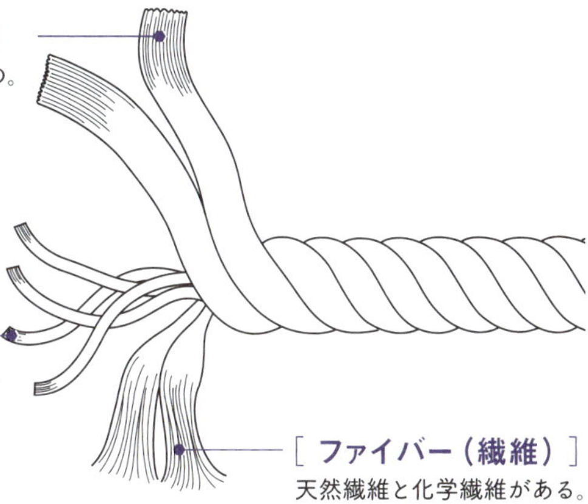

[ファイバー（繊維）]
天然繊維と化学繊維がある。

[Sより]
S字は右回りのよりを表す。

[Zより]
Z字は左回りのよりを表す。
現在の主流はZより。

ロープの種類

ロープの種類は、天然繊維系の素材と化学繊維系の素材に分けられる。それぞれの特徴を種類別におぼえよう。

天然繊維

木綿やワラ、麻やヤシなどの天然の繊維を使用したロープ。天然繊維系ロープの長所は、熱や摩擦に強いうえ、滑りにくく、価格が安いこと。短所は、水に弱く、強度が劣ること。

天然繊維系の主なロープ

種類	特徴
ヘンプロープ	大麻の繊維が素材。天然繊維系のなかで最も強度がある。水に弱く腐食しやすいため、タールで防水処理をすることもある。
マニラロープ	マニラ麻の繊維が素材。強度があり、軽くて水に浮く。現在は入手困難なため、サイザル麻を染めたものを代用することが多い。
木綿ロープ	木綿の繊維が素材。柔軟性、伸縮性があり、価格も安い。腐食しやすく、耐久性はない。装飾用に使用されることが多い。

化学繊維

ナイロンやポリエステル、ポリプロピレンなどを使用したロープ。化学繊維系ロープの長所は、柔軟性や耐久性に優れ、軽いこと。短所は、摩擦や紫外線に弱く、伸びやすいこと。

科学繊維系の主なロープ

種類	特徴
ナイロンロープ	弾力性があり、摩耗しにくく、水に浮かない。化学繊維系では、最も強度がある。アウトドア用のロープのほとんどを占める。
ビニロンロープ	よく伸び、使いやすい。熱に弱く、強度もない。
ポリエステルロープ	耐久性があり、摩耗しにくく、水に浮かない。水に濡れると強度が増す。
ポリエチレンロープ	軽くて、吸水性がない。海や川、漁業などで使用されることが多い。
ポリプロピレンロープ	単繊維、多繊維など種類が豊富。価格が安く、水に浮く。摩擦や紫外線に弱いので、屋外での長時間使用には向かない。

結びの名称とセオリー

ロープには、その部位や状態によって決まった名称がある。
ロープの結び方を教えてもらうときや説明するときに使おう。

[端・動端・ランニングエンド]
ロープを結ぶときに動かす一方のこと。

[端・索端・エンド]
ロープの両端のこと。

[元・スタンディングパート]
端以外の部分、またはロープの動かしていない部分のこと。

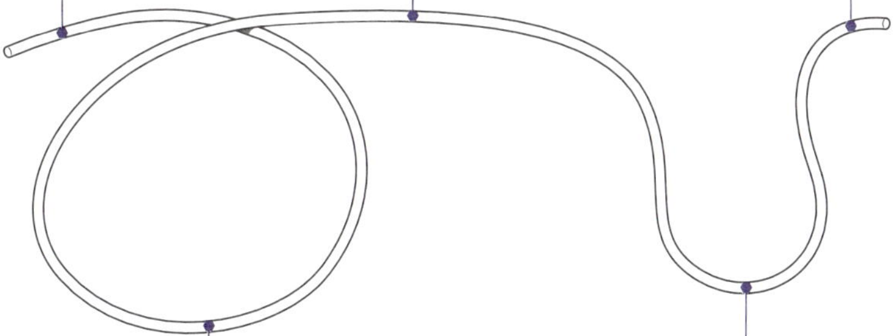

[輪・ループ]
ロープを交差して輪になった部分のこと。

[曲がり・曲げ・U字・バイト]
2つ折りなどをして曲げた部分のこと。

[目・アイ]
ロープを編み込んでつくった輪のこと。

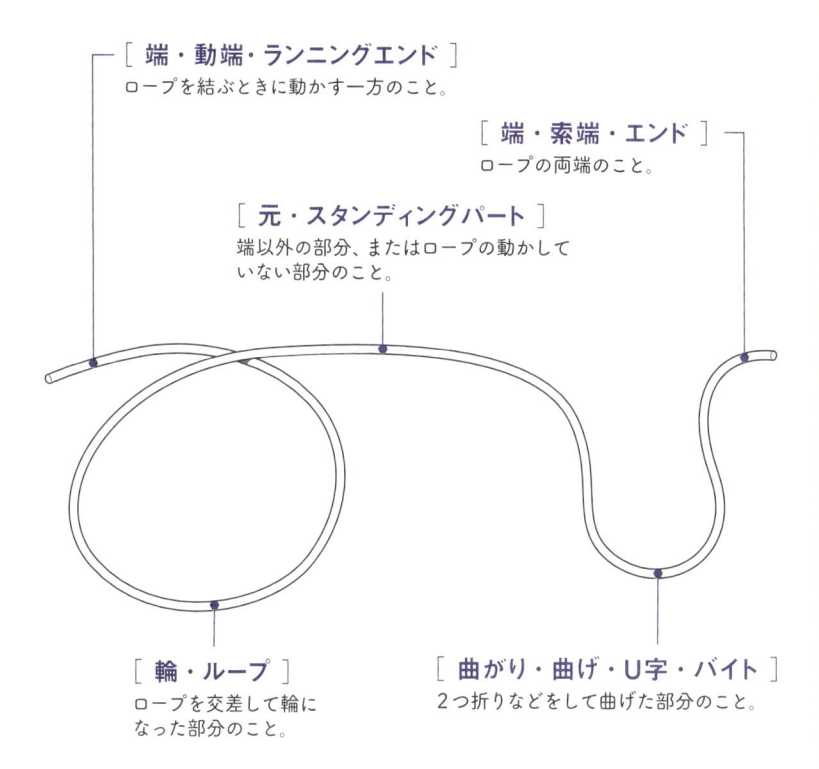

結びのパターンとメカニズム

一見、複雑にみえる結びも、ひとつひとつの手順は意外とシンプルなもの。ここでは、結びの基本となるパターンとメカニズムを知ろう。

結びの基本は4パターン

結びの基本は、引っかける、ひと巻きする、巻きつける、縛るというシンプルな4つのパターンできている。これら4つのパターンを組み合わせたり、繰り返したりして、さまざまな目的や状況に適したロープの結びがつくられている。

［ 引っかける ］

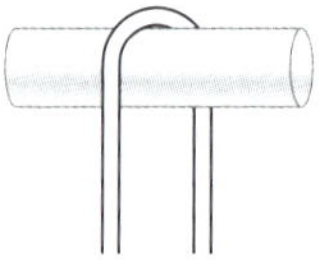

［ ひと巻きする ］

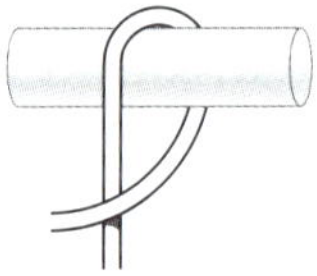

［ 巻きつける ］

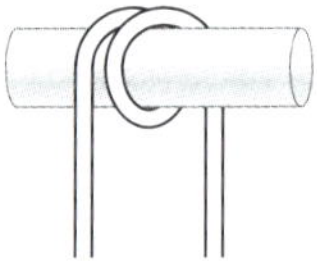

［ 縛る ］

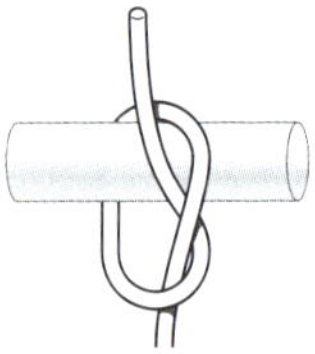

摩擦のメカニズム

結んだロープがほどけずに止まっているのは、ロープとロープ、もしくはロープとほかのものの間に摩擦が生じているからである。つまり、結び方が複雑になり、接触している面積が大きくなるほど、摩擦の抵抗も大きくなってほどけにくくなる。また、摩擦を生むためには、ロープに加わる力の方向も重要だ。

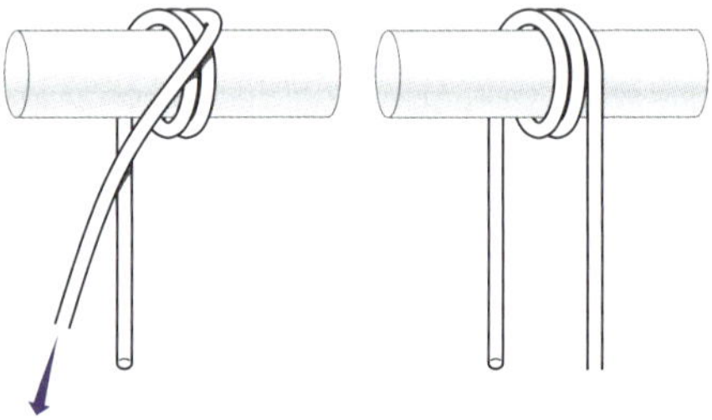

矢印の方向にロープを引こうとしても、巻きつけたロープとひっぱるロープの間に摩擦が生じているので、ロープはほどけない。しかし、ロープを垂直にひっぱると、巻きつけたロープとの間に摩擦が生じないため、すぐにほどけてしまう。

ロープの選び方

ロープは、目的や用途に応じて、適した素材や太さ、長さのものを選ぶ。専門店で、店員のアドバイスを受けながら購入しよう。

キャンプ

軽量で強度のあるポリプロピレンやナイロンのロープを用意しよう。タープやテントなど、さまざまな場面で使用できる。水遊びなどには、耐水性のあるロープを選ぼう。

登山

登山では、ザイルと呼ばれる専用のロープがある。どんな登り方をするかによって必要な太さや長さも違ってくる。また、登山用のロープでは、衝撃荷重の確認も重要になる。

釣り

釣り糸はラインと呼ばれ、釣る魚や場所によって種類やサイズも豊富。使う仕かけや釣り竿によっても、合う合わないがあるので、専門店でどんな釣りをしたいかを具体的に相談しながら選ぼう。

船・カヌー

船やカヌーに使うロープは、特殊な素材でできているものが多いので必ず専門店で探そう。P141で紹介したスローバッグは、アウトドアショップでも購入できる。

日常生活

木綿やナイロンのロープは、ホームセンターなどで購入可能。太さは用途によるが、3〜8㎜のものが便利。長さは、足りなくなった場合を考慮して2割増しくらいにしよう。

ロープワークの注意点

安全に安心して使うためにも、ロープの取り扱いには十分な注意が必要。ここでは、ロープを使う時の注意点について紹介しよう。

[傷んだロープは使わない]

ロープは消耗品。特にアウトドアで使用するときには、わずかなすり切れやゆるみが命取りになることも。使う前に、必ず状態を確認しよう。

[キンク(※)を起こしている]
※キンク:くの字によじれて戻っていない状態
わずかな負荷でロープが切れることも。すぐによじれを直そう。

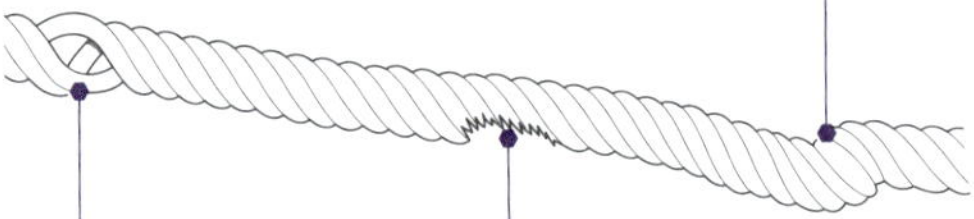

[ストランドがゆるんでいる]
寿命。新しいロープに交換しよう。

[表面にすり切れがある]
寿命。新しいロープに交換しよう。

[ロープを濡らさない]

水濡れは腐食の原因になる。雨天での使用は極力避け、万が一濡れてしまった場合は、使用後にしっかりと乾燥させよう。結び方によっては、濡れるとほどけにくくなることもある。

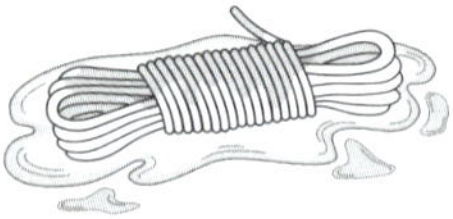

[ロープを踏まない]

ロープを踏むと、靴底の小石や砂がロープの内部に入り込み、刃物のように内側からロープの繊維を傷つける。蹴るのも同様にNG。

[鋭利な岩場は避ける]

鋭利な岩場などでのロープの使用は避けよう。避けられないときには、ロープに保護用のチューブをはめたり、タオルやシートを当てたり、切れないように工夫をしよう。

[ロープを地面に置かない]

ロープを直接地面に置くと、砂や小石、泥などでの汚れがロープの劣化を早める原因になる。屋外では、ビニールシートの上などに置く癖をつけよう。

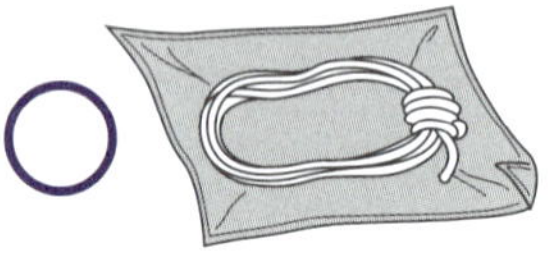

[急激な負荷をかけない]

急激な負荷は、ロープの切れや伸びの原因となる。見た目にわからなくても、ロープの内部で繊維が破損していることもある。

ロープの末端処理

ロープを必要な長さにカットしたら、必ず「端止め」をしよう。
端をそのままにしておくと、ほつれて使いにくくなってしまう。

よりロープの端止め

粘着力の高いビニールテープで端を止める。

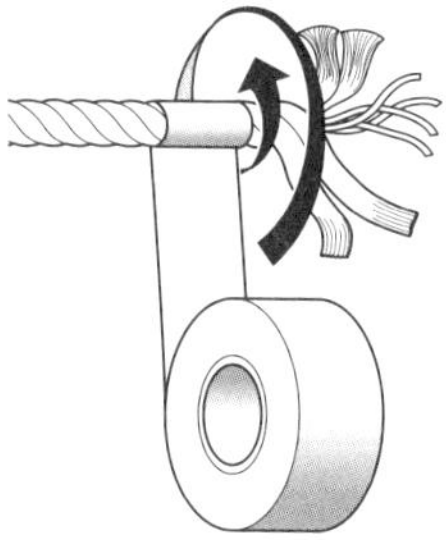

カットしたい端の少し手前から粘着テープをきつく巻きつける。

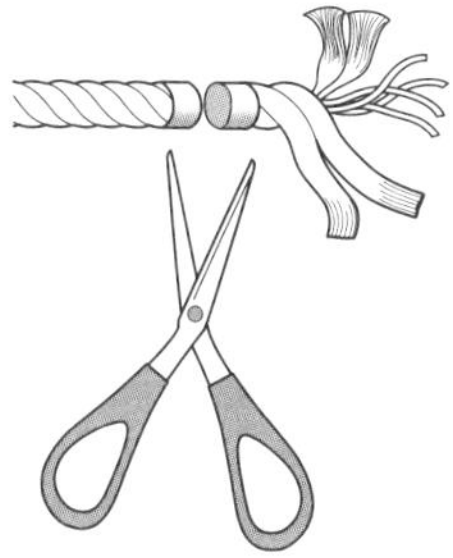

テープの中心部分をはさみでカットする。ハードな使い方をするときには、切断面をエポキシ系の接着剤で固める。

ナイロンロープの端どめ

ナイロンロープは、ライターなどの火で末端をあぶって固める。

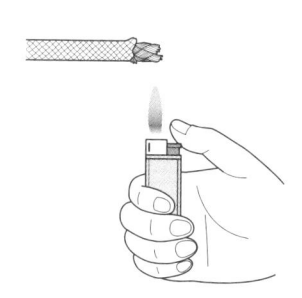

カットしたロープの末端をライターなどの火であぶる。

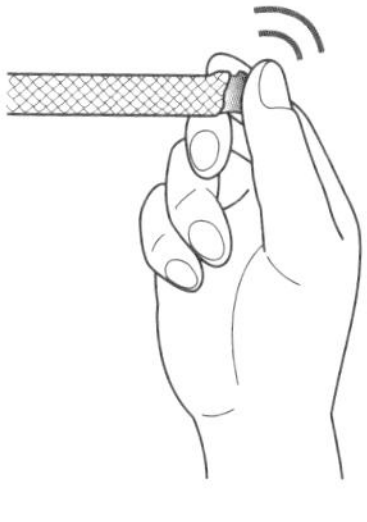

やけどしないように気をつけながら、指で溶けた部分を整えて固める。

ロープの保管方法

使用したロープは放置せずに、きちんとメンテナンスをして保管しよう。正しい保管方法が、ロープの劣化を予防する。

汚れを除去する

使用したロープは汚れをしっかりと落とす。汚れは、固く絞った雑巾でふき取るとよい。しつこい汚れがあるときは、中性洗剤を入れたぬるま湯につけて、ブラシで軽くこすりながら落とす。

陰干しで乾燥させる

汚れを落とし、水気をきったロープは、陰干しでしっかりと乾燥させる。多くのロープは紫外線に弱いため、直射日光は避けよう。

メンテナンスしよう

乾いたロープの傷やキンク（P210参照）の有無を確認し、端止めのほつれやキンクなど、直せる部分があれば補修をする。

通気性のよいところで保管

ロープは、風通しがよく、直射日光があたらない場所で保管をしよう。長期間保管する場合には、キンクができないように、できるだけ大きくロープを束ねたほうがよい。

ロープを巻く

ロープの絡みや劣化を防ぐために、使わないときは束ねておこう。
束ね方は、ロープの長さなどによっていくつかの方法がある。

ひじと親指を使ってロープを巻く

細くて長いロープを巻くときに向いている。

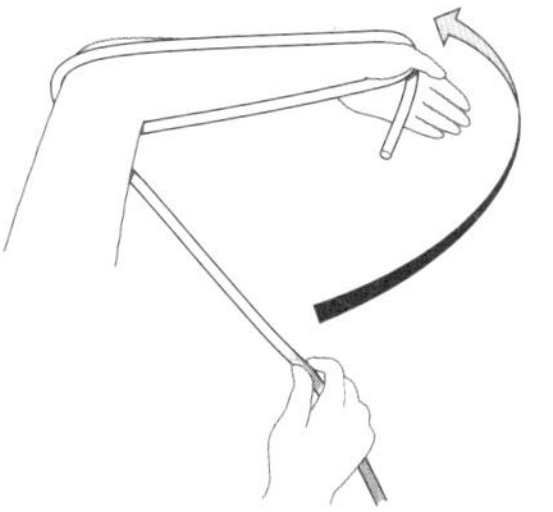

ひじを曲げて、図のように親指のつけ根とひじにロープを巻きつける。

ロープを巻きつけている途中で手首が曲がらないように注意しよう。

ひざを使ってロープを巻く

太くて長いロープを巻くときに向いている。

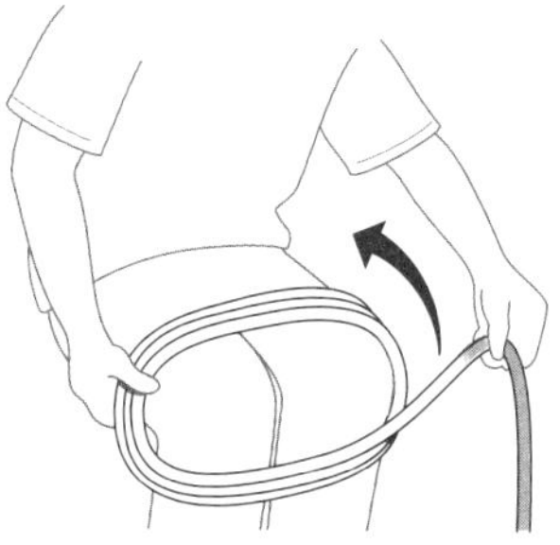

曲げた両ひざにロープを巻きつける。

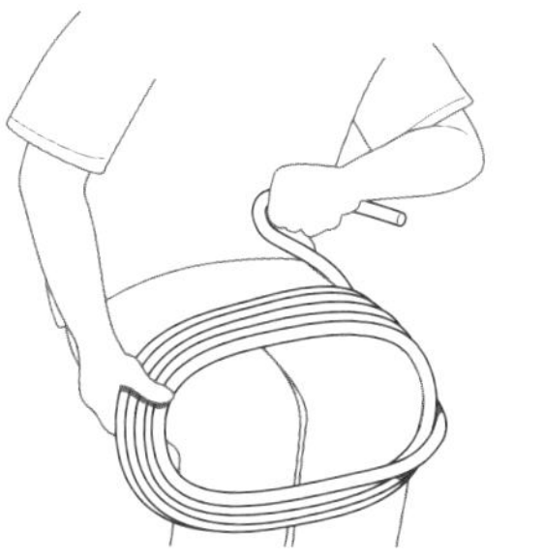

巻きつけたロープは、コイル状を崩さないように引き抜く。

ロープを束ねる

フレーク

細くてあまり長くないロープを巻くときに向いている。

1

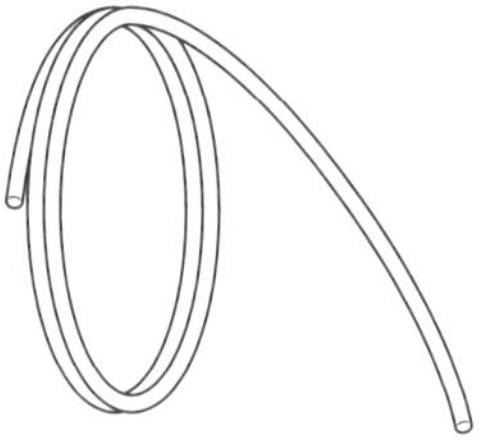

ロープを巻く（P212参照）。

2

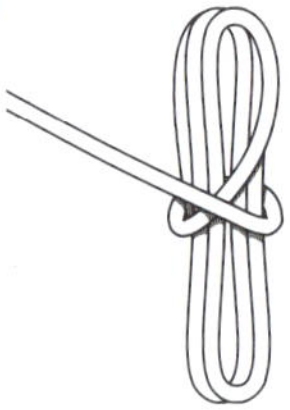

ロープの先端を図のように巻きつける。

3

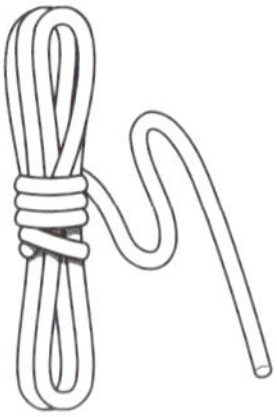

さらに上方向に3～5回巻きつける。

4

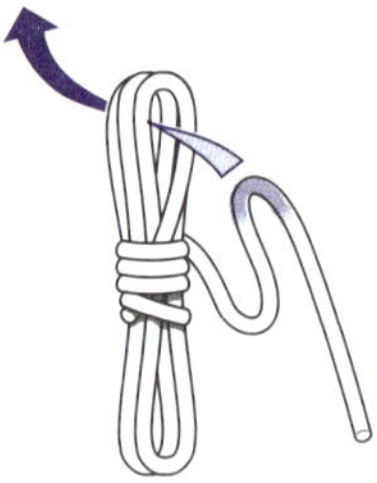

余ったロープの先端を2つ折りにして、上部の輪のなかに通す。

5

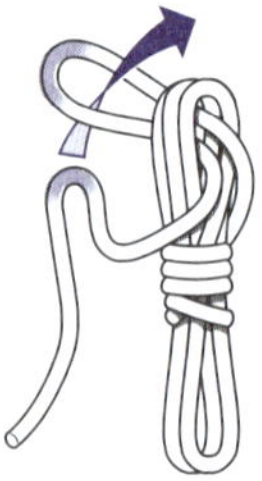

通した輪のなかに、さらに先端を2つ折りにして通す。

6

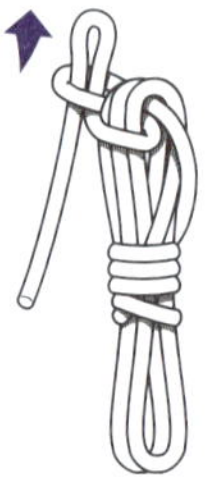

輪をひっぱり、結び目を引き締めて完成。

棒結び

ある程度の長さのある細いロープを連ねるのに向いている。

1

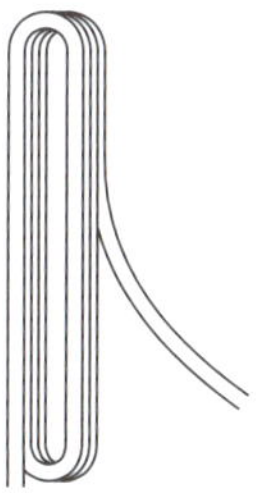

巻きつける分を余らせて、ロープを3～4回折り返す。

2

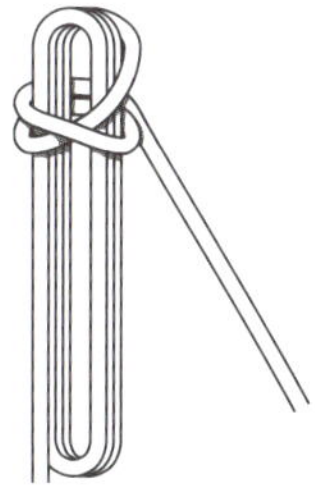

ほどけないようにするため、図のようにロープを巻きつける。

3

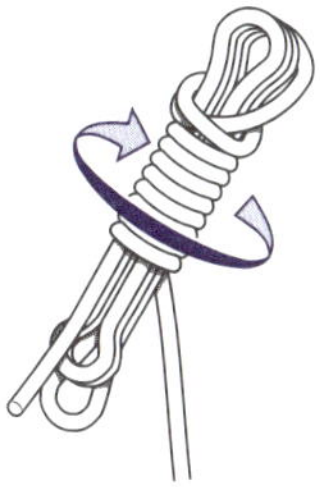

図のようにして、上から下にロープを巻きつける。

4

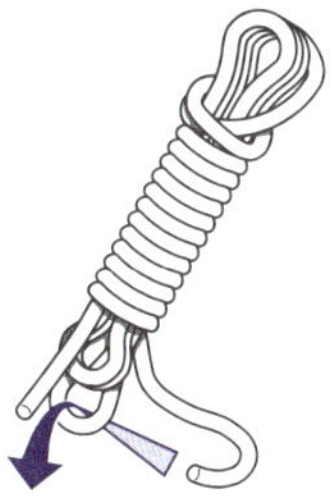

下まで巻きつけたらロープの先端を図のように下部の輪のひとつに通す。

5

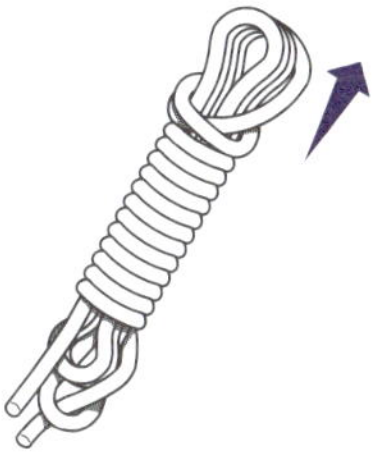

上部の輪をひっぱって、ロープの末端部分を締める。

6

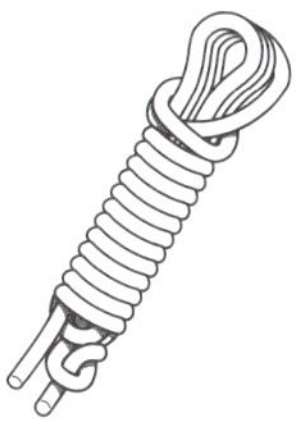

見た目が美しく携行に便利だが、ほどくときにキンク（P210参照）がかかりやすいので注意しよう。

ロープを束ねる

セイラーマンズコイル

長いロープを輪状に束ねるためのシンプルで確実な方法。

1

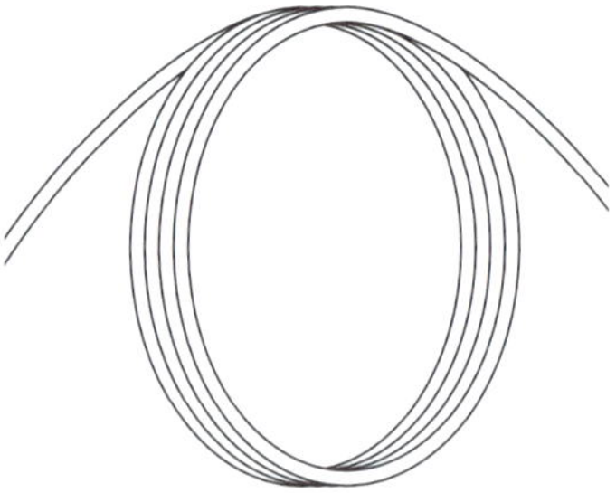

ロープを巻く。（P212参照）

2

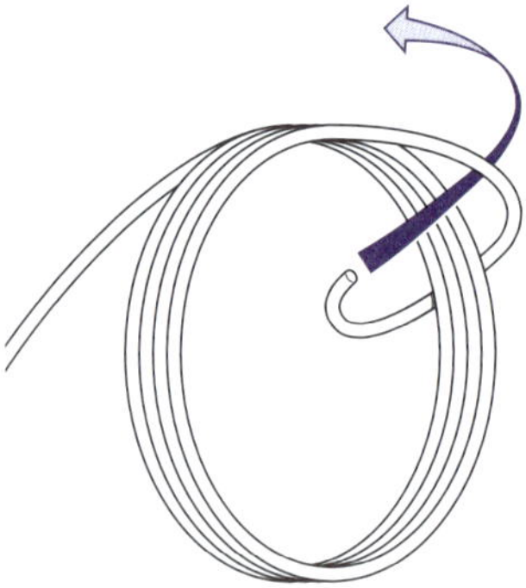

ロープの先端をコイルに巻きつけて、さらに図のように絡ませる

3

ロープの先端をしっかりと引き、結び目を締める。

4

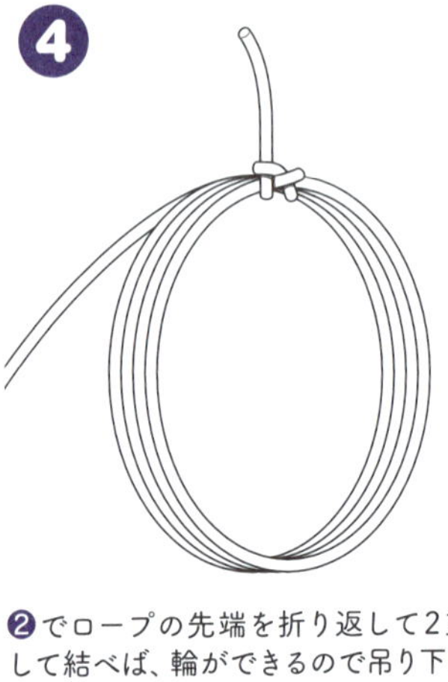

❷でロープの先端を折り返して2重にして結べば、輪ができるので吊り下げることができる。

シェルコイル

細くて短いロープは、手のひら巻きつけて束ねよう。

1

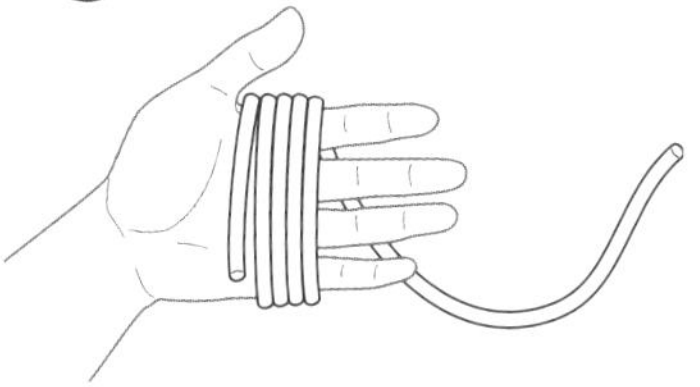

左手にロープを巻きつける。

知っテク

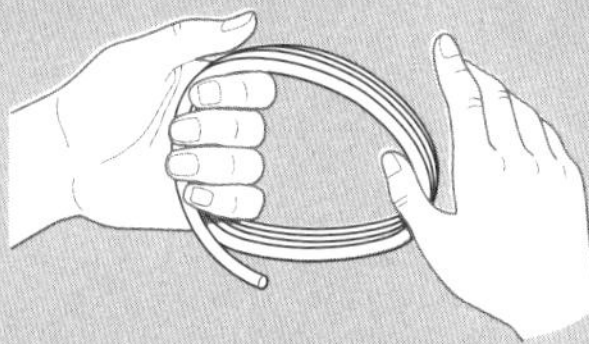

手のひらより大きく巻きたいときは、図のようにしてロープを整える。

2

残り20〜30cm程になったら、図のようにしてロープを握り直す。

3

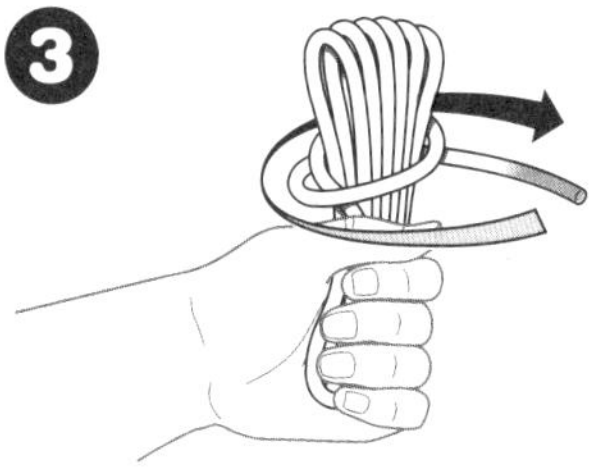

ロープの先端を2回巻きつける。

4

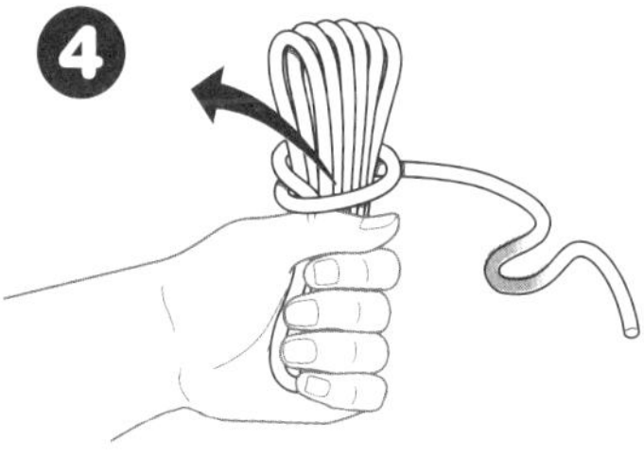

2つ折りにしたロープを巻きつけたロープに通して止める。

5

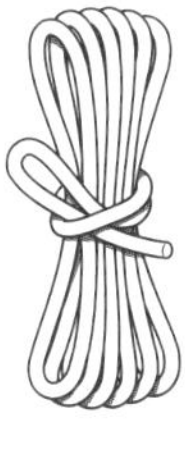

コンパクトに並べて収納が可能。ロープの先端を引けば、すぐに解くことができる。

ロープを束ねる

登山用の長いロープを束ねる

登山用の太くて長いロープを束ねるときは、両腕を使い、
左右に振り分けながら束ねよう。

❶

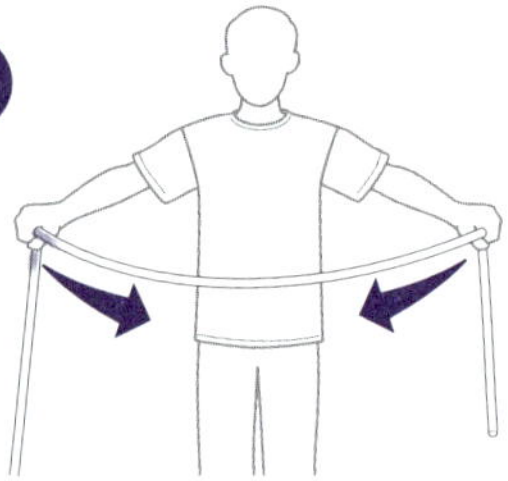

図のように両腕を広げて、ロープの先端を左手に、ロープの元側を右手に持つ。

❷

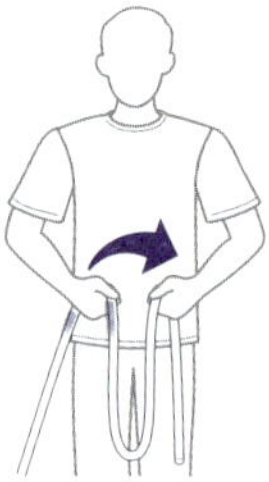

右手に持っていたロープを左手に手渡す。

❸

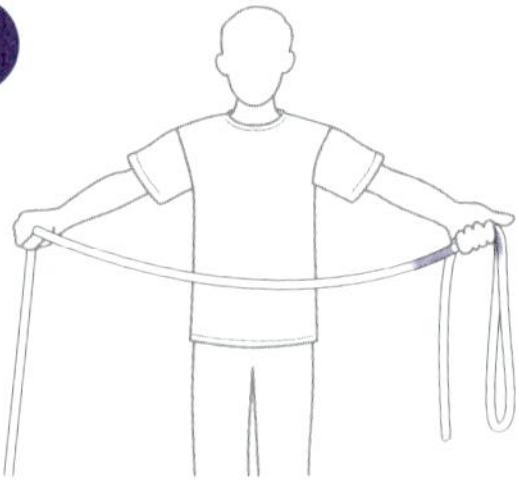

❶❷の動作を繰り返す。

❹

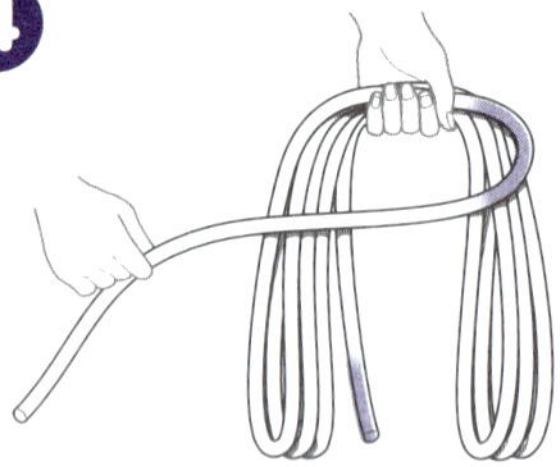

左手で持つロープは、1回ごとに左右に振り分ける。

❺

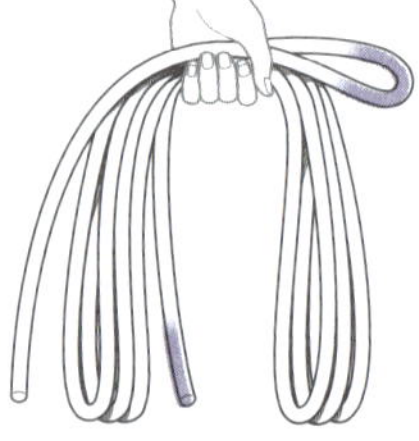

束ね終えたら、ロープの先端を図のように折り返して輪にする。

❻

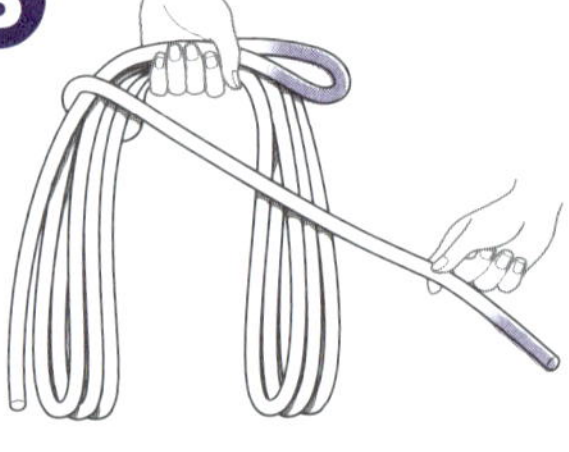

もう一端を図のようにして巻きつける。

7

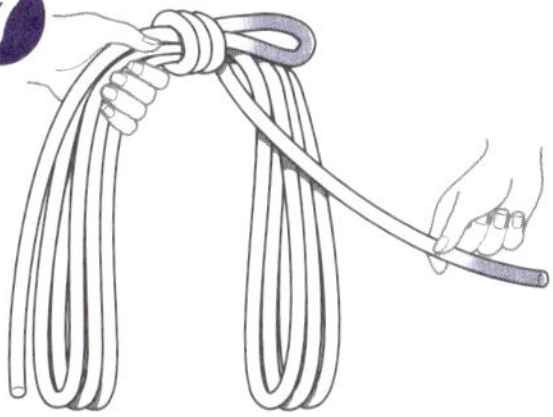

図のように巻きつけていく。

8

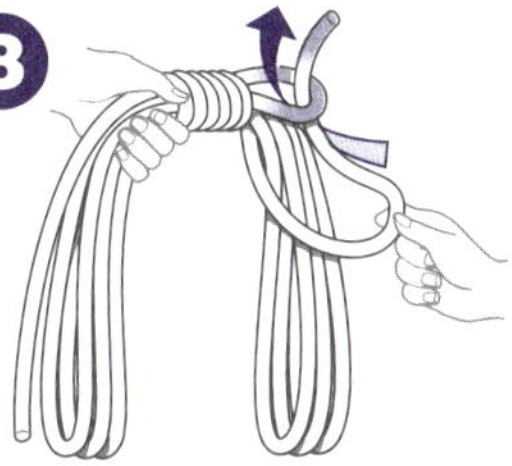

5～6回巻きつけたら、先端を輪に通す。

9

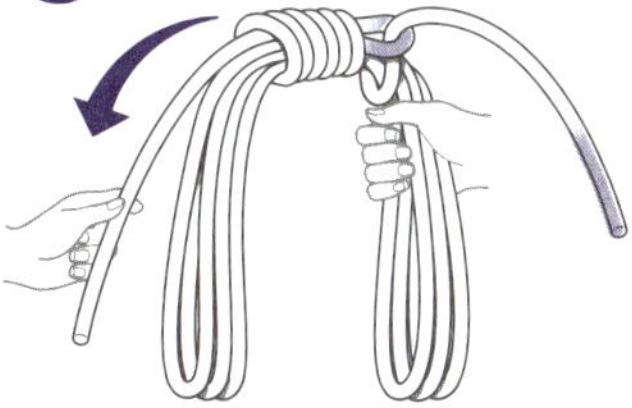

もう一方の先端を引いて、輪を締める。

10

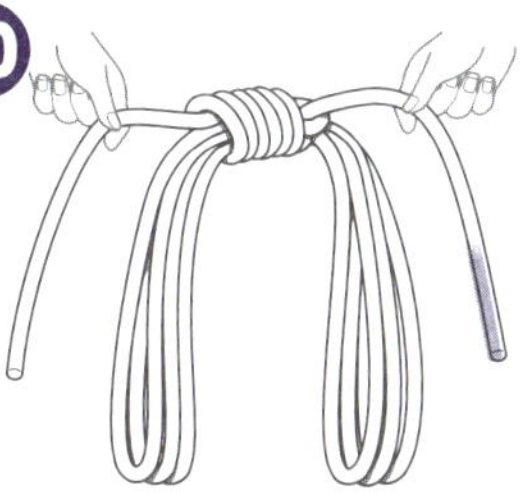

両端を両手で持つ。

11

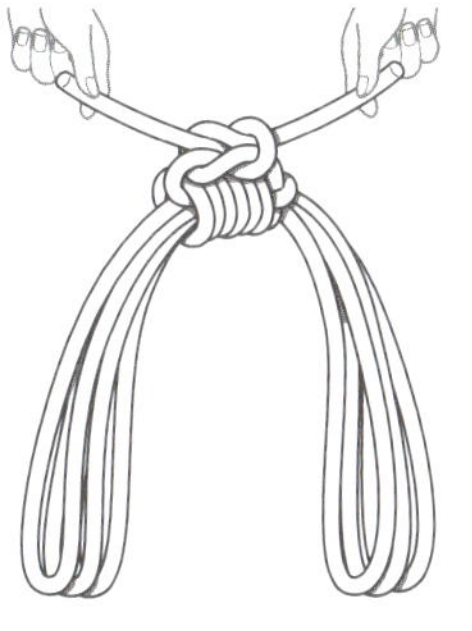

解けないように**本結び**(P15参照)で結ぶ。

〔結び方の名称順　索引〕

【あ】

アンカー結び　104
インラインフィギュア・エイト・ノット　87
ウォーター・ノット　75
内かけ結び　117
馬つなぎ　62
SFノット　130
枝ハリス　135
FGノット　128
おつかい包み　198
オルブライト・ノット　131

【か】

垣根結び　181
肩絡み懸垂下降　94
片はな結び　192
固め止め結び　110・180
角縛り　54・182
かます結び　186
簡易ハーネス　76
キの字がけ　188
杭結び　100
鎖結び　194
クリート・ヒッチ　103
クリンチ・ノット　120・137・140・142
クレイムハイスト・ノット　43・93
外科結び　187・188
腰かけ結び　82
粉屋結び　190
こま結び　70

【さ】

サルカン結び　123
三角巾を使う①（使う前の処置）　166

三角巾を使う②(頭部・頬部・下顎部) 168
三角巾を使う③(手のひら・手の甲・足の裏・足の甲) 169
三角巾を使う④(足首) 170
三角巾を使う⑤(腕を吊る) 171
三角巾を使う⑥(腕を固定する) 172
三角巾を使う⑦(足を固定する) 173
シェルコイル 217
直結び 135
自在結び 26
筋交縛り 56
筋交い縛り 184
スペインもやい結び 44
ロープの束を使用する 175
セイラーマンズコイル 216
外かけ結び 116

【た】
ダブルクリンチ・ノット 121
縮め結び 195
チチワ結び 134
中間者結び 42
スリングを使用する 75・78・174
テグス結び 14・32・74
てこ結び 148
登山用の長いロープを束ねる 218
止め継ぎ結び 72・95
止め結び 14・159
トラッカーズ・ヒッチ 38
トリプルエイト・ノット 127

【な】
二重テグス結び 78・156
二重止め結び 150
二重8の字結び 13・20・52・80・91・109
二重はな結び 69

【な】の続き

二重もやい結び　196
ねじり結び　35

【は】

8の字結び　1・23・136
バッグにする　202
はな結び　16・68・70
パロマー・ノット　122
ヒービングライン・ノット　111
PRノット　132
引きとけ結び　21
一重継ぎ　33・106
ひと結び　10・135・153
人を背負う①（スリングを使用する）　174
人を背負う②（ロープの束を使用する）　175
ひばり結び　30・48・73・90・151
平包み　197
フィッシャーマンズ・ノット　126
フィンガー・ノット　119
二重継ぎ　107・158
ふた結び　10・22・24・28・31・36・37・40・51・63・88・89
ブラッド・ノット　125
フリー・ノット　138
プルージック・ノット　92
フレーク　214
変形もやい結び　84・105・153
包帯を巻く①（巻きはじめ）　160
包帯を巻く②（巻き終わり）　161
包帯を巻く③（手の指）　162
包帯を巻く④（手のひら・甲）　163
包帯を巻く⑤（関節）　164
包帯を巻く⑥（足）　165
棒結び　215
ポリ袋結び　191
本結び　15・48・159・192

［索引］

【ま】

巻き縛り 58・60・61
巻き結び 12・24・36・88・101
丸太結び 46・47
まる包み 201
もやい結び 11・29・34・50・102・108

【や】

ユニ・ノット 124・136・139・143
よろい結び 41・152

【ら】

ラウンドターン 40・89
漁師結び 118
ループ・ノット 141
連続止め結び 86
連続8の字結び 85

【わ】

ワイン包み（1本） 199
ワイン包み（2本） 200
ワゴナーズ・ヒッチ 154

［参考文献］

『いますぐ使える海釣り完全マニュアル』西野弘章監修（大泉書店）
『絵ですぐわかる！結びのトリセツ 海釣り編』つり人社書籍編集部編（つり人社）
『絵ですぐわかる！結びのトリセツ 川釣り編』つり人社書籍編集部編（つり人社）
『完全図解 誰でもカンタンにできる「結び方・しばり方」の便利事典』悠々ライフスタイル研究会 編（日本文芸社）
『困ったときに必ず役に立つロープとひもの結び方』木暮幹雄著（水曜社）
『写真と図で見るロープとひもの結び方』ロープワーク研究会（西東社）
『すぐに使えるロープワーク便利帳』羽根田 治監修（池田書店）
『使える 遊ぶ 飾る ロープワーク・テクニック』羽根田 治監修（成美堂出版）
『DVDで覚えるロープワーク』羽根田 治著・監修（山と渓谷社）
『はじめてでも安心、確実。ひもとロープの結び方事典』鳥海良二著（日本文芸社）
『毎日の暮らしに役立つ 結び方、包み方、たたみ方』羽根田 治・株式会社シモジマ・すはらひろこ監修（永岡書店）
『ルアーフィッシングがわかる本』（地球丸）
『ロープワークの基本』善養寺ススム著（枻出版）
『ロープワーク・ハンドブック』羽根田 治著（山と渓谷社）

監修者：羽根田　治（はねだ・おさむ）

1961年生まれ。登山や山岳遭難などのアウトドア系についてのほか、沖縄や自然、人物をテーマにした執筆活動を幅広く行っている。主な著書に『ロープワーク・ハンドブック』『ドキュメント単独行遭難』（以上、山と渓谷社）など。

［製作スタッフ］

デザイン　横尾淳史（株式会社プロワン）
イラスト　今井ヨージ
　　　　　中野 成（株式会社アート工房）
撮影　　　平塚修二（株式会社日本文芸社 写真室）
編集協力　太田沙織（株式会社アーク・コミュニケーションズ）

アウトドア レスキュー 家庭《かてい》
図解《ずかい》 ひも＆ロープの結《むす》び方《かた》

2013年 4 月30日　第1刷発行
2015年 3 月20日　第5刷発行

監修者　羽根田《はねだ》　治《おさむ》
発行者　中村　誠
製版所　有限会社誠宏プロセス
印刷所　玉井美術印刷株式会社
製本所　大口製本印刷株式会社
発行所　株式会社日本文芸社
　　　　〒101-8407　東京都千代田区神田神保町1-7
　　　　TEL 03-3294-8931（営業）　03-3294-8920（編集）

Printed in Japan　112130415-112150220 Ⓝ 05
ISBN978-4-537-21104-7
URL http://www.nihonbungeisha.co.jp/

（編集担当：角田）